国家出版基金项目
NATIONAL PUBLICATION FOUNDATION

高校马克思主义理论教学与研究文库

结构与选择

马克思主义人的生命本体论新探索

陈秉公◎著

JIEGOU YU XUANZE

MAKESI ZHUYI REN DE SHENGMING BENTILUN XIN TANSUO

中国人民大学出版社
·北京·

高校马克思主义理论教学与研究文库
编委会

总　序

　　高校承担着学习、研究、宣传马克思主义，培育和弘扬社会主义核心价值观，为实现中华民族伟大复兴的中国梦提供人才保障和智力支持的重要任务。为推动高校马克思主义理论教学研究人员围绕重大理论和现实问题以及学生关心的热点问题开展研究，提升马克思主义理论学科发展中基础性、导向性和战略性重要问题的研究水平，教育部社科司精心策划，组织相关领域知名专家编写出版"高校马克思主义理论教学与研究文库"，集中推出了一批高质量的研究成果。

　　本套丛书在已有相关研究成果的基础上，着眼于马克思主义理论的运用，着眼于对实际问题的理论思考，着眼于帮助大学生解决思想认识问题和理论困惑，着眼于新的实践和新的发展，从马克思主义经典著作研究、马克思主义理论学科基础理论研究、中国特色社会主义重大理论和现实问题研究、思想政治理论课理论和现实问题研究、大学生高度关注的热点难点研究等方面，开展了全面深入的研究，提出了具有较强创新性和重要学术价值的观点。

　　本套丛书从编委会到每卷作者，体现了国内相关学科领域老、中、青三代的结合，既有相关领域的权威作者，也有近几年成长起来的中青年学者；既有国内著名的马克思主义理论专家，也有具有丰富一线教学经验的名师。队伍齐整，阵容强大。

　　希望本套丛书的出版，可以从理论和实践两个方面更好地助力和推进高校马克思主义理论教学与研究工作，从而促进马克思主义理论学科建设与发展，扎实推进高校宣传思想工作，促进高校马克思主义理论教师素质提升，提高学生对思想政治理论课的认同度和满意度。希望本套丛书成为推动马克思主义中国化、大众化、时代化，坚定中国特色社会主义道路自信、理论自信和制度自信的重要的理论成果。

目　录

一、导论：怎样破译人的生命本体——"结构与选择"

　　本书的宗旨在于探索和解读人的生命本体，破解"人是什么"这道数千年来摆在人们面前的哲学难题，提出和阐释人的生命本体——"结构与选择"，建构人的生命本体论——"结构选择论"。

　　依据马克思主义哲学人类学和辩证思维，不只"社会"与"人"之间存在"结构与选择"机制，人的生命本体也存在"结构与选择"机制，而且人的生命本体的"结构与选择"机制更加典型、更加根本，也更具解释力。

　　长期以来，在人的生命本体论中，结构主义和存在主义将"结构"与"选择"割裂开来，对立起来，用一个否定另一个，陷入了"二元论"泥坑。人的生命本体论由"二元论"到"二重性"转变已是时代的迫切期望。马克思主义辩证思维为此提供了科学方法。人的生命本体具有"一体化二重性"——"结构与选择"。人的生命本体既是"结构"的，又是"选择"的，二者互相联结、互相决定、互相转化，一体化存在。人的生命本体具有共时态存在、历时态存在、交互关系态存在等多种存在方式和多种属人特性及功能。可以将人的生命本体概括为"结构与选择"。这个理论批判了结构主义和存在主义，重构了人的生命本体论，为人文社会科学提供了一种人的生命本体论基础，为人们提供了一种科学的人生哲学，为人类学自我超越提供了理论参考，具有多种前提性理论启示。

（一）人的生命本体论：从"二元论"到"二重性"

本书试图使用哲学人类学的某种理论和方法解读人的生命本体。哲学人类学与其他哲学不同，它并不一般地探讨哲学本体论问题，而是主要研究人的生命本体论。刘放桐先生说："哲学人类学的最主要特征之一是从哲学角度来解释经验科学中关于人的知识。""哲学人类学从人的肉体的、精神的、生物的、心理的、宗教的、文化的等各个不同方面，抽象出人在人类学意义上的本体论结构。"① 德国著名哲学人类学家兰德曼说："怎样区分出哲学人类学领域呢？……体质人类学和人种学……仅仅考察人的外部特征或文化成就。而哲学人类学正是要考察被这些科学视为当然的那种知识，并深入探讨使人同所有的其他存在物形成对照的基本本体论结构。"② 一般而言，考察和研究"人的人类学意义上的本体论结构"是哲学人类学的主要领域和特征。20 世纪后期，西方哲学人类学在经历了技术主义的长期冲击和统治之后，开始进行认真的回顾和反思。美国学者卡尔文·施拉格在《当代思想中的哲学人类学》一文中指出："历史情境向我们揭示技术至上的文化如何对人的存在造成诸多威胁和负面后果。……例如，疏离、客体化、人格解体、非人化、孤独、墨守成规、个性特征同一化、内疚和荒谬性。"他还指出，"传统形而上学将这一问题归结为人的本体论问题，而当代西方……重新开启关于这一问题的考察和探究"，"一种新的考察和研究的立场，以及诸多关于自我理解的新的范畴，被提出并给予阐释"③。本书正是在这一深刻的学术反思和转折的历史背景下，用二十

---

① 刘放桐. 新编现代西方哲学. 北京：人民出版社，2000：384-385.
② 兰德曼. 哲学人类学. 上海：上海译文出版社，1988：4.
③ SCHRAGER C O. Philosophical Anthropology in Contemporary Thought. Philosophy East and West，1970，20（1）：83-89.

余年时间追踪和解读人的生命本体，试图在马克思主义理论指导下，运用某种哲学人类学理论和方法，重构人的生命本体论——"结构选择论"。

长期以来，在人的生命本体论问题上形成了结构主义与存在主义的二元对立。结构主义夸大和绝对化人的意识的"结构"，否定人的生命"选择"，其代表人物法国人类学家列维-斯特劳斯主张，人的意识的结构（也包括意识结构派生出的文化结构或社会结构）是固定的，所谓主体选择毫无意义。存在主义则夸大甚至绝对化人的生命"选择"，否定人的生命"结构"，其代表人物法国哲学家让-保罗·萨特主张，世界和人生毫无客观结构和规律可言，一切皆取决于个人的自由选择。上述两种理论将人的一体化生命本体"结构与选择"割裂，用一个贬斥和否定另一个，形成了人的生命本体论的二元对立，走向了极端和片面①。

马克思主义辩证思维是认识和解读人的生命本体的主要工具和前提条件。要实现人的生命本体论从"二元论"到"二重性"的转变，就必须掌握马克思主义辩证思维，进行思维方式变革，实现由"本体论思维"到"实践论思维"、由"形而上学思维"到"辩证法思维"、由"种思维"到"类思维"的超越。马克思主义辩证思维揭示了人的生命本质——实践，并以"实践论思维"去分析和认识人的生命本体，建立了理解人生命中各种二元关系辩证统一的科学基础，从而克服了"本体论思维"在主观与客观、主体与客体、能动与受动、唯物与唯心、自然性与超自然性、结构与选择等问题上的二元对立，将以往被分裂的多种"二元对立关系"转变为"一体化二重性"关系；克服了"形而上学思维"的弊端，让被其割断的人和事物在人的头脑里"连续起来"，运动起来，并系统化，使头脑中的人和世界与客观的人和世界相符合；克服了"种思维"用认识动物的思维（"前定性思维""隔绝性思维"和"自然同一性思维"）去认识人的荒谬性，进一步证明了人是具有"自然生命与超自然生命"的"一体化二重性"生命。马克思主义的思维革命为批判结构主义和存在主义"二元论"谬误、科学阐释人的生命本体"结构与选择"提供了新的视角和方法，开

---

① 陈秉公."主体人类学"概念的提出及知识体系建构.吉林大学社会科学学报，2011（3）.

辟了广阔道路。

人的生命本体"结构与选择"的产生是生命本质最深刻的跃变。生活实践、语言和人脑为人的生命本体"结构与选择"的产生提供了基础和条件。在生活实践、社会交往和语言漫长发展的基础上，猿脑逐渐演变成人脑，猿的生命结构也逐渐演变为人的生命结构。人的生命结构是对猿的生命结构的本质性超越。主要表现在：第一，猿的生命结构仍是动物的简单的生命结构，由尚未分化的混沌的欲望组成，没有自觉的意识和自我意识，而人的生命结构已经超越了动物的生命结构，分化出意识、潜意识和自我意识。第二，猿的生命结构"有结构无选择"，它对环境的反应是由本能决定的，不存在自觉"选择"，而人的生命结构"有结构有选择"，它对环境的反应主要由自觉意识决定，是一种复杂的自觉的行为选择。这标志着世界上生命产生了质的跃变——人的生命本体"结构与选择"诞生。

人的生命本体"结构与选择"的诞生意义极其重大，是自然界的第二次质的飞跃。从无生命到有生命是自然界的第一次飞跃，从有生命到有人的生命是自然界的第二次飞跃。人的生命的产生是大自然进化史上更为关键的飞跃。从此，世界有了人的生命本体"结构与选择"，从而有了人的生命和以人的生命为主体的"属人世界"。如果从自然界与生命关系的角度看，人的生命本体"结构与选择"的产生意义更为重大。表现在：第一，"自在自动体"到"自为自动体"的超越。动物的生命仍属于自然界本身，只是一个仅仅依靠自然本能支配的"自在自动体"，还不是具有自觉能动性的"自为体"，不存在生命的主动权。而人的生命由于具有"结构与选择"的生命本体，已超越了自然，将生存的主动权掌握在自己的手里，已经成为"自为自动体"和"自觉自动体"的统一体。第二，自然环境支配生命到生命改造和协调自然环境的超越。动物生命仅仅是自然环境的一部分，而且在动物生命与自然环境之间，自然环境是支配者、决定者和主宰者。而人的生命完全不同，人的生命本体"结构与选择"能够通过主动的、创造性的生命"选择"来改造自然环境，并使人与自然环境和谐共存。人的生命掌握了处理人与自然环境关系的主动权，有能力改造自然环境并与自然环境相融共生。在人的生命与自然环境之间，人的生命成为自觉的改造者、协调者和融合者。人的生命本体"结构与选择"的诞生使人能够成为自我生命的自觉主体和世界的自觉主体。

人的生命本体"结构与选择"具有"一体化二重性"，既有"结构"，又有"选择"，一体化存在。其中，人的生命"结构"，指人的生命本体所包含的各种生命力量及其相互联系与相互作用方式，是人的生命的基础和生命发展水平的重要标志，决定人的生命"选择"的性质和水平。人的生命"选择"指在一定环境下人对自己行为的决策和挑选，是自觉地能动地改造外界和改造自我的行为实践。人的生命"选择"既改造客观世界也改造自己的主观世界，即改造自己的生命本体"结构与选择"，因而人的生命"选择"也决定人的生命"结构"。因此说人的生命本体"结构与选择"是"一体化二重性"的存在。

这种"一体化二重性"的存在开始于人类的起源，并且向未来无限延伸。考古学人类学发现，由猿变成人，统一的人的生命本体一开始就存在着"结构"与"选择"（制造工具、从事生产和社会交往等）两个方面，而"结构"与"选择"（制造工具、从事生产和社会交往等）一开始就存在于统一的人的生命本体之中。猿人的生命本体"结构与选择"虽然十分简单，尚处在人的精神的"朦胧破晓"阶段，但已经初步形成了根本区别于动物的人的生命本体"结构与选择"，具备了人的"一体化二重性"生命。此后，在生活实践的基础上，人的生命本体"结构与选择"经过近200万年的发展，又走过了"雏形初具"阶段和"系统完型"阶段，才逐步实现现代人生命本体的成熟和相对完善。人的生命本体"结构与选择"不是相互隔绝的"二元论"关系，而是统一的人的生命本体的"一体化二重性"关系。在统一的人的生命本体中，存在着"结构"与"选择"两个构成部分，二者互不相同，但又互不分离，紧密联结，融为一体。人的生命本体"结构与选择"一体化的实质不是其中"结构"压倒或取代"选择"（如结构主义的主张），也不是"选择"压倒或取代"结构"（如存在主义的主张），而是"结构与选择"的辩证融合、发展和超越，是人的生命本体"结构与选择"的"对立面的统一""内在的和解"，是"结构与选择"的连续的"辩证统一"和"自我超越"过程。"结构"是"选择"的生命组织基础，"选择"是"结构"的行为实践。"结构"与"选择"相互联结，相互决定，相互转化。"结构"决定"选择"，"选择"也决定"结构"，共同组成了世界上最深奥难测、变幻无穷的人的生命本体——"结构与选择"。世界上不存在"有结构无选择"的人，也不存在"有选择无结构"的人，只存在"一体化二重性"（"结构与选择"一体化）的人。人的生命本体"结构与选择"是一个开放性存在，是一个向未来无限开放的可能性。它不仅向空间开放，与世界一体化共时态存在，组成强大的"属人世界"；而且向时间开放，与世界一体化历时态存在，使自身与整个"属人世界"不断发展和超越，走向未来。

人的生命本体"结构与选择"既是人的生命的存在方式，又是人的生命的生存方式。在外界环境压力下，人的生命本体"结构与选择"自觉运作，"结构"产生"选择"，"选择"改造环境，也改造自己的原"结构"；在新的外界环境压力下，新的"结构"又产生新的"选择"，新的"选择"再改造环境，也改造自己的"原结构"……也就是说，在外界环境压力下，人的生命本体"结构与选择"之间相互转化、相互改造、相互决定，循环往复，以至无穷。这个过程所反映的正是人的"类生命"的"一体化二重性"生命本性，所表现的正是人类所独有的"类"生存方式，所展现的正是人类从远古至今再走向未来的波澜壮阔的无限超越的生命历程。

（二）中外学者对人的生命本体所做的探索

回顾人类文明史，中外学者从未停止对人的生命本体的探索，曾提出数十种著名理论，虽然并未真正解开人的生命本体之谜，但却为解开人的生命本体之谜铺就了道路和阶梯，做出了贡献。

1. 古代学者对破解人的生命本体之谜做出的探索

中国和西方古代学者曾对人的生命本体做过认真探索，提出了精彩的人的生命本体理论。如，中国儒家创始人孔子，提出了"君子三道"说，即"君子道者三，我无能焉：仁者不忧，智者不惑，勇者不惧"（《论语·宪问》）。显然，孔子将人的生命本体归结为"仁智勇"。孟子发展了孔子的人的生命本体理论。他说，"恻隐之心，人皆有之；羞恶之心，人皆有之；恭敬之心，人皆有之；是非之心，人皆有之。恻隐之心，仁也；羞恶之心，义也；恭敬之心，礼也；是非之心，智也。仁义礼智，非由外铄我也，我固有之也"（《孟子·告子上》）。他还认为，人性可分为自然性和社会性。人的自然性即饮食男女、耳目口腹之欲，人的社会性即仁义礼智"四德"。人与动物的区别在于动物只有自然性（"小体"），而人既有自然性（"小体"），也有社会性（"大体"）。一个人如果只有自然性（"小体"），而无社会性（"大体"），则是"小人"，无异于禽兽。他认为，心的功能在于思考。人要成为人，就要用心思考。只要肯用心思考，就能将"四端"（"恻隐之心、羞恶之心、恭敬之心、是非之心"）上升和扩展为"四德"（"仁义礼智"），成为君子。显然，孟子构筑了一个人的生命本体及其形成发展的理论系统。古希腊学者柏拉图也提出了人的生命本体理论。他在《理想国》中提出了"灵魂三分说"，认为人与动物和植物不同，动物和植物只具有低等的灵魂，而人具有高等的灵魂——理性的灵魂，因而人才是最接近于神的存在。人的灵魂由三个等级组成：理性（智慧）、意志（勇敢）和情欲（节制）。而人相应地由三类金属（金、银、铜铁）做成。社会也由这三类人组成：以"金"做成的"哲学王"，具有智慧美德，统治社会；以"银"做成的武士，具有勇敢美德，保卫国家；以"铜铁"做成的平民，也就是农民、工匠和商人，有节制美德，从事生产和经济，供养国家。如果这三个等级各安天命，国家就会和谐，就具有公共美德——公道和正义①。可见，在人类文明的早期，中外许多杰出思想家曾对人的生命本体做过认真研究和探索，提出了许多深刻洞见和富有启发性的理论。

2. 近代学者对破解人的生命本体之谜做出的贡献

近代以来，许多著名学者提出了丰富的人的生命本体理论，虽然并未真

---

① 高清海. 欧洲哲学史纲新编. 长春：吉林人民出版社，1990：91-93.

正破解人的生命本体之谜，但已将人类对于人的生命本体的认识向前推进了一大步。如，奥地利西格蒙德·弗洛伊德（1856—1939）提出的"本我、自我、超我"的人的生命本体理论。他认为，人的生命本体可以划分为"本我""自我"和"超我"三个部分。"本我"由最原始的生物能量组成，处于潜意识之中，受动物的快乐原则支配，这个基本的生物要求就是性，它不能区分生理需求意向与外界现实的差别。"自我"是有理性的意识，它企图把"本我"的需求意向同现实世界联系起来，为"本我"服务，并受现实性原则支配。"超我"是成熟的理智，是人类文明和道德的维护者。当"本我"的生命需求发动之后，"自我"便根据"超我"的原则去指导行为。他还依据这个理论提出了"精神分析疗法"①。显然，他提出了一个人的生命本体理论框架，贡献巨大。但是，他的理论有"唯性论"和"泛性论"倾向，同时对于"自我"和"超我"关系的解释有点薄弱，缺欠也很明显。再如，美国凯伦·霍妮（1885—1952）提出的"真实我、现实我和理想我"的人的生命本体理论。她认为，人的"真实我"是人最基本的生理和精神需求，是潜在的自我。但是，人们在生活中都以一个现实的自我存在着（"现实我"），也都在追求着一个理想的自我（"理想我"）。对于每个人来说，"现实我"和"理想我"的矛盾具有更为重要的意义，"现实我"包括那些在任何特定时期真正体现自己的东西。"理想我"反映了我最希望成为的那种人。由"现实我"追求"理想我"是人们行为的内在基本动力，同时，也是人们产生神经性疾病的原因②。应当说，霍妮的人的生命本体理论纠正了弗洛伊德理论的"泛性论"弊病，从"理想我"和"现实我"的矛盾去揭示人的生命结构，具有明显的进步。但是仍有缺欠，仅从"理想我"和"现实我"的角度去解释人的行为和产生神经性疾病的原因，显然是不全面的，无法解释人的全部复杂多变、变幻莫测的行为。再如，美国亚伯拉罕·马斯洛（1908—1970）提出的"五种需要"的人的生命本体理论。他认为，人有强度不同的本能化的需要（生理的需

---

① 弗洛伊德. 精神分析引论. 北京：商务印书馆，1984；弗洛伊德. 弗洛伊德后期著作选. 上海：上海译文出版社，1986.

② 霍妮. 我们时代的神经质人格. 贵阳：贵州人民出版社，1998；霍妮. 我们内心的冲突. 贵阳：贵州人民出版社，1990.

要、安全的需要、归属和爱的需要、自尊的需要、自我实现的需要），并假设这些本能化需要是层梯式的，是人的行为的动力来源。人的一生都受控于这些层级的需要，为满足这些需要而奋斗，向上攀登。人的需要产生动机，从而引起人的行为。他将这个理论称为"动机理论"①。显然，他以人的需要解释人的行为，把需要看作行为的动因，具有一定的合理性，避免了弗洛伊德单纯从"性欲"的驱动力和霍妮单纯从"理想我"与"现实我"关系的角度解释人行为的不足。但是，他的理论仍然是不全面的。他仅仅从需要和欲望去解释人的行为，既不科学也不符合实际。人的需要能为人的行为提供基本能量和大致趋向，但并不能直接决定人是否行为和怎样行为。人是有理性的动物，理性是人的行为的最终决定力量。一般而言，人的行为是由需要和理性判断共同决定的。在一定外界环境压力下，人的行为由"需要"发动，由理性"判断"决定。理性"判断"才是人的行为的最终决定力量。显然，马斯洛的理论存在明显缺欠，排斥甚至忽视意识和理性对人的行为的决定性作用，必然无法科学地解释人的变幻莫测、深奥难测的行为。

对人的生命本体理论做出重要贡献的人物还有很多，不仅包括直接研究人的生命本体理论的学者，还包括提供了重要相关知识和方法的杰出人物。如斐迪南·德·索绪尔、让·皮亚杰、弗里德里希·威廉·尼采、马克斯·韦伯、布鲁诺·拉图尔、阿诺德·汤因比、库尔特·勒温等，特别是本书开头时提到的列维-斯特劳斯和让-保罗·萨特。他们创造了丰富、深刻、生动的人的生命本体理论及相关理论和方法，为破解人的生命本体之谜铺就了道路和阶梯。

在马克思主义辩证思维指引下，沿着前人的学术足迹继续前行，就能够破解人的生命本体之谜。30多年来，本人不断追踪和研究相关领域破解人的生命本体之谜的最新成果并经过长期调查和实验②，得出初步看法。

---

① 马斯洛. 自我实现的人. 北京：三联书店，1987；霍夫曼. 做人的权利：马斯洛传. 北京：改革出版社，1998.

② 笔者于1986—1987年组织42人在八省市（长春、北京、西安、武汉、成都、广州、深圳、上海）多次进行"人格及价值观"调查，于1995—2005年在吉林省、河南省和深圳市等地进行"人格结构及完全人格教育"实验，发表了《21世纪与中国传统理想人格模式现代化》等文章，出版了《中国人格大趋势》等论著。

这就是，人的生命本体具有"结构与选择"的"一体化二重性"，是"结构与选择"的"一体化二重性"的有机统一。这可具体表述为：人的生命本体"结构与选择"基本由"三级结构八种力量"构成。(1)"三级结构"指人的生命本体"结构与选择"由三个层次有机构成，是人的生命本体"结构与选择"的基本结构。第一层次："人格需要力"，指在人的潜意识之中存在的各种需要和欲望力量，属于人的生命本体"结构与选择"的基础层次，给人的行为选择提供原始的能量和基本的趋向。第二层次："人格判断力"，指在人的意识之中存在的各种理性力量，属于人的生命本体"结构与选择"的核心层次与关键层次，与"人格需要力"相联结，最后决定人的行为选择。第三层次："人格行为选择"，指在一定环境下，人对自己行为的决策和挑选，贯穿在人的全部生命实践活动之中，是改造外界和改造自我的自觉实践活动。(2)"八种力量"指人的生命本体"结构与选择"所包含的八种最基本的生命力量。"八种力量"分别地存在于"三级结构"中。第一层次："人格需要力"，包含三种生命力：1)"生存需要力"，如食欲、性欲和安全欲等。2)"归属需要力"，如爱欲、类群欲和自尊欲等。3)"发展需要力"，如求知欲、成就欲和完美欲等。"人格需要力"基本存在于人的潜意识之中。第二层次："人格判断力"，包含四种生命力：1)"思想道德力"；2)"智慧力"；3)"意志力"；4)"反省力"。前三种"人格判断力"存在于人的意识之中，第四种"人格判断力"存在于人的自我意识之中。第三层次："人格行为选择"，包含一种生命力："人格行为选择"①。可见，人的生命本体"结构与选择"不是人的生命本体外部的二元对立关系，而是人的生命本体内部的"一体化二重性"关系，是人的生命本体内部的矛盾的否定性的一体化关系。人的生命本体"结构与选择"是一个复杂的生命系统，既包含复杂的人的生命"结构"，又包含更为复杂的人的生命"选择"，是人的复杂的生命"结构"与人的

---

① 本人为破解人的生命本体"结构与选择"之谜曾追踪哲学、哲学人类学、人类学及相关学科前沿 30 余年，并经过调查和实验，得出初步结论，撰写的专著《主体人类学原理——"主体人类学"概念提出及知识体系建构》(中国社会科学出版社，2012)入选 2011 年"国家哲学社会科学成果文库"。其中提出和阐述了"人格结构与选择"图形理论，认为人的生命本体"结构与选择"由"三级结构八种力量"构成。具体内容参见该书第 177-311 页。

更为复杂的生命"选择"的具体的历史的统一。这是人的生命与其他生命不同的深刻内在原因。正因为人有与世界上其他一切生命不同的"结构与选择"生命本体，人的生命才能够如此丰富、生动、深刻、复杂而神秘。它既属于自然，又属于社会；既有无限欲望，又有卓越理智；既能聪明高贵，又能愚昧卑下；既能坚如磐石，又能脆弱易碎；既能反省超越，又能一错再错；既能无限憧憬美好未来，又能不断做出自我毁灭行为；既有无限希望，又总是生活在困境和绝望之中；既是进化得最成熟的物种，又总是处在无限的未完成状态；既能够被认识，又永远无法被真正说透……的确，我们很容易在对人的判断上失误，有时我们似乎说透了人，而实际上却差得很远；有时我们似乎发展了人，而实际上却发展了人的异化和文明的危机……人真是一个神奇无比的动物，一个深奥难测的生命系统，一个令所有科学家赞叹不已而又困惑不已的研究对象！诚然，人是可以认知的，但是认识人并不比认知整个世界简单和容易，即使像莎士比亚、帕斯卡尔、舍勒、卡西尔、兰德曼这样的讴歌人、研究人的杰出人物，至多也只能照亮人的一个部分或一个方面，而无法照亮人的全部！人必然是一个永恒的研究对象！

人的生命本体"结构与选择"具体表现出共时态存在、历时态存在和交互关系态存在等多种存在方式，具有多种属人特性和功能。

（三）人的生命本体"结构与选择"的共时态存在

人的生命本体"结构与选择"的共时态存在，指在同一空间内人的生命本体"结构与选择"的存在形态。从共时态视角看，人的生命"结构"与人的生命"选择"是人的统一生命本体的有机构成部分，是一体化的"二重性"。在人的统一生命本体中，"结构"与"选择"各具特定的地位和功能，应对环境，对立统一，相互转化，缺一不可。这表现为人的生命本体"结构与选择"的静态存在和动态存在。

1. 人的生命本体"结构与选择"的静态存在

人的生命本体"结构与选择"的静态存在可表述为，人的生命"结构"是人的生命的组织基础，人的生命"选择"是人的生命的行为实践，人的生命本体"结构与选择"是人的生命的组织基础与人的生命的行为实践的"二重性统一"。

人的生命"结构"是由人的若干生命力量有机组合而成的生命系统，是人的生命的组织基础和前提，支撑、规定和制约人的生命"选择"。人的生命"结构"精致复杂、变化无穷、深奥难测，是人类进化的硕果，也是一个永远无法完全破译的研究对象。正如马克思所言，人就是人的世界。人类从未停止过对"自己"的解读和探索，曾提出过大量理论和假说。笔者曾对人的生命本体做过长期研究，深感人的生命"结构"的精致、复杂和深奥，也深知人的生命"结构"组织基础作用的巨大。人的生命及其一切"选择"都建立在人的生命"结构"基础之上，人的生命"选择"都是在一定环境（自然与社会）下人的生命"结构"所做出的生命"选择"，没有人的生命"结构"，人的生命及其一切"选择"都是不可能的。人的生命"结构"也是解释人的生命"选择"的基础，人的一切生命"选择"都能够在人的生命"结构"中找到某种原因，获得说明或一定程度的说明。人的生命"结构"是人性复杂的内在原因，人的生命"结构"的复杂性决定了人性的复杂，人的生命及其"选择"的深奥难测和变幻无穷归根结底来源于人的生命"结构"的深奥难测和变幻无穷。人的生命"结构"既是共时态存在，又是历时态存在；它是过去的延伸，又始终向未来开放。人的生命"结构"既是对人的生命"创造"和"自由"的支撑，又是对人的生命"创造"和"自由"的制约。人的生命"结构"对于人的生存发展和命运具有决定性意义。它决定了人在一定环境（自然与社会）下的生命"选择"，从而内在地影响甚至决定了人的命运。所谓"性格决定人的命运"，实质是人格结构决定人的命运。人格结构（"三级结构八种力量"）是性格的组织基础，有什么样的人格结构就会有什么样的性格，而有什么样的性格往往就会有什么样的命运。人的生命"结构"是人的生命的组织基础，人的生命"选择"一刻也不能脱离人的生命"结构"。

人的生命"选择"是在一定环境下人的生命"结构"运作的结果，是人为了解决自身与外界环境（自然与社会）的矛盾而对自己行为的挑选，是对客观世界与主观世界的能动的自觉的改造活动。人的生命"选择"是只属于人的能动的自觉的行为实践。人的生命"选择"的丰富内涵充分表现在：第一，人的生命"选择"是人在外界环境压力下，经由人的生命"结构"运作而产生的。人的生命"选择"是人对外界环境压力的回应，是普遍的、经常的、大量的行为，是人改造客观世界和改造主观世界的基本方式，同时，也是人掌握命运，走向自由的基本方式，体现了人的活跃而顽强的无可阻挡的生命力。第二，人的生命"选择"的本质是人的生命"实践"。自古以来，许多著名学者都赞美过人的生命"选择"，但都没有说清人的生命"选择"的本质。马克思科学地揭示了人的生命"选择"的本质——人的生命"实践"。"选择"是人的生命"实践"的具体方式，是人的特殊生命本质——实践——的具体体现。人的全部实践活动都是通过人的生命"选择"方式进行的，也都是通过人的生命"选择"体现和实现的。没有人的生命"选择"就没有人的生命"实践"。在人的生命"选择"之外再无人的生命"实践"活动。在这个意义上可以说，人的生命"选择"就是人的生命"实践"，人的生命"选择"过程就是人的生命"实践"过程。第三，人的生命"选择"对人的生存发展和命运具有决定性作用。一般而言，人的命运主要地不取决于环境和他人，也不取决于所谓的神灵，而取决于自己面对环境的生命"选择"。在一定环境条件下，生命"选择"正确就会走向成功，生命"选择"错误就会走向失败，一系列重大生命"选择"的正确或错误大体决定了人的成功或失败。在一定环境条件下，人的命运归根结底是由人的生命"选择"决定的。

　　人的生命本体"结构与选择"是人的生命组织基础与生命行为实践的"二重性统一"。人的生命"结构"是人的生命的组织基础（肉体的和精神的），人的生命"选择"是人的生命的行为实践。人的生命"结构"与人的生命"选择"共同组成了人的生命本体"结构与选择"。在人的生命"结构"与人的生命"选择"之间存在着相互依存、相互规定、相互支撑、相互转化等多种复杂的"一体化二重性"关系，体现了人的生命组织基础与生命行为实践的"二重性统一",共同影响和决定人的生存发展和命运。

2. 人的生命本体"结构与选择"的动态存在

人的生命本体"结构与选择"的动态存在可表述为,在一定环境(自然与社会)压力下,人的生命"结构"运筹回应环境,人的生命"选择"决策和执行回应环境——人的生命本体"结构与选择"的动态存在是人的生命运筹回应环境与决策、执行回应环境的"二重性统一"。

在外界环境压力下,人的生命"结构"与人的生命"选择"的一体化运作过程大致是:"环境刺激"+人的生命"结构"→人的生命"选择"。这个过程整合了人的生命"结构"的各种力量。人依据一定的选择程序,运筹回应环境的对策,最终决策和执行回应环境的行为。这是人的生命应对环境压力的自觉行为,是能动的改造世界和改造自我的活动,是人的自我"创造"、自我"创生"和自我"超越"过程,是人的生命本体"结构与选择"的动态的"二重性统一"。不论个人的生存发展,还是人类文明的进化和发展,都是在一定环境压力下,通过人的生命本体"结构与选择"的动态的"二重性统一"实现的。

人的生命本体"结构与选择"的动态的"二重性统一",主要表现为在一定环境压力下,人的生命本体"结构与选择"经过复杂的运筹、决策和执行过程而产生的统一行为。它大体有四种类型:(1)"程序性"行为。主要指在外界环境压力下,为了生存和发展,人的生命本体"结构与选择"采用一般性行为选择机制而进行的行为选择。它是在外界环境压力下,"人格需要力"首先发动,而后"人格判断力"参与,并最终由"人格判断力"决定而产生的行为。"程序性"行为具有普遍性和一般性,人的通常的行为选择基本上都是"程序性"行为。(2)"表现性"行为。主要指在外界环境压力下,仅由"人格需要力"决定的行为选择。它是在一定外界环境压力下,虽然"人格需要力"开始运作,但是"人格判断力"由于各种原因并未参与决策或无力参与决策,仅由"人格需要力"单独决定的行为选择。"表现性"行为选择具有特殊性,是一种特殊行为。在一般情况下，"人格判断力"是人的生命本体"结构与选择"的主持者，是人的行为选择的最后决定力量，是行为选择的忠实"守门人"，不会出现"表现性"行为。然而，人的生命本体"结构与选择"是世界上最复杂而神奇的存在，在人的行为选择中总会有许多现象是难以解释的，这些特殊现象中有相当一部分属于"表现性"行为。如：童年时代的某些行为（害怕大动物，欺侮小动物，喜欢上树等）、做梦、醉酒、偶尔出现的自己都无法解释的表情或动作等。这些行为不是由理智的代表——"人格判断力"（意识）——决定的，而是由非理智的欲望的代表——"人格需要力"（潜意识）——决定的。"表现性"行为虽然是特殊的、少量的行为选择，却意义重大。它几乎原封不动地将人的生命本体的某种"真实"表现出来，呈现在外人面前，往往是研究人的"真实"的最佳对象。（3）"真理性"行为。主要指在一定外界环境压力下，由"人格判断力"单独决定的行为。它是在一定外界环境压力下，"人格需要力"或者没有发动，或者虽然已经发动但被"人格判断力"根本否决，而由"人格判断力"单独决定的行为。这种行为选择虽然是个别的、少数的，但却是存在的。人是有理性的动物，理性是行为选择的最后决定者。这种选择往往意味着人将要为真理（理性）做出牺牲，可称为"真理性"行为，是人性高贵的展现。如：革命先烈和志士仁人的慷慨赴难行为，英勇将士为人民而甘愿粉身碎骨的行为等。决定他们行为的唯一力量就是真理和正义。（4）"不行为"。指在一定外界环境压力下，"人格判断力"经过思考，没有选择任何行为。在一定外界环境压力下，"人格判断力"经过深入思考和谋划，否决任何可能的行为表现，决定"不行为"。这种"不行为"虽然没有行为表现，但也是一种选择行为，而且多数是一种深谋远虑的行为。"不行为"实际上经过了人的行为选择的全部程序，也可称为另一种类型的"程序性"行为。

人的生命本体"结构与选择"的行为选择表现出向度。行为选择的向度，指人的行为选择的基本指向。从总体上看，人的行为选择具有两个向度——"外向行为选择"与"内向行为选择"。其中，"外向行为选择"指在一定外界环境压力下，人的行为选择指向外界环境，是一种适应或改造外界环境的行为。这就是人们经常说的"改造客观世界"行为。"内向行为选择"指在一定外界环境压力下，人的行为选择指向自身的生命本体（"结构与选择"），主要表现为反省、改造和超越自身的生命本体（"结构与选择"）的行为。这就是人们经常说的"改造主观世界"行为。一般而言，人的行为选择基本是"外向行为选择"与"内向行为选择"交互转化进行的。在生命实践中，经常出现的情况是，如果"外向行为选择"不顺利，就转向"内向行为选择"，通过学习和反省，改造和超越原生命本体"结构与选择"，而后再转向"外向行为选择"……不论何人，他的一生都是在"外向行为选择"与"内向行为选择"的反复交互中度过的。

（四）人的生命本体"结构与选择"的历时态存在

人的生命本体"结构与选择"既是共时态存在，又是历时态存在。人的生命本体"结构与选择"的历时态存在，指人的生命本体"结构与选择"在先后时间上的形态。西方学者罗姆巴赫指出："一切都生活着，宇宙也如此。""结构就在结构中形成。"也就是说，结构是"过程的结构"①。人的生命本体"结构与选择"既是现实的、当下的存在，又是发展过程，是过程中的存在。

对于人的生命本体"结构与选择"的形成历程，古今学者进行了大量研究，取得了重要成就。近现代以来，我国杰出学者林耀华、林惠祥、刘文英，西方著名学者摩尔根、达尔文、弗洛伊德、荣格、皮亚杰、柯尔伯格、埃里克森等都进行了深入研究并做出重要贡献。中国杰出学者刘文英曾提出人的"精神太极图"理论，认为人的精神世界由意识和潜意识两部分构成，二者互相贯通，负阴抱阳、阴阳互补，构成一幅生动的"太极图"，并认为人的"精神太极图"经历"三个历史阶段"而逐渐形成。这

---

① 罗姆巴赫. 作为生活结构的世界. 上海：上海书店出版社，2009：10-12.

"三个历史阶段"分别是原始人"精神太极图"的混沌天元阶段、早期智人"精神太极图"的初步成形阶段和晚期智人"精神太极图"的完成阶段①。这是一个颇有创意的描绘，其中关于人的精神发展的"三个阶段"的划分和关于原始思维特征的描绘具有探索性和启发性，但关于人的生命本体是"阴阳结构"和用"精神太极图"来解释人的生命本体的观点则有点牵强附会和神秘，与人的生命本体不符，有违科学性。瑞士心理学家皮亚杰提出了认知结构发展"四阶段"理论。他认为，人是一个主动的有机体。人的认知结构发展有一定的顺序性和阶段性，不可违背。他将人的认知结构发展划分为"四个阶段"："感觉运动期"（0～2 岁）、"前运思期"（2～7 岁）、"具体运思期"（7～11 岁）和"形式运思期"（12 岁至成人）②。他还认为，情感的发展与智力机能的发展是紧密吻合的，甚至是完全平行的③。人的精神世界发展与人的认知结构（逻辑思维等）发展具有密切相关性。在一定意义上可以说，人的认知结构的发展支撑和制约了人的精神世界的发展。皮亚杰的认知结构发展"四阶段"理论产生了广泛的世界性影响。美国心理学家、教育学家柯尔伯格赞同皮亚杰的理论，并依据皮亚杰的认知结构发展"四阶段"理论，提出了著名的道德判断（道德认知结构）的"三个水平六个阶段"理论。这就是，（1）"前习俗水平"——包含两个阶段：1）"以惩罚和服从为定向"阶段；2）"以工具性的相对主义为定向"阶段。（2）"习俗水平"——包含两个阶段：1）"以人与人之间的和谐一致或者'好男孩—好女孩'为定向"阶段；2）"以法律与秩序为定向"阶段。（3）"后习俗的、自主的或有原则的水平"——包含两个阶段：1）"以法定的社会契约为定向"阶段；2）"以普遍的伦理原则为定向"阶段④。柯尔伯格的"三个水平六个阶段"道德认知结构发展理论也产生了广泛的世界性影响。皮亚杰和柯尔伯格的理论都说明一个道理：人的精神世界的发展要受到社会实践、文化和信息等外在因素的影

---

① 刘文英. 漫长的历史源头：原始思维与原始文化新探. 北京：中国社会科学出版社，1996：403-433.

② 黄希庭. 人格心理学. 杭州：浙江教育出版社，2002：477-483.

③ 皮亚杰. 教育科学与儿童心理学. 北京：文化教育出版社，1981.

④ 魏贤超. 道德心理学与道德教育学. 杭州：浙江大学出版社，1995：122-125.

响，但也必然要受到人的"认知结构"发展等内在因素的制约和影响，甚至可以说，人的"认知结构"的发展水平和阶段内在地支撑和制约着人的精神世界的发展水平和阶段，人的精神世界的发展是随着人的"认知结构"的发展而发展的。

人的生命本体"结构与选择"的历时态存在大体可做如下表述：

1. 人类生命本体"结构与选择"的形成历程

人类生命本体"结构与选择"是一个在社会生活实践和肉体（特别是大脑）的基础上形成的精神系统，是由类人猿的无意识结构经过几百万年进化和演变而逐步生成的，经历了漫长的由暗夜到破晓、由昏茫到清醒的进化过程。这一过程大体可分为三个阶段：

第一阶段：猿人时期，可称为"朦胧破晓"阶段。在此阶段，类人猿刚进化为猿人，它的生命本体"结构与选择"大致处于潜意识水平。意识刚刚产生，仅仅呈现为一个小亮点，出现在潜意识之中。虽然它仅仅朦胧地照亮了猿人的一点精神世界，但却意义重大，是人类精神世界的伟大的破晓和黎明，表现为一种"朦胧破晓"图像（见图9-1）。在这个阶段，猿人的行为基本上仍然依靠潜意识的本能支配。

第二阶段：早期智人时期，可称为"雏形初具"阶段。在此阶段，早期智人的意识和潜意识继续分化。其中，"自觉意识"逐步扩大并照亮了精神世界的一片，但是从整体上看，"自觉意识"仍然较弱并被潜意识包围着。早期智人的生命本体"结构与选择"仍是潜意识占据优势，居于统治地位（见图9-2）。这使他们的精神世界经常出现"两极交替"现象——有时意识支配行为，有时潜意识支配行为，表现出一种清醒与昏茫轮番交替的精神现象。这表明，早期智人的生命本体"结构与选择"是一个由猿人生命本体向晚期智人生命本体进化的过渡阶段。

第三阶段：晚期智人时期，可称为"系统完形"阶段。在此阶段，晚期智人已经基本完成了意识与潜意识的分化，大体形成了人的生命本体"结构与选择"的完整系统。这时，自觉意识走向丰富、细致、深刻并逐步实现功能专属化，完全占据了精神世界的前台，处于彰显状态，而潜意识则全部退居精神世界的后台，处于潜隐不显的状态。在通常情况下，他们的行为由意识（包括自我意识）直接决定，潜意识已不再直接决定行为。当然，特殊情况例外，如梦境、催眠、儿童的某些行为等（见图9-3）。这个变化促成了人类发展史上的又一次新飞跃，人类从此具有"系统完形"的生命本体，最终从动物界中超越出来，真正成为人——一个人类学分期意义上的"现代人"。但是，有一点仍须指出，晚期智人的潜意识虽然已退居后台，处于潜隐不显状态，但是并没有丧失其固有的巨大能量和对人的生命及命运的至关重要的作用和影响力。其实，晚期智人的潜意识之中几乎包含着猿人的除那个小亮点之外的全部生命本体力量，并且它们已经演变为一团隐秘的需要、欲望和激情，仍企图控制人的行为，不容忽视。以至于文学家泰纳说："我们所谓的本性，其实是一团隐秘的激情……我们自以为引导着它们，其实是它们引导着我们，我们把我们的行为归因于我们自己，其实是它们的作为。……其行为能超出我们的一切推理和一切控制之外。"① 忽略这一点，仍无法真正解读人的生命本体"结构与选择"。还应看到，晚期智人的生命本体虽然已经成形，但仍比较简单，并不成熟，更不完美，处在进化过程的较早阶段。在生活实践的基础上，人的生命本体"结构与选择"将永远既是当下的存在，又是进化的过程，并能够通过不断的反省和超越，向未来无限敞开，无限开放，处在永恒的进化过程之中。

2. 个体生命本体"结构与选择"的成长过程

德国生物进化论学者海克尔曾提出"基本生物发生律"，认为有机个体的发育过程以微缩的形式复演了类的进化历程。人也是如此，个体生命本体"结构与选择"的成长过程也大体复演了人类生命本体"结构与选择"的形成历程。个体生命本体"结构与选择"的成长过程也大体经历了三个阶段：

第一阶段：0～3岁婴幼儿时期，也可称为"朦胧破晓"阶段。在这个阶

---

① 卡西尔. 人文科学的逻辑. 北京：中国人民大学出版社，2004：30.

段，幼儿的生命本体"结构与选择"很不完善，潜意识几乎占据了生命本体"结构与选择"的全部，意识只是一个小亮点，行为基本是靠本能支配的。其生命本体类似猿人的生命本体，可以用猿人的"朦胧破晓"生命本体"结构与选择"图来表示。瑞士心理学家荣格曾指出："个体的精神是从一种混沌的、未分化的统一状态中开始的。"① 瑞士心理学家皮亚杰则将 0～2 岁儿童的心理称作"感知—运动"阶段心理。他认为，幼儿在"感知—运动"阶段甚至不知道自己是自己活动的发源者和控制者②。我们也经常可以看到婴幼儿吮吸自己手指和脚趾的现象。这是一种最初的人的生命本体"结构与选择"存在的主客不清、物我不分的"混沌现象"。2 岁以前幼儿的生命本体"结构与选择"基本是潜意识控制的世界，只是在潜意识之中已经存在一个极有发展前景的小亮点——自觉意识，类似于猿人的"朦胧破晓"生命本体。

第二阶段：3～10 岁幼儿和少年时期，也可称为"雏形初具"阶段。在这个阶段，幼儿和少年的意识和潜意识继续分化，"自觉意识"逐步扩大，照亮了精神世界的一片，但是从整体上看，"自觉意识"仍然较弱并被潜意识包围着。其生命本体类似早期智人的生命本体，可以用早期智人的"雏形初具"生命本体"结构与选择"图来表示。幼儿和少年的生命本体"结构与选择"仍然是潜意识占据优势，居于统治地位。他们的行为有时是由意识支配的，有时则是由潜意识支配的，意识与潜意识交替直接支配行为，因而，其行为往往出现"一阵聪明，一阵糊涂；一阵听话，一阵不听话"的两极变化状态和说不清行为原因的"混沌"现象。一般来说，2 岁以后的儿童，不仅意识发展了，而且自我意识也开始出现并迅速发展。他们尝试使用"我"来表达意向。这表明，他们开始发现"自我"，逐渐结束主客不清、物我不分的"混沌"现象，开始区分主客关系，试图建立主体意识，为将来成为独立主体，承担自己的权利和义务打下基础，意义极其重大。康德曾指出：儿童开始用"我"说话，对他而言就像亮起了一

---

① 霍尔，诺德贝．荣格心理学入门．北京：三联书店，1987：112.
② 皮亚杰．发生认识论原理．北京：商务印书馆，1987：23.

道光①。可见，3～10 岁，是幼儿和少年"意识与潜意识""意识与自我意识"迅速分化的关键时期。在这段时间里，重要的任务是引导他们正确认识自我与他人的关系，使他们一方面积极树立自觉的主体意识，做好掌握自己命运的准备；另一方面明晰自我与他人以及社会的关系，准备为他人和社会服务。否则，他们将很难适应正常的社会生活。

第三阶段：10～18 岁少年和青年初期，也可称为"系统完形"阶段。在这个阶段，幼儿和少年逐步进入青年初期，其生命本体类似晚期智人的生命本体，可以用晚期智人的"系统完形"生命本体"结构与选择"图来表示。在这个阶段里，不仅意识与潜意识的分化已经基本完成，而且意识与自我意识的分化也已基本完成，意识与自我意识共同构成了自觉意识。这时，自觉意识发展迅速，完全占据了生命本体"结构与选择"的前台，潜意识已经全部退居后台。在一般情况下，自觉意识直接决定行为，而潜意识不再直接决定行为（特殊情况除外）。在青年初期，人的生命本体"结构与选择"逐步成形，开始以完整的生命本体"结构与选择"去面对环境（自然与社会）压力，并尝试以成人的和主体的姿态去生活和奋斗。这是个人成长史上的意义非同寻常的飞跃。当然，在青年初期，生命本体虽然已经成形，但仍然比较简单，并未成熟，今后发展和完善生命本体"结构与选择"的任务仍然艰巨。人的一生，其生命本体"结构与选择"都处在发展、自我超越和完成的过程之中。

人的生命本体"结构与选择"的进化是在社会实践的基础上，在大脑逐渐成熟和掌握语言之后实现的。其中，社会实践是人的生命本体"结构与选择"进化的社会生活基础，大脑是人的生命本体"结构与选择"进化的生理基础，语言是人的生命本体"结构与选择"进化的必需工具和条件。在这三项基础性因素的作用下，人的生命本体"结构与选择"逐步走过了"朦胧破晓"阶段、"雏形初具"阶段和"系统完形"阶段。此后，人的生命本体"结构与选择"仍处在不断进化、发展和完善的过程之中并向未来无限开放。对此，马克思曾深刻阐述了人的三个发展阶段

---

① 康德. 实用人类学. 重庆：重庆出版社，1987：2.

的发展，人的生命"结构"的发展历程决定了人的生命"选择"的发展历程。

人的生命"结构"决定人的生命"选择"，同样，人的生命"选择"也决定人的生命"结构"。人的生命"结构"不是凭空出现的，而是人的生命"选择"长期积累的结果，人的生命"选择"的发展是人的生命"结构"发展的基础和动力。这主要表现在以下几个方面：第一，人的生命"选择"是人的生命"结构"生成的基础。从整个人类来看，人的生命"选择"是人的生命"结构"生成的基础和条件。人的生命"结构"与动物的生命"结构"有一个根本区别——动物的生命"结构"是自发形成的，而人的生命"结构"是人的生命"选择"长期积累的结果。人的生命"结构"的每一个重大进步都是以人的生命"选择"的进步为基础和条件的。刘文英先生曾对"原始思维结构"的演变过程进行归因分析。他认为，原始思维发展大体经历了三个阶段："意象—动作"运作阶段、"意象—意象"运作阶段、"意象—概念"运作阶段。在"意象—概念"运作阶段后期，人的思维结构开始达到简单的概念运作水平。推动"原始思维结构"进步和转换的基本因素是"制造工具""社会交往"和"语言"的运用。他指出，原始思维的产生和发展"是伴随原始人工具性的行为方式、在制造工具的实践中产生和发展起来的。制造工具的生产实践，是原始思维最深刻的客观基础"①。而"制造工具""社会交往"和"语言"的运用均属于人的生命"选择"范畴。人的生命"选择"是人的生命"结构"形成和发展的基础和条件。从个体来看，人的生命"选择"是人的生命"结构"生成的基本方式。人的一生的生命"结构"都是在生命遗传的基础上，通过生命"选择"逐步建构的，也都是他的生命"选择"长期积累的结果。没有人的生命"选择"就没有人的生命"结构"，也没有人的生命"结构"的发展和跃升。事实上，人通过生命"选择"建构自己生命"结构"的活动从婴幼儿时代就已经开始了。从出生之日起，婴幼儿就通过耳目口舌身这个高度灵敏的"高保真"磁头主动进行全方位扫描的行为

---

① 刘文英. 漫长的历史源头：原始思维与原始文化新探. 北京：中国社会科学出版社，1996：78-83.

选择，搜集各类外界信息，存储于大脑，逐步建构自己的感觉、知觉和知识结构；主动通过"手舞足蹈"的行为选择，逐步掌握时空、韵律和节奏，建构自己的形象思维；通过"咿呀"学语的行为选择，逐步掌握母语的词汇和语法，建构自己的逻辑思维；通过学习和日常待人接物的行为选择，逐步探知世界的奥秘和行为准则，开始建构自己的思想道德力、智慧力、意志力和反省力；主动通过辨析经验和教训的行为选择，开始用理性的力量规范和整合自己的需要、欲望和情感世界，使自己的生命"结构"趋向成熟和完善……稍大以后，他们进入学校，又开始了系统、有目的、有计划、有方法的行为"选择"和训练，以便更加系统而有效地建构自己的生命"结构"。可见，在生命遗传的基础上，是人的生命"选择"建构了人的生命"结构"。在一定意义上，人的生命"选择"的差异决定了人的生命"结构"的差异，人的生命"选择"的水平决定了人的生命"结构"的水平。第二，人的生命"选择"是人的生命"结构"自我超越的基本方式。一般而言，人是通过"内向行为选择"实现生命"结构"自我超越的。在外界环境（自然与社会）压力下，人能够产生两类生命"选择"——"外向行为选择"和"内向行为选择"。其中，"外向行为选择"指向环境（自然与社会），产生改变客观世界的行为；"内向行为选择"指向自我，产生改变主观世界的行为，即改变自我原生命"结构"。在多数情况下，这两类行为选择是交互转换进行的。如果"外向行为选择"成功，则可能进行"内向行为选择"，以便总结经验，进一步完善自己的原生命"结构"；而如果"外向行为选择"失败，则更可能进行"内向行为选择"，以便深刻反省教训，改变和超越自己的原生命"结构"。在现代社会，每一个发展良好的人大都能够进行"外向行为选择"与"内向行为选择"，并使之交互结合进行，不断超越自己的原生命"结构"。人的生命"选择"是生命"结构"发展和自我超越的基本途径和方式。没有人的生命"选择"，人的生命"结构"的发展和超越不可能实现。第三，人的生命"选择"是实现人的生命"结构"自由的基本方式。自由是"类生命"的美好憧憬，而实现这一美好前景的基本方式是人的自觉的生命"选择"。马克思认为，只有在人类社会的高级阶段，使"每个人的自由发展是一切人的自由发展的条件"①，才能真正实现"类生命"的自由。恩格斯说："人离开狭义的动物越远，就越是有意识地自己创造自己的历史，未能预见的作用、未能控制的力量对这一历史的影响就越小，历史的结果和预定的目的就越加符合。"② 毋庸置疑，实现历史结果与预定目的相符合和"类生命"自由，都必须靠人的生命"选择"，也只能靠人的生命"选择"。人的生命"选择"是实现上述美好理想的基本方式。马克思更进一步深刻指出，"人的类特性恰恰就是自由的自觉的活动"③。而人的"自由的自觉的活动"就体现为人的自由的自觉的"选择"。人的"类生命"只有通过自由的自觉的生命"选择"才能实现自由。这包括两个方面：一方面，通过自由的自觉的"外向行为选择"认识和改造客观世界；另一方面，通过自由的自觉的"内向行为选择"改造和完善自己的主观世界。只有这样，才能使人的生命"结构"走向自由和无限。离开人的生命"选择"，实现人的生命"结构"的自由和无限只能是一句空话。

人的生命本体"结构与选择"是人的生命"结构"与人的生命"选择"交互决定的"二重性统一"。人的生命"结构"决定人的生命"选择"，人的生命"选择"决定人的生命"结构"，并且两者反复交互决定，无限进行。也可将其称为"双向决定"的"二重性统一"。这种"双向决定"的"二重性统一"还有多种表现形态。如：相互渗透，相互规定；相互支撑，相互限制；相互联结，相互转化；等等。

在这里，还有必要进一步指出，不仅在人的生命本体"结构与选择"内部存在"双向决定"关系，而且在人的生命本体"结构与选择"外部——人的生命本体"结构与选择"与"社会结构"之间也存在"双向决定"关系。人是类的存在物，必然生活在"社会结构"之中。人的生命本体"结构与选择"为了生存和发展，必然去主动适应、建构或改造"社会

---

① 马克思，恩格斯. 共产党宣言//马克思，恩格斯. 马克思恩格斯选集：第1卷. 北京：人民出版社，1995：294.

② 恩格斯. 自然辩证法（节选）//马克思，恩格斯. 马克思恩格斯文集：第9卷. 北京：人民出版社，2009：421-422.

③ 马克思. 1844年经济学哲学手稿//马克思，恩格斯. 马克思恩格斯全集：第42卷. 北京：人民出版社，1979：96.

结构"，以便为自己创造更好的生存和发展所需要的"社会结构"空间。而"社会结构"为了自身的存在和发展，也必然去积极引导、建构和改造人的生命本体"结构与选择"，推动其进步、发展和自我超越，以实现人的生命本体"结构与选择"对"社会结构"的自觉认同、遵从和支持。这是人的生命本体"结构与选择"外部"双向决定"关系，可简要表述为，人的生命本体"结构与选择"决定（适应、建构或改造）"社会结构"，"社会结构"决定（引导、建构或改造）人的生命本体"结构与选择"，并且两者也是反复交互推动和结合，无限进行。

无论是人的生命本体"结构与选择"内部（"结构"与"选择"之间）的"双向决定"关系，还是人的生命本体"结构与选择"外部（人的生命本体"结构与选择"与"社会结构"之间）的"双向决定"关系，都是在人的生活实践的基础上，通过人的行为选择实现的，也只有通过人的行为选择才能实现。行为选择是实现上述两个"双向决定"关系的基本方式，离开人的行为选择，上述两个"双向决定"关系都不可能存在，更不可能发展。

（六）人的生命本体"结构与选择"的属人特性与功能

人的生命本体"结构与选择"是严密精致、变化无穷的强大生命存在，具有远高于动物生命的多种属人特性和功能，使人有能力掌握自己的命运，成为世界上最具生命活力、最有希望的生命存在。

1. 人的生命本体"结构与选择"的属人特性

人的生命本体"结构与选择"是独特的生命存在，具有多种区别于动物的属人特性。在人的生命本体"结构与选择"与其属人特性之间具有高度的"一体性"关系。人的生命本体"结构与选择"是属人特性的生命基础，属人特性是人的生命本体"结构与选择"的存在方式和必然表现。人的生命本体"结构与选择"的属人特性主要有：

（1）实践性。实践是人的生命本体"结构与选择"的本质性属人特性，也是人与动物的根本区别。马克思说："可以根据意识、宗教或随便别的什么来区别人和动物。一当人开始**生产**自己的生活资料的时候，这一步是由他们的肉体组织所决定的，人本身就开始把自己和动物区别开来。"① 实践是只属于人的本质特性。在人的生命本体"结构与选择"与实践特性之间存在着人的生命本体与人的生命本质的"一体性"关系。人的生命本体"结构与选择"是人的生命本质——实践的组织基础和载体，而实践是人的生命本体"结构与选择"的本质，也是其他多种属人特性的集中体现。人的生命本体"结构与选择"是世界上独一无二的高度发达、高度复杂，充满生命"活性"的组织系统，是世界上唯一能够从事实践活动的生命体，必然能够承载并表现出人的生命本质——实践。人之外的任何高等动物都不具有人的生命本体"结构与选择"，也必然不具有人的生命本质——实践。人的生命本体"结构与选择"与人的生命本质——实践的"一体性"关系，不仅表现为它们之间的"一体化"存在，还表现为它们之间的"一体化"发展。人的生命本体"结构与选择"的发展必然能转化为人的生命本质——实践的发展，同样，人的生命本质——实践的发展也必然能转化为人的生命本体"结构与选择"的发展。它们之中任何一个的进步和发展都会推动另一个的进步和发展；相反，它们之中任何一个的退化或萎缩也都会导致另一个的退化或萎缩。人的生命本体"结构与选择"与人的生命本质——实践之间是"生命本体"与"生命本质"的关系，必然"一体化"存在、"一体化"发展，须臾不能分离。

（2）现实性。现实性是人的生命本体"结构与选择"的前提性属人特性。马克思说，"现实的人即生活在现实的实物世界中并受这一世界制约的人"②，"只要'人'的基础不是经验的人，那末他始终是一个虚幻的形象"③。人是现实的人，人的生命是现实的生命。现实性是人的生命存在和

---

① 马克思，恩格斯. 德意志意识形态（节选）//马克思，恩格斯. 马克思恩格斯选集：第1卷. 北京：人民出版社，1995：67.

② 马克思，恩格斯. 神圣家族//马克思，恩格斯. 马克思恩格斯全集：第2卷. 北京：人民出版社，1957：245.

③ 恩格斯. 恩格斯致马克思（1844年11月19日）//马克思，恩格斯. 马克思恩格斯全集：第27卷. 北京：人民出版社，1972：13.

发展的前提。马克思关于"现实的人"的理论将人置于现实性前提之下，是人类认识自我的一次深刻革命，更加科学地界定了"人"本身。人的生命本体"结构与选择"与人的现实性之间具有"一体性"关系。人的生命本体"结构与选择"是以人的现实性的方式存在的，即人的生命本体由"三级结构八种力量"构成，是一种有血有肉的充满"活性"的现实存在。它不是虚无缥缈、不可触摸的幻影，而是存在于自然和社会之中，可以被感知、被实证的经验性存在，是一个有欲望、有理智、有目的、能实践的现实的完整的生命体，是肉体与精神、欲望与理智、共时性与历时性、改造外界与改造自我相统一的具体的历史的存在。人的生命本体"结构与选择"与人的现实特性之间具有"一体性"关系。人的生命本体"结构与选择"是现实性生命，必然具有现实特性，而现实特性又是人的生命本体"结构与选择"的存在方式和必然表现。世界上任何人的生命本体"结构与选择"都是现实性生命，都具有现实特性。

（3）主体性。主体性是人的生命本体"结构与选择"的根本性属人特性。马克思说："主体是人，客体是自然。"[①] 在人的活动中，"人始终是主体"[②]。"作为主体的人"，"既是运动的结果，又是运动的出发点"[③]。主体性是人作为主体的自觉能动性，是主体在与客体的关系中表现出来的目的性、自主性、自为性、选择性和创造性，是人的根本性属人特性。人的生命本体"结构与选择"与主体性之间具有"一体性"关系，人的生命本体"结构与选择"是主体性的生命基础和前提，而主体性是人的生命本体的基本存在方式和必然表现。人具有远高于任何其他高级动物的生命本体"结构与选择"，必然从动物界中"跃升"出来而成为主体，而且会越来越远离动物界，走向更高的自由自觉境界。人的生命本体"结构与选择"能够支撑人成为世界的自觉主体，与自然界和社会和谐发展，在宇宙中居于崇高的地位。在生活实践的基础上，人的生命本体"结构

---

① 马克思. 《政治经济学批判》导言//马克思，恩格斯. 马克思恩格斯选集：第2卷. 北京：人民出版社，1972：88.

② 马克思. 1844年经济学哲学手稿//马克思，恩格斯. 马克思恩格斯全集：第42卷. 北京：人民出版社，1979：130.

③ 同②121.

与选择"与人的主体性必然"一体化"存在和"一体化"发展，同步走向更高的境界。

（4）二重性。二重性是人的生命本体"结构与选择"的典型属人特性。人的生命包括"自然生命与超自然生命"，是世界上独一无二的"二重生命"，是"二重生命"的统一。马克思说："动物和自己的生命活动是直接同一的。动物不把自己同自己的生命活动区别开来。它就是**自己的生命活动**。人则使自己的生命活动本身变成自己意志的和自己意识的对象。他具有有意识的生命活动。……正是由于这一点，人才是类存在物。"① 动物只有单一的生命——"自然生命"，而人则有"二重生命"——"自然生命与超自然生命"；动物没有自觉的意识，不能主宰自己的生命活动，而人具有自觉意识，能够主宰自己的生命活动，因而人能够成为宇宙间的最高生命——有意识的"类存在物"。人的生命本体"结构与选择"与人的"二重生命"之间具有"一体性"关系，人的生命本体"结构与选择"是人的"二重生命"的基础，而人的"二重生命"是人的生命本体"结构与选择"的存在方式和必然表现。人的生命本体"结构与选择"不仅使人具有"自然生命与超自然生命"，而且还使人进一步产生出理想性与现实性、有限性与无限性、历史性与超历史性、必然与自由、灵与肉等"多重二重性"，并且推动"多重二重性"矛盾交错、相互渗透、相互转化、对立统一，使人的生命成为一个无比丰富多彩的绚丽宇宙，能够与天地比肩，和谐共生。人的"二重性"和"多重二重性"生命深刻体现了人的生命本体"结构与选择"的复杂、精细和高级。人的生命本体"结构与选择"与"二重性"必然"一体化"存在和"一体化"发展，不断走向更高的阶段和水平。

此外，人的生命本体"结构与选择"还有选择性、超越性、无限性等属人特性，同样与人的生命本体"结构与选择"具有"一体性"关系，人的生命本体"结构与选择"是多种属人特性的生命基础和前提，而多种属人特性是人的生命本体"结构与选择"的存在方式和必然表现。

---

① 马克思. 1844年经济学哲学手稿//马克思，恩格斯. 马克思恩格斯文集：第1卷. 北京：人民出版社，2009：162.

2. 人的生命本体"结构与选择"的功能

人的生命本体"结构与选择"既是人的生命的动力装置，又是人的生命的运筹、决策、执行和调控的机器。这里的功能，指人的生命本体"结构与选择"回应外界环境压力，改造客观世界和改造主观世界，掌握自身命运的作用和能力。主要表现在以下两个方面：

（1）人的生命本体"结构与选择"的总体性功能。

所谓总体性功能，指人的生命本体"结构与选择"对于人的生命的整体处境和命运所具有的作用。主要有：

第一，回应环境（自然与社会）的压力和挑战，推动人与世界共同发展。人的生命本体"结构与选择"的首要的总体性功能就是回应环境（自然与社会）的压力和挑战，做相应的行为选择，把握生存和发展的机会并推动人与世界共同发展。人生活在环境（自然与社会）之中，如果回应环境（自然与社会）的压力和挑战成功，就能适应良好，掌握命运的主动权；如果回应环境（自然与社会）的压力和挑战失败，就难以适应环境（自然与社会），丧失命运的主动权。人的生命本体"结构与选择"不仅动力强大，而且善于自觉反省和超越，具有回应环境（自然与社会）的压力和挑战，推动人与世界共同发展的自觉能力。

第二，完善和超越自我，实现人自身的发展。人是世界的主体，人自身的发展是人与世界共同发展的关键。人所面临的环境（自然与社会）压力和挑战不仅变幻莫测，无间断，无空白，而且风险极高，人的生命本体"结构与选择"只有不断自我反省和超越，才能应对环境（自然与社会），掌握命运的主动权。人的生命本体"结构与选择"具有深刻的自我反省和超越的机制，能够通过自我意识的"分化与同一"，进行自觉的反省和超越，不断从"现实的我"走向"理想的我"，趋向完善和完美。

第三，掌握自己命运，走向自由境界。人的生命本体"结构与选择"不仅能单独改造客观世界或改造主观世界，而且能将改造客观世界与改造主观世界统一起来，建构一体化的"属人世界"，实现人与世界的整体发展，走向自由。在"属人世界"，人已不再仅仅依靠一己力量，而是依靠包括自己在内的整个"属人世界"的强大合力——世界从未有过的力量，追求理想，不断发展和超越，走向人类所企望的"自由状态的统一"。正如法国思想家、科学家帕斯卡尔所言，人不过是一棵柔弱的"苇草"，但正因为人是一棵会思想的"苇草"，人才无比强大，能够顶天立地，掌握自己的命运，具有无限广阔的前途。

（2）人的生命本体"结构与选择"的具体性功能。

所谓具体性功能，指人的生命本体"结构与选择"的整体、要素以及要素与要素的组合对行为选择和外界所具有的具体作用。人的生命本体"结构与选择"的具体性功能是人的生命本体"结构与选择"总体性功能的内在基础和具体表现。主要有：

第一，选择功能。这是人的生命本体"结构与选择"的基本功能。在外界环境（自然与社会）压力下，人的生命本体"结构与选择"能够通过整体运作，做出行为选择，回应环境（自然与社会），并且只要人的生命存在，人的行为选择就会继续下去。

第二，动力功能。人的生命本体"结构与选择"是一个复杂的动力系统，包含"三级结构八种力量"，在外界环境（自然与社会）压力下，能够自主运作，推动人产生动机和行为，回应环境（自然与社会）并不断完善和超越自我。

第三，方向功能。人的生命本体"结构与选择"包含思想道德力系统，具有思想、价值、道德、情感等要素，能够反映和代表个人、社会以至人类的生存发展的利益和要求，制约和规定人的行为选择方向，以维护"天地人"协调运转。

第四，方法功能。人的生命本体"结构与选择"包含智慧力系统，包括知识结构、思维方式和能力，构成了人的生命创造力，为人的行为提供取之不尽、用之不竭的方式和方法，以解决人所面临的困境和难题。

第五，控制功能。人的生命本体"结构与选择"包含意志力系统，具有支撑、调节和控制人行为的能力，能够掌握行为的开始与结束、能量的投入与撤出，自觉地调节和控制自己的行为，指向预定的目标。

第六，反省功能。人的生命本体"结构与选择"包含反省力系统，具有自我反省和超越的能力，能够通过自我意识的"分化和同一"，进行"理想我与现实我"的反省，推动人不断实现自我发展和超越，走向自由。

（七）人的生命本体"结构与选择"的前提性理论启示

人的生命本体"结构与选择"理论是在马克思主义指导下，在整合中外哲学、哲学人类学、人类学、心理学、历史学等多学科理论知识和人的生存经验，特别是在分析和批判结构主义和存在主义"二元对立"理论的基础上建立的，是对"主体人类学原理"的进一步深化和发展，具有某种前提性的理论启示。

1. 进一步解读"现实的完整人"

长期以来，人类陷入认识自己的危机。美国学者卡尔文·施拉格指出："现代世界正在发生的客体化趋势对人本主义和人性造成威胁。……科学技术使人沦落为它的客体，人在被客体化的过程中其所具有的人性因而丧失。"[①] 德国哲学人类学创始人舍勒说："日益增多的研究人的具体科学虽然是有价值的，但它们对人的本质的掩盖往往多于对人的本质的揭示。……人自身在历史上的任何时候都不像现在这样成问题。"[②] 长期以来，技术主义使人的形象模糊不清，"认识自己"已成为世纪难题。本书依据马克思主义理论，提出并阐释了人的生命本体"结构与选择"理论，为人类正确认识自己提供了范畴、理论支点和方法论参照。

2. 提供一种新的人的生命本体论

哲学人类学的根本性任务在于为一切与人发生关系的人文社会科学提

---

① SCHRAGER C O. Philosophical Anthropology in Contemporary Thought. Philosophy East and West, 1970, 20（1）：83—89.

② 舍勒. 人在宇宙中的地位：英文版. 波士顿：培根出版社（Beacon Press），1961：6.

供一种人的生命本体论基础。德国哲学人类学创始人舍勒曾说，哲学人类学不仅是元哲学，而且也是元科学。"只有这样的人类学才能重建那些所有与'人'这个对象打交道的科学之基础。"① 德国哲学家卡西尔曾说："事实的丰富并不意味着思想的丰富。除非我们能够找到能带领我们走出迷宫的指路明灯，……我们就仍然会在一大堆似乎缺少一切概念的统一性的、互不相干的材料中迷失方向。"② 然而，迄今这个问题并未真正解决。如：哲学提供的"人性假设"指向人的本质，伦理学提供的"人性假设"指向人的道德，心理学提供的"人性假设"指向人的心理，法学提供的"人性假设"指向人在法律面前的权利和义务……它们都不是指向具体的"完整人"，而人却是以具体的"完整人"存在和行为的。"人性假设"的支离破碎已导致人文社会科学产生许多理论误区。本书提出并论证了人的生命本体"结构与选择"理论，正是试图提出一种具体的"完整人"假设，为相关人文社会科学提供一种人的生命本体论基础，以使人文社会科学更加科学、完备和有效。

3. 提供一种科学的人生哲学

一般而言，人的生命本体论与人生哲学具有内在一致性。人们怎样解释"人自身"就会奉行怎样的人生哲学。结构主义肯定人的生命"结构"，否定人的生命"选择"，必然对人的生命"选择"持消极态度。存在主义肯定人的生命"选择"，否定人的生命"结构"，必然对人的生命"结构"持虚无主义态度。人的生命本体"结构与选择"理论认为"结构与选择"是人的生命本体的"一体化二重性"，人的生命本体既包含"结构"，又包含"选择"，是"结构"与"选择"的统一体。人的生命本体"结构与选择"理论还认为"结构"决定"选择"，"选择"也决定"结构"。这既是一种人的生命本体论，又是一种人生哲学。相信人的生命本体"结构与选择"的人，必然既承认自身和社会的"结构"，又承认自己的"选择"，面对"结构"进行自觉的主动的"选择"，始终抱持一种积极的主动的和理

---

① 刘放桐. 新编现代西方哲学. 北京：人民出版社，2000：387.
② 卡西尔. 人论. 上海：上海译文出版社，1985：30.

性的人生态度。这为人们正确处理人的生命本体"结构与选择"内部各构成要素的关系，正确处理人与他人、人与社会、人与自然、人与自身的关系，抵制和批驳结构主义、存在主义和人类中心主义等片面理论，掌握自己的命运，建立科学的人生哲学，提供了某种理论依据和参考。

4. 为人类学自我超越提供理论参考

当前，从世界范围看，人类学被"边缘化"已是一个不争的事实。正如美国人类学会会长詹姆斯·皮科克所言："尽管人类学……作出了长期而有效的服务，它作为一个类别仍然处于边缘。"① 深入分析问题可以发现，人类学被"边缘化"的实质是人类学的"自我边缘化"。长期以来，人类学主要研究"文化""社会"和人的体质，比较忽视研究"人本身"。这种"偏移"的结果必然导致"人本身"对人类学的冷漠。解决人类学被"边缘化"问题，必须首先解决人类学研究"人本身"的问题。提出和阐释人的生命本体"结构与选择"理论，深入探究"人本身"，必将有利于形成"人类学关心'人本身'，'人本身'也关心人类学"的良好局面，从而实现人类学"由边缘到核心"的历史性转变。

---

① 皮科克. 人类学的未来. 广西民族研究，2001（9）.

二、"结构选择论"的理论基础与思维方式

"结构选择论"的提出离不开人类文明大道。马克思主义理论是"结构选择论"的理论基础，人类学及其他相关人文社会科学是"结构选择论"的知识基础。值得说明的是，马克思主义的辩证唯物主义和历史唯物主义理论，特别是马克思主义人学理论为"结构选择论"的建立提供了理论基础、指导思想和科学的方法。

（一）"结构选择论"的理论基础

1. 辩证唯物主义与历史唯物主义世界观

马克思主义辩证唯物主义和历史唯物主义是关于自然、社会和思维普遍发展规律的学说，是一个严密的完整的科学理论体系，不只给无产阶级也给全人类提供了科学的世界观和方法论。它的关于世界物质性理论、物质与意识的统一性理论、实践与生存世界关系的理论、世界的普遍联系与发展的基本规律、社会的基本矛盾及其发展规律、社会发展动力理论、人的认识活动及其规律、真理与价值理论、人类的解放与人的自由而全面发展理论等，都为"结构选择论"的建立提供了科学而明晰的指导，构成了

"结构选择论"的坚实的理论基础。

历史唯物主义学说是"结构选择论"核心范畴——"结构与选择"理论的灵魂。恩格斯认为历史唯物主义是马克思创立的"新世界观"。恩格斯在 1888 年撰写的《路德维希·费尔巴哈和德国古典哲学的终结》单行本序言中,曾经这样评价马克思写于 1845 年春的《关于费尔巴哈的提纲》:它是"包含着新世界观的天才萌芽的第一个文件"①。马克思曾这样经典地阐述他所创立的"新世界观":"我所得到的、并且一经得到就用于指导我的研究工作的总的结果,可以简要地表述如下:人们在自己生活的社会生产中发生一定的、必然的、不以他们的意志为转移的关系,即同他们的物质生产力的一定发展阶段相适合的生产关系。这些生产关系的总和构成社会的经济结构,即有法律的和政治的上层建筑竖立其上并有一定的社会意识形式与之相适应的现实基础。物质生活的生产方式制约着整个社会生活、政治生活和精神生活的过程。不是人们的意识决定人们的存在,相反,是人们的社会存在决定人们的意识。社会的物质生产力发展到一定阶段,便同它们一直在其中活动的现存生产关系或财产关系(这只是生产关系的法律用语)发生矛盾。于是这些关系便由生产力的发展形式变成生产力的桎梏。那时社会革命的时代就到来了。……大体说来,亚细亚的、古代的、封建的和现代资产阶级的生产方式可以看做是社会经济形态演进的几个时代。资产阶级的生产关系是社会生产过程的最后一个对抗形式,……在资产阶级社会的胎胞里发展的生产力,同时又创造着解决这种对抗的物质条件。"②

马克思的这一段论述不只阐明了人类社会的结构、社会的构成要素、社会发展的基本动力、社会发展的机制和方式,而且揭示了人类社会发展的历程、阶段和前景,全面阐述了人类社会发展的基本规律。马克思的上述思想是全部历史唯物主义理论的核心,也是"结构选择论"全部思想理论的依据和灵魂。

---

① 恩格斯.《路德维希·费尔巴哈和德国古典哲学的终结》1888 年单行本序言//马克思,恩格斯. 马克思恩格斯选集:第 4 卷. 北京:人民出版社,1995:213.

② 马克思.《政治经济学批判》序言//马克思,恩格斯. 马克思恩格斯选集:第 2 卷. 北京:人民出版社,1972:82-83.

同时，马克思恩格斯深刻地阐述了人的主观能动性、主体性和创造力。在马克思看来，在实际生产中，"主体是人，客体是自然"①；并且作为主体的人"必须是**出发点**"②。这说明在这个世界上，只有人才是主体，是一切活动的目的和出发点；其他自然物只能做客体。恩格斯讲得更透彻，在社会主义社会中，"人终于成为自己的社会结合的主人，从而也就成为自然界的主人"③。在马克思恩格斯的思想中，主体是在一定社会关系中能够从事自由自觉活动的人，是具体的历史性的主体，是具有实践本质的人，也就是恩格斯所说的三种主人，即自然的主人、社会的主人和自己的主人。对此，马克思说："人是类存在物，不仅因为人在实践上和理论上都把类——自身的类以及其他物的类——当作自己的对象；而且因为——这只是同一件事情的另一种说法——人把自身当作现有的、有生命的类来对待，当作**普遍的**因而也是自由的存在物来对待。"④ 马克思恩格斯关于人的主体性、能动性和"自由自觉活动的人"的论述，为"结构选择论"奠定了理论基础，使人在"结构"的基础上通过创造性选择决定自己命运成为可能。

2. 马克思主义的实践理论

马克思恩格斯所创立的新世界观——历史唯物主义，其核心是科学的实践理论。依据马克思的实践理论，实践是人特有的存在方式和生存方式，是人为了解决自身的生存问题与应对外界环境的压力而能动地认识世界和改造世界的活动。实践是人的基本存在方式、生存方式和人的生活的本质，是人的"自然生命与超自然生命""客观世界与主观世界""自在世界与属人世界"分化与统一的基础。实践作为人的基本存在方式和生存方式，很早便引起哲学家们的关注和讨论，但是，在马克思恩格斯以前，无

① 马克思.《政治经济学批判》导言//马克思，恩格斯. 马克思恩格斯选集：第2卷. 北京：人民出版社，1972：88.
② 马克思. 1844年经济学哲学手稿//马克思，恩格斯. 马克思恩格斯全集：第42卷. 北京：人民出版社，1979：121.
③ 马克思，恩格斯. 社会主义从空想到科学的发展//马克思，恩格斯. 马克思恩格斯选集：第3卷. 北京：人民出版社，1995：760.
④ 同②95.

论是东方还是西方都没有科学地阐释实践的本质和意义。马克思恩格斯第一次将实践科学地规定为人为了应对环境，求得生存和发展而能动地认识世界和改造世界的活动。

马克思在同旧唯物主义做斗争中深刻地阐述了能动的实践理论。马克思在《关于费尔巴哈的提纲》中开宗明义地批评旧唯物主义"对对象、现实、感性，只是从**客体**的**或者直观**的形式去理解，而不是把它们当作**感性的人的活动**，当作**实践**去理解，不是从主体方面去理解"；并且指出，结果"**能动的**方面却被唯心主义抽象地发展了"①。马克思的实践理论将被唯心主义抽象地发展了的人的主体"能动方面"重新立在唯物主义的基础之上。

马克思在学术史上第一次把物质生产作为第一位的实践形式，并把实践提升到人特有的存在方式和生存方式的高度。这一理论也是"结构选择论"的理论立足点和基石。马克思曾这样阐述"第一位的实践形式"："一当人开始**生产**自己的生活资料的时候，这一步是由他们的肉体组织所决定的，人本身就开始把自己和动物区别开来"②。他又进一步指出，"个人怎样表现自己的生活，他们自己就是怎样。因此，他们是什么样的，这同他们的生产是一致的——既和他们生产**什么**一致，又和他们**怎样**生产一致"③。以物质生产为首要形式的实践是人所特有的存在方式和生存方式，它不只是人与动物的根本区别，也是人与人产生区别的基本原因之一。这是因为，实践是人生存的基础，实践是人的社会关系的基础，实践也是人的意识活动的基础。

实践的本质是人能动地改造世界的社会性的活动。实践是客观的感性的活动，具有直接现实性的品格。实践是人的自觉的能动的活动。人的实践活动不像动物那样是遵循自身基因的展现和外界环境的规定而产生的适应性活动，而是一种自觉的目的性的活动。目的在一开始就作为实践者头脑中的观念或想法存在着，并且这个目的是实践者本人"所知道的，是作

---

① 马克思. 关于费尔巴哈的提纲//马克思，恩格斯. 马克思恩格斯选集：第1卷. 北京：人民出版社，1995：54.

② 马克思，恩格斯. 德意志意识形态（节选）//马克思，恩格斯. 马克思恩格斯选集：第1卷. 北京：人民出版社，1995：67.

③ 同②67-68.

为规律决定着他的活动的方式和方法的"①。实践充分展现了人的主动性和自觉的能动性。毛泽东指出："思想等等是主观的东西，做或行动是主观见之于客观的东西，都是人类特殊的能动性。这种能动性，我们名之曰'自觉的能动性'，是人之所以区别于物的特点。"② 当然，实践必定是人的社会实践，人的实践活动无不受到一定社会历史条件的制约。历史条件不同，实践活动也会不一样。

还应特别强调的是，实践既是人产生"二重生命"（"自然生命与超自然生命"）、"客观世界与主观世界"、"自在世界与属人世界"、"人化自然与人类社会"的基础，同时，也是人"二重生命"相统一、"客观世界与主观世界"相统一、"自在世界与属人世界"相统一、"人化自然与人类社会"相统一的基础，是人由"物化"走向"人化"，走向"自由的人"的基础。马克思主义的实践理论是"结构选择论"的最重要的理论基础之一。

3. 马克思主义人学理论

马克思主义的人学理论内涵丰富、深刻，是"结构选择论"的重要理论基础。主要包括：

"现实的人"是马克思主义人学理论的立足点。人类自我认识过程大致可以分为三个历史阶段，即直观领悟性认识阶段、反思抽象性认识阶段和辩证具体性认识阶段。第一阶段，人们主要是靠直观领悟来把握人。第二阶段，人们通过对人的理性反思抽象地规定人。第三阶段，人们现实地历史地具体地把握人。这就是马克思关于"现实的人"的重要思想。它是马克思主义人学理论的基石。马克思所创立的唯物史观不仅揭开了人类社会发展演变的"历史之谜"，而且揭开了人的发展的"斯芬克斯之谜"。马克思认为，人之所以发展变化是因为人是社会存在物，是社会实践活动的主体。这是理解人之变和人之谜的钥匙，把人理解为一个辩证发展过程，把人的本质及存在方式理解为一个过程，理解为一条奔腾不息的河流。这

---

① 马克思，恩格斯. 资本论（第一卷）//马克思，恩格斯. 马克思恩格斯全集：第 23 卷. 北京：人民出版社，1972：202.

② 毛泽东. 论持久战//毛泽东. 毛泽东选集：第 2 卷. 北京：人民出版社，1991：477.

不仅说明了人的无限发展性，也说明了人的无限丰富性。这也是在马克思之前许多思想家不理解人的根源。在深入考察马克思的"现实的人"的思想时，我们也可以看到，马克思关于人的思想是极其丰富的，马克思主义不存在一个所谓的人学"空场"。

马克思深刻揭示了人的本质。主要内容包括：第一，马克思认为人是社会的存在物，具有社会性。人主要包含四种属性——相互依存性、社会交往性、道德性以及劳动中的合作性①。马克思说，人是最名副其实的社会动物，不仅是一种合群的动物，而且是只有在社会中才能独立的动物。恩格斯也说：人是"一切动物中最社会化的动物"②。社会是人们相互依存的生存条件。人的本质不是永恒不变的，而是随着社会实践、社会关系和历史条件的改变而变化发展的。第二，马克思曾对人的本质做了具体阐述。如：人的类特性是自由自觉的活动，即能动的实践活动或劳动。马克思在《1844 年经济学哲学手稿》中曾指出，"生产生活本来就是类生活。这是产生生命的生活。一个种的全部特性、种的类特性就在于生命活动的性质，而人的类特性恰恰就是自由的自觉的活动"③。恩格斯在《自然辩证法》中写道："人类社会区别于猿群的特征又是什么呢？是**劳动**。……劳动是从制造工具开始的。"④ 他又说："动物仅仅**利用**外部自然界，单纯地以自己的存在来使自然界改变；而人则通过他所作出的改变来使自然界为自己的目的服务，来**支配**自然界。这便是人同其他动物的最后的本质的区别，而造成这一区别的还是劳动。"⑤ 又如，马克思说："人的本质并不是单个人所固有的抽象物，实际上，它是一切社会关系的总和。"⑥ 所谓"社

---

① 袁贵仁. 人的哲学. 北京：工人出版社，1988：44-53.

② 恩格斯. 自然辩证法//马克思，恩格斯. 马克思恩格斯全集：第 20 卷. 北京：人民出版社，1971：512.

③ 马克思. 1844 年经济学哲学手稿//马克思，恩格斯. 马克思恩格斯全集：第 42 卷. 北京：人民出版社，1979：96.

④ 恩格斯. 自然辩证法//马克思，恩格斯. 马克思恩格斯选集：第 3 卷. 北京：人民出版社，1972：513.

⑤ 同④517.

⑥ 马克思. 关于费尔巴哈的提纲//马克思，恩格斯. 马克思恩格斯全集：第 3 卷. 北京：人民出版社，1960：5.

会关系的总和"是多层次、多方面的结构。人的本质不是永恒不变的，而是发展变化的。就单个人来说，人的本质也是可变的。在生活条件大体相同的情况下，人的本质也会有差异。这种差异性是怎样产生的？应当承认，首要的原因在于社会关系的影响，他的社会经历和具体社会关系决定了他的本质。不承认这一点，便离开了唯物论。但是，另外也不能不看到个人的主观努力和选择对自己本质形成所起的重要作用，有时甚至是决定性作用。不承认这一点，便离开了辩证法。

马克思深刻地阐述了完整人理论。马克思在《德意志意识形态》一书中，正式提出了"个人的全面发展"这一科学概念，此后，又在许多重要著作中做了系统的阐述。马克思强调了全体社会成员的智力和体力在生产过程中的多方面的、充分自由的、协调的发展，使人们成为"各方面都有能力的人，即能通晓整个生产系统的人"①。马克思特别指出，人应当是一个"完整人"，全面发展的人。人应当以一种全面的方式，作为一个完整的人，占有自己的全面的本质。马克思主义理论深刻地揭示了人片面发展的原因——社会分工，同时私有制和阶级剥削加重了这种片面性。马克思认为，分工只是从物质劳动和精神劳动分离的时候起才开始成为真实的分工。在资本主义条件下出现的"在生产某个商品时发生的分工"，则"完全消灭工人的独立性并使工人变成在资本指挥下的社会机构的部件"②。"由于劳动被分成几部分，人自己也随着被分成几部分。为了训练某种单一的活动，其他一切肉体的和精神的能力都成了牺牲品。人的这种畸形发展和分工齐头并进"③。因此，要改变人的畸形发展，就必须改变这种建立在资本主义剥削基础上的旧的社会分工。

马克思认为，人的发展是一个辩证的发展历程。人的生命是一个不断反省和超越的过程，人是一种"历史性"的存在。马克思指出，人的成长

---

① 恩格斯. 共产主义原理//马克思，恩格斯. 马克思恩格斯全集：第4卷. 北京：人民出版社，1958：370.

② 马克思. 经济学手稿（1861—1863年）//马克思，恩格斯. 马克思恩格斯全集：第47卷. 北京：人民出版社，1979：309.

③ 恩格斯. 反杜林论//马克思，恩格斯. 马克思恩格斯全集：第20卷. 北京：人民出版社，1971：316.

历程必然依次经历三个基本阶段和三种历史形态。第一，自然形成的"人的依赖关系"形态。这时的人虽然已经脱离动物界，但并未摆脱对自然的依赖，只能结成共同体，这使个人的自主性和创造性受到严重束缚。第二，"以物的依赖性为基础的人的独立性"形态。人在进一步发展中，以社会联系取代自然联系，推动个人走向自主，形成独立人格和以个体为本位的"个人"。人的这一步发展是通过商品市场经济的发展、依靠人与人之间的物质交换关系而实现的。这一步发展具有二重性：一方面，个人的独立，推动了人的解放和发展；另一方面，人从自然关系束缚中解放出来的同时又被束缚于物的统治之下。第三，"建立在个人全面发展和他们共同的社会生产能力成为他们的社会财富这一基础的自由个性"的形态。这就是人类的自由自觉发展形态。这三个基本阶段和三种历史形态是人必经的发展历程，是不可避免的否定之否定的螺旋式上升过程。

马克思深刻地阐述了人的价值理论。为弄清人的价值，首先，应理解马克思关于人类劳动"两个尺度"（"对象的尺度"与"人的内在尺度"）的思想。马克思说："动物只是按照它所属的那个种的尺度和需要来建造，而人却懂得按照任何一个种的尺度来进行生产，并且懂得怎样处处都把内在的尺度运用到对象上去；因此，人也按照美的规律来建造。"[①] 马克思在这里所说的"内在的尺度"指的就是"人的尺度"，也即"价值的尺度"。其次，要弄清价值和人的价值的概念。马克思认为，价值这个普遍的概念是从人们对待满足他们需要的外界物的关系中产生的。主体就是人和人类社会，客体就是客观事物。价值所表示的是客观事物对人和人类社会的存在和发展所具有的作用和意义。也可以通俗地说，价值就是事物满足人们某种需要的客观属性。人的价值不同于一般的事物。人的价值具有特殊性，人除了满足社会的需要，具有价值外，人本身的生存和需要的满足也是一种价值。如，一个病入膏肓、丧失全部工作能力的人，或者一个全身残废、从来不能做任何工作的人，他确实不能为社会再做任何贡献了。但是，他是主体，他本身的生存和需要的满足就是价值。他还具有生存、获

---

① 马克思. 1844 年经济学哲学手稿//马克思，恩格斯. 马克思恩格斯全集：第 42 卷. 北京：人民出版社，1979：97.

得物质和精神的满足、得到人格上尊重的权利和资格。人是主客体的统一。人作为客体，必须对社会有贡献才能有价值；而人作为主体，它本身得到的尊重和满足也是一种价值。所谓人的价值，就是"社会对个人的尊重和满足"与"个人对社会的责任和贡献"的统一。在社会主义条件下，这两个方面缺少任何一方面，人的价值都不完全。马克思主义关于人类劳动"两个尺度"（"对象的尺度"与"人的内在尺度"）的理论和人的价值理论为探索"主体——人"的合理生存原则提供了理论基础和前提。

4. 马克思的人类学思想

马克思一生虽然没有写作丰富的人类学论著，但是却有着丰富的人类学思想。马克思十分关注人类学，在创立唯物史观和剩余价值学说过程中，从未停止研究人类学资料和理论，在《资本论》第一卷问世以后，用了大量精力和时间从事人类学研究，写下了《摩尔根笔记》、《柯瓦列夫斯基笔记》、《梅恩笔记》、《拉伯克笔记》和《菲尔笔记》等大量人类学笔记，直至生命的终点。他阅读和研究的人类学笔记也很多，如：莫尼、毛勒、哈克斯特豪森等人著作的笔记。马克思还有许多研究片段和书信也包含天才的人类学思想，如：马克思研究亚细亚生产方式时写了大量片段；写给《祖国纪事》编辑部的信和写给查苏利奇的信等，都包含重要的人类学思想。恩格斯继承了马克思的遗愿和人类学理论观点，完成并出版了人类学专著《家庭、私有制和国家的起源》。马克思恩格斯的人类学思想大致集中在哲学人类学和文化人类学（或称社会人类学）方面。可以说，人类学始终是马克思理论活动中的一个主题。马克思的理论活动，除了哲学、政治经济学和科学社会主义等一贯主题之外，还存在一个人类学一贯主题。马克思的人类学思想不仅影响人类的过去，也影响人类的今天。主要表现在：

马克思十分关注人类史的研究，并把自己关于社会史的丰富的研究成果解释为对人类史的研究成果。他在《德意志意识形态》中说："历史可以从两方面来考察，可以把它划分为自然史和人类史。但这两方面是不可分割的；只要有人存在，自然史和人类史就彼此相互制约。自然史，即所谓自然科学,我们在这里不谈;我们需要深入研究的是人类史,因为几乎整个意识形态不是曲解人类史,就是完全撇开人类史。"① 事实上,马克思关于人类史或社会史的理论成为全部马克思主义理论的核心内容之一,也是对世界社会主义运动和当代第三世界现代化影响巨大的理论。马克思在1859 年的《〈政治经济学批判〉序言》中,将生产方式划分为亚细亚的、古代的、封建的和现代资产阶级生产方式的依次更替,就像登场人物一样,依历史阶段的次序一个接着一个。这显然有人类历史"单线进化"的含义。马克思在晚年研究人类学以后,实现了重大的理论超越。他认为,人类历史进程是既连续又不连续的继承顺序。其中,导致稳定的因素和变化的因素相互对立,使某些社会的历史可能有独特的发展进程。特别是,东方社会与西方社会的特殊性,使东方社会产生非欧洲的发展方式——在特定的历史条件下,有可能跨越资本主义"卡夫丁峡谷"。马克思认为,每一种社会内部的冲突都具有独特性,这使历史发展具有独特性。这已包含人类历史"多线发展"的思想。马克思曾针对有人试图将他的人类社会历史演进理论(五阶段论)公式化愤慨地指出,如果有人一定要把我关于西欧资本主义起源的历史变成一般发展道路的历史哲学理论,一切民族,不管他们所处的历史环境如何,都注定要走相同的道路。……他这样做,"会给我过多的荣誉,同时也会给我过多的侮辱"。马克思的这种思想不仅给中国和亚洲社会主义建立和发展提供了理论根据,而且为第三世界国家的现代化提供了不同于欧洲国家的新道路,同时也为曾经以亚细亚生产方式为基础的国家反对闭关守旧、坚持改革开放提供了理论指导。直至今天,马克思的人类学思想仍然切入现实生活,为解决各个民族的发展难题服务。

在马克思恩格斯的论著中,还包含着其他方面的大量杰出的人类学思想。如:关于人类学概念,恩格斯认为,人类学"是从人和人种的形态学和生理学过渡到历史的桥梁"②,这个人类学定义今天看来也是相当深刻

---

① 马克思,恩格斯. 德意志意识形态(节选)//马克思,恩格斯. 马克思恩格斯选集:第1卷. 北京:人民出版社,1995;66 页脚注②.
② 恩格斯. 自然辩证法//马克思,恩格斯. 马克思恩格斯选集:第3卷. 北京:人民出版社,1972;524.

的；关于对费尔巴哈"抽象的人的崇拜"的批判，论证社会历史研究必须以"现实的人"为研究对象的思想；关于历史唯物主义的社会结构及其发展变化规律的思想；关于人的发展历程（三个发展阶段）和人的解放的思想；关于实践是人的基本存在方式的思想；关于人的主观能动性和主体性的理论；关于人的类存在和类生存的思想；等等。这些都是人类学的宝贵理论财富，给建立"结构选择论"提供了深刻的理论指导和理论依据。

（二）"结构选择论"的知识借鉴

1. 体质人类学知识借鉴

体质人类学是人类学的一个重要分支。一般而言，体质人类学是从生物和文化的视角来研究人类体质特征在时间上和空间上的变化及其发展规律的科学。1501年，德国学者洪德（Magnus Hunldt）在他的著作《人是万物之灵》中首先使用"人类学"这个名词，其含义是，人体解剖和人的生理研究。他所称的人类学实际是体质人类学。此后，体质人类学的研究领域比较清晰。一般认为，体质人类学主要研究人类自身的起源、人类的进化和发展、人种的形成以及现代各人种、民族的体质特征、体质因素与文化因素的关系等。体质人类学主要涉及四个基本问题：（1）通过对人类化石和灵长类动物的分析和研究，探索人类的起源。（2）探索人类不同体质特征的形成与分布原理。（3）探究人的生长和发育、人体的生理结构和生理机能、人类的遗传和变异的规律等。（4）运用体质人类学的方法对生产、生活等各个领域的社会活动进行专门研究。体质人类学不仅重视用地下发掘的远古人类化石来说明人类自身的起源和古代的发展，而且重视依据现有人类群体（种族、民族）体质特征的比较研究来阐明各自的源流、社会及文化特征。体质人类学担负着为各民族提高身体素质、健康水平和为各种社会活动提供有关体质方面的咨询服务的职能。

近200年来，体质人类学产生了许多理论流派。如，在人类的起源问题上，有自生论、进化论、生命固有论、进化综合论、中性学说等；在物种起源的理论上，有达尔文学说、劳动创造人的理论、洛夫乔伊假说、食物分享假说、从猿到人过渡阶段理论等；在现代人起源理论上，有非洲起源说、多地区起源说等。体质人类学的基本理论有细胞学说、生物进化论、遗传与变异理论、心理学理论以及文化相对论等。体质人类学的研究方法主要有形态观察法、人体测量法、统计学法、生理学法、分子生物学法、年代测定法等。

虽然人类学学科只有200余年历史，但是人类对自身体质的研究却已延续了几千年，积累了大量的经验和知识。无论是东方还是西方，关于人类体质的研究都历史悠久、记载丰富。现在，体质人类学已经形成了一门体系完备、内涵丰富、手段现代化、成就卓越的现代学科。体质人类学的研究成果是"结构选择论"的重要知识来源和借鉴。"结构选择论"只有充分学习、掌握和吸收体质人类学的丰硕成果才能走向成熟和完善。

2. 摩尔根的古典进化论知识借鉴

路易斯·亨利·摩尔根（Lewis Henry Morgan，1818—1881）是美国古典进化论学派的代表人物，成就卓著，在美国学术界享有盛誉。他的贡献主要表现在：

深刻地论述了原始社会的分期理论。他以生产技术和生产工具的发明或发现为划分原始社会分期的标准。如：用火知识的获得、弓箭的发明、制陶技术的产生等，均成为划分每一阶段的具体标志。他以生产技术和生产工具为标准将原始社会分为两个阶段——蒙昧时代和野蛮时代，二者又分别分为低级、中级和高级三个子阶段。这就是：（1）蒙昧时代：蒙昧低级阶段（以野果和坚果为食物）、蒙昧中级阶段（食用鱼类和使用火）、蒙昧高级阶段（发明了弓箭）。（2）野蛮时代：野蛮低级阶段（制陶技术产生）、野蛮中级阶段（东半球始于动物的驯养，西半球始于用灌溉法种植玉米和使用土坯、石头来建造房子）、野蛮高级阶段（冶铁术的发明和使用）。这种区分的方法与历史唯物主义原则十分接近。

发现氏族制度并做出深刻的阐述。摩尔根在研究易洛魁联盟的内部结构时，发现了氏族并第一次将它作为古代社会组织的基层单位加以论述。

他认为，氏族是一个由共同祖先传下来的由血缘亲属所组成的团体，最初是由一个假定的女性祖先和她的子女以及其女性后代的子女所组成，并一直沿女性承续下去。当财产大量出现后，世系传承转变为以男性为本位。在《古代社会》一书中，摩尔根明确指出，原始社会的基本单位是氏族，整个社会的组织结构为氏族、胞族、部落、部落联盟。部落联盟进一步发展为民族。民族由同一地域内的部落或部落联盟所组成①。氏族制度贯穿于整个原始社会的两个阶段，直到文明时代开始或国家建立。他对氏族的组织和活动规则也做了深入的描述和分析。如：他认为，母系氏族早于父系氏族，主要是因为未形成一夫一妻制，父子关系不确定。氏族是单系继嗣群，从事经济生产和分配，主持社会仪式和礼仪，提供教育、社会保险，但它不能代替家庭成员之间的互动关系以及生育等。氏族内部成员之间是平等关系。摩尔根还天才地将美洲印第安人的氏族社会与古希腊、罗马的氏族社会进行了对比，认为二者本质上并无区别。恩格斯对此给予高度评价，指出："摩尔根证明了这一切以后，便一下子说明了希腊、罗马上古史中最困难的地方，同时，出乎意料地给我们阐明了**国家**产生以前原始时代社会制度的基本特征。"②

摩尔根使人类家庭史研究获得重大突破和进展。在 19 世纪 60 年代以前，欧洲学术界基本不知道家庭制度发展史。摩尔根不仅更深入地揭示了母权制家庭，而且从亲属称谓的独特视角去分析和推论家族制度的早期形态，创造了人类家庭史研究的新途径。他发现易洛魁人的亲属称谓与美国现代社会的亲属称谓差异很大。易洛魁人把父亲的兄弟称作"父亲"，把这个"父亲"的子女称作"兄弟"和"姐妹"；把母亲的姐妹称作"母亲"，把这个"母亲"的子女称作"兄弟"和"姐妹"；一个男人称他兄弟的子女为"儿子"和"女儿"，但称他姐妹的子女为"外甥"和"外甥女"。而且，他还试图从亲属称谓的角度去考证美洲印第安人的来源。他发现，美洲印第安人的亲属称谓制度与亚洲泰米尔人的制度大体相同，因

---

① 摩尔根. 古代社会. 北京：商务印书馆，1977：6，3，62，66.
② 恩格斯. 家庭、私有制和国家的起源//马克思，恩格斯. 马克思恩格斯全集：第 21 卷. 北京：人民出版社，1965：98.

而认为自己终于找到了美洲印第安人来源于亚洲的证据。他还将所有亲属称谓分为两种基本形式，即"分类式"和"说明式"；并认为，每一种亲属称谓制度都是某种婚姻和家庭形式的反映。他在《古代社会》一书中，将人类家庭史划分为依次发展的五个阶段："血缘"家庭、伙婚制家庭、偶婚制家庭、父权制家庭、专偶制家庭。

摩尔根在美国学术界享有很高的荣誉，马克思恩格斯对他十分尊敬。马克思在读了《古代社会》以后，做了大量笔记，准备写一本关于人类学的书，但未及动笔就去世了。后来，恩格斯依据这些笔记写成《家庭、私有制和国家的起源》，此书出版后成为马克思主义经典著作。摩尔根对人类学的主要贡献在于：（1）对氏族社会做了科学的说明。"摩尔根的伟大功绩，就在于他在主要特点上发现和恢复了我们成文历史的这种史前的基础，并且在北美印第安人的血族团体中找到了一把解开古代希腊、罗马和德意志历史上那些极为重要而至今尚未解决的哑谜的钥匙。"[①]（2）能够用历史唯物主义的观点说明原始社会的发展与分期，将生产技术和生产工具的"发明和发现"作为人类社会发展阶段的标志。恩格斯甚至认为，"摩尔根在美国，以他自己的方式，重新发现了四十年前马克思所发现的唯物主义历史观"[②]。

3. 拉策尔等人的文化传播学知识借鉴

弗里德里希·拉策尔（Friedrich Ratzel，1844—1904）是慕尼黑大学和莱比锡大学的教授、著名文化传播学家，著有代表作《人类地理学》。他反对巴斯蒂安的"心理一致说"和"独立发明说"，主张我们必须谨防哪怕很简单的发明必然性的思想，认为迁徙和其他形式的接触是各地文化相似的主要原因。他试图从地理条件出发，描绘出人类的地面分布和文化发展的总图集。同时，他提出了"形式的评判标准"概念，认为两个以上物品形态或形式的特别相似性都来自同一个渊源，都是因为传播才出现在

---

① 恩格斯. 家庭、私有制和国家的起源//马克思，恩格斯. 马克思恩格斯全集：第21卷. 北京：人民出版社，1965：30.
② 同①29.

被发现的地方。他提出了文化传播理论的前提和基础。

莱奥·弗罗贝纽斯（Leo Frobenius，1873—1938）是拉策尔的学生、著名的非洲民族学专家、德国文化形态学会主席。1904 年至 1935 年，他曾先后 12 次组织考察队赴非洲考察。他第一个提出"文化圈"概念，并首先在非洲划分文化圈，每一个文化圈都有一系列的物质文化特征。他特别研究了"西非文化圈"（大致在刚果河流域、几内亚河沿岸），指出该文化圈含有四个文化层："马来亚尼格罗文化""印度文化""闪米特文化""尼格罗文化"。前三种起源于非洲以外的文化，只有"尼格罗文化"是非洲最古老的文化。弗罗贝纽斯认为西非与印度尼西亚、美拉尼西亚之间，在面具、房屋、鼓、衣服和盾牌等物品上都具有相似性。这些相似性不仅存在于单个文化要素之中，而且存在于多个文化丛或整个文化圈内，据此，可以断定单个文化要素和整个文化圈都是可以迁移的。

弗里茨·格雷布内尔（Fritz Graebner，1877—1934）曾任德国科隆民族学博物馆馆长、波恩大学教授和科隆大学名誉教授。格雷布内尔丰富和完善了"文化圈"理论。1904 年，他做了题为《大洋洲的文化圈和文化层》的学术报告，第一次系统阐述了自己的"文化圈"理论。他提出并论证了澳大利亚和大洋洲地区有 6～8 个独立文化圈，每一个文化圈内都有一定数量（5～20 个）的文化特质。分别是：塔斯马尼亚文化圈、古澳大利亚文化圈、图腾文化圈、东巴布亚文化圈、美拉尼西亚文化圈、原始波利尼西亚文化圈、新波利尼西亚文化圈、印度尼西亚文化圈。他还在地图上标示每一种文化要素的地理分布，并发现文化圈在空间上是部分重叠的，从而形成了"文化层"。同时，他还根据文化圈在一定地域内的分布，推理出该文化在本地出现的顺序和移动路线。他甚至认为，世界文化史就是若干文化圈及其组合在世界迁徙的历史。他提出了鉴别"文化亲缘关系"的两条标准，即"形式标准"和"量的标准"。后来，另一位人类学家威廉·施密特在"形式标准"和"量的标准"之外又加上了三个标准——"性质标准""连续标准"和"关系程度标准"。"性质标准"指的是质的方面的相似性；"连续标准"指在相隔遥远或不接壤的两地，如能在中间地区找到具有相似文化要素的民族，那么这两地从前很可能有相互传播关系;"关系程度标准"指的是如果越接近两个相互隔绝的地区,相似点在质与量方面越增加,说明相似点不是孤立的,而是这两地曾有过历史联系。

4. 莫斯的社会交换理论知识借鉴

马塞尔·莫斯(Marcel Mauss,1872—1950)曾在法国波尔多大学读法律和宗教社会学,受杜尔克姆社会学思想影响和熏陶。1924 年,他出版人类学名著《论礼物》,任法兰西学院院士。他的学术成就主要包括以下几点:

揭示和论证了爱斯基摩人的宇宙观。1903 年,莫斯和杜尔克姆合写了《原始分类》一书,阐述了人类意识中概念与范畴的起源。此后莫斯继续深化了这一研究课题。1906 年,他与 H. 伯查合著了《论爱斯基摩人社会的季节性变化:社会形态学研究》,着力论证了爱斯基摩人的宇宙观是他们生活方式的反映,他们的宗教是"集体精神"升华的结果。爱斯基摩人的生活极富季节性,一年之中主要有两个季节:夏天和冬天。夏天各家分散去各地打猎,冬天则在有限的几个海豹集中的地区生活。这样,他们的生活方式非常固定和有规律。在夏天,以核心家庭为单位而住在圆锥形的帐篷里,各处迁移,有时甚至会连续行走 12 天。帐篷里摆着全家合睡的床,而灯是全家的核心和象征。夏季基本没有宗教活动,至多也仅有与个人利益相关的巫术性活动。在冬季,若干个核心家庭共居于一个长屋之中,每个核心家庭住一个房间,也以灯为象征。婚礼、庆典和宗教活动基本在冬季举行。这两种差别明显的生活方式对他们的社会制度和宗教思想产生重要影响。如,对家庭而言,他们的亲属称谓有两种:一种是"说明式"称谓,主要用于核心家庭中的成员;另一种是"分类式"称谓,主要用于核心家庭外的同氏族成员。"说明式"称谓主要用于夏天,"分类式"称谓主要用于冬天。夏天里,核心家庭中的已婚男人是家长;冬天里,各家已婚男人中最富有、最优秀的猎人和巫师是家长。冬天聚集群体中的成员不是禁婚对象,他们利用聚集的机会通过交换女人使相互之间结为亲戚。在财产方面,夏天各种猎物和用品属于家庭与个人所有;但在冬天则更多地成为共有,各家除灯、被和个人用品外，其他所有财产都属于聚集群体共有。在这种"冬夏两极"的生活方式基础上，爱斯基摩人形成了自己的宇宙观和宗教思想，如，他们的禁忌系统中包含一个严格的原则——与冬季有关的动物和活动，必须与夏季有关的动物和活动严格地分离。夏季的产品驯鹿皮绝对禁止与冬季的产品海豹油接触。类似的禁忌还很多，如，必须将接触的人和物都分成夏天与冬天两类——夏天的鸟与冬天的鸟、夏天的孩子与冬天的孩子等，并且依此建构全部范畴体系。他们相信，上述禁忌不可违反，否则就是罪过，还将导致灾祸。他们"冬夏两分"的生活方式不只演变出两分概念和范畴系统，而且演变出一种信仰和宇宙观。这种看法与唯物论的解释原则相近。

　　莫斯更大的贡献是他关于礼物交换的著作和理论。他在调查中发现，许多土著部落中存在广泛的赠礼习俗，所赠送的礼品基本上没有实用价值，仅表达一种诚意和态度，是礼仪性的交换，但象征意义巨大。礼物交换大体由三个环节构成，即义务性送礼、义务性接受和义务性回赠礼物。他进一步揭示了这种"送礼与回礼"背后的社会原则和礼物被接受以后必须回赠的原因。莫斯提出了三点分析结论：第一，他将上述礼物交换习俗命名为"全面酬报制度"，认为在这种制度中，相互赠礼有如共享财产的"所有权"，因而彼此有不断给予、接受和回报的义务。在礼物交换的三个环节中任何怠慢都会引发猜忌、冲突甚至血腥仇杀。第二，"全面酬报制度"（礼物交换——给予、接受与回报），相当于人与人之间或群体内部所订立的长期契约，具有明显的行为约束力。有多种力量参与维系这一制度，如，一个物品一旦进入"全面酬报制度"中，往往会成为神圣物品甚至有"灵力"附着其中，迫使接受者必须回礼，否则就会受到报应或惩罚。此外，还有约定俗成的礼节、慷慨的习惯、个人的面子与荣耀感等都参与保障契约的执行。第三，"全面酬报制度"的深层次原因则是维护既存的社会秩序与社会关系。莫斯认为，促使人们进行礼物交换的基本原因是社会需要这种互惠性制度来保证社会规范的建立和社会生活的正常运行。据此，莫斯得出了交换活动产生并强化社会规范结构的思想。这一思想后来被列维-斯特劳斯所采纳和发挥，他创立了人类学中的结构主义亲属理论。

5. 博厄斯和克罗伯的历史特殊论知识借鉴

19—20 世纪，在古典进化论学派和传播论学派兴盛之后，又出现了一个新学派——历史特殊论学派。他们反对古典进化论的"单线进化""心理一致"的观点，也反对"埃及中心论"的极端传播论的观点，提出了历史特殊论思想。他们认为：每种文化集团都是独一无二的，有自身的特点和发展规律；企图从不同民族的独特历史中得出普遍理论或发展规律，统统是不可靠的，只有具体的东西才是历史的和可靠的。其代表人物是美国人类学家博厄斯和克罗伯。这个学派又称博厄斯学派。

弗朗茨·博厄斯（Franz Boas，又译波亚士，1858—1942）是美国著名人类学家，1931 年任美国最高的科学学会——美国科学促进会主席。他著作丰富，培养了一大批著名的学生，确立了文化人类学在美国学术界的重要地位。他的理论建树主要有特殊论的文化观、文化区理论等。

博厄斯创立了特殊论与相对论的文化观。博厄斯理论的核心是"历史特殊论"。他将某一具体文化历史置于首位，而不是去研究全人类普遍文化历史。他认为，古典进化论关于文化进化普遍规律的学说是荒谬的，各种文化均是不同社会独特的产物，坚决反对将世界文化纳入"单一进化模式"中。他主张应用"历史方法"去研究文化和社会，强调对各民族特定文化史的研究。他坚决主张衡量文化没有普遍绝对的评判标准，任何文化都有其存在的价值，每种文化都有其独特之处。各民族文化没有优劣、高低之分，一切评判标准都是相对的。他认为，"像文化这样复杂的现象是不可能有绝对体系的，绝对现象体系的提出，总是反映出我们自己的文化"[①]。因此，那种将世界各族文化按某个进化序列排队，任意侮辱、取笑所谓的"不发达"种族或民族的做法，不是一个学者应有的研究态度。博厄斯专门撰写了《原始人的心灵》和《人类学与现代生活》两部著作批驳"单线进化论"，强烈地驳斥人类学界认为"白种人"天生优越的观点。他

---

① 卡迪纳. 他们研究了人. 北京：三联书店，1991：216.

指出，"任何一个民族的文化只能理解为历史的产物，其特性决定于各民族的社会环境和地理环境"①。博厄斯的"文化历史论"荡涤了"种族优越论"，赢得了大批追随者。他是美国第一个宣称种族平等的科学家，并曾因此在一战和二战期间，被美国联邦调查局列为监控对象。此外，博厄斯与其弟子提出了"文化区"的概念，这个概念强调文化特征上的相似。罗维甚至提出，"文明是一件东拼西凑的百衲衣"。"文化区"概念发展成理论，"几乎是整个美国人类学派的集体成果。"博厄斯还提出了"文化中心"与"文化边区"的概念。

　　阿尔弗雷德·路易斯·克罗伯（Alfred Louis Kroeber，1876—1960）是博厄斯最年长的学生，也是著作最多的学生，曾于1946年获英国皇家人类学会颁发的"赫胥黎奖章"。他的著述丰厚，贡献巨大，曾被誉为"20世纪最伟大的人类学家之一"。他创立了文化"超有机体论"，认为文化有其自身的发展规律，文化人类学者只研究文化自身就可以完成任务。他的理论有两大特点：一是不研究文化的因果关系，不研究人本身，也不研究心理、生理、地理环境因素，只研究文化自身及其关系；二是文化不存在普遍法则，没有进化阶段，也没有任何决定论的东西，最多只有趋势。在克罗伯这里，个人是无足轻重的，文化完全可以不受个人影响而独自发展。他为了深化文化"超有机体论"，特别研究了妇女服饰的变化，创造了"文化形貌"理论。1940年，他与J. 理查森（J. Richardson）合著了《妇女时装300年》，将西方社会妇女时装特征基本模式的演变绘制成曲线，用以证明文化"超有机体论"。他以裙长和裙宽（或裙边的全长）、腰部肥瘦与高低、袒胸露臂的宽度与深度为评价标准，研究了自1630年以来妇女时装的变化。他们发现了两个重要特点：第一，这几个标准的尺寸经历了如钟摆般的、从一端到另一端的变化。如裙长大约每一个世纪都经历了由长到短再到长的变化，周期约为一百年。第二，在这一百年周期中，时髦变动也会定期发生。不过他认为，西方女性的服装历经千年并未出现根本的变化，他坚信，服饰变化如经济变化一样，具有独立的周期与规律，个

―――――――――――

① 波亚士. 人类学与现代生活. 北京：商务印书馆，1985：201.

人在其中不起作用。克罗伯还将整个文化系统划分为两部分，即"基本形貌"和"次级形貌"。在任何文化系统中，只有当生存问题（"基本形貌"）解决后，才有可能出现"次级形貌"的繁荣。对于建立"结构选择论"而言，历史特殊论人类学的理论成就和他们贬低人本身创造力的缺欠，都具有借鉴价值。

6. 拉德克利夫-布朗和马林诺夫斯基的功能主义理论知识借鉴

20世纪初，英国出现一个影响重大的人类学学派——功能主义学派。该学派产生的标志是1922年英国同时出版的两本重量级学术著作——拉德克利夫-布朗的《安达曼岛人》和马林诺夫斯基的《西太平洋上的航海者》，它们被誉为英国功能主义学派的"出生证书"。

阿尔弗雷德·雷金纳德·拉德克利夫-布朗（Alfred Reginald Radcliffe-Brown，1881—1955）为英国功能主义学派的创始人和代表人物，1939—1942年担任皇家人类学会会长。

拉德克利夫-布朗主张用自然科学的方法来进行人类学研究，社会现象必须从社会角度来研究和解释，并且特别推崇用归纳方法进行人类学研究。归纳方法的要旨是，世界上所有现象都受自然规律支配，运用逻辑方法来发现和证明普遍规律是可行的。归纳方法的本质是获得普遍规律，而这个规律应能适用于其范围内的所有推论。拉德克利夫-布朗更明确强调，人类学采用归纳方法必须遵循其根本性规则：事实必须是观察得来的，假设必须能解释这些事实，而且还应再返回到观察中去，进一步证明或验证这个假设。这个过程是循环往复的，直到最后得出可靠结论。他同时还重视比较研究方法，主张通过比较验证和修改初步结论得出普遍性规律。

拉德克利夫-布朗十分强调人类学的共时性研究。他指出，文化人类学有两种研究：历时性研究和共时性研究。历时性研究追索文化的历史起源，是纵向性的研究；共时性研究追索文化的本质、结构功能，是横向性的研究。历时性研究存在很大缺陷，很难得出科学的结论，也无法验证。因此，必须进行共时性研究。他所描述的共时性研究可以被概括为：不考虑文化的历史和起源，而将文化看成整合的系统。在这个整合系统中，文化的每一个要素都扮演一种特定的角色，具有特定的功能。研究文化的根本就是研究某种文化的整体结构、各要素之间的关系、各要素在整体系统中进行外界调适和内部整合所具有的功能，也包含比较不同文化整合系统之间的异同点。当然，他并不一概反对历时性研究，但认为共时性研究应优先于历时性研究。

拉德克利夫-布朗最大的理论贡献是建立功能主义人类学。他在《安达曼岛人》的前言中写道："一原始社会的每个风俗与信仰在该社区的社会生活上扮演着某些决定性的角色，恰如一生物的每个器官在该有机体的一般生命中扮演着某些角色一样。"[①] 这是典型的文化功能主义的表述。他认为，一切文化现象都具有特定功能，无论是全社会还是其中的某个社区，都是功能的统一体。构成统一整体的各个部分相互配合、相互制约、协调一致，只有揭示出整体的和各个部分的功能，才能够了解它的意义。他进一步阐述了"社会结构"对于人类学研究的价值。他认为，社会呈现给人类学家的问题与大自然呈现给物理学家和生物学家的问题是相同的，都是结构。对于一名人类学家来说，只有认识了社会的结构，才能真正明白这一结构及构成这一结构的各个部分所具有的功能。他的社会结构思想，大体包括三点：（1）社会结构主要指在一个文化统一体中，人与人之间的关系。这包含人与人组合而成的各种群体以及个人在这种群体中的位置。社会群体包含阶层和类别两种形式：阶层，如贵族与平民、工人与农民。类别，如男人、女人、家庭、家族等。（2）人与人之间的社会关系是由"制度"规定的。制度一般指社会公认的某些原则、规范体系或关于社会生活的行为模式。社会公认的原则是群体形成的基础。如在原始社会中，社会关系的核心是亲属关系，而亲属关系中的不同继嗣原则是关键，它规定其他家庭关系，特别是规定父子、舅甥之间的关系。行为模式和社会规范则是对某种关系所认可的正常行为的固定。如对于家庭中父母对子女、子女对父母以及其他各种关系，社会都有公认的行为规范与模式。他认为，通过揭示社会的制度就能描述和说明社会的结构。（3）人与人之间

---

① 哈奇. 人与文化的理论. 齐齐哈尔：黑龙江教育出版社，1988：214.

的关系是变化的，社会结构也是动态的社会过程。但是，社会结构的形式是相对稳定的。社会结构的内容是组成社会的个人，社会形式就是制度。据此，他给社会结构所下的定义是："在由制度即社会上已确立的行为规范或模式规定或支配的关系中，人的不断配置组合"。对于拉德克利夫-布朗的功能主义理论，很多人类学家都表示认同，在英国人类学界"结构"已大体取代了"文化"，"结构分析"大体取代了"文化分析"。

此外，拉德克利夫-布朗坚持社会进化论观点，他曾宣称自己终生赞成社会进化的理论，批驳反进化论者的观点是"思想混乱和一无所知"[①]。他的进化论思想包括：（1）无论是有机体进化还是社会进化都是自然过程，都受制于自然规律。（2）无论是有机体进化还是社会进化都是一种"趋异性"的发展过程。（3）无论是有机体进化还是社会进化都存在一种普遍趋势——由简单到复杂，是"组织的进步"。组织的进步包括结构和功能的复杂化与社会交往频繁和扩大。拉德克利夫-布朗还认为，进化不一定意味着进步，进化是结构和功能的复杂化，而进步是指发明、创造和技术的改进以及道德的发展，进步应当由另外的标准来判定。

布罗尼斯拉夫·马林诺夫斯基（Bronislaw Malinowski，1884—1942）是英国的另一位功能主义人类学大师。他的著述丰厚，贡献巨大。他和拉德克利夫-布朗一样，都主张文化是一个整体并均是从功能的角度去解释文化和社会。但是，马林诺夫斯基与拉德克利夫-布朗的理论又有着重大区别。他认为杜尔克姆和拉德克利夫-布朗夸大了人的社会性，忽视了个体的差异性。他试图用冯特、弗洛伊德的心理学理论来修正前者的思想。他陷入了文化功能的两难之中——文化满足社会需要还是满足个人需要？总的来看，他更强调文化最终应满足个体的需要。马林诺夫斯基曾多次宣称："任何文化的理论都要以人类的生理器官的需要为开端"[②]。他认为，人是动物的一种，首要任务就是满足生理上的需要。他提出人有七种"基本需要"：吃喝、繁衍、身体舒适、安全、运动、成长、健康。此外，人还有"派生的需要"。人的"基本需要"和"派生的需要"都应当得到满

---

① 拉德克利夫-布朗. 社会人类学方法. 北京：华夏出版社，2002：158.
② 莫利斯. 宗教人类学. 北京：今日中国出版社，1992：196.

足。而为了满足需要，人就必须合作，建立秩序，建立某些制度。这里表现出拉德克利夫-布朗与马林诺夫斯基理论观点的根本分歧：在拉德克利夫-布朗那里，制度是为了社会的生存，而在马林诺夫斯基这里，制度是为满足个人的"基本需要"和"派生的需要"。马林诺夫斯基十分强调人的需要，始终对人的本性或他称之为社会制度背后的"心理原则"保持着兴趣和热心。30年代开始，拉德克利夫-布朗与马林诺夫斯基出现分歧和冲突，一个强调"社会"，一个强调"个人"。拉德克利夫-布朗甚至发表公开抗议。后来的学者为了区分二者，将拉德克利夫-布朗的理论称为"结构功能主义"，而把马林诺夫斯基的理论称为"功能主义"。还应当指出的是，马林诺夫斯基对巫术与宗教的研究，对原始法的研究和对田野工作方法的研究都有独到见解，贡献巨大。他们二人的功能主义理论是人类的宝贵文化财富，对人类认识自身、认识文化，都意义非凡，对建立"结构选择论"具有同等重要的价值。

7. 斯图尔德与瑟维斯的新进化论知识借鉴

朱利安·海恩斯·斯图尔德（Julian Haynes Steward，1902—1972）1952年获得人类学的韦金奖，1954年被选为美国国家科学院院士。他对博厄斯学派的反进化论观点持批判的态度。他认为，文化人类学的核心任务是探索和掌握随时间推移而呈现出来的世界文化的发展规律，进而弄清其中的因果关系。斯图尔德指出，对此有三种不同的观点：单线进化论、文化相对主义理论、多线进化论。他主张多线进化论。他解释说，文化与其生态环境不可分离，相互影响、互为因果。相似的生态环境导致相似的文化形态及其发展线索，而相异的生态环境则导致相异的文化形态及其发展线索。世界上生态环境是多种多样的，因此必然形成多种多样的文化形态及其进化道路。他的这种理论被称作"多线进化论"。他的另一个重要贡献是创造文化类型理论，即"社会文化整合水平"。这是一种对不同文化类型进行描述、分析和比较的理论概念和方法。他认为，文化类型可分为三个层次，即家庭、群落和国家。这三种文化类型各有任务、功能和特点，且层级依次递进。其中，家庭的整合水平最低，国家的整合水平最高。这种"社会文化整合水平"是对不同复杂程度的文化进行分类的一种标准，有利于对不同文化进行比较。

埃尔曼·罗杰斯·瑟维斯（Elman Rogers Service，1915—1996）和马歇尔·萨林斯（Marshall Sahlins，1930—　）是同学，在进化论方面均有突出的贡献。他们首先将进化区分为特殊进化与一般进化，认为这两个方面同属于一个文化进化过程，是进化本身的二重性。他们认为，文化进化"一方面是文化作为一个整体（由阶段到阶段）的一般发展，另一方面是各种类型的文化的特殊进化"①。文化的进化不断朝向两个方向运动：一方面是通过适应性变异产生多元发展，从旧的种类分化出新的种类；另一方面则是进化产生进步，高一等的种类生成并超过低等种类。一般规律是，进化首先是特殊进化，其次才是一般进化。特殊进化是特定种群对其环境的适应、专门化和特殊化，使自身沿着谱系衍生与发展。一般进化则是指生命更高形式的出现。特殊进化是与环境适应问题相关联的，特殊进化的判断或衡量标准是相对的，种群之间不可比较；而一般进化的判断和衡量则需要绝对的标准，即适应一切有机体的"综合水平"标准。特殊进化是"遗传变异"，即生物的适应性变异，世代延续；而一般进化是"由阶段到阶段"的进步，是综合水平从低到高的发展。他们认为，这个规律对文化而言完全适用。

此外，他们深刻地阐述了进化的"二律背反"思想。他们认为，某种文化是一种技术、社会结构和观念的综合构成（结构），这种文化经过自身调整而适应其自然居住地和周围相互竞争的其他文化。这种适应表现出两个特征：创造与保持。创造是一种结构和模式的进化，使特定的结构和模式根据环境进行必要的调适。保持是一种稳定化趋势，即保持已经实现的合适的结构与模式。可以这样进一步解释创造与保持：文化创造的机制——文化是开放的系统，对自然界的适应会创造文化的技术，同时，也会创造该文化的社会成分和观念成分；而对其他文化的适应也会创造社会成分和观念成分，社会成分和观念成分又会反过来影响技术，是结构和模

---

① 哈定，等. 文化与进化. 杭州：浙江人民出版社，1987：3.

式的进一步发展。创造的结果就是形成一个有组织的文化整体，它综合地包括技术、社会和观念，应对外部自然界和外部文化的影响。创造性的最主要表现是产生多种文化和文化的多样性，这类似于达尔文的"趋异原则"（结构变异越大，生命总量也就越大）。文化通过创造性的适应而变成多种文化类型，从而使人类文化千姿百态，较好地利用地球上的各类资源。文化适应的另一表现是文化的稳定性，也就是文化的保守性。文化在适应的过程中必然出现专化现象，即产生向着成功适应的单方面发展倾向，阻碍文化的多向性创造。这样文化适应出现两个对立倾向：创造性和自我限制。文化的自我限制倾向不只限制了社会组织和观念系统，也必然会限制技术基础。他们将文化这种保持现状的倾向称为"稳定性原则"。这个稳定性原则具有威力，不容易突破。当一种文化受到作用而不得不变化时，这种变化也往往只能达到不改变其基本结构和特征的程度。著名考古学家罗伯特·布雷德伍德曾指出：随着欧洲最后几条冰河融化，人们使用的工具和寻找食物的方法发生了重大变化，但在公元前5000年前后，欧洲人仍然沿用公元前25000年时极其简单的打猎、捕鱼和寻找食物的方法。这说明，他们也只是改变了不得不改变的方面。

他们还揭示了文化的第二种"二律背反"的表现。这就是在适应过程中，文化会同时产生自身多样性的增长和不同文化之间同质性的增长。这表明，文化的进化是双向运动进程：一方面是文化自身的多样性不断增长；另一方面则是不同文化之间产生同化作用，致使文化的同质性不断增长。这就是：在文化进化中，一方面是文化类型自身趋异性的发展；另一方面则是文化同质性的发展。这导致两种进化：适应小环境的"特殊进化"，适应更广大环境的"一般进化"。前者产生"特殊优势"，后者产生"一般优势"。这两种进化和两种优势都是必然的、必要的，应合理掌握，不可偏向哪一种，更不可归结为哪一种。

此外，他们还探索和揭示了文化的潜势法则或蛙跳式发展。其含义是，一个物种或文化系统越是专化和适应环境，其走向更高等级的潜力就越小。专化物种具有稳定性，而且一般性进化往往发生于尚未专化的物种和文化之中，因而，进化的整体特性不是连续性的和线性的，而是非连续性的或非线性、非规则性的。这种间断性，甚至可以被看作进化的本质特征。这可表述为两个原理：第一，进化的种系间断性原理。一个发达的物种或文化不会必然导致下一个进化新等级，下一个等级是在不同的物种或文化中产生的。第二，进化的区域间断性原理。物种或文化都倾向于继续占据已有的空间，因而，如果进化的等级序列不是一个物种或文化的自身延续，那么进化不会发生在同一个空间和区域。有人将这种进化称为"蛙跳"。这种现象在文字的进化、科学发现的代际超越、重大科学技术的更新换代、文明中心的转移等方面都有大量表现。他们的学术成就非同寻常，为不同民族和国家寻找正确的发展道路，掌握自己的命运提供了深刻而有价值的知识。

8. 本尼迪克特和米德的文化与人格理论知识借鉴

露丝·富尔顿·本尼迪克特（Ruth Fulton Benedict，1887—1948）1946年曾任美国人类学学会会长，其著作《文化模式》《菊与刀》（又译《菊花与刀》）使她驰名国内外，影响长盛不衰。她提出并深入阐述了文化模式理论，认为文化就是大写的个性，着重从整体上研究某种文化。她曾指出，一个文化犹如一个人的思想与行为模式，具有一致性。每个文化内部均有代表其特色的目的，而此种目的并不一定为别种社会所共有。在每种文化内部都具有多样性，但也都具有主旋律。一般而言，主旋律就是"民族精神"（ethos）。例如，她曾考察了许多文化类型并以"阿波罗型"（Apollonian）和"狄奥尼斯型"（Dionysian）去概括两个印第安部落的文化特质，称多布人的文化为妄想或偏执狂型文化。她认为，个人的处事态度是文化影响的结果，个人生活史的主轴是对社会所遗留下来的传统模式和准则的顺应。每一个人，从他诞生的那刻起，他所面临的那些风俗便塑造了他的经验和行为，到了孩子能说话的时候，他已成了他所从属的那种文化的小小造物了①。

本尼迪克特的另一大贡献就是对国民性的研究。她的名著《菊与刀》探讨了日本社会结构、维系人与人之间关系的主要因素以及影响日本人人格形成的童年经验等。她认为，日本社会结构或日本文化的基础是严格的

---

① 本尼迪克特. 文化模式. 杭州：浙江人民出版社，1987.

等级制度，日本人对人际关系以及人与国家的关系所抱的整个观念都是建立在对等级制度的信仰之上的①。这种等级制度观念基本是在家庭内部形成的，使整个社会形成了类似于印度的种姓体制，等级制度及其观念在日本社会根深蒂固，日本人以此安排自己的和世界的秩序。任何领域都被周密地划分等级，任何人不可逾越出自己的"位置"。人与人之间的关系是人身依附或统治服从的关系，维持这种关系依靠"报恩"意识和"报恩"行为规范。她指出："日本统治与服从的关系，是由报恩义务构成的。报恩的义务是无限的义务，而从义务的这种无限性中产生了人身的服从关系。"② 她深入分析了日本国民性形成的原因，认为日本儿童特别是日本男性儿童的教育存在着二重性——幼儿时如同小神仙，可以随意发泄和寻衅；而六七岁以后，慎重与"知耻辱"加在他们身上并且他们必须学会绝对服从。这种教养方法使他们产生二重性格和人格紧张，这就是菊与刀的性格——一方面可以赏析樱花、菊花，另一方面则可以执刀虐杀或自戕。此外，本尼迪克特还区分了耻感文化和罪感文化的差异。

玛格丽特·米德（Margaret Mead，1901—1978）在 1959 年至 1960 年曾任美国人类学学会会长，一生著述丰富。她的关于青春期冲突和焦虑的调查以及关于民族性格形成的理论受到极高的评价。1935 年出版的《三个原始部落的性别与气质》一书，获得学术界的赞誉。米德对长久流行的"男女性格差别产生于生理差别"观念持怀疑态度，于 1929 年到新几内亚的三个原始部落中做了田野调查工作。她发现这三个部落虽然距离相近，但在文化和气质上差异显著。阿拉佩什族人如同我们预期的女性，蒙杜古马族人如同我们预期的男性，而德昌布利族人则有明显的男女性格之别，但男女性格之别恰巧与文明社会相反。她认为两性性格差别与生理无关，而是由文化差异造成的。她还进一步分析了这三个部落中男女两性人格形成的原因。她认为，文化总是煞费苦心、千方百计地在错综复杂的条件下，使一个新生儿按既定的文化形象成长③。阿拉佩什族的儿童出生后一

① 本尼迪克特. 菊花与刀：日本文化的诸模式. 杭州：浙江人民出版社，1987.

② 同①273.

③ 米德. 三个原始部落的性别与气质. 杭州：浙江人民出版社，1988.

直受到父母温暖的关怀，而蒙杜古马族的儿童一开始便被投入人际对立的紧张世界。德昌布利族的儿童在六岁以后女孩学习工作而男孩无所事事。米德最后断言，不同文化成员间的差异，如同处在同一文化内的个体间差异一样，可以完全归因于作用不同的社会条件，尤其个体发育早期的条件作用特别重要，而该作用又是文化机制所决定的①。她对妇女解放的看法、代沟（三喻文化）的理论等均属原创性贡献。人们赞扬她"改变了人类学，修正了她的国家的观点，影响了世界人民的命运"②。

9. 列维-斯特劳斯结构主义人类学知识借鉴

克劳德·古斯塔夫·列维-斯特劳斯是法国著名人类学家，1973 年当选为法兰西科学院院士。他有多国研究和工作的经历，这些经历给他最深刻的印象是：人类社会的不同经验背后存在着一种摹本的一致性并且人类的思维在各方面也基本上是相同的。这是他所创造的结构主义人类学的核心思想。他的结构主义来源于三个方面——现代语言学、文化人类学、心理学。他吸取了许多语言学家和文化人类学家的结构主义思想，发展出细密的结构主义理论体系，但所研究的是人类的思维结构，而不是经验的社会结构。他认为：结构是抽象的、无所不在的，具有普遍性的特点；结构"这个术语与经验实在并无关系，而是与依据经验实在建立的模型有关"③。社会结构与社会关系是不同的，后者是指"原材料"，前者是在"原材料"上建立起来的。他将结构主义提升为一种研究方法，认为"社会结构……是一种适用于任何社会研究的方法"④。他认为结构有三个特点：第一，结构是一个完整的整体，各元素之间严密地相互制约，其中任何一个都无法单独发生变化；第二，如果结构中的某些元素发生了特定的变化，该结构就不复存在；第三，结构的含义表明可以直接认识被观察的所有事实。结构主义者创立"结构"是为了建立一种整理和分析自己所收集到的材料的

---

① 米德. 三个原始部落的性别与气质. 杭州：浙江人民出版社，1988.
② 库珀. 社会科学百科全书. 上海：上海译文出版社，1989：470.
③ 列维-斯特劳斯. 结构人类学. 上海：上海译文出版社，1995：299.
④ 同③300.

方法。这个方法就是，一切关系最终都可以还原为两项对立的关系，每种关系中的每个元素都可以根据自己在对立关系中的位置，产生自身的社会价值。结构主义要求尽可能找出各个现象的对立关系。结构主义方法强调整体或总体，基本原则是：研究结构诸元素的关系网络，而不研究一个整体内部的诸元素。结构主义方法具有广阔的视野，恰巧弥补了文艺复兴以来社会科学染上的重分析轻综合的严重病症。

列维-斯特劳斯运用结构主义方法（主要是"二元对立"结构）建立了亲属关系的基本解释模型，不久又用这种方法建立了神话的基本解释模型和对原始思维的解释框架。他认为，如果在神话这样的领域中，人类心灵都由结构支配，那么，在人类所有活动领域中，心灵都必然要受到结构的支配。他指出，世界各地存在着大量神话，故事情节和主题大同小异。神话是人类心灵结构"外化"的最初形态，是原始人表达其内心观念的原始形态。在列维-斯特劳斯看来，神话是人类幼年时期集体制作的"梦"，是无意识的"集体的梦"。他甚至认为，原始人创作神话是传递信息，多次传递的结果使接受者像接受了交响乐的一组"和弦"，读神话必须像读交响乐谱一样才能获得神话的意义。列维-斯特劳斯还认为，原始人的自然分类学与科学一样具有实用价值，也是理性活动的基础。他认为图腾崇拜不仅仅是一种宗教初级形式，而且是某种思维模式的表现。总之，他认为世界的基础既不是生产方式，也不是绝对精神，而是人大脑神经系统中的"二元心智结构"。他的如下看法是相当深刻的：宇宙是一个连续体，由于人的思维能力有限，只能将其割裂为非连续性的东西，然后再划分为类别，使之秩序化。由于人的思维的本质是二元对立结构，因而由人表述的非连续性的事物往往具有对立的特点。他虽然肯定分类对于理性思维本身和认识世界具有重要意义，但是也表现出深刻的忧虑——正是人的分类意识，才将人群分成"我类"与"异类"，将民族分成"优等"与"劣等"，而这往往是社会产生冲突、迫害、灾难和战争的根源。他相当赞赏禅宗理论，渴望打破类别意识，使人类达到"菩提本无树，明镜亦非台"的无差别境界。他认为，从这个角度看伊斯兰教不如基督教，基督教不如佛教。应当说，列维-斯特劳斯的理论表面看是研究文化，而实质研究的是人的思维，特别是潜意识所包含的思维。他已经十分接近"结构选择论"的研究领域，或者说已经研究了"结构选择论"的某个领域。

10. 格尔茨的解释学理论知识借鉴

克利福德·格尔茨（Clifsord Geertz，1926—2006）是美国著名的人类学家，解释人类学的提出者，影响广泛，曾荣获英国人类学会颁发的"赫胥黎奖章"、美国社会学会颁发的"索罗金奖"，1994 年还获得了日本颁发的"亚洲奖大奖"。一般而言，解释人类学的理论来源有三个：韦伯的社会行为理论，帕森斯的社会、文化与人格的结构功能主义，赖尔的"心的概念"。

格尔茨对民族志理论有独到的建树。他认为，田野工作的成果就是民族志。马林诺夫斯基曾提出以"移情"方式达到从当事人角度看当地文化的境界，这已成为田野工作的最高原则。格尔茨的贡献在于对"移情"做了进一步阐释。他提出，人类学者对异文化描述有"经验接近"（experience near）与"经验远离"（experience distant）两种方式，前者指用当事人的概念和语言来描述该当事人的文化；后者指用人类学家的概念和语言描述当事人的文化，并提出"经验接近"与"经验远离"的并置。他还提出建立民族志的两种类型："浅描"与"深描"。"深描"的要旨在于特别关注揭示行动与文化之间的关系并以此来解释行动的意义。他主张采用对话形式来实现"浅描"与"深描"，甚至主张多次对话和研究，进行二次方、三次方的解释①，以便使当地人的行为成为可阅读的文本。格尔茨最后总结道："民族志性质的记述被认为有多个特色：第一，它是进行解释的记述；第二，是指所解释的对象社会性对话的过程；第三，解释是在那种对话尚未消失之前试图将所说的内容保留下来，使其成为可阅读的文本；第四，……是微观的研究。"他还提出著名的"文化与社会"理论，认为传统功能主义理论不能理解文化结构与社会结构是各自独立又相互依存的系统。实际上文化结构是社会互动赖以发生的有序的意义体系和象征

---

① 格尔茨. 深描：迈向文化解释学的理论. 国外社会学，1996（1/2）.

体系，是信仰的结构，而社会结构则是社会互动模式本身，是行为的方式，是实际存在的社会关系网络。格尔茨深入地研究宗教"现代化"问题，发挥了韦伯关于"传统"宗教与"理性"宗教的理论，他还曾提出一种尖锐的观点，认为宗教在社会由传统向现代转变过程中，既可能是社会秩序的维护者，也可能是矛盾和冲突的制造者。

11. 特纳的仪式象征论知识借鉴

维克多·特纳（Victor Turner，1920—1983）是苏格兰人，后加入美国籍，是英国和美国的著名人类学家。他是从曼彻斯特学派的优势领域——冲突与仪式开始研究的。他首先研究一个没有强大权力中心的"恩丹布人"村落是如何维持政治稳定性的。在这项研究中，他深刻阐述了文化象征所具有的功能和意义。他通过考察得出结论，尽管"恩丹布人"存在着形形色色的冲突和分裂，但是整个社会的组织基础还是完整的；仪式起着重要的整合作用，它不仅将内聚力、共同价值观和感情灌输给人们，而且还使人们确信，尽管存在着种种冲突，但仍然有联合的一致性。他甚至据此提出，世俗手段或非仪式手段在解决冲突方面是无能为力的，冲突是常有的，但有一套礼仪机制就能缓和冲突，使冲突转而对群体的团结有益。在特纳看来，仪式是一种调整手段。他站在拉德克利夫－布朗的结构功能主义立场，将仪式的功能定位于恢复社会平衡和稳定的政治手段。他还进一步研究了象征的意义，认为符号是对已知事件的代表，而象征则是对未知事物的表达。人类学者的任务在于深刻揭示这些未知事物的含义。他对象征的本质、功能、过程、方法等做了系统阐述。特纳认为，象征不但能承载社会规范，而且也能承载"自然"的欲望、野性与情感，可以为社会提供动力和建立秩序。他深刻地揭示了仪式与社会结构之间的功能关系——仪式也是社会结构的反映。他特别阐述了仪式的过程——阈限前、阈限、阈限后三个阶段。阈限阶段是仪式过程中的核心，处于两个稳定阶段的交界处，是两个稳定"状态"之间的转换。这种转换不只限于人生的转折点，也包括部落出征、季节交替、获得政治职位、加入秘密社团等社会性活动。他还认为，阈限代表着平等，其前后的阶段则代表着不平等，阈限前后的阶段是"社会结构",是一种有差别的体制,意味着等级制度和层层盘剥;阈限则是一种"人的特殊关系",是具体的、历史的、有特性的个人之间的关系,是离开社会结构的空白的地带,只有在这里人与人的平等才得以恢复——同质、平等、无产、宗教、简单、一视同仁、谦卑。他甚至认为,仪式之外的社会生活是封闭、枯燥、无人性的,人性只有在仪式、宗教和艺术中才能得到展现和发展。

12. 其他学科的知识借鉴

"结构选择论"是研究人的生命本体的学问,必须广泛借鉴一切相关学科的知识,如哲学、历史学(特别是人类文明史)、心理学、社会学、政治学、法学、伦理学、组织学、管理学、系统科学、教育学、美学、行为科学、宗教学、美学等。哲学是一种从总体上把握世界的人类智慧,是一种理论形态的世界观和方法论。哲学问题总是关于人本身和世界的重大问题和根本问题。不掌握丰富的中外哲学知识,创建"结构选择论"是不可想象的。史学是研究和阐明人类和社会发展过程的学科,它对包括从古至今的人类及人类社会、文明、国家、地区和民族的历史做综合的或分期、分类的研究,是阐述史学一般原理和方法的科学。"结构选择论"必须立足于历史学,特别是人类文明史所提供的知识、经验和方法之上,并能够对历史现象做出科学解释。心理学是研究心理规律的科学,它研究和阐释人的认识、情感、意志等心理过程和能力、性格等心理特征,揭示人的心理活动的本质和规律,提供培养健康的心理和完善个性的知识。心理学是"结构选择论"的知识基础之一,同时,"结构选择论"也应对人的心理现象做出科学解释。社会学是研究社会和社会问题的一门科学,它把社会当作整体,研究社会现象及其发展变化的规律。社会学研究的领域相当广泛,包括社会整体、社会群体、社会制度、社会问题等,对社会生活的各个方面从整体上加以研究,探讨各种社会现象之间的关系及发展变化规律。这些理论知识和方法对于"结构选择论"研究具有重要借鉴意义。政治学是关于国家起源、发展和消亡,国家的本质和职能,不同类型国家的结构和政治制度,社会中各种政治关系和各种政治理论的学问。政治学理论是"结构选择论"的基础知识之一。法学以法律为主要研究对象，是关于法的起源、本质、作用及发展规律的科学。伦理学是以道德为研究对象的学科，它研究道德的起源和发展、人们的行为准则、道德修养和道德教育的方法等问题。美学是研究人对现实的审美关系的一般规律的科学，它研究在社会实践基础上产生的现实的美和人的审美意识，揭示人的审美活动的普遍规律。教育学是研究教育现象及其规律的科学，探讨教育的一般原理和规律。系统科学是研究系统的模式、原则和规律并对其功能进行数学描述的一门科学，给一切自然科学和人文社会科学提供理论和方法。行为科学是研究人类行为规律的科学，揭示各类管理中人的需要、动机、目标和行为的规律和管理的规律。总之，上述各门学科与"结构选择论"有着深刻的内在联系，是"结构选择论"的理论知识的前提和基础，同时，"结构选择论"也为这些学科提供了人性假设和关于人的生命本体的知识。

（三）"结构选择论"的思维方式

思维方式是认识和破解研究对象的最主要的工具，是解开研究对象知识难题和理论困境的"不二法宝"，是建立某种方法论的深层根据和基础。严格来说，一种理论建构的水平主要是由它的思维方式的水平决定的，并且随着它的思维方式水平的发展而发展。因此，思维方式是"结构选择论"建构的关键。

1. 思维方式对破译人的生命本体的限制

思维方式是研究人的生命本体的前提条件。关于人的生命本体的研究无不受着人类思维方式的规定和限制，打上思维方式的烙印。可以这样表述：破译人的生命本体是随着人类思维方式的进展而同步发生的。要深化对人的生命本体的研究，科学地解读"人"，首先就要有科学的思维方式。然而，人类思维方式的进展却是非常刻板而迟缓的，不似外在世界那样瞬息万变。从原始思维向现代思维的转变，基本上几千年，甚至上万年才会产生一次！至今，人类的思维方式仍徘徊在"本体思维与实践思维""种思维与类思维""形式逻辑思维与辩证逻辑思维"之间，阻碍了一般科学知识的发展，尤其阻碍对人的认识，成为破译人的生命本体的严重障碍。自古希腊苏格拉底发出"认识你自己"的呼声以来，几千年过去，人类认识自身的问题仍未得到真正的解决，其根本原因之一就是人类的思维乏力，无法解读和破译人的奥秘。假如今天仍不能突破旧思维方式的限制和屏障，掌握新的思维方式，那么，建立人的生命本体论——"结构选择论"只能是良好的愿望，"认识你自己"将仍然是一个遥远的理想。

对于研究人的生命本体而言，旧思维方式的限制主要表现为"本体思维的限制""种思维的限制""形式逻辑思维的限制"。其中，包含在"形式逻辑思维的限制"中的"二元思维"限制最为突出。至今，人类的思维仍处在"二元思维"的水平上。虽然"二元思维"曾引发人类科学知识的一系列重大成就，特别是曾经推动科学技术突飞猛进发展，至今仍有价值，但是，其弊端已大量显现——将完整的"主体——人"弄得支离破碎，将人类引入矛盾、分裂、冲突和对抗，使人类走到自我毁灭的边缘。然而，人类仍无力从根本上超越。甚至可以这样说，今天对认识人自身的限制归根结底是"主体"自身的限制，是人类基本思维方式——"二元思维"的限制，是人类非连续性思维（断裂式思维）的限制。这种限制不仅制约和影响了人类对自身的认识，更影响着人类对自身的态度以及人类对世界的态度。

对上述问题，结构主义人类学大师列维-斯特劳斯曾发出由衷的感叹。他一生致力于解读人类的思维方式——人的大脑神经系统中的"二元心智结构"，并尝试用对"二元心智结构"的解读去弥补"自文艺复兴以来社会科学染上的重分析轻综合的严重病症"。然而，这个目的并未实现。他认为，世界的基础不是其他，而是人大脑神经系统中的"二元心智结构"。宇宙原本是一个连续体，但是由于人的思维能力不足，只能将其割裂为断裂性（非连续性）的东西，然后再区分为类别，使之序列化、秩序化。又由于人的思维的本质是二元对立结构，人所表述的断裂性（非连续性）事物一般均具有二元对立的特点，并使人热衷于二元对立思维而不能自拔。这使他最终陷于困境之中——他充分肯定分类和"二元思维"对于理性思维本身、对于认识人和世界的重要意义，但是也看到了其严重局限和危害性，从而陷入深深的忧虑。他认为，正是人的"二元思维"，才将人分裂为"我类"与"异类"、"西方"和"土著"，将民族分裂为"优等"与"劣等"，制造了人类关系的对立，引发无数冲突、迫害、灾难和战争。他渴望打破类别意识，特别是打破二元对立意识。他赞赏禅宗的理论——"菩提本无树，明镜亦非台"的无差别境界；同时认为，从这个角度看伊斯兰教不如基督教，基督教不如佛教。显然，他已敏锐地看到了人类思维的局限性（断裂式思维、"二元思维"），提出了超越的迫切需要。然而，他并没有解决这个问题。他也同样没能突破"形式逻辑思维"的局限，遗憾地停止在"二元思维"前。

"二元思维"是破译人的生命本体的瓶颈。假如不能突破"二元思维"的限制，就不能正确地认识人本身，也无力回答人类"二重生命"的矛盾和统一问题，更无法照亮人类未来的生存之路。

在这个复杂的破译人的生命本体悖论面前，马克思及其后继者走在了前面，不仅尝试解决人类的断裂式思维问题，而且提出了人类思维"由断裂到连续"的系统理论——辩证法思想。破译人的生命本体和展望人类的未来都寄希望于马克思主义辩证法及其发展。

2. 思维方式的"三重超越"和"三个台阶"

解读和破译人的生命本体，必须在马克思主义唯物辩证法的指引下实现对旧思维方式的"三重超越"并登上思维的"三个台阶"——"由本体思维到实践思维的超越"，登上"实践思维"台阶；"由种思维到马克思主义类思维的超越"，登上"类思维"台阶；"由形式逻辑思维到辩证逻辑思维的超越"，登上"辩证逻辑思维"的台阶。

（1）由本体思维到实践思维的超越——登上"实践思维"台阶。

早在古希腊，哲学家就把"认识你自己"确立为至高无上的理论目标。然而，几千年的哲学史告诉我们，一代代哲学家的努力均以此目标的

"失落"而告终。问题主要在于"以何种思维方式"来把握人，或者明确地说"认识你自己"的失落是"本体论"思维方式导致的必然结果。从古代哲学到近代黑格尔哲学的几千年中，"本体论"思维方式一直占据统治地位。"本体论"思维方式的根本缺欠是企图在现象世界的背后寻找一个"真正实在"的"本体世界"，寻找决定一切、统领一切的"一"，瓦解人的生命的多重矛盾本性，将人抽象化、单向化，因而无法认识现实的人本身，无法解释由人的内在矛盾、人与人的矛盾、人与自然的矛盾所形成的更为复杂矛盾的人性和人的世界。它无法容忍"两重化"和矛盾关系的存在。在理解人时，或是把人理解为"大写的神圣人"，或是把人理解为"孤独的个体"，或是把人理解为与动物没有根本差别的纯自然的存在，或是把人理解为完全精神化的纯粹理性的存在，或是把人理解为"文化的存在""结构的存在"，而"现实的完整人"不存在。这个理论观点也可以进一步这样表述："本体论"思维将本来是由多重矛盾关系的统一所构成的"现实的完整人"和"现实的完整人的世界"，或者抽象化为单一的人和单一的世界，或者抽象化为分裂的人（对立的、支离破碎的人）和分裂的世界（对立的、支离破碎的世界），或者抽象化为"无历史"的人和"无历史"的世界，从而"扭曲"了人和人的世界，"误解"了人和人的世界，导致人的失落和瓦解。归根结底，"本体论"思维无法认识和说明人和人的世界，更无法预期人和人的世界。

马克思的伟大贡献就在于以实践思维方式取代了以往的"本体论"思维方式，以一种全新的理论去认识人和人的世界。马克思第一次把实践提升为哲学的根本原则，用实践思维方式超越"本体论"思维方式，以实践的观点去阐释人性，为认识和把握鲜活生动的人和人的世界创造了现实基础，开创了宽广的理论视野和道路。马克思认为，实践是人独有的自觉的以创造价值为目的的活动。在这种活动中，人既改造了外部世界，同时也改造了人自身，使人成为自身活动的主体。正是在此意义上，马克思强调，可以根据意识、宗教或随便别的什么来区别人和动物，一当人们已开始生产他们所必需的生活资料的时候，他们就开始把自己和动物区别开来。实践为理解人提供了现实基础和思维方式，一旦把握了这个现实基础和思维方式，就可以顺利地解开"人之谜"。这表现在：第一，实践思维方式提供了从人自身活动的角度去理解人的基础——人是自己的创造者。人是富有创造活力的活生生的现实人。人虽然来自自然，但却不是自然的现成作品，而是人自己的创造物。人的本质也不是自然规定的，而是在自己的创造性活动中生成的。第二，实践思维方式提供了理解人与外部世界辩证统一关系的基础。只有从实践观点出发，才能真正理解人与外部世界既相互否定又彼此统一的本质关系——人既依赖于自然，又不断否定自然；人既是自然的存在物，又是超自然的存在物；等等。实践活动是人与自然、主体与客体、主观与客观双向作用的过程。在这个过程中，人以物的方式与对象发生关系，获得的却是物以人的方式存在的结果，同时把原来只有单一的自然关系的世界，变成了具有双重关系的矛盾世界——属人的世界。所有这些，只能通过实践思维方式获得理解和说明。第三，实践思维方式为理解人的生命中各种二元关系的辩证统一找到了现实的基础。人的实践活动本身是"二元的统一"——肯定与否定、能动与被动、主观与客观、群性与个性、分化与统一、必然与自由等的矛盾和对立，同时又是消融矛盾、克服对立，使其达到更高统一的活动，而人和人性（物性和超物性、自然性和超自然性、生命性和超生命性、个体性和超个体性等）恰恰是在这种复杂的矛盾和统一的实践基础上生成的，也只有在人的实践基础上才能生成。总之，实践思维方式是一种从人自身去解释人、以否定性统一的观点去理解人及人的世界的思维方式。只有运用实践思维方式，对人的理解才能从虚幻走向现实，从抽象走向具体，从分裂走向完整，从悖谬走向科学；也只有运用实践思维方式，才能够科学地解释人的特殊本体和本性，为"结构选择论"提供科学的方法论基础。

（2）由种思维到马克思主义类思维的超越——登上"类思维"台阶。

所谓种思维，简单说就是认识和把握物种所运用的思维方式，是一种只适用于物的存在本性而不适用于人的存在本性的思维方式。运用什么思维方式认识和把握对象是由对象的存在本性决定的，而不是任意决定的。必须运用"人的方式"去认识和把握人。运用物种的思维方式去认识和把握人显然违背认识的规律。然而，由于人的思维方式的发展和水平有限，在相当长的时期里人们是运用物种思维方式去认识和把握人的，并且这种思维方式至今仍有不小的影响。物种思维方式大体有如下特点：第一，前定性思维或封闭性思维。这表现为，对于物而言，它的本质是前定的，而且具有封闭性、固定性。比如，动物即使是高等哺乳类动物，也是"本质前定"的，它一来到世界上就具备"全部"本性，而后的一生不过是基因的陆续展开和展现而已。它只能"是其所是"，而不可能超越自己"不是其所是"。第二，自然同一性思维或无矛盾性思维。这表现为，物的存在方式与物种的规定性完全一致。如，动物的个体及其生活总是与其物种完全一致，不可能出现自然性与超自然性、灵与肉的对立和紧张。正像马克思所说："动物和它的生命活动是直接同一的。动物不把自己同自己的生命活动区别开来。它就是**这种生命活动**。"① 第三，隔绝性思维或孤立性思维。这表现为，物种的规定性是刚性的。它决定了物种同环境、一物种同他物种以及物种内个体之间的隔绝。如物种与环境之间，除了用该物种的尺度与环境进行物质和能量交换外，不能有其他的能动关系；一物种与其他物种之间，食物链和弱肉强食的自然规律控制着一切，不可能再有其他主动的关系；在同一个物种之内的个体之间，物种与个体表现为直接同一关系，使个体之间失去自主和差别。这是一种寻求一物与他物区别的思维方式，也即寻找物种界限的思维方式。只要找到一物与他物的区别，认识就达到目的。认识一物，只要找到其所属物种的规定，就可以概说此物，达到"科学"把握。从思维的本性看，这是一种形式逻辑的思维方式。这种思维方式只适用于物，不适用于人。如果用来认识人，必定导致"人的物化"、"简单化"、"凝固化"、"机械化"、"人性的抽象化"和"人性的失落"——"非人化"。人是一种不同于物的特殊生命存在，超越了物种存在，成为特殊的由多重矛盾构成的否定性统一体，成为世界上唯一能从事实践创造的自为的存在，它的本性既是复杂的，又是开放的、无限的。研究人，必须彻底抛弃物种思维方式而使用只适用于人的特殊思维方式和特殊方法。

究竟应该怎样去把握人之为"人"的本性？历史上人们曾认识到物种

---

① 马克思. 1844 年经济学哲学手稿//马克思，恩格斯. 马克思恩格斯全集：第 42 卷. 北京：人民出版社，1979：96.

思维的弊端并尽力克服它，但是，由于找不到将人与种区别开来的现实基础，所以这个问题一直没有获得解决。马克思提出了实践论和类思维从根本上解决了这个问题。他从人的"自我创生"活动即实践活动引申出类思维方式。他从现实社会存在的人出发去理解人的本性，创立了实践的理论，又从这一基础（实践）去理解类，根本变革了以往物种的思维方式。按照马克思的观点，人的类特性就是人的自由自觉的实践活动，人完全超出了种的限定。由此出发，马克思提出了包括人的"类存在""类本性""类生活""类意识"等在内的类思维，为认识和把握人开辟了广阔道路。在此不妨重温一段马克思的名言："通过实践创造**对象世界**，即**改造**无机界，证明了人是有意识的类存在物，也就是这样一种存在物，它把类看作自己的本质，或者说把自身看作类存在物。诚然，动物也生产。……动物只生产自身，而人再生产整个自然界；动物的产品直接同它的肉体相联系，而人则自由地对待自己的产品。动物只是按照它所属的那个种的尺度和需要来建造，而人却懂得按照任何一个种的尺度来进行生产，并且懂得怎样处处都把内在的尺度运用到对象上去；因此，人也按照美的规律来建造。因此，正是在改造对象世界中，人才真正地证明自己是**类存在物**。"①
马克思的类思维包括丰富的内涵，大体可以从以下几方面去认识和理解：

1) 从共时性看，揭示了人的特殊本性。可以这样概括人的本性：第一，"人是一个自为的生命体"。人是自己生命活动的主宰者和支配者，是自我创造和自我规定的生命存在。人不是生命本能的奴隶，而是驾驭生命和本能的主人。第二，"人是超越自然生命的生命"。人超越自然生命的局限，创造了超越自然性的本质即"超生命的生命"。自然生命对"人"来说，已退居人的生命的前提和基础位置。人要在这个前提和基础上去追求更高的超生命的生命本质。这是真正的人的本质。"成为人"已是人的永恒追求目标。2) 从历时性看，揭示了人的发展历程。依据马克思的描述，人的发展历程大体要经历三个阶段：第一阶段，以"人的依赖关系"（起初完全是自然发生的）为基础的依附人格阶段；第二阶段，以"物的依赖性

---

① 马克思. 1844 年经济学哲学手稿//马克思，恩格斯. 马克思恩格斯全集：第 42 卷. 北京：人民出版社，1979：96-97.

为基础的人的独立性"阶段；第三阶段，"建立在个人全面发展和他们共同的社会生产能力成为他们的社会财富这一基础上的自由个性"阶段。这三个成长阶段既不可能跨越，也不可能逃脱，具有历史必然性。3）从价值上看，揭示了人的出现所具有的多重意义：第一，揭示了生命性质的飞跃——人的出现改变了生命的存在方式，使生命由依赖环境生存变成依赖自身活动和环境的双重生存，赋予了"生命体"全新的本性和特质；第二，超越了自然生命的有限性，把人的自然生命引向了具有永恒价值的超自然生命、"类生命"；第三，摆脱了自然对生命的绝对主宰，人已经变为能够"自我创生""自我规定"的存在；第四，人的类本性是地球上迄今为止所发现的最能动、最自觉、最具创造性的特性；等等。总之，从种思维向类思维的转变和超越，为彻底摆脱种思维对认识人的生命本体的影响，为更加深刻地认识人和把握人提供了根本性的理论前提和方法论，为建构人的生命本体论"结构选择论"提供了可靠的思路。

（3）由形式逻辑思维到辩证逻辑思维的超越——登上"辩证逻辑思维"的台阶。

破译人的生命本体最需要辩证逻辑思维。人的生命本体集中了人世间最为尖锐复杂的对立统一关系，因而，最需要辩证逻辑思维。甚至可以这样说，人们之所以创造辩证逻辑思维，正是为了解决认识"人"的问题。然而，真正掌握辩证逻辑却是一件很困难的事情。要真正掌握辩证逻辑，就必须下苦功夫学习，切实做到由形式逻辑思维向辩证逻辑思维的转换。一般而言，人们多少都具有某种程度的形式逻辑思维，大都会用形式逻辑思维去思考和分析问题，也能发挥它特有的功效，这是人进化的结果。但是，形式逻辑思维只适用于相对简单的自然科学，不适用于深奥复杂的自然科学，更不适用于解释和研究复杂的人、社会和精神现象。在这些领域里最需要的是辩证逻辑思维，如果在头脑里没有自觉的辩证逻辑思维，那么，很可能受到形而上学的纠缠，寸步难行甚至倒向形而上学却不自知。这是由人反映对象的性质和特点决定的。人的头脑天然地具有把问题凝结起来、将事物隔断的思维倾向（形式逻辑思维倾向），对事物只能通过"概念"来区分并采取"定格"的方式来表述和思考。这类似于照相，又类似于拍电影——只能先拍出单独的底片，然后由一张一张的底片连续起来，才能反映连续性的人和人的活动。人的活动是连续的，而底片却是断裂的、一张一张的。如果人们只承认一张一张的底片而不承认它们所反映的连续的事物，那就陷入了形而上学。困难不在于现实事物本身，客观世界本来就是连续而不是断裂的，断裂的只是人的头脑和认识能力。困难在于人的头脑首先将连续的世界隔断，变为固定的"概念"和"范畴"。因此，认识开始时，世界在人的头脑里是断裂的、零碎的。怎样反映连续的世界？怎样在头脑中自觉地建立起正确的联系？在这里形式逻辑思维无能为力，只有依靠辩证逻辑思维，也只有自觉的辩证逻辑思维才能让世界在人的头脑里"连续起来"——完整地反映复杂的人和人的活动。人们之所以需要辩证逻辑思维道理就在于此。"结构选择论"要阐释的对象——人的特殊生命本体、人的结构、人的选择等，是世界上最复杂多变、深奥难测的对象，要正确地认识和把握它只有依靠辩证逻辑思维。

由形式逻辑思维到辩证逻辑思维的超越十分艰难，人类经历了几千年，最后由黑格尔和马克思完成了。一般而言，辩证逻辑思维是通过一系列概念和范畴的对立统一关系来解决人的思维问题的。辩证逻辑思维与形式逻辑思维不同，它虽然设定了具有对立关系的概念和范畴，但却不让它们孤立起来、凝固起来，而让它们联系起来、运动起来，以便让人头脑中的世界与外在的世界相一致。因而，辩证逻辑思维必须进一步解决一系列关键的概念和范畴的对立统一和辩证统一问题。比如，辩证逻辑思维经常使用的概念和范畴——存在与非存在的辩证统一问题、事实的矛盾与思维的矛盾的辩证统一问题、有变无和无变有的发展问题、"具体的整体"与"整体的具体"的问题等。事实上，形式逻辑思维很容易做到，而辩证逻辑思维却不容易做到。在理论上解决上述问题等于"过关"，每过一关都很困难，都需要人类的众多头脑为之付出长期的努力。比如事实的矛盾与思维的矛盾问题。概念是思维反映事物的工具，思维只有通过概念才能反映事物。但概念把握事物的方式是独特的——它只有把事物的连续性割断，把动态的事物凝固起来，使之"定格"才能反映事物。这样，概念"是"就是"是"，而不能同时又"不是"，否则就是荒谬。只有这样，人们才能进行正常思维。思维按其本性而言，必须绝对排除矛盾，不允许矛盾存在。从思维逻辑角度看问题，矛盾就意味着荒谬，只有思维出了差错才会产生矛盾；然而，如果排除了矛盾，也就取消了人与事物的丰富内涵和运动。人们可以直观地说矛盾、变化和运动，但是，矛盾、变化和运动一旦进入思维逻辑领域，就必须被单一化、凝固化和僵化。在思维中，表达运动的"运动"概念已不再运动，表达变化的"变化"概念已不再变化，表达矛盾的"矛盾"概念也不再有矛盾，否则就是逻辑混乱，什么都无法表达。这就是人类的思维困境。思维的困境只能从思维上去解决——创造辩证的思维、辩证的逻辑。然而，直到黑格尔提出这一点，人们才意识到这一困境的存在。他发现形式逻辑不适用于认识"精神"的本性（人的本性），并试图创立一种新的逻辑，"不只是抽象的普遍，而且是自身体现着特殊、个体、个别东西的丰富性的这种普遍"，也就是一种适合于研究人和表达人的特殊本质的思维方式，即辩证逻辑思维。黑格尔的辩证法是唯心主义的精神运动的辩证法，马克思将其改造为唯物辩证法。马克思认为，"对立的同一""矛盾的同一"是辩证逻辑思维的核心，它们是这样联结并促成和表现运动的——"对立必须是在同一中的对立"，"同一必须是在对立中的同一"，而不是"这方面对立，那方面同一"或"这个对立，那个同一"，它们构成了思维的变化、运动和发展。至此，被形式逻辑思维割断的思维由辩证逻辑思维联结起来。由此，长期困扰结构主义人类学的人的"二元思维"结构问题也找到了解决的途径——建立"二元对立统一"的思维结构，即人们头脑中的"二元"一开始就是"统一中的二元"，而人们头脑中的"统一"也一开始就是"对立中的统一"，并且"二元对立和统一"都是在思维的运动中实现的。这多少恢复了在人头脑中的真实的世界，特别是关于"人"和"人的世界"。黑格尔和马克思超越了形式逻辑思维建立了辩证逻辑思维，使概念和思维也具有了矛盾和运动的本性。这是人类思维方式的划时代进展。"结构选择论"的解释对象是人的生命本体，是真正的"人本身"，只有使形式逻辑思维转变为辩证逻辑思维，自觉掌握辩证逻辑思维，踏上辩证逻辑思维的台阶，才能做到科学有效，否则寸步难行，还可能走到扭曲人、消解人、误导人的斜路上去。

三、人的生命本质：实践主体

探索人的奥秘必须从人的生命本质入手，只有对人的生命本质做出合理的阐释，才可能真正揭开作为主体的人的全部奥秘。人的特殊生命的本质规定性，是生命本体论"结构选择论"全部理论知识的理论基石和基本立足点。阐述"结构选择论"的知识体系，首先要阐释人的特殊生命的本质规定性。人的特殊生命的本质是"实践的生物"（或"实践的主体"）。由于人是"实践的生物"，人的生命必然具有特殊的本质规定性——"实践的生命""现实的生命""主体的生命""二重生命"。这是人复杂多变、变幻莫测的根本原因，是人的命运、难以把握的根源所在，当然，也是人虽然命运多舛，但是仍然前途光明的根据所在。

（一）人的实践生命

马克思主义实践论为解释人的生命本质提供了总体性理论基础，是解开人的生命本质和本体之谜的钥匙。依据马克思主义实践论，实践是人的生命本质。也可以说，从本质上看，"人是实践的生物"，"人的生命是实践的生命"。实践是人与动物的本质区别，也是人与人的本质区别。用实践来解释人的生命本质是关于人的认识的一次质的飞跃和深刻革命。

1. 作为人的生命本质的实践的含义

本质是事物的根本性质，由事物所具有的特殊矛盾构成。实践恰恰揭示了人的生命的根本性质，由人的生命的特殊矛盾所构成。所谓实践，是"主体——人"为了解决自身的需要与外部世界的矛盾而进行的能动的改造世界的活动，因而是人的特殊存在的本质，是人的特殊生命的本质。依据马克思的解释，实践是人生产自己所需要的生活资料和把自己创造为人的一种活动方式，是一种自觉的创造价值的目的性活动。在这个活动中，人既改造了外部世界，同时也改造了自身，真正成为自身活动的主体。正是在这个意义上，马克思才十分深刻地指出："可以根据意识、宗教或随便别的什么来区别人和动物。一当人开始**生产**自己的生活资料的时候，这一步是由他们的肉体组织所决定的，人本身就开始把自己和动物区别开来。"① 人的实践包含以下含义：（1）实践是"主体——人"的自觉的能动活动。这是人的存在区别于动物存在的根本特点。动物的全部活动都是被动地适应外界环境，而人的实践活动则是自觉的有目的的对世界的改造。（2）实践是"主体——人"的直接的现实活动。这种现实活动包括物质的活动，也包括精神的活动，但是以物质的活动为基础，特别是以物质的生产和物质利益的分配为基础。（3）实践是"主体——人"的社会历史的活动。人的全部实践活动都是在社会中进行的，而且又都是发展变化着的。社会条件不同，历史发展的水平不同，实践的对象、性质、范围、规模和方式方法也不一样。不存在一成不变的实践活动。（4）实践是"主体——人"认识世界、改造世界和认识自己、改造自己的全部活动。它包括生产实践、社会政治实践、科学文化实践、人的生活实践、人的自我反省和改造实践等。

---

① 马克思，恩格斯. 德意志意识形态（节选）//马克思，恩格斯. 马克思恩格斯选集：第1卷. 北京：人民出版社，1995：67.

2. 实践是解开纷繁复杂的人的生命本体之谜的钥匙

实践是人的生命的本质，而"结构与选择"是人的生命的本体（存在）。只有以实践的观点和思维去观察和分析人的特殊生命才能真正看清和理解人的生命本体（存在）和生命现象。离开实践，人的生命本体（存在）和全部生命现象都无法得到完整的解释，更无法指导人的改造世界的活动。这表现在：（1）实践是"主体——人"处理人与自然关系的基础。人要生存首先就必须解决吃、穿、住、行等基本问题，这就需要处理人与大自然的关系，既向大自然索取，又保护大自然的均衡发展。这只能靠人的正确的生产实践来解决。（2）实践是"主体——人"处理人与人关系的基础。人在改造自然的过程中，必然发生人与人的关系，结成复杂多变、深奥难测的人的社会关系（如：个人与个人、个人与群体、群体与群体、群体与社会的关系以及经济、政治、文化、法律等的关系）。今天看来，这种关系的正确处理只能靠人的社会实践。（3）实践是"主体——人"解决意识正确性问题的基础。人是有能动意识和目的的生物，因而富于创造性。这使人远比动物高贵，也更有能力和前途。但是，同时也使人远比动物更有危险性。正确的意识使人获益，而错误的意识使人受损。从这个意义上说，今天人类的危机归根结底是人类意识的危机。解决人的意识的正确性问题也只能以实践为基础——靠实践推动、提升、检验和纠正。（4）实践是"主体——人"解决一切生存问题的基础。人的存在和生存面临着复杂多变的矛盾，每时每刻都需要解决，考验着人的能力和水平。人的生存不只有人与自然的矛盾、人与人的矛盾和人与自身的矛盾，而且这些矛盾交织叠加在一起，瞬息万变，使人应接不暇、疲于应付、漏洞百出。如人的"二重生命"（"自然生命与超自然生命"）和"多重二重性"生命的矛盾；人的有限与无限、理想与现实、情感与理智、灵与肉、现象与本质、个性与共性、偶然与必然、可能与现实、权利与义务、目的性与规律性、工具性与价值性、公平与效率、人文精神与市场规律、真善美与假恶丑等。上述复杂的生存矛盾是在人的生存实践中产生的，在人的生存实践中表现出来，也只有通过人的生存实践才能解决。通过生存实践去解决人的生存矛盾是人的基本存在方式，也是人的特殊生命本体的基本存在方式。

3. 实践理论为解释人的生命本体提供了原则

实践理论为解释人的生命本体——"结构与选择"提供了原则和基本观点。"人的实践生命"理论告诉我们：（1）"主体——人"是"现实的完整人"。实践着的"人"不是虚无缥缈的抽象化的人，而是生活在现实生活关系中的具体的人。"结构选择论"所要阐释的人，就是站在研究者面前，有血、有肉、有欲望、有理智、会思考、能应对外界挑战和压力的活生生的"完整的人"。人的奥秘不在人之外，而在人本身，在现实的、具体的、完整的人的实践活动之中。（2）"主体——人"是主体。人是自己命运的主人，能够发挥自己的主动性和创造性，通过实践活动，创造生命的价值，无须依赖人之外的力量。人有能力把自己的前途和命运掌握在自己的手里。（3）"主体——人"在生活实践中遇到的问题都是具体的，有条件的，因而必须具体问题具体分析，一把钥匙开一把锁，一种情境一个对策。凡事必须从具体的环境与"人格结构"或"类群结构"的实际出发，寻求具体的行为选择对策。（4）"主体——人"的行为选择必须坚持合理性原则。也就是既不能单纯追求真理性，也不能单纯追求价值性，而应将真理性和价值性、合目的性与合规律性、公平与效率等原则内在地统一起来，坚持以合理性原则处理一切复杂问题。（5）"主体——人"的实践是"属人世界"多样性统一的基础。自然世界是多样的、丰富的，而"属人世界"更是多样的、丰富的。"属人世界"的多样性和丰富性来源于人的实践的多样性和丰富性，并统一于人的多样性和丰富性的实践。形而上学的"抽象的整体性"和"抽象的同一性"不符合自然界的现实，更不符合"属人世界"的现实。只有来源于实践的"具体的整体性"和"多样性的统一性"的辩证方法，才能解释"属人世界"的无比丰富性和复杂性。（6）"主体——人"的实践是发展变化的过程。人的当下的实践具有历史性，必然与以往的实践和未来的实践相联结，它是以往实践的延伸和发展的结果，同时，也是未来实践的基础和前提。对个人来说，实践是人的终生奋斗的历程。一个人只有面对环境的压力和挑战，终生奋斗不息，才能掌握自己的命运，成为自己命运的主人。因此，只有坚持人的生命的本质——"实践的生物"的观点，才能够正确解释人的生命本体"结构与选择"，也才能正确指导人的生命本体"结构与选择"。

（二）人的现实生命

"现实的人"是对人的"生命本质"和"生命本体"的前提性表述。这就是说，"结构选择论"所阐释的人是"现实的人"，而不是"非现实的人""抽象的人"。"现实的人"包含极其丰富而深刻的内涵，是马克思关于人的理论的伟大发现，是人类自我认识史上的深刻革命。马克思既反对唯心论者只从人的理性方面来理解人，又反对旧唯物论者把人仅仅理解为自然的存在物，而是把人理解为一种能动的实践主体。这使得人的自我认识发生了划时代的转变，摆脱了抽象人性论的束缚，走上了研究"现实的人"的康庄大道。"结构选择论"以"现实的人"为前提，立足于"现实的人"解释人的生命本体。

1. 马克思"现实的人"理论的基本含义

马克思主义视域中的人是"现实的人"。马克思恩格斯关于"现实的人"的成熟思想主要体现在《神圣家族》（1844 年 9—11 月）、《关于费尔巴哈的提纲》（1845 年春）和《德意志意识形态》（1845—1846 年）等几部著作中。马克思在《神圣家族》中曾给"现实的人"下了明确的定义："现实的人即生活在现实的实物世界中并受这一世界制约的人。"[①] 他又说：**"实物是为人的存在，是人的实物存在，同时也就是人为他人的定在，是他对他人的人的关系，是人对人的社会关系。"**[②] 这里将人本身与实物世界

---

① 马克思，恩格斯. 神圣家族//马克思，恩格斯. 马克思恩格斯全集：第 2 卷. 北京：人民出版社，1957：245.

② 同①52.

和社会关系内在地联系起来，将实物世界和社会关系看作人的内涵和本质规定。显然，"现实的人"是生活在实物世界和社会关系之中的从事着社会实践活动的活生生的人。"结构选择论"所阐释的"主体——人"首先是（并且一直是）"现实的人"。马克思的"现实的人"思想主要有以下几方面内涵：

（1）"现实的人"首先是存在于我们面前的、可以被经验感知和描绘的、有血有肉的人。恩格斯在给马克思的信中说："我们必须从'我'，从经验的、肉体的个人出发，不是为了像施蒂纳那样陷在里面，而是为了从这里上升到'人'。只要'人'的基础不是经验的人，那末他始终是一个虚幻的形象。简言之，如果要使我们的思想，尤其是要使我们的'人'成为某种真实的东西，我们就必须从经验主义和唯物主义出发；我们必须从个别物中引伸出普遍物，而不要从本身中或者像黑格尔那样从虚无中去引伸。"① "现实的人"生活在天地之间、社会之中，不是虚无缥缈、不可触摸的幻影，而是有血有肉的可以被感知的具体存在。他有欲望、有理智、能决策、会行为，是一个活的完整的有生命的复杂存在，是一个可以被经验感知和实证的特殊的存在物，是肉体和精神相统一的存在物。"现实的人"包括：个体——"人格"；群体——"类群"（家庭、组织、国家和国际组织等）；人类——"类"。

（2）"现实的人"是整体性存在的人，即"现实的完整人"。"现实的人"是一个有生命的整体，它包含着复杂的组成部分和组成方面，而且各个组成部分和组成方面均有特殊的内涵、地位和功能，但是，它们都不是隔绝的、孤立的，而是"整体人"的有机组成部分，相互联系而存在，相互制约而发挥作用。这表现在"现实的人"的一切方面。作为人自身的存在，它既是肉体的存在，又是精神的存在；既是感性的存在，又是理性的存在。作为实践活动的存在，它既是认识和改造自然的存在，又是认识和改造社会的存在；既是认识和改造客观世界的存在，又是认识和改造主观世界的存在。作为关系的存在，它既是一种自然关系的存在，又是一种社

---

① 恩格斯. 恩格斯致马克思（1844 年 11 月 19 日）//马克思，恩格斯. 马克思恩格斯全集：第 27 卷. 北京：人民出版社，1972：13.

会关系的存在；既是一种真实生活关系的存在，又是一种虚拟关系的存在。作为时空的存在，它既是一种共时性的存在，又是一种历时性的存在。"现实的人"虽然同时是多种存在，但并不是多种分裂的存在，而是现实的包含多种存在的整体存在，即在实践中以整体的方式使多种存在相互联系、运动和发挥作用。所以，"现实的人"是整体的人、完整的人，即"现实的完整人"。

（3）"现实的人"是以主体的姿态在社会关系中从事能动实践活动的人。"现实的人"是世界的主体，具有从事实践活动的能力，并且从成为人的那一天起便从事着实践活动，改造和完善客观世界，也改造和完善自己的主观世界。这是人的本质特性。人的实践活动不仅是人与动物的本质区别，也是人与人的根本性区别。不同国家、不同民族、不同组织、不同人的区别的基础也是人的实践。它们的区别归根结底也是所从事的实践的区别。马克思说："个人怎样表现自己的生活，他们自己也就怎样。因此，他们是什么样的，这同他们的生产是一致的——既和他们生产**什么**一致，又和他们**怎样**生产一致。"① "人们的存在就是他们的实际生活过程。"② 总之，人的现实的实践活动决定了人的本质和本性，规定了人之为人、人之为某人、类群之为某类群的具体性和特殊性。

（4）"现实的人"是"实我"与"理想我"、"现有"与"应有"的统一。人类经过170万年进化出成熟的自我意识，自我意识的一个基本功能就是"分化与统一"——将统一的自我分化出"实我"和"理想我"、"现有"和"应有"，并且用"理想我"去统一"实我"、用"应有"去统一"实有"，使自我进步与超越。凡人均有此特点和能力，是人类发展和进步的动力源泉之一。所谓"实我"（"现有"）是人的当下存在，是现实的状态和水平，而"理想我"（"应有"）是人对未来的向往和追求，是理想的状态和水平。一般而言，"实我"（"现有"）是"理想我"（"应有"）的基础，而"理想我"（"应有"）是"实我"（"现有"）的发展和延伸。

---

① 马克思，恩格斯. 德意志意识形态//马克思，恩格斯. 马克思恩格斯全集：第3卷. 北京：人民出版社，1960：24.

② 同①29.

"现实的人"就是在"实我"（"现有"）与"理想我"（"应有"）的对立和统一中生存的，也是在它们的对立和统一中发展的。"实我"（"现有"）与"理想我"（"应有"）的对立和统一规定了"现实的人"的现在，也推动"现实的人"走向未来，因而，"现实的人"又是现实与历史的统一。马克思主义的"现实的人"理论既研究人的"实我"（"现有"），又研究和设计人的"理想我"（"应有"），是指导人类走向解放和未来的理论。

2. "现实的人"的本质

马克思关于人的本质的理论与他的"现实的人"的理论是一致的。对于人的认识，马克思不像之前的哲学家那样抽象地谈人的类存在，也不像唯心论者那样谈论抽象的人，而是把人理解为"有生命的个人的存在"① 和"从事活动的人们"，理解为"从事活动的，进行物质生产的，因而是在一定的物质的、不受他们任意支配的界限、前提和条件下能动地表现自己的"② 人们。在这里，马克思将人和人的本质放在"现实的人"的社会实践活动之中，放在社会物质条件和物质关系中来考察，从而能够更深刻地揭示人的本质。马克思特别揭示了"利益"对人的活动，以至对人的本质的决定性作用。他说："人是全部人类活动和全部人类关系的本质……历史**不过是**追求着自己目的的人的活动而已。"③ 他又说："应该更严格地区分下述两点：**群众**对这样或那样的目的究竟'**关怀**'到什么程度，这些目的'**唤起了**'群众多少'**热情**'。'**思想**'一旦离开'**利益**'，就一定会使自己出丑。"④ "正确理解的利益是整个道德的基础"⑤。在此基础上，马克思进一步指出，人与动物的本质区别就是劳

---

① 马克思，恩格斯. 德意志意识形态//马克思，恩格斯. 马克思恩格斯全集：第3卷. 北京：人民出版社，1960：23.

② 同①29.

③ 马克思，恩格斯. 神圣家族//马克思，恩格斯. 马克思恩格斯全集：第2卷. 北京：人民出版社，1957：118-119.

④ 同③103.

⑤ 同③167.

动，特别是生产，"可以根据意识、宗教或随便别的什么来区别人和动物。一当人开始**生产**自己的生活资料的时候，这一步是由他们的肉体组织所决定的，人本身就开始把自己和动物区别开来"①。这样马克思的"现实的人"的理论就为深刻地揭示人的本质奠定了理论基础，铺平了道路。

马克思从人的社会生产实践出发，深刻揭示了人的本质。人们不仅从事物质生产，也从事精神生产。从事生产必然进行分工，有分工就有人与人、组织与组织、民族与民族、这一阶级阶层同那一阶级阶层的交往和关系，就有必要的制度和规则，特别是财产的所有制，就会产生相应的社会机构和管理形式，在这个基础上每个人就必然是具体的人和特殊的人，而不是抽象的人。正如马克思所言，"每个人就有了自己一定的特殊的活动范围，这个范围是强加于他的，他不能超出这个范围"②。正因为人处于生产实践的基础之上，处于各种社会关系的"特殊的活动范围"之中，所以，马克思才得出关于人的本质的结论——"人的本质并不是单个人所固有的抽象物，实际上，它是一切社会关系的总和。"③ 这样确定人的本质，不仅能够区分开人与动物的本质差别，也能够区分开人与人的本质差别，同时，还使人的本质规定可以精确分析，为分析人的本质提供了科学的方法。

马克思所揭示的人的本质具有多重内涵：第一，人的本质和人的存在具有多重性和丰富性。每一个人的本质和存在都不是单一的、单向度的，而是多重的、多向度的，是多重和多向度的统一。正如马克思所说："一个人，他的生活包括了一个广阔范围的多样性活动和对世界的实际关系，因此是过着一个多方面的生活，这样一个人的思维也像他的生活的任何其他表现一样具有全面的性质。……这些特性怎样发展为多方面的或是地方

---

① 马克思，恩格斯. 德意志意识形态（节选）//马克思，恩格斯. 马克思恩格斯选集：第1卷. 北京：人民出版社，1995：67.

② 马克思，恩格斯. 德意志意识形态//马克思，恩格斯. 马克思恩格斯全集：第3卷. 北京：人民出版社，1960：37.

③ 马克思. 关于费尔巴哈的提纲//马克思，恩格斯. 马克思恩格斯全集：第3卷. 北京：人民出版社，1960：5.

性的，它们超越地方的局限性还是仍然受地方局限性的拘束，这并不决定于施蒂纳，而是决定于世界交往的发展，决定于他和他所生活的地区在这种交往中所处的地位。"① 第二，人的本质和人的存在是复杂的系统。不能再像以往哲学家那样将人理解为"实体"或"单独的、肉体的"人自身，或"自我意识"，只能将其理解为一种系统。在这个关于人的本质和人的存在系统里，人的本质力量，人的观念和道德力量、智慧力量、意志力量和需要的力量等不仅是多方面的、复杂的，而且是系统的、有结构的。第三，人的本质是历史的、发展的。人的生产实践是不断发展和扩大的，人的交往和活动范围也会随之发展和扩大。这表现在：一方面，"人化自然"，也就是人所"生活的那个自然界"在不断扩大；另一方面，"人的关系"，也就是人的交往关系日益复杂和活动范围日益扩大，人也就不断地由"狭隘地域性的存在"变成"世界历史性的存在"，"各民族的原始闭关自守状态则由于日益完善的生产方式、交往以及因此自发地发展起来的各民族之间的分工而消灭得愈来愈彻底，历史就在愈来愈大的程度上成为全世界的历史"②。当生产力和交往形式高度发达之时，就会产生这样的变化："……狭隘地域性的**个人**为**世界历史性的、真正普遍的个人**所代替。"③

3. "现实的人"理论的深化和发展

马克思的"现实的人"的理论不仅研究了人在实践基础上的一般性存在和人的本质，而且研究了人的多种条件下的具体存在。对此，马克思曾使用以下范畴展开说明：

（1）狭隘的个人与普遍的个人。所谓狭隘的地域性个人，就是由于受生产力发展水平的局限，被限制在"狭隘地域"，处在"闭关自守"状态的个人。所谓普遍的个人，就是由于生产方式日益完善，历史在更大程度上成为全世界的历史，从而出现的那种全面占有人的本质的"真正

---

① 马克思，恩格斯. 德意志意识形态//马克思，恩格斯. 马克思恩格斯全集：第 3 卷. 北京：人民出版社，1960：296-297.

② 同①51.

③ 同①39.

普遍的个人"。

（2）片面的个人与完整的个人。所谓片面的个人，就是在外在强制力量统治下只能片面发展自己本质力量的人，也就是那些在自发形成的社会分工体系中产生的某些特定的人。这种人有"自己一定的特殊的活动范围，这个范围是强加于他的，他不能超出这个范围"①。所谓完整的个人，就是不受外在力量支配的能够自由地全面发展"本身的才能的一定总和"②的人。只有到了共产主义社会，完整的个人才会出现。"在共产主义社会里，任何人都没有特定的活动范围，每个人都可以在任何部门内发展，社会调节着整个生产，因而使我有可能随我自己的心愿今天干这事，明天干那事，上午打猎，下午捕鱼，傍晚从事畜牧，晚饭后从事批判，但并不因此就使我成为一个猎人、渔夫、牧人或批判者。"③

（3）偶然的个人与有个性的个人。所谓偶然的个人，就是只能进行异化活动的个人。当交往形式与生产力发生冲突，旧的交往形式成为生产力的束缚，失去合理性，成为偶然性的东西，它使人们的活动也丧失了自主性、合理性，成为偶然性的活动——异化活动，从事这种活动的人可称为偶然的个人。所谓有个性的个人，就是有条件、有能力进行自主活动的个人。当交往形式与生产力相适应，"个人之间进行交往的条件是与他们的个性相适应的条件，……它们是个人自主活动的条件"④，因而，人们具有活动的自主性，这样的人就是有个性的个人。应当说，偶然的个人与有个性的个人之间的区别是相对的。只有到了共产主义社会，人不仅能够控制自然，也能够支配交往关系，人才能够成为真正自主活动的人，也即有个性的人。

（4）真实的集体中的人与虚幻的集体中的人。马克思区分了真实的集体与虚幻的集体。所谓真实的集体，就是能够真正代表每个人利益的、由各个个人自愿联合而成的、"置于他们控制之下"的人的共同体。所谓虚幻的集体，就是不代表每个人的利益，只代表其中某一部分人的利益的、

---

① 马克思，恩格斯. 德意志意识形态//马克思，恩格斯. 马克思恩格斯全集：第3卷. 北京：人民出版社，1960：37.

② 同①76.

③ 同①.

④ 同①80.

对于多数成员来说是一种异己的外在力量的共同体。马克思认为，只有在真实的集体中，"各个个人在自己的联合中并通过这种联合获得自由"①。也只有在这样的集体中才应当奉行集体主义原则。

总之，"现实的人"的理论内涵十分丰富、深刻，是对人的生命的本质——"实践的生物"的深化和丰富，是"结构选择论"的人性前提之一。可以这样认为，"结构选择论"的知识体系是对"实践的人""现实的人"的进一步解读、展开、发展和延伸。

（三）人的主体生命

1. 主体的含义及类别

（1）主体概念。

所谓主体，是与客体相对的范畴，指活动的发出者、主动者、主导者和决定者。主体是在一定社会条件下从事实践活动的现实的人，其本质特性是社会性和实践性②。马克思说，"主体是人，客体是自然"③。主体指人，客体指作为人的活动对象的事物。主体是相对于客体来说的，离开客体，就无主体。主体一般指社会主体、实践主体，但由于人类活动领域十分广泛，依据活动领域的不同，也可具体区分为认识主体、价值主体、审美主体、道德主体、历史主体等。也可以从其他视域区分主体的类别。

（2）主体的根本规定性。

人作为主体有三重根本规定性：第一，人在宇宙中具有崇高地位。人是

① 马克思，恩格斯. 德意志意识形态//马克思，恩格斯. 马克思恩格斯全集：第 3 卷. 北京：人民出版社，1960：84.

② 刘佩弦，常冠吾. 马克思主义与当代辞典. 北京：中国人民大学出版社，1988：164-165.

③ 马克思.《政治经济学批判》导言//马克思，恩格斯. 马克思恩格斯选集：第 2 卷. 北京：人民出版社，1972：88.

本体，人是目的，人是出发点，人是落脚点，人是标准，一切为了人的生存、发展和完善。在人的活动中，"人始终是主体"①。"作为主体的人"，"既是运动的结果，又是运动的出发点"②。人是自己活动的出发点，人的一切活动都是为了满足人的物质生活和精神生活的需要③；人又是自己活动的标准和结果，能够在"他所创造的世界中直观自身"④，走向完善和完美。第二，人是自然界的自觉的主人。人能够通过实践人化自然和实现自然的人化。人生活在自然之中，但能够用智慧之光和实践力量照亮自然客体、改造自然客体，使之变成人的存在，由"自在之物"变成"为我之物"。这是一种双向的相辅相成的统一过程——主体客体化和客体主体化。主体通过认识和改造客体将自己的本质力量外化出去，同时使客体变成人的需要对象并转化为人的本质力量。人类凭着劳动实践，从动物界跃升出来而成为人，而且会愈跃愈高，愈来愈远离动物界，成为辉煌的主体。人不仅凭劳动创造了人类本身，也凭劳动创造了不同的个人，使人成为有个性的人。第三，人是社会的自觉的主人。人是社会和历史的主体，是人与人关系的主人，能够用智慧之光和实践力量去照亮人与人的关系、改造人与人的关系，由"自在状态"转变为"自为状态"。这也是一种双向的相辅相成的统一过程——人创造新的社会关系，同时也成为新的社会主体。人所创造的社会关系愈广阔细腻和创造的过程愈自觉，社会就愈发展进步和文明，人就愈成为完善的主体。

（3）主体的类别。

第一类：个人主体，即"人格主体"。本书将个人称为"人格"。本书所言的"人格"属于主体人类学概念，不同于哲学、伦理学、心理学、法学等学科的"人格"概念。简单说，主体人类学的"人格"指现实的完整的有特色的个人、所有的个人⑤。个人主体在本书中被称为"人格主体"。

---

① 马克思. 1844年经济学哲学手稿//马克思，恩格斯. 马克思恩格斯全集：第42卷. 北京：人民出版社，1979：130.

② 同①121.

③ 马克思. 评"普鲁士人"的"普鲁士国王和社会改革"一文//马克思，恩格斯. 马克思恩格斯全集：第1卷. 北京：人民出版社，1956：487.

④ 马克思. 1844年经济学哲学手稿//马克思，恩格斯. 马克思恩格斯全集：第42卷. 北京：人民出版社，1979：97.

⑤ 关于人类学的"人格"概念的具体解释，见本书"五、人格结构"。

"人格主体"即指"现实的完整的有特色的个人"主体。这既指"现实的完整的有特色的个人"是主体，又指以"现实的完整的有特色的个人"为主体。"人格主体"既具备主体的全部一般本质和一般特性，又具备作为个人主体的特殊本质和特殊特性。

第二类：群体主体，即"类群主体"。本书将群体称为"类群"。本书所言的"类群"是原创的主体人类学概念，是笔者在二十余年追踪人类学的过程中经反复查阅、比较和推敲而提出的。笔者认为，在主体人类学中使用"类群"概念比使用"群体"概念更科学、更准确，也更能有效表达深刻的学术含义。简单说，主体人类学的"类群"指人类自觉建构的"人类生存共同体"。"类群"包括家庭、组织、国家和国际组织等一切人类自觉建构的"人类生存共同体"①。群体主体在本书中被称为"类群主体"。"类群主体"指"人类自觉建构的'人类生存共同体'主体"。这既指人类自觉建构的"人类生存共同体"是主体，又指以人类自觉建构的"人类生存共同体"为主体。"类群主体"（家庭、组织、国家和国际组织等）既具备主体的全部一般本质和一般特性，又具备作为"类群主体"（家庭、组织、国家和国际组织等）的特殊本质和特殊特性。

第三类：人类主体，即"类主体"。本书将人类的整体称为"类"。这是哲学的普遍用法。在主体人类学中仍沿用这一普遍用法，将人类的整体称为"类"。人类整体主体被称为"类主体"。"类主体"既具备主体的全部一般本质和一般特性，又具备作为"类主体"的特殊本质和特殊特性。它表征了人类的整体本质和本性，代表了人类的整体利益。

2. 人的主体性的表现

人的主体性是指人作为主体的自觉能动性，也即主体在与客体的关系中表现出来的目的性、自主性、自为性、选择性和创造性，是人作为主体的根本共性。主体性主要体现在主体与客体的关系中，是掌握、支配、运用和驾驭客体的表现。人的主体性主要表现在：

① 关于人类学的"类群"概念的具体解释，见本书"十、类群结构与选择"。

（1）目的性。所谓目的性，是指作为主体的人在主客体关系中始终是目的。坚守人在宇宙中的崇高地位，坚持人是目的，人是行为出发点和落脚点，人是评价行为的标准。正如马克思所言，在人的活动中，"人始终是主体"①。人是自己活动的目的，人的所有活动都是为了满足自身的物质生活和精神生活的需要，并且能够在"他所创造的世界中直观自身"②，使自己走向完善和完美。人又是自己活动的评价标准，一切从人出发，落脚于人，一切为了人的生存、发展、幸福和永恒，摒弃一切危害人生存和发展的事物和行为。

（2）自主性。所谓自主性，是指主体在与客体的关系中表现出的自主意识和行为。它显示了人是世界的主人，也是自己的主人的气概。自主性是人的本质力量的体现，是人的自主意识的外化，也是人的一种内在本性的需求。在世界上，任何其他动物都不能与人相比。人是最聪明、最能干、最顽强、最自觉、最有前途的动物，因而具有自主性，是世界的主体。随着人类实践的发展，人的主体地位和能力会日益提升，日益具有自由自觉的主体性，最终成为自由自觉的主体。

（3）自为性。所谓自为性，是指主体的一定程度的自觉性。人的自为性是人的自主性的发展形态。自为性使人不仅有自主的愿望，而且在一定程度上懂得自主的目的性和规律性，在一定程度上摆脱了任意性和主观随意性，进入行为的某种自觉状态。这往往表现在两个方面：在一定程度上自觉地认识到主体自身的目的和使命，在一定程度上自觉地认识和掌握了客体的规律。对人类来说，主体的自为性是长期进化和发展的过程和结果。对个人来说，主体的自为性是长期学习和实践的过程和结果。

（4）选择性。所谓选择性，是指人在外界环境压力下做出自觉判断和行为选择的能力。它是人的意志自由和自由决断的本质力量的表现。主体选择性表明，主体不仅能够知道自己的目的和客体的特性，而且能够综合环境和

---

① 马克思. 1844 年经济学哲学手稿//马克思，恩格斯. 马克思恩格斯全集：第 42 卷. 北京：人民出版社，1979：130.

② 同①97.

自身的条件，从而做出判断和行为选择。选择性充分显示了主体的自主性、自为性，也显示了主体所具有的自由。选择意味着有多种可能性和选择的自由，假如只有一种可能性或没有选择自由，那就无所谓选择。选择也意味着主体意志的展现，假如人没有主体意志那也不存在选择。选择还意味着主体的选择能力和水平，假如人具有相应的选择能力和水平，就可能做出正确的选择，走向成功和幸福；假如人不具有相应的选择能力和水平，则可能做出错误的选择，走向失败和不幸。选择是主体的经常性行为，人的一生选择无数，所有选择联结起来就是他的人生轨迹和命运。

（5）创造性。创造性是选择性的最高形式，也是人的主体性的最高表现。选择性包含所有选择的行为，既包含一般的行为又包含不一般的行为，既包含有价值的行为又包含无价值的行为……总之，选择是普遍性的经常性的行为，而创造性则是其中最高形式的行为。从根本上看，创造是发展，是进步，是质变，是超越，是一种无中生有的过程。"属人世界"的一切成就，从物质到精神到制度，到一切人的关系，无一不是作为主体的人的创造物或与人的创造有关。恩格斯曾指出："人离开狭义的动物愈远，就愈是有意识地自己创造自己的历史，不能预见的作用、不能控制的力量对这一历史的影响就愈小，历史的结果和预定的目的就愈加符合。"[1] 人的过去和现在靠创造，人的未来更要靠创造。创造性是人的生命力的最高体现。要发挥人的主体性，最根本的是发挥人的创造性；要发展人的本质力量，最重要的是发展人的创造力。一个进步的社会必定是一个创造力勃发的社会。

人的主体性表现在多个领域。社会实践领域不同就会有不同的主体性。如：认识领域的"认识主体性"、审美领域的"审美主体性"、管理领域的"决策主体性"、价值领域的"价值主体性"等。在所有社会实践领域均需充分提升和发挥人的主体性和主体精神。

3. 各类主体性的价值

人的主体性类别是依据人的主体类别划分的。人的主体大体有三类，

---

① 恩格斯. 自然辩证法//马克思，恩格斯. 马克思恩格斯选集：第3卷. 北京：人民出版社，1972：457.

即"人格主体""类群主体""类主体"。人的主体性也包含三类，即"人格主体性""类群主体性""类主体性"。此外，还存在着第四类主体性，即"主体间性"或"交互主体性"。

（1）"人格主体性"的价值。

"人格主体性"（个人主体性）具有人类生存前提的价值。马克思说："任何人类历史的第一个前提无疑是有生命的个人的存在。"① 任何主体的活动基础只能是个体的人，即人格。个体与社会是一致的。马克思说，"人们的社会历史始终只是他们的个体发展的历史"②。人类和社会的价值只有体现于有生命的个体人的身上才具有直接性，也只有通过有生命的个体人才能获得实现。人的主体性不落实到个体人身上，只能是一句空话。实现"人格主体性"的核心目的是形成具有自我特征的个性，培养和发挥个人的无限创造力。正如马克思所说，人的"**任何**一种解放都是把人的世界和人的关系**还给人自己**"③。这里最根本的是尊重每个人的主动性和创造性，发挥每一个人的创造能力。"人格"是在遗传的基础上，人自己建构和创造的。人要形成完善的"人格"就要不断地反思和超越自我、不断提升自我的精神境界。我国儒家学说创始人孔子对此曾有过精彩的描述。他说："吾十有五而志于学，三十而立，四十而不惑，五十而知天命，六十而耳顺，七十而从心所欲，不逾矩。"（《论语·为政》）可见，实现人格的主体性，完善自我，需要终生努力。

（2）"类群主体性"的价值。

"类群主体性"（家庭、组织、国家和国际组织等主体性）的价值是最明显的。它的发展水平不仅关系"类群"（家庭、组织、国家和国际组织等）的物质生活和精神生活的发展水平，关系类群内部每个人的主体性的建立和发挥，更关系每个类群本身的前途和命运。恩格斯曾针对英国人、德国人和

---

① 马克思，恩格斯. 德意志意识形态//马克思，恩格斯. 马克思恩格斯全集：第 3 卷. 北京：人民出版社，1960：23.

② 马克思. 马克思致帕·瓦·安年科夫（1846 年 12 月 28 日）//马克思，恩格斯. 马克思恩格斯选集：第 4 卷. 北京：人民出版社，1995：532.

③ 马克思. 论犹太人问题//马克思，恩格斯. 马克思恩格斯全集：第 1 卷. 北京：人民出版社，1956：443.

法国人的民族性深刻地阐述了这个思想。他说，就近代来说，"德国人是信仰基督教唯灵论的民族，他们经历的是哲学革命；法国人是信仰古代唯物主义的民族，因而是政治的民族，他们必须经过政治的道路来完成革命；英国人的民族性是德国因素和法国因素的混合体，这两种因素包含着对立的两个方面，当然也就比这两个因素中的任何一个都更广泛、更全面，因此，具有这种民族性的英国人就卷入了一场更广泛的即社会的革命中去"。他接着又不无遗憾地指出："各种不同的民族性所占的（至少是在近代）地位，直到今天在我们的历史哲学里还很少阐述，或者更确切些说，还根本没有加以阐述。"① 因此，必须十分重视"类群主体性"的研究、建设和发挥。一般而言，"人格主体性"与"类群主体性"是一致的。这表现在两个方面：第一，"人格主体性"只有在"类群主体性"中才能形成，"类群主体性"也只有依靠"人格主体性"的发展才能建设和发展起来。第二，"类群主体性"要教育和引导"人格主体性"认同现有秩序，遵守特定的行为规范；同时，也一定不要忽视教育和引导"人格主体性"解放思想，充分发挥人的主体性的本质特征——自主性、独立性、创造性和自觉性。

（3）"类主体性"的价值。

阐述"类主体性"的价值，有必要进一步说明"类"的概念。马克思语境下的"类"是表达和解释人类整体性和普遍性的概念。"类"是人自为建立的统一性和普遍性，是在充分个性化基础上的统一性，是无限超越自身的统一性，也就是多样性的统一性。这是发展到高级生命形态的人所独具的。人虽然从动物进化而来，但在成为人以后，其本质和形式都超越了整个动物界，获得了"人的特性"，也即"类主体性"。这表现在人与动物的一系列本质区别上。从根本上说，动物和人的区别在于：动物的特性是自然选择而形成的，而人的类本质和类特性是人自己建立的；动物的特性是由遗传基因先天规定的，而人的类本质和类特性是人后天"自为"创生的；动物的特性具有相对固定的性质，而人的类本质和类特性是不断发展变化的、无限的；动物特性的统一性是无差别的，而人的类本质和类特

---

① 恩格斯. 英国状况 十八世纪//马克思，恩格斯. 马克思恩格斯全集：第 1 卷. 北京：人民出版社，1956：658.

性是以具体人的差别为基础和前提的。这就是马克思反复强调的关于人和动物本质区别的观点。马克思说:"动物和自己的生命活动是直接同一的。……人则使自己的生命活动本身变成自己意志的和自己意识的对象。……有意识的生命活动把人同动物的生命活动直接区别开来。正是由于这一点,人才是类存在物。或者说,正因为人是类存在物,他才是有意识的存在物,就是说,他自己的生活对他来说是对象。仅仅由于这一点,他的活动才是自由的活动。"① "人的类特性恰恰就是自由的自觉的活动"②。"类主体性"不仅表现在"自由自觉"的类本质和类特性上,而且表现在建立了人的一切关系的全新视角,如人与人关系、人与自然关系、人与自身关系的新视角和先进的理念。总之,"类主体性"展现了一种全新的观察视域、理论原则、价值体系、思维方法和精神意境。所有"人格"(个人)、"类群"(家庭、组织、国家和国际组织等)面对21世纪的尖锐挑战,只有建立和完善"类主体性"和"类意识"才能彻底摆脱两极化的思维方式,消除本质前定论、真理绝对论的影响和种种人类"集体自杀"的危险,以新的视野和新的坐标来规范自己,纠正主体(人格、类群和类)的失误,引导人类走向光明的未来。

(4)"交互主体性"的价值。

所谓"交互主体性",是指在各类主体的关系中所体现出来的人的主体性,具体而言,是指在各类主体之间的关系中所体现的人的根本共性和自觉能动性——目的性、自主性、自为性、选择性和创造性。"交互主体性"有两个根本性特点:第一,它是人的必然主体性。所有主体都不是孤立存在的,它不仅体现在主体与客体的关系中,也体现在主体与主体的关系中,体现在人与人的交往中。因而,"交往中的主体性"是必然的主体性,是不可避免的主体性。第二,它也是人的自为主体性。正如所有主体性都是自为的一样,"交互主体性"也是自为的,是随着社会的发展和

---

① 马克思. 1844年经济学哲学手稿//马克思, 恩格斯. 马克思恩格斯文集:第1卷. 北京:人民出版社, 2009:162.

② 马克思. 1844年经济学哲学手稿//马克思, 恩格斯. 马克思恩格斯全集:第42卷. 北京:人民出版社, 1979:96.

人对它的建设而发展的。人不仅应自觉地谋划和建设各个主体的主体性，尤其应谋划和建设主体间的"交互主体性"。而且，"交互主体性"是人的全部主体性的纽结，抓住了"交互主体性"也就抓住了人的全部主体性。

"交互主体性"概念和理论主要是胡塞尔和萨特等人提出和阐述的。胡塞尔最初在著作《笛卡尔式的沉思》中提出了"交互主体性"一词。他认为，每个认识者都是一个特殊的认识主体，他意识中的世界都是自己的"私人世界"，显示着独特主体性。要达到人与人之间的世界共识，即由"私人世界"过渡到"共同世界"，就必须建立"交互主体性"世界。用他的话来说，就是"一个相应敞开的单子共同体——我们称之为先验交互主体性"①。萨特也曾将"交互主体性"运用到自己的人学中，用来说明人与人之间的相互主体性关系。马克思曾提出过人与人之间的"交互主体性"思想。马克思认为，人始终是主体，不只是意识的主体，更主要的是历史的实践的主体。人与人之间的关系是主体的实践交往关系，而不同于人与物的关系。人的异化关系恰恰就在于把人与人的主体性关系演变成了"物的关系"。共产主义运动所要解决的恰恰是这种异化关系。马克思的理论为建设"交互主体性"提供了理论框架和基础。

一般而言，"交互主体性"存在三种类型：第一种，互为目的的"交互主体性"。在这种"交互主体性"中，主体与主体利益一致，互为目的，亲密无间。这存在于原始社会，也存在于现代社会的以真爱为基础的家庭关系中。第二种，互为手段的"交互主体性"。这存在于产生私有制以来的各个社会之中，尤其存在于市场经济社会之中。第三种，自觉建设的"自由人联合体"中的"交互主体性"。这是人类的最高理想——共产主义社会的"交互主体性"。在这个社会里，主体间互为目的，而且一个主体的全面而自由的发展是其他主体全面而自由发展的条件。今天，人类总体处在第二种"交互主体性"状态和类型之中，应力争由互为手段的"交互主体性"向互为目的的"交互主体性"发展，并在未来走向"自由人联合

---

① 胡塞尔. 笛卡尔沉思与巴黎演讲. 北京：人民出版社，2008：166.

体"中的"交互主体性"。"交互主体性"的发展需要两个条件：第一，社会经济基础的发展，这是"交互主体性"发展的基础。第二，人的文化和道德建设，这是"交互主体性"发展的条件。这两个条件相互制约、相互补充，共同发挥作用，缺一不可。要发展和提升"交互主体性"关系就必须在上述两个方面同时做出努力。

（四）人的"二重生命"

1. 人的"二重生命"的含义

人是世界上独一无二的具有"超生命的生命本性"的生物，即人具有"二重生命"——"自然生命与超自然生命"。

（1）人的"二重生命"的基础。人超越了自然，这奠定了人的"二重生命"的基础。自然界从无生命到有生命，再到人的产生，实现了两次飞跃：第一次是生命的产生，第二次是人的产生。人的产生是大自然进化史上更为关键的飞跃。从此，世界有了"超自然生命"和以"超自然生命"为主体的"属人世界"。从自然界与生命关系的角度看，人的生命与动物的生命之间存在两个根本性差别：第一，属于自然与超越自然的根本改变。动物仍属于自然界，没有超出自然界，只能作为自然的组成部分存在，完全依赖自然的恩赐生存，任由自然选择，没有掌握生存的主动权。因而，动物的生命虽然也是个"自动体"，但它是仅仅依靠自然本能支配的"自动体"，即"自在自动体"，还不是具有自觉能动性的"自为体"。但是，人的生命与动物的生命却有根本的不同。人已超越了自然，将生存的主动权掌握在自己的手里，人靠自己的劳动实践生产所需要的生活资料，已不再依赖大自然的恩赐，从根本上改变了生命的存在方式。人的生命已经成为"自为自动体"。第二，环境支配生命与生命支配环境的根本改变。动物的生命只是环境的组成部分，动物属于环境，环境包含动物，它们在本质上是一体的，并且环境是决定者、支配者和主宰者。某种动物能否继续存在下去，关键看它能否适应环境。而人却不同，人通过创造性的活动将环境变成自己的改造对象，变成人的生命的组成部分（人的身体和器官的延伸）。假如环境不做这种改变，人就通过实践去实现这种改变，不是环境支配人的生命，而是人的生命支配环境。在人的生命与环境的关系中，人成为具有自觉和自律能力的决定者、支配者和主宰者。

（2）人的"二重生命"的存在方式。由于人超越了自然，宇宙间生命的本性发生了质的改变——产生了人的生命，即人的"自然生命与超自然生命"。人的生命已完全改变了自然对生命的绝对控制和主宰，成为由人"自我规定"的存在。动物的生命仅仅是大自然的构成部分，不归自己所有，听凭大自然的支配和主宰。这表现在两个方面：第一，从生命与环境的关系看，环境是决定者和主宰者。动物的生命适应环境则生存，不适应环境则灭亡，不能自己主宰。第二，从生命与自身行为的关系看，动物的行为完全由自然支配，即由自然生命的本能支配。动物没有自我意识，没有"自我"，是一种"自然本能生命"，是完全的"自然生命"，而人的生命则不同。当人的生命超越自然生命产生"超自然生命"以后，"超自然生命"——"自我"和"自我意识"就成了生命的主宰。这个根本性转变同样表现在两个方面：第一，人的生命能够自觉自律地主宰环境，而不再受环境的绝对主宰；第二，人的行为由"自我"和"自我意识"支配，而不再受本能的支配。这个变化是从动物生命到人的生命的一种根本性转变，也是大自然生命的一次根本性解放和提升。对此，马克思曾有精辟论述。他指出，动物和它的生命活动是直接同一的。动物不把自己同自己的生命活动区别开来。它就是这种生命活动。人则使自己的生命活动本身变成自己意志和意识的对象。他的生命活动是有意识的，这不是人与之直接融为一体的那种规定性。正是这种"有意识的生命活动"把人同动物的生命活动从根本上区别开来。

从根本上来说，人的生命与动物的生命的区别就在于，动物只有单一的生命——"自然生命"，而人则有"二重生命"——"自然生命与超自然生命"或"本能生命与超本能生命"。这是人的生命的特殊性，是人的生命的特质。人在自然赋予的单一的本能生命的基础上，又创造出一个"超自然生命"，产生"有意识的生命活动"，使自己成为自己生命活动的主宰者。人的生命的一切能动性、价值性、自觉性、复杂性和无限性皆产生于此、来源于此。正因为如此，人的生命是宇宙间最高的生命——将宇宙间的生命提升到新阶段。人的"二重生命"表明，人的本质已取决于"二重生命"——"自然生命与超自然生命"，尤其取决于"超自然生命"，而不再仅仅取决于自然生命。这说明，人的存在，在存在内容、存在特性、存在方式、存在价值等一切方面都与动物有着本质的不同，是一种新型的特殊生命。认识人和阐释人，必须从人的"二重生命"——"自然生命与超自然生命"出发，否则只能造成人的失落。这是"结构选择论"关于人的一个根本性的解释原则。

2. 人的"多重二重性"生命

人的生命不同于动物的"一重生命"，具有"二重生命"——"自然生命与超自然生命"。人的"二重生命"在人的生存实践中不断地发生矛盾、对立和斗争，推动人的生命演化出"多重二重性"，使人的生命成为"多重二重性"生命，具有无比丰富、生动和复杂的特性。简单来说，人的生命是一个由多重矛盾关系所构成的否定性统一体。这表现在人与自我、人与世界（人与自然、人与社会）的关系中。

（1）人的"多重二重性"生命在人与自我关系中的表现。

当我们将眼光集中到人与自我关系中时，就会发现自我是一个由多种二重性矛盾关系构成的辩证统一结构，存在多重矛盾关系，彼此对立统一、相互交错渗透，组成一个多元开放、生动流变的系统。如人的历史性与超历史性、有限性与无限性、现实性与理想性、情感与理智、灵与肉等多重对立存在于自我之中，使人的生命无比丰富多彩。

第一，历史性与超历史性的"二重性"。人注定要生活在"过去"和"历史"之中，但同时人又注定要生活在"未来"和"将来"之中，并为"未来"和"将来"而奋斗。没有"过去"和"历史"，就没有人的现在。而没有"未来"和"将来"的引导和激励，也不可能有更好的现在，更不会有更美好的未来。"历史"与"未来"、历史性与超历史性的矛盾和对立对人来说，不仅是必然存在的，而且是相当重要的。

第二，有限性与无限性的"二重性"。人是一种有限性的存在，但同时又是一种无限性的存在。人来到这个世界上，注定摆脱不了死亡，但人又总是与死亡抗争，用创造性的成就去超越死亡和有限，争取永生和无限，面对死亡创造永生，面对有限创造无限。人们创造永生和无限的方法就是不局限于自然生命的限制，去追求"超自然生命"——价值生命、精神生命和理性生命，也正是"超自然生命"才使得人的生命获得无限性与永恒。

第三，现实性与理想性的"二重性"。人必定生活在现实之中，同时又必定生活在理想之中。现实是人当下的存在，而理想是人对未来的希望和憧憬。现实是理想的基础，理想是现实的延伸。失去现实就等于失去前进的基础，而失去理想就等于失去未来。人总是立足于现实去憧憬未来，为理想而奋斗。现实性与理想性的"二重性"不仅规定了一个人生活的方向，而且也是一个人生活的动力源泉。人总是不满足于现实的存在，不满足于已达到的存在，而企望理想的存在。动物的存在是"是其所是"，而人的存在却是"是其所不是"和"不是其所是"。现实性与理想性的"二重性"是推动人的"二重生命"发展和实现"二重生命"统一的力量来源。

可见，由人的"自然生命与超自然生命"的"二重性"所引发的历史性与超历史性、有限性与无限性、现实性与理想性等，同时存在于人的身上并且两极相通、相互渗透、相互转化，共同构成人的生命系统。人的生命就是由上述"多重二重性"矛盾所组成的巨大张力场。人的生命真谛不存在于任何一极，而是存在于这些"多重二重性"矛盾的辩证统一之中。

（2）人的"多重二重性"生命在人与世界关系中的表现。

人与世界（人与自然、人与社会）的复杂的"一体性"关系是人的"多重二重性"生命存在的条件和基础。人的"多重二重性"生命不是孤立形成的，更不是孤立存在和发展的。它是在人与世界（人与自然、人与社会）的复杂的"一体性"关系中形成的，也是在人与世界（人与自然、人与社会）的复杂的"一体性"关系中存在和发展的。没有人与世界（人与自然、人与社会）的复杂的"一体性"关系，人的"多重二重性"生命既不会形成，也不会存在和发展。人的生命并不是一个孤立、封闭的系统，而是一个开放系统，其中交织着人与自然、人与社会之间能动的复杂的"一体性"关系。人的生命就是在这种复杂的"一体性"关系中展开其"多重二重性"生命的丰富多彩面貌的。人的"多重二重性"生命与人与世界（人与自然、人与社会）的复杂的"一体性"关系是结伴而行、共同发展的，一刻也不能脱离。

人与世界（人与自然、人与社会）的复杂的"一体性"关系是由人的特殊性决定的，唯人具有。动物也存在着动物与自然、动物与动物之间的关系，但那是一种由物种本能决定的简单而僵化的关系。基因"规定"了物种与外界的关系，基因怎样"规定"，物种就怎样"执行"，不可能越过物种"规定"一步。物种与外界的关系无任何自由和能动可言。人与外界的关系则相反，它是自由的、能动的、时时处在变化发展中的关系，而且这种关系的发展与人自身的发展是相互联结、相互制约、"一体性"进行的。具体来说，人的"多重二重性"生命推动了人与世界（人与自然、人与社会）关系的"多重二重性"，反过来人与世界（人与自然、人与社会）关系的"多重二重性"又推动了人的"多重二重性"生命。人的"多重二重性"生命就是在这种复杂的"一体性"相互关系中获得丰富和发展的。这正如马克思所说，个人怎样表现自己的生活，他们自己就怎样，因此，他们的本性同他们的生产是一致的——既和他们生产什么一致，又和他们怎样生产一致。这就是说，他们自我的"多重二重性"本性是与他们"生产什么"（人与自然关系）和"怎样生产"（人与社会关系，也包括人与自然关系）的"多重二重性"一致的。

人与世界（人与自然、人与社会）的"多重二重性"关系具体表现在以下三个方面：

第一，人与自然的关系。在人的生存实践中，人与自然关系成为人实践的对象。人的"多重二重性"本性使人与自然关系不仅具有"二重性"，而且具有了"多重二重性"。如现象与本质、个性与共性、偶然性与必然性、可能性与现实性等。人通过这些"多重二重性"关系与自然界达成内在相连，以人为中心，使人化自然，也使自然人化，既满足人生存发展的需要，又使人与自然共生、共存、共荣。

第二，人与社会的关系。在人的生存实践中，人与社会（人与人）的关系成为人实践的对象。人的"多重二重性"本性使人与社会（人与人）的关系不仅具有"二重性"，而且具有了"多重二重性"，如个体与群体、理想与现实、权利与义务、真善美与假恶丑等。人通过这些"多重二重性"关系与社会（人与人）达成内在相连，使个体（人格）、群体（类群）和人类（类）调节矛盾，协同一致，和衷共济，以求共同生存、发展、幸福和永恒。

第三，人与自然的关系和人与社会的关系的内在制约和融合关系。在人的生存实践中，人与自然的关系和人与社会的关系是同时发生的，具有共时性。无论是人与自然的关系，还是人与社会的关系，都不可能孤立发生。这样，人与自然的关系和人与社会的关系同时成为人实践的对象，也就是说"这两种关系的关系"成为人实践的对象。人的"多重二重性"本性必然使"这两种关系的关系"具有"二重性"和"多重二重性"，如目的性与规律性、工具理性与价值理性、"是"与"应当"、公平与效率、人文精神与市场规律等。人正是通过这些"多重二重性"关系使人与自然的关系和人与社会的关系内在融合、相互渗透、相互制约，实现人与人、人与自然、人与社会的和谐和永续发展，也就是"天地人"的和谐和永续发展。

还有必要看到，上述人与世界（人与自然、人与社会）的复杂的"一体性"关系，意义非同寻常。它不仅使人的"多重二重性"生命和人与世界（人与自然、人与社会）的"多重二重性"关系相一致，而且使人通过向世界（自然、社会）"开放"，"兼容"世界（自然、社会）的力量，真正成为能够与天地比肩的巨人，一个真正"大写的人"。人的个体生命的能量原本极其微小。正如帕斯卡尔所说，人脆弱得如同一株芦苇，但人的伟大之处则在于人是一株会思维的芦苇，人能够在自己对自然、对他人的开放关系中充分改变、调动和利用个体人之外的力量，用以延伸自己和壮大自己。在与自然的对立统一关系中，人通过实践活动唤醒沉睡的自然界，并将其内化为人自身的力量，同时，将人的精神注入自然界，转化为更为巨大的物质力量。在人与社会（人与人）对立统一的关系中，人们通过竞争与合作、冲突与联合、分歧与共识等方式超越个人、群体的狭隘性，互相关心、互相支撑，迎接压力和挑战，共同走向未来。在这种人与自然、人与社会（人与人）的复杂的"一体性"关系中，人所凭借的不再是个人的一己力量，也不再是个别群体的力量，而是合成的人类的力量和"属人世界"的力量。这是"主体——人"通过向世界开放而创造的"合力"——人的前所未有的生命力量。人的力量来源于此，人类的希望也来源于此。

3. 人的"二重生命"的统一

（1）人的"二重生命"统一的实质。

人的"二重生命"统一的实质是"二重生命"的"否定式"发展和超越。人的"二重生命"的统一不是其中"一重生命"压倒"另一重生命"，也不是"一重生命"取消或代替"另一重生命"，而是"二重生命"的"否定式"发展和超越，即"否定之否定"式的辩证融合、发展和超越。依据马克思主义唯物辩证法，所谓"否定"是指一种内在的"自我超越"过程。它是"对立面的统一"和"内在的和解"，而不是一方取代或消灭另一方；是一种包含以往发展成果的批判继承和扬弃，而不是简单的否定。在这个意义上，"否定"所体现的是人的生命中多重矛盾之间的内在对立统一关系。这种关系用黑格尔的"否定之否定"规律来说明最为恰当。这就是："正题"到"反题"再到"合题"的"否定之否定"的辩证统一过程。"合题"不是抛弃"正题"或"反题"，而是包容"正题"和"反题"的全部有价值的因素，是融合"正题"和"反题"的"总体"。对于"主体——人"而言，这个过程所表现的正是人的不断反省、超越和无限累积的生命本性。如人的"自然生命"与"超自然生命"的统一就是一个"否定之否定"的过程，是一个"自然生命"与"超自然生命"融合为一的自我超越过程。在人的生命体中，"自然生命"与"超自然生命"不是二元绝对对立、非此即彼的关系。"自然生命"是人存在的前提和基础，个体只有获得"自然生命"，才可能成为活生生的人，否则人只能是虚无缥缈的幽灵。但是个体不能仅有"自然生命"，还必须有"超自然生命"，否则还不具备人的本性，与动物没有本质差别。因此，人还要去追求"超自然生命"。在这里，"超自然生命"是对"自然生命"的否定，但是，这种否定并不意味着对"自然生命"的简单抛弃，而是把"自然生命"内化、融合于自身。同样，作为"否定之否定"的"合题"的人，也不是对"超自然生命"的简单否定，而是将其内化于和融合于自身。这样，经过"否定之否定"，"自然生命"与"超自然生命"就融合成新质，使原来的人创生为新人。这说明人的"二重生命"的统一，实质是"二重生命"的辩证融合和超越。这一点无论对于人格（个体）、类群（家庭、组织、国家和国际组织等）和类（人类）都一样。还应看到人的"二重生命"的否定性统一，既是复杂的、进化的，也是无限的。

（2）人的"二重生命"统一的方式。

人的"二重生命"统一的方式是"结构与选择"，即"实践的人"的"结构与选择"。人的"二重生命"及其统一是"实践的人"是在实践的基础上，通过自己的"结构与选择"实现的。人的"二重生命"及其统一也只有通过"实践的人"的"结构与选择"才能实现。

所谓人的"结构与选择"，指"人格结构"及其在一定环境条件下的"行为选择"。"人格结构"指人的"动力结构系统"，它是人在遗传的基础上，经过长期的教育、学习和社会实践而逐步形成的具有内在统一性和表里一致性的动力结构系统。"行为选择"是指在外界环境刺激或压力下，"人格结构"所做出的反应和应对行为。人的"二重生命"及其统一，就是在实践的基础上，通过"人格结构"和"行为选择"实现的。

人的"结构与选择"是人的特殊生命的本体，是人的特殊生命的基本存在方式，也是人的特殊生命的基本生存方式。人的特殊生命的本体、存在方式和生存方式都可以归结为人的"结构与选择"。人的"结构与选择"是人的全部物质和精神力量，是人的全部行为和行为习惯，是人的全部历史和现在，也是人的未来和全部可能性。人就是人的"结构与选择"，人的"结构与选择"也就是人，人的"结构与选择"之外没有人。根本原因在于人的"结构与选择"是人的特殊生命的本体。

人的"二重生命"及其统一既是人的"结构与选择"的特性，也是人的"结构与选择"的根本职能。人的"二重生命"的统一只能通过人的"结构与选择"来实现和完成。人类总的发展历程是向着"二重生命"统一的方向发展和进化的。人的每一次"行为选择"也都是对"二重生命"的统一这一根本问题的回答。人选择了"二重生命"的统一，人的生命就走向"二重生命"的统一；人选择了"二重生命"的分裂，人的生命就走向"二重生命"的分裂。今天的人类是"人在途中"，人的"二重生命"能否走向统一，取决于人的"结构与选择"——既取决于人的结构，又取决于人的选择，归根结底，取决于"现实的人"选择了什么和没有选择什么！

（3）人的"二重生命"统一的形态。

人的"二重生命"的统一主要有三种形态：

第一种形态，人的"二重生命"的现实统一。所谓人的"二重生命"的现实统一，指"现实的人"在实践基础上通过"结构与选择"使"二重生命"获得统一。这是人的"二重生命"统一的基本形态和普遍形态。人的"二重生命"的统一基本都是"现实的人"通过每一次具体的行为选择实现的。人的"二重生命"的具体统一过程大致是：在外界环境的压力下，"现实的人"的"人格结构"开始运作，产生行为选择，反作用于环境。人的每一次行为选择都包含着人的"二重生命"的统一，都是一次"二重生命"统一的过程。对类群（家庭、组织、国家和国际组织等）而言，也是一样，它的每一次行为选择也都包含着"二重生命"的统一，也都是一次"二重生命"统一的过程。可以说，整个人类的"二重生命"的统一就是在所有时空下，通过人格（个体）、类群（家庭、组织、国家和国际组织等）和类（人类）的无数次行为选择来实现的。

第二种形态，人的"二重生命"的理论统一。人是有自我意识的生物。自我意识与一般的意识不同，它以自我为对象，是关于自我的认识、分析、评价和应然导向的意识。人在自我意识的支配下不仅创造了浩瀚的关于世界的理论，也创造了浩瀚的关于"人自身"的理论。从本质上来说，人所创造的所有关于"人自身"的理论都是为了指导自己实现"二重生命"的统一。从古至今，人为了实现"二重生命"的统一，在两个方向上做出了艰苦卓绝的努力：一方面，在生活实践中，不断尝试着人的"二重生命"的现实统一；另一方面，在理论上，探索实现人的"二重生命"统一之路。后一种探索可以称为人的"二重生命"的理论统一。人的"二重生命"的现实统一与理论统一互相支撑、互相制约、缺一不可。"结构选择论"要从理论上说明"主体——人"的存在方式和生存方式，就必须立足于人的生活实践，面对人的"二重生命"的现实统一，展开自己的理论视野，探索统一的无限可能性。

第三种形态，人的"二重生命"的自由状态统一。人的"二重生命"的统一要经过漫长而艰苦的历程。依据马克思关于人格发展三个阶段理论，人的"二重生命"的统一要依次经过三个发展阶段，只有到"自由人联合体"阶段才达到了人的"二重生命"的自由状态的统一。马克思认为，第一阶段是以"人的依赖关系"为基础的群体人格阶段，第二阶段是以"物的依赖性"为基础的独立人格阶段，第三阶段是"建立在个人全面发展和他们共同的社会生产能力成为他们的社会财富"基础上的自由个性人格阶段。在第一阶段，人的力量十分有限。这时人的"二重生命"尚处于初始的混沌状态，既缺少分化，又缺少统一。在第二阶段，人的力量获得突飞猛进的增长，个体生命的内涵走向丰富，能够摆脱群体的控制和束缚，走向人格独立。但是，仍有两大问题限制和缠绕着人：（1）将独立人格看成"孤立人格"，奉行个人主义原则；（2）重物质轻精神，物欲横流。这时人的"二重生命"迅速分化，摆脱了原初的混沌状态，但又陷入片面的状态，往往不是陷入"二重生命"的对抗和分裂，就是崇尚"二重生命"的片面的统一。只有到第三阶段，人的力量高度发达，人与人、人与自然、人与自我的关系才真正走向本质的统一。只有在这时，人才既摆脱了对人的依赖关系，又摆脱了对物的依赖关系，最终跳出狭隘自我的局限，人的"二重生命"的分化和统一才达到极高的境界和水平。此时，人的"二重生命"也仍要分化和统一，但是已达到最高阶段的自由状态的统一，即自由境界的统一。

四、人的生命本体："结构与选择"

人的特殊生命的本质是"实践的主体"，而人的特殊生命的本体是"结构与选择"。所谓"结构与选择"，是指人的特殊生命本体既是"结构"的，又是"选择"的，是"结构"与"选择"的统一体。在这个问题上，结构主义（如列维-斯特劳斯）和存在主义（如让-保罗·萨特）的理论和思维是不全面的、不科学的。在实践的基础上，只有完整具备"结构与选择"特性和功能的理论与思维才符合人的生命实际，才能够用以科学地认识和解读人的特殊生命本体。

（一）人的生命本体理论的若干模式

五千年来人类关于自身的认识，学派众多，观念纷呈，其中不乏真知灼见。从"人的生命本体的理论模式"高度看，马克思主义之外的理论模式，大致可以归纳为以下四种：

1. "人是上帝的造物"

这是宗教人类学关于人的生命本体解释模式。在这里，主要对西方基督教宗教人类学模式做一点描绘。宗教人类学有许多关于人的本体（存在）的解释。如"创世说""原罪说""两类人""恩典说""灵魂不死"等。这些理论与其他世俗人类学一样，阐释了人类的起源、本质、存在方式、解救途径、永恒追求等基本问题，差别只在于它是以宗教的方式阐释的，不是以世俗的方式阐释的。因而，完全有理由将宗教的教义看作一种人类学的文献。在基督教《创世纪》中，上帝通过创造一对夫妇创造了人，同时也创造了人的某些特殊的规定。在《圣经》中，上帝首先创造的是世界万物，包括动物，但是没有创造人。到了最后一天，人才作为最后的生物被创造出来。因而，人不是动物王国的成员，而是组成了自己的单独王国。上帝是按照自己的形象创造人的，使人获得了世界上神之外的"最高的尺度"。《利未记》说："你们将是神圣的，因为我，你们的主，是神圣的。"① 但是，人是有原罪的。上帝创造了亚当和夏娃，并没有让他们完全达到上帝的水平，而保留了关于善恶知识的所有权，然而蛇用诱惑的语言使亚当和夏娃偷吃了知识之果，窃取了上帝不打算赋予他们的神性，因而他们也具有了这种神性——懂得善恶。但是，他们却因违背上帝的旨意而犯了原罪，被逐出伊甸园并被告知：人必有一死，应当永远为自己的这种行为负责。人的一生都要为赎罪而努力，争取上帝的宽恕。基督教将人理解为罪人，人不仅是有罪的，而且在体质上也有缺欠。神学人类学又进一步揭示了人的"二重性"，给人以希望。使徒保罗②将人分为两类：一类人按肉体生活，另一类人按精神生活。前者与后者分别是：自然的人和精神的人，未皈依的人和皈依的人，尘世之子和上帝之子。但是，他认为这两类人的差别不是指有无文化和良好教养，而仅指是否得到上帝的恩典和宽恕。这里引出来基督教的"恩典说"。基督教中有多种关于恩典的模式，其中一种极端的模式是奥古斯丁提出的，他认为人身上的罪孽是上帝加的，靠自己的努力无济于事，只有上帝才能将罪孽移走。那么，人要获得救赎只有一条路，即热爱和忠实于上帝。他说："热爱上帝，做你愿意做的事。"基督教还认为，人可以灵魂不死。人死以后，肉体可以腐烂，

---

① 兰德曼. 哲学人类学. 贵阳：贵州人民出版社，1988：74.
② 保罗（Paul），基督教福音故事人物，为布道者（使徒），在罗马皇帝迫害基督徒时殉教。

但灵魂却可以不朽。这又为人的有限性和无限性关系提供了文献基础。可见，宗教人类学几乎涉及了人的本体（存在）的一切方面，应算作一种人类学理论，它的缺欠很多，但根本的缺欠在于它是神秘的神学体系，认为神是世界的中心和主人，而人不过是神的派生物和奴婢。

2. "人是有生命的生物"

这是生物人类学关于人的生命本体的解释模式。生物人类学将人的本体归结为自然——人的自然生命和自然生命的变化。这种理论认为，人主要是一种动物，人的理性也要以生理为基础，而且人仅仅是世界上生命有机体连续链条上的一个环节。虽然人处在生物链条的顶端，可是动物也处于生命链条的顶端，而且动物同动物之间的差距与某些动物同人之间的差距相比更大一些。如：纤毛虫与黑猩猩的差距远比黑猩猩与人的差距要大。柏拉图曾把人定义为"没有羽毛的两脚动物"。据说，他的敌手第欧根尼拔去一只鸡身上的毛后说，"这就是柏拉图所说的人"。柏拉图当场反驳，再给他的定义加上"具有两只平脚"。他指出，印度人承认人的灵魂与动物的灵魂相连续，差别只是等级的不同。亚里士多德也有这种看法，他认为，自然的各个领域像一个向上的阶梯，灵魂只是肉体的一种圆满实现。人在生物等级中是顶点，这使人高居动物之上，而同时又保持着与动物的连续性。这个连续体组成宇宙的不可分割的统一体。可见，生物人类学是将人的本体和本性归结为人的自然属性，将人也归结为自然的一部分。达尔文的进化论是生物人类学新的知识基础，也是一种新的生物人类学。按照进化论观点，人只是在全部地质史的最后千分之二时期才出现。人与动物有亲缘关系，经过物种的进化，最后产生出人类。达尔文用"物种起源"的观点（一个物种进化为另一个物种）击溃了《圣经》所宣称的上帝造物、物种不可改变的定论，掀起了反对教义理性的风暴。达尔文认为，生物界的规律是"生存竞争""适者生存"，而且一对动物的后代只有极少数才能幸存下来。特别是他证明了物种"遗传无限偏离原型"的规律，即子代相对于父母，永远不会是简单的复制和精确的翻版，总要产生微小的偏离。只有适应环境的后代才能生存下去。这种偏离的结果就是

"一个物种进化为另一个物种"。复杂的来自简单的，高等的来自低等的，精神的来自自然的。他还认为，这一观点毫无疑问适用于解释人类的起源。后来，有的极端进化论学者甚至认为，人基本上"只是一个动物"，"人类学是动物学的一部分"（海克尔语）。生物人类学在进化论的基础上，探索和解释了许多人的生命特性，如人的非特定化。所有动物的器官和行为都是特定化的，适应某种特定的环境，而且每个物种都有特定化的模式，就如一把钥匙只能打开一把锁一样。而人恰恰相反，是"非特定化"的，人天生没有动物那样适应环境的特殊"装备"。在这一点上，人的本能是匮乏的、不利的。然而，这也成为人类的一个极其宝贵的优点。由于人的器官未被特定化，人可以适应更多更复杂的环境。由于人不受本能的控制，人可以通过思考和发明产生无限的能力。人的未特定化反而使人有能力获得无限的装备，比动物更适于生存——人几乎可以迎接一切挑战。此外，生物人类学还解释了人的"生长节奏""对世界的开放性"等，获得很多成功。可见，生物人类学涉及了人的本体（存在）的诸多方面，对揭示人的生命本体做出了重大贡献，但它也存在诸多缺欠，根本的缺欠是它将人归结为动物，用人的自然生命取代"社会人"和"完整人"的生命，用生物的规律去说明人的规律，最终无法解释人，陷于荒谬。

3. "人是理性的生物"

这是理性主义人类学关于人的生命本体的解释模式。理性主义人类学试图将人的本体归结为理性——人是理性的生物，并且从人的理性出发解释人的一切。这种理论认为，理性是人不同于动物的根本特征，人因为有理性才高贵和伟大。世界上唯有人具有理性，理性使人居于一切事物之上，赋予人特殊的高贵。帕斯卡尔将人与宇宙相比较，说尽管宇宙无比庞大，能够压碎人，但是仍可指出人比宇宙更伟大——人脆弱得如同一株芦苇，但却是会思维的芦苇。理性主义人类学源于古希腊，不是从上帝出发去理解人，也不是从人的肉体和感性出发去理解人，而是从人自身的天资和智慧出发去理解人，将人定义为"具有理性的生物"。阿那克里翁说：

自然赋予牛犄角，赋予马四蹄，赋予野兔速度，而赋予人思想。柏拉图则说，逻辑力量是人之灵魂的最高属性。因而，人在与其他一切造物中占据了无可比拟的独一无二的地位。理性主义人类学大体认为理性具有以下独特的功能：第一，认识世界的功能。理性能够通过归类、推理和抽象认识事物的普遍性、一般和本质，从而认识世界。第二，创造的功能。理性不仅使人具有抽象能力、推理能力，而且使人具有想象能力，能够从事非凡的创造，使人成为世界上最有创造能力的生物。第三，使人向善的功能。理性能够指向人的心灵，净化人的心灵，约束人的行为，使人摆脱原始人和儿童般的迷茫，过有理性和道德的生活。例如，释迦牟尼[①]是印度一个王国的王子，在儿童时代远离社会，当他第一次独自进城散步时，遇到一个穷人、一个病人和一个放在棺材架上的死人，他突然觉悟到人的真正命运，也觉悟到了自己的责任，从而立志终生救苦救难。理性主义人类学揭示了理性对人的价值，深信理性是人的本质和本体，但同时也产生了夸大理性、否定人的"整体性"和排斥、压抑人的自然性的片面性。如理性经常与外在的传统和内心的情感发生矛盾和冲突，这是必然的和正常的。然而，不正常的是，理性主义人类学常常将理性与外在的传统和内心的情感对立起来，用理性排斥和压抑人的情感、欲望和一切非理性，使自己走向极端和荒谬。西方的很多学者认为，思想与生命"在本质上是对立的力量"，不可调和；中国传统儒学主张的"存天理，灭人欲"等，都是典型的代表。正因为如此，许多学者反对理性主义人类学，认为它压抑和摧残人的生命，使人走向残缺和衰落。学者克拉格斯说："人类引以为骄傲的思想的一切理智的成就，从象征到概念，从魔术到技术，从原始的母系氏族制的法律和信仰到父系原则的变化，所有这些成就都真正是衰落道路上的各个驿站。"[②]

4. "人是文化生物"

这是文化人类学关于人的生命本体的解释模式。文化人类学试图将

---

① 佛教创始人乔达摩·悉达多，出身于释迦族王国，又号牟尼。
② 兰德曼. 哲学人类学. 贵阳：贵州人民出版社，1988：151-152.

人的本体归结为文化——"人是文化生物"，并且立足于文化角度去解释人的一切。文化人类学是当代人类学理论的主流。这种理论认为："人是文化生物"主要表现在两个方面的统一，即"人是文化的创造者"和"人是文化的产物"的统一。文化是人创造的，然而，人在创造文化的同时也创造了自己。人创造了文化模式，而文化模式也决定了人的存在模式，人不可避免地成为"文化生物"。甚至有的文化人类学家将人与文化之间画了等号，认为人就是文化，文化就是人，研究文化就等于研究人，憎恨文化就是人的自我憎恨，抛弃文化就等于抛弃自己。文化人类学家M. 兰德曼先生将"人是文化生物"的具体内涵概括为"四个存在"①：第一，人是文化的存在。人既是文化的创造者，又是文化的产物。"人创造文化"和"文化创造人"这两个方面的不可分割的统一构成了人的存在方式——"人是文化生物"。第二，人是社会的存在。文化总是通过具体的社会形式表现出来。人必须生活在社会之中。在社会之外，无论是谁，都不是人。因而，人首先是一个社会的存在，才能成为文化的存在。第三，人是历史的存在。实际上，"人并未生产文化，他只生产了各种文化"。"我们决不能在总体上创造文化，而只能历史地创造特殊的文化。"因而，"他作为一种文化的存在，也是一种历史的存在……他决定历史，又为历史所决定。"第四，人是传统的存在。"人类的行为是由人们已获得的文化所控制的。人如何养育和繁衍，如何穿着和居住，……他所利用的一切文化形式，都以历史上的创造为基础。……这另一种保存形式，被叫做传统。"传统的原则是保守。传统制约人的行为，但传统本身也是可变的。传统的保守性和人的创造性构成了一对矛盾，推动文化创新发展。许多文化人类学者强调人的创造性，不仅认为文化是人创造的，而且认为人的本质也"取决于他自己的决定"。创造性是人内在主观精神的本质体现，是人作为"文化生物"的基本特征，它不仅决定了人与动物的区别，也决定了人在宇宙中的崇高位置。客观地说，文化人类学对人和文化的阐释比宗教人类

---

① 兰德曼. 哲学人类学. 贵阳：贵州人民出版社，1988：245-262.

学、生物人类学和理性主义人类学更全面、更深刻，内涵也更丰富。然而，仍有一个根本问题没有解决——"人究竟是什么？"说"人创造文化"，"文化也创造人"，只说明了文化与人的关系，并没有回答"人究竟是什么？"严格来说，用解释和说明文化的方式来解释和说明人，还只是外在地说明人，还不能真正揭开"人本身"的奥秘。无论文化与人的关系多么密切，文化与人之间仍不能画等号——文化不等于人，人也不等于文化。要真正回答"人究竟是什么？"还必须在"人本身"上下功夫。

（二）"结构与选择"概念及其规定性

一般而言，实践是人的生命本质，"结构与选择"是人的生命本体（存在）。也就是说，从本质上看，"人是实践的生物"，从本体（存在）上看，"人是'结构与选择'的生物"。在生活实践中，人的生命本质（实践）具体表现为人的生命本体——"结构与选择"。所有现实人的具体生命都是以"结构与选择"的方式存在和发展的。实践与"结构与选择"的关系是人的生命本质与人的生命本体（存在）的关系。也可以反过来表述，"结构与选择"与实践的关系是人的生命本体（存在）与人的生命本质的关系①。

"结构选择论"认为，人的生命本体（存在）是"结构与选择"。也就是说，从本体论（存在论）上看，"人是'结构与选择'的生物"，人是以"结构与选择"的方式存在的。在现实生活中，所有人的生命本体都是"结构与选择"，都是以"结构与选择"的方式存在和发展的。因而，应用"结构选择论"研究"人本身"，主要体现为对人的生命本体——"结构与选择"的分析和研究。

---

① 所谓本质是事物的根本性质，是事物内部相对稳定的联系，由事物所具有的特殊矛盾构成。所谓本体指世界和事物的本原或真实的存在。在中国哲学界一般将"本体"与"存在"通用。参见：余源培. 哲学辞典. 上海：上海辞书出版社，2009.

1. "结构"概念及其规定性①

（1）"结构"概念。

一般"结构"指系统内各组成要素之间的相互联系、相互作用方式。"结构选择论"所使用的"结构"概念指主体（本章中"主体"均指人格和类群）内在要素的有机组合及组合形式或方式。也可以说，结构是主体系统的构成及构成方式，是主体系统中各要素及其关系和联系的组织形式。它是各要素的有机组合，表现为主体系统内各要素及其在空间和时间方面的有机联系与相互作用的方式。结构是主体的存在状态，不仅是主体的发展程度和水平的标志，也决定主体的行为选择的性质和水平，从而影响甚至决定主体自身的命运。主体各构成要素的差异会使主体产生差异，各构成要素的结构方式不同也会使主体产生差异。结构对于主体的存在、发展、前途和命运具有极其重要的意义，甚至是决定性的意义。可以这样说，主体的命运掌握在主体自己的手里。影响主体命运的因素很多，但归根结底，主体的命运是由主体（人格和类群）的结构与选择决定的。

（2）"结构"的规定性。

鉴于主体结构的重要价值，有必要对主体结构的内涵和规定性做进一步说明。

第一，"结构"概念的提出和发展。"结构"一词源于拉丁文"structura"，原意是"构成"和"建造"的意思。20 世纪初期，瑞士语言学家索绪尔首先在语言学领域中提出"结构"的概念和理论。他认为，语言是一种符号系统，它是有自身结构的，由内部因素和外部因素构成。20 世纪 60 年代，法国人类学家列维-斯特劳斯把结构的观点应用于人类学研究，创立了结构主义人类学。此后，结构主义不仅作为人类学思潮，也作为哲学思潮流行起来，产生重要影响。许多学者认为，瑞士心理学家皮亚杰对"结构"所下的定义比较准确，具有代表性。他在《结构主义》一书中指出，"结构"有以下三个特征：整体性——结构是按一定组合规则构成的整体；转

---

① 规定性，即本性，指一事物所以成为这一事物，而与其他事物不同的那种本性或特性。它决定了事物存在的基本状态、基本特性和变异的可能限度。

换性或同构性——结构中各个成分可按照一定的规则互相替换而并不改变结构本身；自身调整性——组成结构的各个成分都相互制约、互为条件而不受任何外部因素的影响。结构主义学者内部有两种不同意见：一种认为结构是实体的具体表现；而另一种认为，结构不是实体的具体表现，而是一种基于人的潜意识的认识方法。后者认为，客观对象原本是无序的，秩序和结构是先验的，是人的无意识的产物，只有通过人提供的模式，客观对象才能获得有秩序的结构。

第二，结构是现实的、具体的、历史的。所有主体的结构都是现实的、具体的、历史的，而不是抽象的，因而都是特殊的。结构的特殊性产生于以下原因：首先，从结构与环境的关系看，主体的结构是在应对外界环境的挑战中形成的，是应对外界环境挑战的产物，而外界环境是现实的、具体的、历史的，主体结构也必然是现实的、具体的、历史的。其次，从结构与行为选择实践的关系看，主体的结构是在行为选择实践的基础上形成的，是行为选择实践的产物，而行为选择实践是现实的、具体的、历史的，主体结构也必然是现实的、具体的、历史的。最后，从结构与生命历程的关系看，主体的结构是在自身生命历程中形成的，是自身生命历程的产物，而不同主体的生命历程是现实的、具体的、历史的，主体结构也必然是现实的、具体的、历史的。因而，世界上能够有相似的主体结构，但是，却不可能有两个完全相同的主体结构。所以，对主体结构的分析，必须坚持现实的、具体的、历史的观点和方法，而不能采取抽象的、凝固的形而上学的观点和方法。

第三，结构既是共时性的存在，又是历时性的存在。主体是共时性的存在与历时性存在的统一，是过程中的存在。在当代西方马克思主义内部，一直存在着对主体的两种截然对立的解释。一种是将主体解释成一种非历史的结构，可称为"无历史的结构"，这以阿尔都塞为代表。另一种是将主体解释成一种历史，可称为"无结构的历史"，这以卢卡奇、葛兰西为代表[①]。实际上，这两种观点都各具一定的价值，说明了主体的一个

---

① 陈学明. 西方马克思主义命题辞典. 北京：东方出版社，2004：43-44.

方面，但却忽视了主体的另一个方面，从主体整体上看，这两种观点都是片面的、不正确的。西方学者罗姆巴赫曾提出较为全面的观点。他认为，从 20 世纪开始，在西方思想界，"结构"存在代表了"体系"存在。这种"结构"的思想言明，无论是动物、植物，还是人，结构都是过程。结构是生成、发展、完善、消亡及再生的过程。"一切都生活着，宇宙也如此。""结构就在结构中形成。"总之，结构是"过程的结构"。这无疑具有合理性。但是，他的论述也有不足——没有进一步区分自然界的结构与"属人世界"中的主体结构的差异。自然界的结构是自然的生成和发展过程，而"属人世界"中的主体的结构则是主体的自为的过程——主体在已有"结构"基础上的选择和建构过程，这个过程既是共时态存在，又是历时态存在，是共时态存在与历时态存在的统一。也可以这样表述，"结构"既是空间"结构"，又是时间"结构"，是空间"结构"与时间"结构"的统一①。

第四，结构的特性。结构是主体的基本存在方式，同时又是主体的基本属性和特性。主体的结构与主体结构的属性和特性具有必然的内在联系，是分不开的。主体的结构大致有以下属性或特性：1）整体性，即结构是以整体的方式存在的。结构中各组成要素之间相互联系与相互作用是有组织的和有序的。结构以整体的方式存在，组织性和有序性越高，结构越严密。2）稳定性，即结构内部稳定的相互联系和有序的相互作用能使结构内部某一状态持续出现。而这种稳定性遭到破坏，结构也就随之被破坏。3）层次性，即结构的构成要素是有层次差别的，有高层次和低层次的差别或上一层次与下一层次的差别。结构是有层次或分层次的。如果单从某一个层次的角度看，结构又具有双重性，即结构中某一个层次中的要素，同时又是下一个层次的系统结构。每个层次中的要素都具有这种双重结构的地位。4）同构性，即主体结构的形式大体相同。主体结构的内容千差万别，但主体结构的形式却大体相同。对于人格而言，无论是人的肉体结构的形式，还是精神结构的形式，都大体相同。对于类群（家庭、组织、国家和国际组织等）而言，其结构的形式也都大体相同。5）自建构

① 罗姆巴赫. 作为生活结构的世界. 上海：上海书店出版社，2009：10-12.

性，即主体结构是自我建构的。自然世界的结构是自然形成的，"属人世界"的结构是主体建构的。无论是"人格"结构，还是"类群"结构，都不是纯自然的产物，而是人自觉建构的。6）选择性，即主体都生活在环境之中，每时每刻都面临环境的压力和挑战，为了生存和发展必须进行行为选择，没有例外。"结构与选择"是主体的基本存在方式，结构只有通过选择才能生存和发展。

第五，结构的功能。结构是主体生命的基础。它是现实的、具体的、真实的生命存在，给主体的一切生命活动提供物质和精神基础。主体的一切生命活动都建立在主体结构基础之上，没有这个基础，主体生命及其一切生命活动都不可能，人也只能是一个虚无缥缈的幽魂。当然，主体结构也是解释主体一切行为的基础。无论是复杂的行为，还是简单的行为；无论是真善美的行为，还是假恶丑的行为，都可以在主体结构中找到某种原因。主体结构的功能具体表现在：1）结构是主体选择的基础和前提。在主体结构内部诸要素中总有一个极为关键的"决策要素"能够整合所有要素，最后决定行为选择。它既代表主体的愿望和利益，又体现外界社会的愿望和利益，最后确定行为选择。一般而言，这个过程是在外界环境压力下，主体结构各要素开始运作，而这个关键的"决策要素"则进行调节和整合运作，最后确定行为选择。这个关键的"决策要素"对人格而言，一般情况下就是人格结构中的意识和自我意识，它在人格结构中掌握思考、整合、反思、超越和最后确定行为选择。这个关键的"决策要素"对类群而言，就是不同形式的"决策系统"，它在类群结构中掌握思考、整合、反思、超越和最后确定行为选择或决策。在正常秩序情况下，主体的行为选择都是由自身结构中这个关键的"决策要素"（意识和自我意识或"决策系统"）最后确定的。不论行为选择的内外因素多么复杂，这个行为选择的机制和格局都不会改变。因此，结构是主体行为选择的基础和前提。2）结构是主体创造的基础和前提。一般而言，主体的结构是主体先前创造的结果，同时，又是当下创造的基础和前提。主体的结构是先前创造的积累，主体的任何创造都只能立足于先前创造的积累之上，向前探索和延伸。任何创造都不会从零开始，都只能从主体的结构开始，即从先前创造的积累开始。因此，结构是主体创造的基础和前提。3）结构是对主体生命的支撑，也是对主体生命的限制。主体的结构是现实的、具体的、历史的存在，它在支撑主体生命活动的同时，也限制了主体的生命活动。它从主体生命活动基础和条件的角度，支撑了一定性质和范围的生命活动，同时，也限制了超越这个性质和范围的生命活动。所以，结构既是支撑——它提供了主体生命活动的基础、条件和可能，又是限制——它规定了主体生命活动的基础、条件和可能。如主体结构的要素——"二元思维"对古今人类活动的总体性支撑和限制等，这往往既令人拍案叫绝，又令人扼腕叹息，但更令人苦心焦虑于解决和超越之途。4）结构是对主体自由的保障和规定。自由是人与动物的本质区别。动物的生命是由基因规定的，它的全部生命活动不过是基因的展现而已，没有任何自由。而人则不同，人的基因仅仅规定了人的部分自然生命，而对人的社会生命完全没有规定，因而人在社会领域中是自由的——他什么都不是，他什么都可能是。然而，有一种东西却对人的行为做了规定——"结构"。"结构"是对人的自然生命和超自然生命的规定。"结构"是主体的"当下"存在，是有条件的具体的存在，它支撑和保障主体在"当下"条件下的自由，但却无法保障主体在一切条件下的自由，也预示了脱离"当下"条件的不自由。因而，"结构"既是对主体自由的保障和支撑，也是对主体自由的规定和限制。5）结构是主体理想的依据。理想是人的创造力和自由的表现，跟着理想走是人的本质特征。然而，理想与幻想不同，理想是需要依据的。理想是有现实可能性的对未来的向往，而幻想是无现实可能性的对未来的向往。理想是对结构的延伸，幻想是对结构的脱离。主体的"结构"就是主体理想的依据。"结构"是过去理想的实现，又是未来理想的基础。主体只有立足于"结构"去憧憬理想，不断实现"二重生命"（自然生命与超自然生命）的对立统一，才可能获得成功。

第六，结构既是实体，又是方法。在结构理论中，有两种意见：一种认为，结构是实体，是真实的存在，是实际存在着的各种要素、要素关系及其全部总和。如实际存在着的家庭、组织、国家等。这是实际的结构，能够看得见的实体。代表人物是英国人类学家拉德克利夫-布朗。

而另一种认为，结构与实体无关。结构并不是指经验实体，而是一种方法，是建立在经验实体之上的某种思维或方法模式。结构意味着一种结构主义方法模式。代表人物是法国人类学家列维-斯特劳斯，他认为"结构"一词是指方法学上的某种方法，并提出成为方法模式的结构必须达到的标准。结构表现出"体系"的特征，其中任何一个元素改变，必然会引起其他元素发生改变。这表现在：1）任何特定的模式都应该有制约某些同类模式变化的可能；2）如果模式的一个或更多的元素产生某种改变的话，那么它的有关性能就可以预示模式将如何反应；3）构拟的模式应该便于对所有观察到的事实立即做出易于理解的解释。以这种"结构法"，列维-斯特劳斯对人类的认知和心理过程、亲属结构、社会组织及神话进行了深入的研究，试图在不同的文化类型中寻找共同的"结构"，寻求人的认识模式与文化现象之间的联系①。应该说，结构是主体的本体、存在和实体，但是如果用结构的理论和观点去分析和研究对象，也可以变为一种方法，即本体论也可以成为方法论。因而，结构既是实体，又是方法。

第七，研究结构的方式。研究主体的方式与研究自然界事物的方式不同，只能采取"主体调查"的方法。"主体调查"的方法有很多，仅举一例："主体分析方法"。这种方法可以表述为，知其"两端"推论"结构"，或知其"结构"推论"两端"。所谓"两端"即输入端"环境刺激"和输出端"行为选择"，"结构"即主体的内在结构。假设已知"两端"（"环境刺激"和"行为选择"），可以推测出主体的结构。假设已知主体的内在结构，又已知"两端"中的"一端"（"环境刺激"或"行为选择"），则可以推测出"两端"中的另"一端"。

2. "选择"概念及其规定性

（1）"选择"概念。

"结构选择论"的"选择"概念，是指主体为了解决自身与外部世界的矛盾而对主体行为的主观挑选，是能动的改造外界与改造自我的活动，

---

① 李鹏程. 当代西方文化研究新词典. 长春：吉林人民出版社，2003：153-154.

是人的特殊生命本质（实践）的具体体现，是主体的自觉的能动活动。人的选择与动物的选择有着根本区别：动物的选择是盲目的，人的选择是自觉的；动物的选择是"他主的"，人的选择是"自主的"；动物的选择是被动的，人的选择是能动的；动物的选择是本能的，人的选择是超本能的；动物的选择是自然性的，人的选择是社会性的……总之，动物的选择是由生物本能支配的，而人的选择则是由意识支配的，是主体的有意识的、自觉的、有目的的生命活动。在这个意义上，动物的所谓"选择"可以不称为"选择"，只称为"本能"或"反应"。主体的行为选择贯穿在主体的全部现实生命活动之中，是普遍的、经常的、大量的，既包含物质活动中的行为选择，又包含精神活动中的行为选择；既包含外向的经济行为、政治行为、文化行为、审美行为的选择，又包含内向的自我反省和自我完善行为的选择；既包含对自身命运攸关的重大决策行为的选择，又包含对一般日常生活行为的选择。总之，在外界环境刺激和压力下，在需要的推动下，主体时时面临并进行行为选择，选择什么和怎样选择对自身的命运具有重要意义甚至是决定性的意义。

（2）"选择"的规定性。

鉴于主体选择的重要价值，有必要对主体选择的内涵和规定性做进一步说明。

第一，选择的本质——主体的生命实践。选择是人所具有的特殊生命的本质，是人最宝贵的天性。从古希腊开始，人们就已开始注意和高度赞美人的选择本质和天性。"人一次又一次地处于像'在十字路口的海克立斯'[①]一样的境地（普罗迪库斯语），他必须'选择'其生活的范例（柏拉图语），并且偏爱较好的（亚里士多德语），这种观点是一种古老的传统。"[②] 甚至宗教神学也创造了许多赞美人的选择天性的论断。"在上帝为一切事物安排了一个固定地位的永恒秩序中，只有人才具有灵活性，并由自己指派自己的地位。""上帝创造了亚当后对亚当说：'我们没有给你任

[①] 赫拉克勒斯（Hercules），希腊神话传说中的大力士，主神宙斯之子。力大无穷，曾完成十二项英雄业绩。

[②] 兰德曼. 哲学人类学. 贵阳：贵州人民出版社，1988：230-231.

何特定的形式，没有任何特定的遗产……我们已使别的造物服从于一定的律法，只有你完全不受约束，你能按照你自己的意志挑选你所决定的无论什么。……你可能退化成动物，或者把你自己提升到神一样的最高地位。'"① 西方文艺复兴以来，如斯宾格勒和歌德一样的一大批学者和诗人都曾高度赞美人的选择本质和天性，他们认为"动物仅仅是屈从的奴隶，而人是'创造的第一个自由人'"②。然而，他们也都没有说清人的选择本质和天性的"为什么"和"怎么样"。只有马克思用"实践"理论回答了这个"选择"难题。依据马克思的实践理论，人是世界的主体，实践是人创造自己所需要的生活资料和把自己创造为人的一种活动方式，是一种自觉的创造价值的目的性活动，也是人的特殊生命的本质。在实践活动中，人改造了外部世界，同时也改造了人自身，使人真正成为人。这种创造性的实践活动是无限的。人的全部自由都是建立在人的创造性实践的基础之上并通过人的创造性实践活动来实现的。不仅人的精神世界是人创造的，人的物质需要也包含了人的创造。人通过实践改变了自己的生活条件，也改造了人自身。"人不仅为主体生产了客体，而且也为客体生产了主体。"人的实践本性说明了人为什么会选择，也说明了人应当怎样选择——选择是人的实践的基本方式，"实践是选择的本质，选择是实践的体现"。因此，人是实践的人，人也必然是选择的人。人的实践是无限的，人的选择也必然是无限的。当然，人的"选择"包含着莫大的风险，它在实现人的自由的同时，也把风险摆在了选择者面前——成功与失败、高尚与卑下、幸福与不幸……任由抉择。但是，这些还不是最大的风险，最大的风险是主体从整体上放弃选择，从此丢弃了人的本质和自己的更为美好的前途。

第二，选择的特点。选择是主体的生命实践活动，是人的生命本质和天性，具有如下特点：1）自主性。动物的选择是"他主的"，而主体的选择则是"自主的"，即由主体自我决定的。只要没有被剥夺选择权，外界环境无论多么复杂、神秘或严酷，对主体而言都只能属于选择的条件和可能，选择权和选择的自由仍在主体手里，选择的决定只能由主体做出。

---

① 兰德曼. 哲学人类学. 贵阳：贵州人民出版社，1988：231-232.
② 同①233.

2）创造性。动物和动物的活动都是特定化的，而人和人的活动都是"非特定化"的。因而，动物是"完成的"，而人是"未完成的"。人靠什么来完成自己，实现"超自然生命"？只有靠创造。这不仅是需要，而且是必然和必须。人除了通过创造来完成自己之外，别无出路。选择是创造的形式，人的所有创造都只能通过行为选择的方式来实现。选择与创造具有内在的同一性——创造是选择的本质，选择是创造的形式，二者不可分离。最优秀的选择就是对创造的选择，或者是蕴含深刻创造的选择，创造是选择的本质性特征。3）条件性。在众多选择理论中，大致有两种截然不同的对立意见：一种认为，选择是无条件的绝对自由的，世界和人生不存在任何客观价值、规律和准则，一切都是可能的和自由的，这是西方存在主义的基本观点；另一种认为，选择是有条件的，选择的自由表现为对条件的认识和自觉把握，这是马克思主义的基本观点。毫无疑问，应当承认选择的条件性。人生活在条件之中，不可能生活在无条件之中。选择的关键是对选择条件的认识和把握，认识和把握了选择的条件，就有选择的自由和成功；相反，没有认识和把握选择的条件，就会丧失选择的自由并走向失败。否认选择条件性的所谓自由，只能是一厢情愿的玄想。4）无限性。选择是有限与无限的统一。就一次具体的选择而言，选择是有限的；就人类的选择而言，选择是无限的。人的需要是无限的，外界环境的压力和挑战是无限的，人的选择必然是无限的。选择是人的生命本质的体现，只要有人的生命存在就有选择行为存在。过去的选择是现在选择的基础，现在的选择又是未来选择的基础。人的生命的无限和选择的无限是互为因果的——人的生命的无限决定了人的选择的无限。同样，人的选择的无限也决定了人的生命的无限和人的生命价值的无限。

第三，选择的功能。选择是人的生存实践的具体表现，是主体迎接挑战，改造外界环境和完善自我的基本方式，体现了人的坚强生命力。选择的基本功能主要表现在两个方面：1）迎接挑战，满足生存发展需要，改造外界环境。主体生活在现实世界之中，为了生存和发展，每时每刻都会遇到环境的压力和挑战，有来自大自然的压力和挑战，有来自社会和人际的压力和挑战，无法逃避，更无法脱离，只有一条路——应对。而应对的方式就是做出行为选择。选择对了，获得成功；选择错了，遭受失败。经常的正确选择，联结起来，就是主体成功和幸福的命运；而经常的错误选择，联结起来，就是主体失败和不幸的命运。有时，关键的具有终生决定意义的选择，一次（至多几次）就决定了主体的命运。所以，选择的第一个功能就是主体为了生存和发展，迎接挑战，通过适应和改造外界环境，使环境与人达到某种平衡与和谐，从而掌握自己的命运。2）迎接挑战，满足生存发展需要，改造和完善自身。外界环境的压力和挑战本质上是对主体自身生命力的考验。在外界环境的压力和挑战面前，为了生存和发展，所有主体都会做出应对，然而，有的成功了，有的失败了，关键在于做出何种选择。决定选择对错的是主体的"人格结构"，是主体"人格结构"的发展水平。因此，在外界环境压力面前，主体的另一项行为选择必然是调整和完善自己的"人格结构"，提高自己"人格结构"的发展水平。一般而言，在一定的外界环境压力面前，只有将自己的"人格结构"调整和完善到应有水平，才能做出正确的行为选择，具有获得成功的可能。外界环境是难以完全控制的，有的甚至是不能控制的，主体所能控制的就是自己的"人格结构"。主体只有不断地自觉调整和完善自己的"人格结构"，才能将成功掌握在自己的手里。因此，选择的第二项功能就是主体为了迎接挑战，满足生存和发展的需要，自觉改造和完善自己的"人格结构"，提高自己的选择能力。

选择的两项功能——"改造外界环境"与"改造和完善自身"是相辅相成、互相支撑、互为条件、不分伯仲的。"改造外界环境"是"改造和完善自身"的基础和条件，同样，"改造和完善自身"也是"改造外界环境"的基础和条件。只有选择的这两项功能紧密联系，共同发展，主体才能进入最佳的生存状态，掌握迎接挑战和生存发展的主动权。选择的两项功能——"改造外界环境"与"改造和完善自身"，就是马克思主义所反复强调的人的实践的两项基本功能——改造客观世界和改造主观世界。选择的两项功能——"改造外界环境"与"改造和完善自身"，也是中国传统文化所反复阐明的人生的两大任务——"外王"与"内圣"，并且有一条思维路线将两者的内在统一性巧妙地表达出来——"格物、致知、修身、齐家、治国、平天下"。

对于选择的功能还应再强调一点——人的"选择"是无限的。人永远是具有"二重生命"（自然生命与超自然生命）的生物，并且倾向于"二重生命"统一的过程，因而，人永远是"未完成"的生物。人永远追求完成自己，但是却注定永远处于"未完成"状态。在这个意义上说，人注定要跟着理想走，但是永远"在途中"。人憧憬理想和走向未来需要不断地进行"选择"——"改造外界环境"与"改造和完善自身"。

第四，主体选择的机制。"结构与选择"是人的特殊生命本体，其选择必然具有自己的特殊机制。"机制"一词，原指机器的构造和动作原理，某些学科往往通过类比借用此词，说明系统中要素间的某种有机联系、关系或变化等。"结构选择论"中的选择机制指主体在外界环境刺激下，其结构的各组成要素趋向行为选择目标的有机联系。一般而言，主体的选择机制是在外界环境刺激下，主体结构的构成要素做出相应的反应，发生整合性运作，最后产生相应的行为选择。这就是："环境刺激"＋"主体结构"→"主体的行为选择"……

第五，主体选择的向度。"结构与选择"是人的特殊生命本体，其选择必然具有自己的特殊向度。一般而言，主体选择的向度有两种情况：

第一种情况："外向选择"与"内向选择"。所谓"外向选择"，指在外界环境刺激下，主体结构的构成要素做出相应的反应，发生整合性运作，最后产生指向外界环境的行为选择。这类行为选择就是人们经常说的"改造外界环境"或"改造客观世界"的行为。所谓"内向选择"，指在外界环境刺激下，主体结构的构成要素做出相应的反应，发生整合性运作，最后产生指向自身结构的行为选择。这就是人们经常说的"改造和完善自身"或"改造主观世界"的行为。

第二种情况："单向选择"与"双向选择"。所谓"单向选择"，指在一定外界环境刺激下，产生单纯的"外向选择"行为或者单纯的"内向选择"行为。一般而言，"单向选择"行为是规模较小、情况相对简单的选择行为，这种行为也是大量的普遍发生的行为。所谓"双向选择"（也可称"双向复合选择"），指在一定外界环境刺激下，"外向选择"与"内向选择"相互联系、相互制约地共时发生。例如：在一定外界环境刺激下，首先产生"内向选择"行为，调整和完善自身的结构，做好自身的准备，然后再转为"外向选择"行为，应对和作用于外界环境；或者首先产生"外向选择"行为，应对和作用于外界环境，视其反馈，然后转为"内向选择"行为，调整和完善自身的结构，而后再产生"外向选择"行为；或者在一定外界环境刺激下，"内向选择"与"外向选择"同时"交叉""叠加"进行。一般而言，凡是较大规模和相对复杂的行为选择，都是这种"内向选择"与"外向选择""交叉""叠加"进行的"双向选择"（"双向复合选择"）。

（三）"结构与选择"的整体规定性

"结构与选择"的整体规定性，指对人的特殊生命本体的质的整体揭示，也是从不同视角对人的特殊生命本体——"结构与选择"的整体性描述。"结构选择论"认为，实践是人生命的本质，而"结构与选择"是人生命的本体（存在）。"结构与选择"是人的实践生命本质的具体存在状态，也是人的实践生命本质的具体展开和展现。任何主体都是以"结构与选择"为生命本体而存在和发展的。一般而言，作为人的特殊生命本体，"结构与选择"具有以下五种"整体规定性"：

1. "结构与选择"是"生命基础"与"生命创造"的统一

可以表述为，"结构是生命的基础，选择是生命的创造"，"结构与选择"共同构成了人的特殊生命本体①。主体是结构性的存在，是由若干要素有机组合而成的结构系统。"结构与选择"标志着主体的具体存在状态和发展水平。结构是人的生命的基础，不仅决定主体的差异，也决定主体的选择，从而影响甚至决定主体的命运。一般而言，主体有什么样的结构

---

① 马克思主义哲学编写组. 马克思主义哲学. 北京：高等教育出版社，2009：165；本书编写组. 马克思主义原理概论. 北京：高等教育出版社，2007：61-62.

就会做什么样的选择，而不同的选择则影响甚至决定主体的命运。选择是生命的创造，它是主体结构在外界环境刺激下整体运作而产生的。一般的过程是，在外界环境刺激下，主体结构开始有序运作，整合全部主体结构力量，做出行为选择。这种行为选择，不是动物式的简单的"刺激—反应"，也不是照相式的"对象—反映（影像）"，而是一种主体结构的"反思式"的行为选择过程。这个选择过程动员了主体结构的整体智慧和力量，遵循选择的程序，建构和筛选方案，确定最佳应对方案，最后付诸实行。这既是一个主体应对环境的行为，同时也是一个包含创造的行为。不论这个行为选择过程是类群的长期的重大决策行为，还是瞬间的人格应对行为（如运动员的竞赛），都是新环境下的新行为，都可能包含着主体的某种创造性，其中的有些行为就是对主体的创造和超越。一般而言，人类文明的进化和历史的发展，都是通过主体的创造性行为选择实现的。

2. "结构与选择"是"生命既有"与"生命应有"的统一

"结构是生命的既有，选择是生命的应有"，"结构与选择"共同构成了人的特殊生命本体。主体是具有"二重生命"（自然生命与超自然生命）和"多重二重生命"的生物。这个"二重生命"和"多重二重生命"的内在根据和动力就是"生命既有"与"生命应有"的矛盾。主体总立足于"生命既有"，向往和追求"生命应有"。一旦实现和达到"生命应有"，就立即将其变为新的"生命既有"，还会产生新的"生命应有"并向着新的"生命应有"奋斗。这个过程循环往复，直至生命的结束。"生命既有"与"生命应有"的对立和统一是主体的永恒动力源泉。这是人高于和优越于世间一切生物的特性，也是主体不断发展和超越以至于无限的内在原因。

从人的生命本体视域看，主体的结构是"生命既有"，主体的选择是"生命应有"。主体总是立足于结构，通过选择去憧憬和追求"生命应有"。人是真正的理想性动物，跟着理想走几乎是人的本能，人为理想的实现而欢欣鼓舞，人为理想的不能实现而痛苦不堪。人义无反顾地追求"生命应有"，并将全部生命力献给它而无怨无悔。从这里可以得出一个清晰的结论：人真是伟大的生灵，不论道路多么艰难曲折，人注定是前途无量的！

3. "结构与选择"是"生命传统"与"生命超越"的统一

可以表述为，"结构是生命的传统，选择是生命的超越"，"结构与选择"共同构成了人的特殊生命本体。主体的选择既是共时性的，又是历时性的；既是当下的选择，又是选择的过程。既往的选择建构了当下的结构，而当下的选择又建构了未来的结构。主体生命在变幻无穷的环境压力下，既建构了传统，又建构了对传统的超越。只要主体的生命不息，这种生命的建构行为就会永远地继续下去。这种立足于"传统"又不断超越"传统"的建构行为展现了人的无限生命力，构成了主体生命的波澜壮阔的"生命流""创造流"。主体遵循"传统"和超越"传统"的行为是艰难的、有风险的，但却是富有创造性的，是人的坚不可摧的生命力的体现，值得讴歌和赞美！从人类整体上看，没有任何力量能够阻挡主体的建构和超越的脚步！

4. "结构与选择"是"生命规定"与"生命自由"的统一

可以表述为，"结构是生命的规定，选择是生命的自由"，"结构与选择"共同构成了人的特殊生命本体。主体是具体的特殊的存在。世界上的主体有相似的，但绝无完全相同的。这是由于主体的结构不同，每一个主体的结构都是具体的和特殊的，都有属于自己的特殊生命规定性。主体的生命规定性是主体存在的基础，也是主体之间相互区别的基础，但同时也制约着主体，是主体不自由的内在原因。主体要获得自由，就必须从突破自己的"结构"——"生命规定"开始。"结构"倾向于维持和固定原有的"生命规定"，阻碍主体变异和发展的可能性，限制主体的自由。"选择"倾向于突破原有的"生命规定"，产生变异和发展，创造"生命自由"。"结构"与"选择"都是人的内在生命力，它们的对立和统一，铸就了当下人的存在，同时推动着主体不断突破"生命规定"，实现"生命自由"。人不能没有"生命规定"，但也绝不能没有"生命自由"。"生命规定"只适应于昨天或今天，而"生命自由"则能够适应于一切条件和一切时间。"生命自由"是人的本质力量的表现，蕴含着人的无限美好未来。

5. "结构与选择"是"生命有限"与"生命无限"的统一

可以表述为，"结构是生命的有限，选择是生命的无限"，"结构与选择"共同构成了人的特殊生命本体。世界上一切自然生命都是有限的，人也不例外。然而，人与其他一切生物不同，人可以立足于"生命有限"达到"生命无限"。这有两种方式：第一，主体的价值无限。中国传统反复强调了这种方式——"立功、立德、立言"。"立功"就是为类群或人类建立不朽的功勋，做到生命价值无限。"立德"就是通过自觉的行为成为不朽的道德典范，做到生命价值无限。"立言"就是通过深刻揭示人必须遵循的原则和规律，做到生命价值无限。"生命价值无限"的本质是以有限的生命创造无限的"生命价值"，实现"生命无限"。第二，人类（类）的无限。个体生命是有限的，物种的生命也是有限的，但唯独人类有可能做到生命无限。根本的原因在于人类有特殊的生命力——无限的创造力和无限的自我反省与自我超越能力。人的特殊生命力的正常发展有可能支撑人类与整个大自然比肩，共生、共存、共荣。人的无限创造力能够使科学技术发明无限，进而支撑人类克服无限的困难，与大自然共生、共存、共荣。人的无限自我反省和自我超越能力能够使人类永远突破"自我凝固"和"自我限制"，与大自然融合为一，做到共生、共存、共荣。这两种方式都有无法否认的理论可能性，但人在实践上也可能做不到。主体立足于"结构"去做"选择"，本质上就是立足于"生命有限"去创造"生命无限"。相信人类不仅应当创造"生命无限"，而且能够做到"生命无限"。

（四）"结构与选择"的内在关系

要全面揭示和阐述人的特殊生命本体——"结构与选择"，在揭示它的五种整体规定性的基础上，还必须深入揭示"结构与选择"的内在关系，即"结构"与"选择"之间的相互关系。这是对人的生命本体——"结构与选择"的更深层次的分析和阐述。

"结构与选择"的内在关系，指在统一的生命本体——"结构与选择"内部"结构"与"选择"之间的关系。以往在这个问题上有两种相互对立的理论，一种是存在主义理论，另一种是结构主义理论。这两种理论的对立产生于对"结构"与"选择"之间关系的极端认识。一般而言，存在主义承认"选择"的存在和功能，但否认"结构"的存在和功能，特别否认"结构"对"选择"的功能。相反，结构主义承认"结构"的存在和功能，但否认"选择"的存在和功能，特别否认"选择"对"结构"的功能。对"结构"与"选择"之间关系的片面性解释使二者各执一端，陷入荒谬。因此，在阐述"结构与选择"的整体规定性之后，有必要进一步阐述"结构与选择"的内在相互关系。"结构选择论"认为"结构与选择"的内在相互关系，是在生存实践基础上的"对立统一"关系。"结构"与"选择"之间既是对立的，又是统一的，共同组成了人的生命本体。"结构"与"选择"的对立统一关系，主要表现在以下几个方面：

1. 主体"结构"决定主体"选择"

一般而言，主体结构是主体选择的组织基础和前提，主体选择是主体结构的表现和外化。主体结构决定主体选择，主要表现在五个方面。

（1）结构是主体的组织基础和根本规定性，有什么样的结构就有什么样的主体。主体之间的差别，归根结底是结构的差别。例如，就人格而言，有黄种人、白种人、黑种人的差别，有男人与女人的差别，有老人与孩子的差别……但是，根本的差别是人格"结构"的差别。对类群来说也是一样，不同性质和水平类群的差别，归根结底也是类群"结构"的差别。

再比如，中国与美国的差别，主要不是因为中国在亚洲，美国在美洲，而是因为它们的结构不同。结构是主体的组织基础和本质规定性，结构不同，主体必然不同。世界上没有两个完全相同的主体结构，因而也不存在两个完全相同的主体。

（2）结构是主体行为选择的组织基础和内在根据。行为选择是主体结构对外界环境刺激的一种反应，是主体结构在外界环境刺激和压力下系统运作的结果。一般而言，在一定外界环境刺激下，主体的结构决定主体的行为选择，有什么样的主体结构就会有什么样的行为选择。这要从两个方面看：第一，从人类总体看，主体结构的发展程度和水平制约和决定主体的行为选择。如人类从远古开始形成并延续至今的思维结构——"二元思维"，就一直在支撑和限制着人类的行为选择，它支撑人类创造了令人叹为观止的辉煌的文明，但同时也导致了人类的分裂、分割、冲突和残酷的战争，使人类对自己的未来感到担忧。不管你是赞美和讴歌"二元思维"，还是厌恶和痛斥"二元思维"，只要这个源于人类潜意识的"二元思维"结构没有改变，人类的行为选择就不过是它的外化而已，就不会发生根本改变。人类要想有更美好的前途，就必须改变和超越"二元思维"结构，创造更完善的思维结构。尽管这是遥远的目标，但是人类也应当自觉地开始做起来。第二，从具体的人来看，主体结构的状态和水平决定主体选择的状态和水平。一般而言，主体结构不同，行为选择就会不一样。主体结构的差异决定主体行为选择的差异。主体结构是复杂多样的，主体的行为选择也必然是复杂多样的。即使在外界环境刺激相同的情况下，主体的结构不同，行为选择也会不同甚至完全相反。可见，结构是主体行为选择的组织基础和内在根据，结构决定行为选择。

（3）结构是主体行为选择的动力源泉。主体是活的有生命力的动力结构，是一个内在动力装置。主体的动或不动，怎么动，怎么不动，主要是内在动力结构运作的结果，外界环境压力只提供了动或不动的条件。究竟动或不动，怎么动，怎么不动，最终要由主体的结构来决定。主体结构的整体是动力，整体内的各个组成要素是动力，各个组成要素之间的关系是动力，主体结构与外界环境之间的关系也是动力。主体结构是一个有序的动力结构系统，在一定外界环境刺激下有序运作，形成一定的动机与行为，回应和作用于外界环境。这个过程循环往复，直至主体生命结束。这个过程运作的基本动力来自主体的结构。

（4）结构的发展变化必然引起主体行为选择的变化。结构是主体的组织基础，主体结构的发展变化必然引起主体行为选择的发展变化。主体结构的发展变化是主体行为选择发展变化的内在根据和原因。无论是人格，还是类群，只要结构发生了变化，其行为选择必然随之发生变化。同样，只要结构没有发生变化，其行为选择也不会发生根本性变化。

如苏联与今天的俄罗斯在内外政策上都发生了重大变化，其根本原因是国家的"结构"发生了质的改变。苏联的内外政策是苏联国家"结构"应对环境压力的行为选择，今日俄罗斯的内外政策是今日俄罗斯国家"结构"应对环境压力的行为选择，其内外政策变化的根本原因是国家"结构"发生了变化。

（5）结构的发展历程决定主体行为选择的发展历程。主体结构与主体行为选择都是不断进化和发展的。主体结构的发展是主体行为选择发展的基础，主体行为选择大体随着主体结构的发展而发展，仅从类群之一——国家的角度看也完全如此。不同时代国家结构不同，国家基本行为方式也不相同，国家结构的发展历程决定国家行为选择的发展历程。

如奴隶制时代的国家结构决定了奴隶制时代国家的基本行为方式，封建制时代的国家结构决定了封建时代国家的基本行为方式，资本主义时代的国家结构决定了资本主义时代国家的基本行为方式，社会主义时代的国家结构决定了社会主义时代国家的基本行为方式。纵观人类文明史，可以发现主体结构决定主体行为选择方式，主体结构的发展历程决定主体行为选择的发展历程。

综上，主体的结构是主体行为选择的组织基础和内在根据，必然决定主体的行为选择——主体结构决定主体选择。

2. 主体"选择"决定主体"结构"

结构决定选择，选择也反过来影响和决定结构。选择是主体结构能动性的表现。实际上，选择不仅影响主体结构，而且也能建设主体结构和改变主体结构。如果从终极意义上讲，所有的主体的结构都不是自然形成的，而是主体通过选择建构的。选择决定结构主要表现在五个方面。

（1）选择决定主体结构的存在。选择是主体形成自己结构的唯一方式。主体的结构与动物的结构有本质的区别。动物没有自我意识，动物的结构是自发形成的，是动物基因自然展开的结果；主体具有自我意识，主体的结构不是自发形成的，而是自我意识自觉建设的，选择是主体结构建设的唯一方式，任何主体的结构都是主体自觉选择的结果。一般而言，主体选择了什么建设目标，就建设什么样的主体结构，无论是对人格来说，还是对类群来说，都是如此。对人格来说，一个人选择了什么样的人格理想就做什么样的选择，就建构什么样的人格。对类群来说也是一样，类群的结构也是类群自觉选择和建构的结果。

比如，中国抗日战争胜利后，面临国家前途和命运的抉择，核心是国体和政体的抉择。经过三年解放战争，以中国共产党为代表的广大人民战胜了以国民党为代表的大地主、大官僚买办势力，并于1949年制定了《中国人民政治协商会议共同纲领》，建立了中华人民共和国，从而确立了当代中国的"结构"。又如，美国独立战争胜利以后，面临国家政体和国体选择。当时有两种方案：君主立宪制、共和制。以华盛顿为首的政治家和军事领袖坚决主张共和制，反对君主立宪制，最终取得了胜利并于1787年制定了《美利坚合众国宪法》，建立了美国延续至今的"结构"。可见，结构是主体选择的结果，选择决定结构。

（2）选择决定主体结构的发展。选择是实现主体结构发展的唯一方式。任何主体结构的发展都是通过自我选择实现的。一般而言，推动主体结构发展的动力或因素有很多，如外界环境对主体结构的挑战和压力，主体结构的内在矛盾，主体结构的需要，它们形成的合力……但是，所有主体发展的动力都不能自发地转变为主体结构的发展，它们只有转变为主体的行为选择才能实现主体结构的发展。主体结构发展的一般过程是，在一定外界环境刺激下，主体结构的发展动力转化为主体的行为选择并表现为主体的"内向行为选择"，从而实现主体结构的发展。主体选择是实现主体结构发展的唯一途径和方式，离开主体选择，主体结构的任何发展都不可能。

如近代以来，中国沦为半殖民地半封建社会，内忧外患，民不聊生，矛盾重重，面临革命和发展两大历史任务，可以说中国的社会结构积累了巨大的发展能量,犹如一座火山。然而,结构本身的发展能量并不能自发地转变为结构发展的现实。只有将结构本身的发展能量转化为主体的行为选择,才能将结构发展的能量转变为结构发展的现实。中国近现代史告诉我们:中国近代以来革命和发展两大历史任务在经过"选择马克思主义""选择中国共产党领导""选择社会主义制度""选择改革开放""选择中国特色社会主义"后才得以全面完成。中间经过了近百年(1921—2017)的选择和奋斗的历程。所以,无论是对人格来说,还是对类群来说,选择是实现结构发展的唯一途径和方式。结构的发展只有通过主体选择才能实现。

(3)选择具有超越主体"原结构"的内在优势。这个内在优势是指主体的关键性选择力量——"人格判断力"具有超越主体"原结构"的优势。主体的内在精神力量——"人格判断力"具有自由的天性,按其本性讲永远会大于和高于主体的"原结构"。主体的内在精神力量——"人格判断力"的自由天性使它具有无限性,而所有的主体的"原结构"都是有限的。以无限对有限,永远具有巨大的优势和超越的可能。

比如,"人格判断力"中的想象力具有无限性。人的想象力不仅可以想象到见过的事物,还可以想象到从未见过的事物;不仅可以想象到现实存在的事物,还可以想象到现实不存在的事物;不仅可以想象到世界上有的事物,还可以想象到世界上从未有过的事物……想象力使人的精神具有了包容一切和超越一切的无限品格。不仅如此,"人格判断力"中的思维力也具有无限的品格,思维力所具有的进取性、发散性、求异性和创新性,也具有包容一切和超越一切的可能。"人格判断力"的无限性使得它虽然源于"原结构",是"原结构"的一部分,但却能够大于和高于"原结构",优越于"原结构"并超越"原结构"。

行为选择是主体"人格判断力"的基本功能,"人格判断力"高于、大于、优越于甚至超越"原结构"是通过行为选择实现的,也只有通过行为选择才能实现。也就是说,只有将"人格判断力"高于、大于、优越于甚至超越"原结构"的优势转变为行为选择,才能建立起高于、大于、优越于甚至超越"原结构"的"新结构",实现主体的自我超越。

在现实中，不难找到主体通过行为选择超越自己"原结构"，实现主体结构自我超越的事实。应当这样说，人的任何一次创造性的选择都是对自己"原结构"的超越和"新结构"的建立。其实，主体选择无限超越自己"原结构"和无限建立"新结构"，是人类文明进化的规律。人类从"原始人"进化到信息时代的"现代人"，每一步都是通过主体的创造性选择——超越自己"原结构"，建立"新结构"实现的。没有主体通过选择超越自己"原结构"，建立自己"新结构"的过程，就不会有人类的进步，不会有人类从古到今的发展，更不会有从今天到明天的发展。这是选择决定结构，选择具有高于"原结构"潜质的论证——主体选择具有"内在优势"的论证。

（4）选择具有超越主体"原结构"的外在优势。主体以外的"客观知识"系统为主体超越自己的"原结构"提供了外部条件。主体选择超越自己的"原结构"，建立"新结构"，不仅有内在"人格判断力"的支撑，也有外在"客观知识"系统的支撑。"客观知识"系统是主体通过行为选择实现"结构"自我超越的基础和保障。在这里不妨回顾一下"客观知识"系统。

依据英国哲学家波普尔的"三个世界"理论，人所创造的知识在开始的时候是主观的，但是一旦将其放置于载体，就转变为客观的，成为"客观知识"。比如，诗人发表诗集，文人发表小说，理论家出版论著……就使主观的知识转变为"客观知识"。"客观知识"具有客观性，主观的知识一旦转变为"客观知识"，就具有了不以人的主观意志为转移的客观属性，它传播到哪里，被谁欣赏，被谁批判，有无再版，再版多少，历经多少时空，还会以怎样的方式存在……对此，创作者本人已无力控制，任何人也无法完全控制。比如：儒家学者千辛万苦创作了儒家经典，但是他们却无论如何也想象不到几百年后被秦始皇下令全部焚烧；秦始皇下令焚烧全部儒家经典，但他却无法想象之后儒家经典不仅没有绝迹，反而广为流传。今天有谁能说得清儒家经典到底出了多少版？印了多少册？今后会如何？马克思恩格斯的论著也是如此，出版之后已变成全人类的宝贵财富，流向全球，传遍全世界，至今谁能说清楚它到底出了多少版？发行了多少册？

谁与之对话？有多少忠诚的信徒？又有多少坚定的反对者？今后还将以怎样的形式存在和传播？还将对人类的未来产生何种影响？人类自从创造了文字和其他各种知识载体以来，建立了无与伦比的"客观知识"系统。任何一个主体所掌握的知识与之相比，都不过是沧海一粟。波普尔指出，这个"客观知识"系统就是"世界3"，在这个世界里，"尤为突出的成员是理论体系"①。

对于一个具体的主体而言，他的知识来源有两个：第一个是实践，直接的经验和知识；第二个是"客观知识"系统，间接的经验和知识。所有主体的知识来源均无例外。第一个知识来源——实践——是重要的，每个主体的知识系统必须以自己的实践知识为基础。第二个知识来源——"客观知识"系统——同样是重要的，每个主体的知识主要来源于"客观知识"系统。建设"客观知识"系统是人类的一个旷日持久的浩大工程。它是人类为了生存和发展所做的最伟大的工作之一。"客观知识"系统汇集了全人类自原始时代以来的全部智慧，任何主体的"原结构"都无法与之相比，而且要超越自己的"原结构"都只能借助于它。一旦主体涉入这个"客观知识"的海洋，就会立即发现自己"原结构"的渺小和"客观知识"海洋的辽阔，无论要建设一个完善的自我，还是要做好一份工作，从事创造性的活动，都要向它致敬，向它求索。

"客观知识"系统为主体超越自己的"原结构"提供了翅膀。任何主体在进行行为选择时，都必须向"客观知识"系统求索，调用作为全人类知识储备的"客观知识"系统。无论是谁，只要真诚地向它求索，都必然会超越自己的"原结构"，甚至成为知识的巨人。事实上，这是主体进行行为选择时的必由之路，每个主体在做出行为选择之前，都或多或少地向"客观知识"系统求索，使自己的行为选择高于、大于、优越于自己的"原结构"，从而超越自己的"原结构"，建立"新结构"。这是选择决定结构，选择能够高于结构的又一个论证——主体选择的"外在优势"论证。

（5）选择是主体生命结构走向无限的唯一方式。所谓主体生命结构走

---

① 波普尔. 客观的知识. 杭州：中国美术学院出版社，2006：109-111.

向无限的含义有两个：第一，主体生命结构的价值无限。这是具体主体有可能做到的。无论是人格，还是类群，只要所创造的价值永远存在，就可以说这种价值的创造者——人格或类群的生命结构无限。第二，人类的生命结构延伸至无限。这也是有可能做到的。只要每一代主体的行为选择遵循了"天地人"运行发展规律，人类的生命结构就能够与大自然同在，延伸至无限。然而，做到上述两点并不容易，这要求主体经常做正确的行为选择，而不能做错误的行为选择，尤其不能在关键问题上做错误的选择。这无论是对人格而言，还是对类群而言，都是艰巨的考验。

对于人格而言，人的一生面临的挑战和考验颇多，不能保证一生的选择都是正确的，甚至不能保证一生在重大问题上的选择都是正确的。对于类群而言，面临的挑战和考验更多，不仅不能保证一般选择都是正确的，甚至也不能保证在关系人类生死存亡和命运的重大问题上的选择都是正确的。无限制地破坏大自然、人口爆炸、无休止的对抗和战争、核武器制造……这一切集体自杀行为已将人类推向自我毁灭的边缘，人类的前途堪忧。人类的命运究竟如何？归根结底取决于人类的行为选择，选择了正确的行为，人类就能够与大自然同在；选择了错误的行为，人类就只能走向毁灭！

在这个意义上，行为选择是决定主体生命结构有限与无限的根本方式，主动权仍然掌握在"主体——人"自己的手里。因此，不能不正视行为选择的价值，慎重地对待和把握每一次重要的行为选择，尤其是在关系人类生死存亡和命运问题上的重大行为选择。

3. "结构"与"选择"的统一

"结构"与"选择"之间的关系是对立的统一。它们的关系既是对立的，又是统一的。统一主要表现为"结构"与"选择"之间"互相联结、互相转化""互相支撑、互相限制""互相配合、无限超越"。

（1）"结构"与"选择"之间互相联结、互相转化。"结构"与"选择"是统一的人的特殊生命本体的两个方面，既有区别，又有联系。"结构"与"选择"之间是对立的、有差别的，但这种对立和差别不是僵化的和绝对的，而是能够互相联结、互相转化。它们之间具有内在的一体性关系——"结构"是"选择"的组织基础,"选择"是"结构"的功能。"结构"与"选择"互相联结、互相转化,不可分离。世界上不存在没有"结构"的"选择",也不存在没有"选择"的"结构"。如人格与人格的行为选择,家庭与家庭的行为选择,国家与国家的行为选择……它们之间是一体的、统一的,不可分离的。"结构"与"选择"具有内在的一体化关系,可以在一定条件下互相转化——或"结构"转化为"选择",或"选择"转化为"结构"。"结构"与"选择"之间的互相转化,可具体表述如下:

第一,"结构"转化为"选择"。大体的情况是,在一定的外界环境刺激下,主体的"结构"进行运作,产生某种"行为选择"。这就是"结构"转化为"选择"的过程。这个转化过程是普遍的,经常的,每天都要发生无数次。

第二,"选择"转化为"结构"。这有两种情况:"内向行为选择"和"外向行为选择"。所谓"内向行为选择",就是在一定外界环境刺激下,主体"结构"进行运作,产生"选择",但这种选择不是直接对外界环境的,而是直接对自己"原结构"的,是直接改造和完善自己"原结构"的行为。"内向行为选择"就是"选择"转化为"结构"的过程。所谓"外向行为选择",就是在一定外界环境刺激下,主体"结构"进行运作,产生"选择",这种选择是直接回应和改造外界环境的。这种"外向行为选择"看似与主体自己的"原结构"无关,实际上也关系极大。这种"外向行为选择"在某种程度上已包含着"选择"转变为"结构"的"内向化"过程。假如这种"外向行为选择"是正确的,那么,这种"选择"的过程就会自然地肯定自己的"原结构",巩固和强化自己的"原结构"。如果这种"外向行为选择"是错误的,那么,这种"选择"的过程也可能引起"原结构"的反思,产生调整自己"原结构"的动机和行为,从而引发"原结构"的改变和自我超越。因而,无论是"内向行为选择"(直接改造和完善自身)还是"外向行为选择"(直接回应和改造外界环境),其结果都会产生"选择"调整"结构"的动机和行为,也即"选择"转化为"结构"的行为。

(2)"结构"与"选择"之间互相支撑、互相限制。"结构"与"选择"是统一的人的生命本体的两个方面。"结构"是"选择"的组织基础，"选择"是"结构"的功能。它们之间具有互相支撑、互相限制的统一关系。这表现为两点：

第一，"结构"与"选择"互相支撑。"结构"作为"选择"的组织基础，必然支撑和保证"选择"。一般而言，有什么样的主体"结构"就会有什么样的"选择"，并且以主体"结构"的力量支撑和保障"选择"顺利进行。同样，"选择"作为"结构"的功能和表现，也必然会反过来支撑和维护"结构"。一般而言，由主体"结构"所产生的"选择"必然代表主体"结构"的利益和要求，为维护"结构"服务。因此，"结构"与"选择"之间的统一性关系，首先表现为互相支撑的关系。

第二，"结构"与"选择"互相限制。"结构"与"选择"之间的互相支撑关系，反过来就是互相限制的关系。主体"结构"一旦产生某种行为"选择"，就会支撑这种行为"选择"，不支撑别种行为"选择"，限制别种行为"选择"。同样，一旦产生某种行为"选择"，这种行为选择就会反过来维护这个主体的"结构"，不维护别样的"结构"，限制和反对别样的"结构"发生。所以，"结构"与"选择"之间的互相支撑关系，也必然会转化为互相限制的关系，这是必然的，是统一性关系的两个方面。

比如，改革开放前，中国的经济结构是计划经济，在这个"结构"基础上产生的一切经济政策和管理行为都是为支撑和维护计划经济"结构"服务的，但这种支撑和服务反过来就是限制（制止）一切违背或超越计划经济"结构"的制度、规定和行为。党的十一届三中全会以后，中国的经济制度已转变为社会主义市场经济。在这个"结构"基础上产生的一切经济政策和管理行为都是为支撑和维护社会主义市场经济"结构"服务的，但这种支撑和服务反过来也是限制（制止）一切违背社会主义市场经济"结构"的制度、规定和行为。

（3）"结构"与"选择"之间互相配合、无限超越。主体是活的生命有机体，"结构"是它的组织基础，"选择"是它的功能。主体要想使自己的生命无限（价值无限或类无限），就必须充分利用"结构"与"选择"的同一性，使"结构"与"选择"相互配合、互相转化，实现无限超越——"外向超越"和"内向超越"。

第一，"外向超越"。这个过程是在外界环境压力下，主体通过"结构"的运作，产生相应的"行为选择"，成功地应对外界环境压力和挑战，实现自身与外界环境的平衡，从而实现生存和发展的目的。如果这种"外向超越"循环往复以至无穷，就能够实现主体的生命无限（价值无限或类无限）。

第二，"内向超越"。这个过程是在外界环境压力下，主体通过"结构"的运作，产生相应的"行为选择"，改造和完善自身，超越自身的"原结构"，提高应对外界环境压力和挑战的能力，实现自身与外界环境的平衡，从而实现生存和发展的目的。如果这种"内向超越"循环往复以至无穷，就能够实现主体的生命无限（价值无限或类无限）。

第三，"外向超越"与"内向超越"交替或结合进行。在外界环境压力下，如果主体"外向超越"成功，就会继续"外向超越"；如果"外向超越"不利或失败，就会由"外向超越"转向"内向超越"，使自身变得完善和强大，然后再进行"外向超越"。生活世界的规律是，外界环境的发展变化是无限的，永无止境，主体只能以"外向超越"与"内向超越"交替进行来应对，以便保持与外界环境的平衡。一般而言，主体的生存就是通过"外向超越"和"内向超越"的不断转换或结合来保持与外界环境的平衡，从而实现自身生命的无限（价值无限或类无限）。"结构"与"选择"的内在同一性（"结构"与"选择"的一体性和相互转化）是主体"外向超越"与"内向超越"相互转换的内在组织基础。没有"结构"与"选择"的同一性（"结构"与"选择"的一体性和相互转化），主体的"外向超越"与"内向超越"的相互转化或结合均不可能。

还有必要指出，"结构"与"选择"对立统一的基础是人的生存实践。人的生存实践既是人的生命活动的总体，也是人的生命活动的基础。人的生存实践是"结构"与"选择"对立统一的基础。"结构"与"选择"的所有对立都是在人的生存实践的基础上产生的，也只有在人的生存实践的基础上才能获得统一。离开人的生存实践活动，那些丰富、生动的"结构"与"选择"的对立和统一，只能是一种无根基的幻想，也就是说，只能是一种幻想的对立和统一，而不是真实的对立和统一。面对环境压力和挑战，积极地投入生存实践，不断调整"结构"与"选择"，是任何主体走向成功和自由的必由之路。

比如，1840 年鸦片战争以后，中华民族无力应对帝国主义列强的挑战，屡战屡败，面临生死存亡的考验。中华民族以顽强的生命力将"外向超越"与"内向超越"结合起来，坚定地"选择"调整自己的"原结构"（内向超越）——推翻满清王朝、战胜国民党独裁统治，建立"新结构"——中华人民共和国，才从此改变了自己的命运，走上独立自由的康庄大道（外向超越）。但是，有一个问题仍未解决——"富强"。1978 年，在以邓小平同志为核心的党中央领导下，中华民族又一次坚定地"选择"调整自己的"原结构"（内向超越）——实行改革开放，由计划经济转变为社会主义市场经济，使中华民族获得了令世人瞩目的生机活力，创造了经济奇迹并且孕育着今后更大的发展潜力（外向超越）。可见，坚定不移地立足于生存实践，充分利用"结构"与"选择"的同一性，实行"外向超越"与"内向超越"的交替和结合，是任何主体走向成功和自由的必由之路。

（五）"结构与选择"的功能

"结构与选择"是主体的特殊生命本体，也是主体的具体存在方式和生存方式。"结构与选择"既是主体的动力装置，又是主体的决策机器。在一定外界环境压力下，主体的"结构与选择"进行运作，产生动机和行为，回应外界环境的压力和挑战。这个过程循环往复，在生命结束之前不会停止。"结构与选择"是在外界环境压力下，主体回应外界挑战，掌握和改善自身命运的基本方式。人的生命本体"结构与选择"具有无与伦比的强大功能，主要表现在以下两个方面：

1. "结构与选择"的总体性功能

"结构与选择"的总体性功能，指"结构与选择"对于主体的整体处境和命运所具有的功能。主要体现为：

（1）主体回应挑战的基本方式。"结构与选择"的首要总体性功能就是回应环境压力和挑战，做相应的动机和行为选择，把握生存和发展的机会，取得成功。主体生活在外界环境之中，每时每刻都遇到环境的压力和挑战。回应环境压力和挑战成功，就能适应环境，从而掌握命运的主动权；回应环境压力和挑战失败，就不能适应环境，从而丧失掌握命运的主动权。而且，环境是发展变化的，主体的"结构与选择"也必须随之发生相应的变化，否则无法适应环境，只能走向被动和失败。回应环境的压力和挑战，是主体生存和发展的首要任务。主体回应环境压力和挑战的基本方式就是面对外界环境的压力和挑战，调整自己的"结构"，做出正确的"行为选择"。主体只有自觉地掌握和调整自己的"结构"，选择正确的行为，才能迎接挑战，掌握自己命运的主动权。

（2）主体完善和超越自我的基本方式。"结构与选择"的第二个总体性功能就是完善和超越自我。"结构"是主体回应环境压力和挑战的基础和前提。为了回应环境压力和挑战，主体必须不断完善和超越自我的"结构"。主体在环境的压力和挑战之下，如果行为选择失败，就只有一条路可走——反省和调整自我的"结构"，重新选择动机和行为。如果继续失败，则必须更深入地反省自我和超越自我的"结构"，使自我的"结构"达到适应环境压力和挑战的水平。还应看到，环境是复杂多变、险象环生的，主体即使做出了正确的行为选择，取得成功，也仍然需要反省自我和超越自我的"结构"，以便适应发展和变化中的环境。"结构与选择"是人的生命本体，只有不断地反省和超越自我并形成自觉，才能适应千变万化的环境，走向成功，立于不败之地。

（3）主体掌握命运、走向自由的基本方式。一般而言，命运是主客体交互作用的结果，任何主体都无法完全掌握自己的命运，然而，却可以掌握自己命运的主动权。主体掌握自己命运的主动权的基本方式有两条：一条是迎接挑战，取得应战的胜利；另一条是反省和调整自己的"结构"，使自己具有应战成功的能力。一般而言，主体在与外界环境的博弈中持续地处于优势地位，就掌握了自己命运的主动权。所谓命运不佳，往往就是主体在与外界环境的博弈中丧失或基本丧失了主动权。主体只有不断自觉地反省、调整和超越自己的"原结构"，建立"新结构"，才能在与外界环境的博弈中处于优势地位，掌握命运的主动权。所谓主体走向自由，可以有两种理解：一种是主体本身的相对自由。可以认为主体掌握了自己命运的主动权就是获得了相对的自由。另一种是主体的绝对自由。这种自由只有在遥远的未来才有实现的可能。然而，不论要获得哪一种自由，基本的方式只有一个——自觉地不断调整、完善和超越自我的"结构与选择"，提高获得自由的水准，具备获得自由的能力，使自我的"结构与选择"担当起掌握命运，赢得自由的功能。

2. "结构与选择"的具体性功能

"结构与选择"的具体性功能，指"结构与选择"内部整体与要素之间、各要素之间以及结构与外界环境之间的具体作用。"结构与选择"的具体性功能是"结构与选择"总体性功能的内在基础。"结构与选择"的总体性功能是通过其具体性功能的运作实现的。没有具体性功能，"结构与选择"的总体性功能也无从谈起。"结构与选择"的具体性功能主要有：

（1）动力功能。"结构与选择"是主体生存的动力源泉。主体是一个自动体，而不是被动体。主体的动或静，怎么动，怎么静，基本是由"结构与选择"推动的。主体的需要是动力，主体的结构及结构的内在矛盾是动力，主体的结构与外界环境之间的矛盾也是动力，共同推动主体进行行为选择。只要主体的生命没有结束，"结构与选择"的动力就不会消失。

（2）方向功能。主体的"结构与选择"是一个结构严密的动力系统，其中包含道德、价值、智慧、意志、情感等要素系统，反映和代表社会以至人类的某种要求，制约和规定主体行为选择的方向，避免在行为的性质和方向上出错，以保持主体与"天地人"的协调有序运转。

（3）方法功能。在主体严密的"结构与选择"动力系统中，包含科学知识、思维方式、能力系统和为数众多的具体方式方法系统，是主体的智慧和能力结构，代表了主体的创造力水平，制约和规定主体行为选择的方式方法和水平。

（4）控制功能。在主体严密的"结构与选择"动力系统中，包含着坚强的意志力系统，对类群而言，还包含制度和规则等控制要素系统，是主体调节和控制行为的能力，代表了主体调节行为和建立秩序的能力，制约和规定主体调控自己行为的能力和水平。

（5）反省功能。在主体严密的"结构与选择"动力系统中，包含自我反省、自我评价和自我超越要素系统。这在人格结构中主要是"自我意识"系统。在类群结构中，主要是类群领导层、精英、有关机构、组织和各个阶层成员及其组织水平和发育水平，它们往往决定类群的反省和超越能力，决定类群的发展能力和发展水平。

主体的自我反省和超越能力，往往在不知不觉中制约和规定了主体的发展能力和发展水平，甚至制约和规定了主体的前途和命运。无论是人格还是类群，不能反省就不能超越。

3. "结构"与"选择"功能的比较

本部分将阐述"结构"与"选择"在统一的人的生命本体"结构与选择"整体系统中的不同地位和功能。为了深入剖析人的特殊生命本体"结构与选择"，在对"结构与选择"的总体性功能和具体性功能做出阐述之后，还有必要分别对"结构"与"选择"在统一的人的生命本体"结构与选择"整体系统中的不同地位和功能做进一步阐述。只有对"结构"与"选择"在统一的人的生命本体"结构与选择"整体系统中的不同地位和功能做出深入阐述之后，才能更深入地揭示人的特殊生命本体"结构与选择"。

"结构"与"选择"在人的生命本体"结构与选择"整体系统中的地位和功能大致可做如下表述：

第一，"结构决定生命既有，选择决定生命应有"。人是具有"二重生命"和"多重二重生命"的生物，其中，核心的"二重生命"是"生命既有与生命应有"的二重对立与统一。"结构"代表"生命既有"，而"选择"代表"生命应有"。"结构"是由既往的"选择"决定的，是"生命既有"，揭示当下的存在，代表传统的规定性和现实的规定性，它的基本倾向是维持和巩固当下的"生命既有"。"选择"是由人的生命憧憬和渴望决定的，是"生命应有"，揭示未来的存在，代表"理想"的规定性和"未来"的规定性，它的基本倾向是突破"生命既有"，趋向"生命应有"。因此，"结构"决定生命的"既有"，"选择"决定生命的"应有"。对于一个健全的鲜活的生命而言，"结构"与"选择"都是重要的、必需的。"结构"决定生命的"既有"，是生命的"传统""规定""基础"，是生命的现实存在，失去"既有"何言"应有"？而"选择"决定生命的"应有"，是生命的"超越""自由""创造"，代表生命的理想和未来，失去"应有"何言生命的前途、价值和命运？"结构决定生命既有，选择决定生命应有"。只有将"结构"与"选择"的功能结合起来，才能成就主体的完整的有价值的生命。

第二，"结构决定生命潜势，选择决定生命定势"。从生命的共时态存在看，人的"结构"中均包含生命的潜势和生命的定势两部分。所谓生命的潜势，是指生命中存在但尚未被开发的生命趋势，是潜在的生命趋势。所谓生命的定势，是指已被开发的生命潜势，是既有的生命趋势。一般而言，从整体看，人的生命潜势各具短长、各有优劣，差别不是绝对的，而生命定势却天差地别，因而形成成功与失败、幸福与不幸的极端现实。这是由潜势开发的不同造成的。如果人的精神解放，潜势充分开发，主体力量充分均衡发展，创造力勃发，就必然走向成功和幸福。相反，如果人的精神被束缚，潜势只被片面开发甚至不开发，主体力量畸形发展甚至不发展，那么必然走向失败和不幸。主体的"生命潜势"能转变为什么样的"生命定势"关键在于"生命潜势"开发得如何。然而，人的"结构"只是一种现实的存在状态，只能包含"生命潜势"，却不能开发"生命潜势"。人的"生命潜势"只能靠人的"选择"来开发。"选择"是开发"生命潜势"、创造"生命优势"的唯一方式。在这个意义上，"结构决定生命潜势，选择决定生命定势"。"结构"是重要的，而"选择"是更为重要的。对于主体而言，假如生命中没有某种"生命潜势"，选择也无可奈何；假如生命中具有某种值得开发的"生命潜势"，但却弃之如敝履，那么必将铸成莫大的遗憾。应当说，主体的"生命潜势"是多方面的、复杂的，即便主体缺少某种"生命潜势",若还具有其他"生命潜势",那么绝对不会没有任何一点值得开发的"生命潜势",关键在于怎样发现、把握和开发。主体无论处在怎样不利的境遇之下,只要不放弃分析和把握"生命潜势",顽强地创造"生命优势",总有希望!

第三,"结构决定生命可能,选择决定生命现实"。人无可避免地经常处在"生命可能"与"生命现实"之间。人一旦做出"选择",将"生命可能"转变为"生命现实",就会立即发现又处在新的"生命可能"和"生命现实"之间,此时仍需选择,绝无例外。一般而言,"生命可能"是或然的,"生命现实"是实然的;"生命可能"是多种的,"生命现实"是归一的。人总要在多种"生命可能"中间选择一种最好的并实现它。然而,在"生命可能"向"生命现实"转变的过程中,"结构"和"选择"的功能却都是有限的,必须携手同行,不可分离。无论是"结构",还是"选择",都只有借助对方的力量才能实现自己的功能。"结构"的功能是相对的,它包含多种可能和多种趋向,但是只能固化他们或自发地延伸它们,而不懂得分辨和开发它们。"选择"的功能也是相对的,"选择"只能在"结构"规定的可能和潜在趋向之间进行,而不能超出这个可能和趋向。也就是说,只能选择有可能的和潜在有趋向的,而不能选择无可能的和无潜在趋向的。"选择"的自由只存在于"结构"所规定的可能和潜在趋向之间,不存在于"结构"所规定的可能和潜在趋向之外。选择的自由是有限的,不是无限的。要实现"生命可能"向"生命现实"转变,"结构"与"选择"必须结合进行——"结构决定生命可能,选择决定生命现实"。只有将"结构"与"选择"的功能统合起来,才能发挥"结构与选择"的最佳功效。它们之间呈现如下关系:任何一种主体只有放开"选择"的思维和视野,才能看到"结构"所蕴含的全部"生命可能";而只有看到"结构"所蕴含的全部"生命可能",才能发现和选择最佳的"生命可能",并开发和实现最佳的"生命可能"。这里的关键是放开"思维"和"视野",发现和选择最佳的"生命可能",并奋力向前。如果每个主体都能这样做,那么,局面总可改观,成功也可实现。这是所有主体将"生命可能"转变为"生命现实"的必由之路。

（六）对两种"生命本体论"的评析

在人的生命本体问题上，有两种经典的片面性理论——结构主义与存在主义。深刻地解读和分析这两种理论，对进一步深入认识和解读人的"结构与选择"生命本体是必要的。结构主义肯定人的生命"结构"，否定人的生命"选择"。这种理论认为，在一定的文化背景下，社会结构或集体意识结构是固定的，只能服从或沿袭，人的选择不起作用，所谓主体选择是无稽之谈。存在主义肯定人的生命"选择"，否定人的生命"结构"。这种理论认为，人的真正存在就是人的自由，人的本质是自我创造的，一切都是可能的和自由的，不存在世界和人生的客观必然性和客观价值，你选择了什么就是什么。上述这两种理论是片面的，它们将人的统一的生命本体"结构与选择"割裂开来，对立起来，不是用"结构"去反对和否定"选择"，就是用"选择"去反对和否定"结构"，陷入荒谬。"结构与选择"是人的生命的统一本体，"结构"与"选择"是人的统一生命本体的两个有机组成部分，各具特定的地位和功能，互相渗透、互相支撑，对立统一，不可相互替代。

存在主义和结构主义观点鲜明，著述丰富，各执一端，影响广泛，具有重要的研究价值。甚至可以说，只有深刻地分析和评价这两种理论，才能更深入地理解人的生命本体论——"结构选择论"。这两种理论的代表人物分别是法国哲学家让-保罗·萨特和法国人类学家列维-斯特劳斯。

1. 对萨特存在主义理论的评析

一般而言，存在主义是"一种研究人的生存状态的哲学"。19 世纪中期由丹麦哲学家索伦·克尔恺郭尔提出，20 世纪初开始流行。尼采、雅斯贝尔斯、海德格尔等人的理论大致可以归入存在主义哲学。让-保罗·萨特是 20 世纪法国存在主义哲学的代表人物，其思想理论曾风靡欧美，对世界产生广泛影响。

（1）萨特存在主义的主要理论内涵。

第一，"存在先于本质"。萨特认为，以往的哲学相信全人类有一种先验的共同的本质，而存在主义则完全相反，"存在先于本质"，人首先存在着，而后通过选择，形成本质。萨特的这一思想主要表述在他的早期著作《存在与虚无》之中。他将人本身的存在，当作最基本的本体，建构自己的理论体系。1）提出两种"存在"的本体论前提。他把"存在"分为"自在的存在"和"自为的存在"两大类。"自在的存在"指客观世界的存在，是混混沌沌的一片虚无，是没有目的、没有原因、没有理性、没有规律、没有秩序、没有时间，也没有发展和变化的偶然的、荒诞的虚无。人们面对这个世界必然感到孤立无援、厌恶和不知所措。而与此相对的是"自为的存在"，即指人的存在，是发展变化着的，是充满生机活力的，是永远不是什么，但是却永远要成为什么的东西。"自为的世界"是世界的基础，"自在的世界"统一于"自为的世界"。这就是说，客观世界统一于人的"存在"和人的世界。人可以不受客观世界的约束和规定，而由自己决定自己。2）阐述"存在先于本质"命题。他认为，以前的所有哲学都主张"本质先于存在"，而实际是"存在先于本质"。他在《存在是一种人道主义》中说："我们所说的存在先于本质是什么意思呢？我们的意思是：人首先存在着，首先碰到各种际遇，首先活动于这世界——然后开始限定自己。……只是到后来，他才成了某种东西，他才把自己创造成他所要成为的东西。……他跃进存在之后，他才意欲自己成为什么东西，人除了自我塑造之外，什么也不是。"他还认为这是存在主义的第一原则。他进一步指出，世界上只有一种东西是"存在先于本质"，这就是人的存在。人首先存在着，而后才设计自己的本质并力图实现它。

第二，反对任何决定论，坚持人的绝对自由论。这包括以下观点：1）人永远是完全自由的。人是生而自由的，不得不自由，无法逃避自由。人是被抛向自由的，当人千方百计地想逃避自由，结果仍然不会改变。人的存在和人的自由是一体的，没有任何区别。人的存在和人的自由就是人的本体和本源，人除了自由的存在之外，别无其他任何起源。人是自由的，人永远是、完全是自由的，否则人便不存在。这种自由是一种进行选择的自由、意志的自由，而不是选择"成为自由"。2）人的自由是"存在先于本质"的前提。他认为，正因为人是自由的，"存在先于本质"才成为可能。世界和人生没有任何客观规律、价值和准则可言，一切都是自由的和可能的，一切取决于个人的选择。并且，只有存在主义才是维护人的尊严并给人以尊严的理论。3）选择的责任。正因为人的选择是自由的，是自己意志的体现，因而人应当对自己的行为负责。人必须担当自由选择的责任。人之所以要逃避自由，是因为要逃避自己的责任。4）"他人就是地狱"。萨特认为，个人绝对自由，必然使人与人处于绝对对立状态。他在《存在与虚无》一书中说："从我存在的时候起，我就在事实上对'别人'的自由设定了界限，我就是这个界限。""我们总是在一个已经存在着别人并且对别人而言我是显得多么多余的世界里，完成着我们的行为的。""尊重别人的自由乃是一句空话。""每个人仅仅在他反对别人的时候，才是绝对的自由的。"甚至恋爱双方之间也是一种永恒的冲突和搏斗。

此外，萨特还是一位文学家，创作了大量剧本，并在剧中贯彻了他的存在主义思想。他还曾深入地研究过马克思主义理论，提出过许多富有启发性的理论和观点。

（2）对萨特存在主义的分析。

第一，萨特存在主义在思想理论上做出的贡献。1）萨特存在主义填补了欧美"纯技术性哲学"所造成的"价值真空"。20世纪盛行于欧美的经验主义哲学逐渐演变为"纯技术性"的分析哲学、语义哲学和逻辑实证主义哲学，拒绝研究人生观问题，将人生观问题逐出哲学大门，并且反对探讨世界本源、人生意义和终极价值，造成了思想理论领域的"价值真空"。萨特存在主义恰恰填补了这个"价值真空"。2）肯定和宣扬了人的主观能动性。萨特说："人是自由的，懦夫使自己懦弱，英雄把自己变成英雄。"这种哲学高扬人的主体精神，赞美人的主观能动性，对于鼓舞人积极追求和上进，摆脱束缚和解放思想，无疑具有积极的意义和作用。

第二，萨特存在主义哲学的缺欠和问题。1）理论的玄想性。萨特所宣扬的绝对自由是幻想中的自由，实践中的不自由。这种不受条件限制的绝对自由，是虚幻的，不可能存在。人生活在条件之中，而不是生活在无条件之中，他的自由只能来自对条件的认识和把握。认识和把握的条件越多越自由，认识和把握的条件越少越没自由。如果对任何条件都没有认识和把握就没有任何自由。人不可能有不涉及任何条件的绝对自由。宣扬绝对自由，只能是口号。20 世纪 50—60 年代，萨特存在主义在欧美盛极一时，而到 70—80 年代就逐渐衰落，从理论上讲这与其理论的玄想性和虚幻性有关。2）非道德性。萨特存在主义哲学有着深刻的内在矛盾。其一，人如果有绝对自由，那么，必然也有选择"善"或"恶"的自由，这样道德便不存在。其二，如果一个人有绝对的自由，那么，必然会有更多人的不自由。如果所有人都有绝对自由，那么，必然所有人都没有自由。这样的世界是不能存在的。任何一个有理性和良知的头脑都不会赞同这种所谓的绝对的自由。其三，如果仅就个人与他人的具体关系而言，坚持每个人都有绝对自由，那么，必然无任何道德可言——"他人就是地狱"。正如萨特在剧本《禁闭》中通过三个鬼魂说的："提起地狱，你们便会想到：硫磺、火刑、烤架……啊！真是莫大的玩笑，何必用烤架呢？他人就是地狱。"实际上，萨特坚定不移地坚持个人的绝对自由，已使他所强调的"选择的责任"和道德变成了一句空话。

2. 对列维-斯特劳斯结构主义理论的评析

结构主义指一种由结构主义方法论联系起来的现代哲学思潮①。其理论先驱是瑞士语言学家索绪尔。这种方法注重对对象的整体与部分关系的研究，强调整体对部分的优先性，主张在研究中不应停留在表层结构，而应深入对象的深层结构。其基本观点与存在主义相对立。代表人物有法国的列维-斯特劳斯、阿尔都塞等。

（1）列维-斯特劳斯的结构主义理论的主要内涵。

列维-斯特劳斯是法国杰出人类学家和思想家，结构主义代表人物，曾任法兰西学院人类学系主任，法国文学院院士，曾获法国全国科学研究

---

① 余源培. 哲学辞典. 上海：上海辞书出版社，2009：199.

中心金质奖章等大奖。其思想在世界学术界影响广泛。

列维-斯特劳斯的结构主义主要有三个理论来源，即现代语言学中的结构主义思想、现代文化人类学中的结构主义思想和现代心理学中的结构主义思想。索绪尔的结构主义语言学、博厄斯的结构主义人类学、弗洛伊德的潜意识心理学等都对他的思想产生了重要影响。他本人也曾这样说过："人类学首先是心理学"。他的结构主义人类学思想主要表现在：

第一，"结构"是一种方法——结构主义方法。1）试图用"结构"解决人类学的科学性问题。在列维-斯特劳斯从事学术研究的时代，社会科学受着自然科学家的许多关于"科学性"的诘难。他试图从"结构"入手深入揭示社会本身的内在关系，解决人类学的"科学性"问题。他认为"结构"是极为抽象的普遍性概念，具有使人类学成为科学的功能。2）"结构"即结构主义方法。他指出，"结构"一词是指方法学上的某种方法，即结构主义方法模式。结构与实体无关。结构并不是指经验实体，而是一种方法，是建立在经验实体之上的某种思维方式或方法模式。他认为："'社会结构'这个术语与经验实在并无关系，而是与依据经验实在建立的模型有关。"① 他还指出，社会结构的概念与社会关系的概念是不同的，社会关系是"原材料"，而社会结构是在社会关系之上建立起来的模型。社会结构无权在社会研究中间要求分得一片它自己的领地，"它毋宁是一种适用于任何社会研究的方法，类似于流行在其他学科中的结构分析"②。他还提出了成为方法模式的"结构"必须达到的标准。其一，结构是一个完整的整体，组成它的各元素之间是严密地相互制约的，其中任何一个都无法独自发生变化。其二，如果一个结构中的某些元素发生了特定的变化，该结构就不复存在。其三，结构的意义在于可以直接地认识被观察到的一切事实③。他认为，只有结构主义方法才能够使人类学成为科学。3）结构主义是一种系统的普遍方法。列维-斯特劳斯始终追求建构一种系

---

① 列维-斯特劳斯. 结构人类学. 上海：上海译文出版社，1995：299.

② 同①300.

③ 夏建中. 文化人类学理论学派. 北京：中国人民大学出版社，1997：262.

统的普遍主义的方法，这种方法不仅适用于研究人类学，也适用于研究各门科学。他认为，这种方法就是结构主义方法。结构主义方法要求人们把自己所遇到的现象看成系统的整体；不仅要解释某个系统内要素之间的相互关系，而且要解释各个系统以至各个领域之间的关系。学术研究要打破现象间的绝对界限，将对象还原为一个统一的整体。4）坚决反对主体和主体选择。列维-斯特劳斯只承认客观的"结构"，不承认"人"的任何主观能动作用，认为一切社会现象和人的全部言行都受"结构"的支配，只能体现"结构"，而不能改变"结构"。社会历史的"主体"是先验的"结构"而不是人。人只能无情地被溶化在客观化的、无个性的和无意识的"结构"中。他甚至说："结构主义必须抛弃主体（人）这个令人讨厌的宠儿，它占据哲学舞台的时间太久了。"

第二，结构主义是一种二元对立的方法。这种方法主要包含以下内容：1）"结构"的一切关系皆是二元对立的关系。他认为，一切关系（"结构"）都可归结或还原为二元对立关系，这是确立每个要素的社会价值的基础。这种方法强调从整体和总体上把握对象，同时要求人们尽可能多地找出各个现象的二元对立关系，以便解释对象的深层结构。这种方法的原则是，研究联结诸元素的关系网络，而不研究整体内部的诸元素。只有通过揭示结构的诸种关系才能解释对象的整体和部分。2）二元对立方法的基础是人的大脑。他认为，客观世界的基础不是生产方式，也不是绝对精神，而是人的潜意识。潜意识才是一切行为的根据。人的大脑神经系统（潜意识）是二元心智结构，因此，人所表述的断裂性（非连续性）事物一般均具有二元对立的特点。宇宙本是个连续体，但是，由于人的思维能力有限，只能将其割裂为断裂（非连续性）的东西，而后再区分为类别，使之序列化、秩序化，加以认识。由于人的基本心智结构（潜意识）是二元的，因此，只能用二元结构方法去认识、描述和解释世界。3）二元思维存在弊端。列维-斯特劳斯并不认为这种二元思维是最佳的思维，而是认为二元思维是实际存在，是从原始思维到现代思维延续下来的，只能如此。他揭示了二元思维的弊病，认为人的精神世界的结构与客观世界的结构相比，显得既简单又残缺不全。远古的人类只有"二元对立思维"，一直延续至今。这种精神结构可以认识一部分世界，解释某些生存现象，但是弊端很多，形成分类意识（优等与劣等、我类与他类等），割裂世界，造成民族矛盾、歧视、分裂、冲突和战争等灾难。同时，也造成认识的屏障和壁垒，难以认识事物的整体，也难以深入地认识世界和自己的行为。

第三，运用结构主义方法所做的人类学研究。列维-斯特劳斯运用结构主义方法对亲属关系的基本结构、神话的结构、原始思维的结构等做出了有价值的研究。1）亲属关系的基本结构。他认为，传统的亲属关系研究存在两大缺陷：其一，只看到亲属关系中单个成分，未能从相互联系的整体上把握亲属关系。其二，只看到亲属关系的历史演进，忽视了横向的结构研究。他以结构主义方法深入地研究了亲属关系，指出，"散见在世界各地和根本不同的社会中的亲属关系模式、婚姻法则、在某些亲属关系类型之间的相似的规约态度等等的重复出现，使我们相信，在亲属关系问题上和在语言学中一样，可观察的现象是由那些一般的但是潜隐的规律的作用造成的"①。他得出了任何社会的亲属结构都是由二元关系构成的这一结论，并对夫妻、舅甥、父子、兄弟姐妹等四对基本亲属关系做出分析。2）神话的结构。他对以往神话研究很不满意，在对亲属关系的基本结构进行研究之后，在 20 世纪 50 年代开始了神话研究。他认为，假如在神话这样的远离现实生活的领域中，人类心灵都受着结构的支配，那么，就可以相信，在所有人类活动领域中，人类心灵都会受到结构的必然性支配。他发现世界各地的神话，故事情节和主题均大同小异。这说明神话是人类心灵结构"外化"的最初形态，往往直接地、毫无掩饰地表达内心观念的联系——结构。在他看来，神话就是人类幼年时期制作的"梦"。阅读神话有如阅读交响乐谱，要找出神话的旋律与和声的横轴与纵轴结构。3）原始思维的结构。列维-斯特劳斯认为，原始人的思维与现代人的思维在结构上都是相同的，没有本质区别。在他看来，原始人的自然分类本质上是一种科学活动，与现代科学具有同样的实用价值。他指出，"我们称

---

① 列维-斯特劳斯. 结构人类学. 上海：上海译文出版社，1995：36.

作原始的那种思维，就是以这种对于秩序的要求为基础的，……这种对于秩序的要求也是一切思维活动的基础"①。他还认为，科学思维有两种模式：其中一个紧邻知觉和想象，另一个则远离知觉和想象。巫术与科学代表着这两种科学思维模式。"我们最好不要把巫术和科学对立起来，而应把它们比作获取知识的两种平行的方式……与其说二者在性质上不同，不如说它们只是适用于不同种类的现象"②。他揭示原始思维与现代思维的相同本质后，又对图腾崇拜进行了结构主义分析，得出了许多具有启发性的独到见解。

（2）对列维-斯特劳斯结构主义的分析。

第一，列维-斯特劳斯结构主义的贡献。20世纪60—70年代西方掀起一阵影响世界的结构主义浪潮，核心人物就是列维-斯特劳斯。他被尊为"结构主义之父"。人类学家C.格尔茨说："他使人类学得到一种理性的训练，他使人类学成为理论的、理性的、哲理的，他把人类学与世界的理性大潮联系了起来，他使人类学摆脱了手工艺的模式。……从列维-斯特劳斯以来，人类学家们才认识到他们应该去思索，这的确是前所未有的情况。"③ 他的重大贡献主要表现在：1）恢复了学术界对整体性的重视。他的结构主义思想认为对象的结构是一个完整的整体，强调和论证了组成它的各元素之间、元素与整体之间的严密制约关系，纠正文艺复兴以来，特别是科学主义盛行以来，西方重分析轻综合、关注部分而忽视整体的倾向，具有某种拨正学术思想方向的价值。2）提升了"结构"在人类学理论中的地位和价值。他论证了"结构"既是人的存在方式，也是一种普遍的思维和方法，影响和决定人的生活。他对人的思维二元对立结构的分析极富思想性和启发性。他一生致力于解读人类的思维方式——人的大脑神经系统中的"二元心智结构"，既肯定了它给人类带来的成就，也揭示了它给人类生存和发展造成的对立、冲突、灾难和战争，唤起了人类学界以及整个社会科学界对"结构"的重视和关注。3）唤醒人类学界理性思考的自觉性。长期以来，人类学界普遍重视田野调查，轻视甚至反对理论思

① 列维-斯特劳斯. 野性的思维. 北京：商务印书馆，1987：14.
② 同①18.
③ 布尔迪厄. 文化资本与社会炼金术. 上海：上海人民出版社，1997：5.

考，造成理论的匮乏。他试图用结构主义方法深入揭示社会本身的全部内在关系，创造一种系统的普遍适用的理论和方法。尽管他并未实现目的，但这种执着的理性研究精神确实给人类学界带来了重大影响。

第二，列维-斯特劳斯结构主义的缺欠和问题。他的结构主义理论的缺欠和问题也是比较多的。1）否认人的主体地位。他将结构的地位和作用极端化，全面否定人的主体地位。他认为，社会历史的“主体”是先验的“结构”而不是人，要抛弃主体（人）。他主张一种“不是用人，而是用无作者思想，无主体知识”的人类学研究方法，这违背了研究人和文化的规律。文化创造了人，而人也创造了文化。否定人、抛弃人，就不可能有人的文化，更不可能有文化的改革和创造。同时，他的结构主义又是一种与历史无关的解释文化的方法。他认为，“历史是人无意识创造的”。他用无意识中的二元对立结构去解释全部文化现象，而人的无意识结构是基本不变的，因而必然将人与文化凝固起来。这使他描述的人与文化现象变成了没有历史的，从来如此、永远如此的存在。正如萨特所批评的那样，“把人变成静止的、不在时间之中的客体”[①]。这使得他的结构主义无法全面解释人，也无法全面解释文化。结构主义和任何否定人的主体性的理论都无法科学地解释历史和现实。2）否定人的主体选择性。他只承认客观的“结构”，不承认“人”的任何主观能动性和选择性，认为一切社会现象和人的全部言行都受“结构”的支配，只能体现“结构”，而不能改变“结构”。这也违背了人的存在规律。主体既包含结构，又包含选择，是结构与选择的统一体。在“属人世界”不存在“无结构的选择”，也不存在“无选择的结构”。结构与选择之间是互相联结、互相转化的，结构决定选择，选择也决定结构，结构能转化为选择，选择也能转化为结构。在“属人世界”，他所主张的“无选择的结构”是根本不存在的。3）企图用科学的方法解释人与文化。列维-斯特劳斯始终有一种牢固的想法——打破人文学科与科学在方法论上的藩篱，将结构语言学的方法运用于人类学。结果是功过参半，争论不断。这种做法违背了科学研究的一个规律——研究方法必须与对象的运动形式相适应，不能用研究低级运

---

① 列维-斯特劳斯. 结构人类学. 上海：上海译文出版社，1995：11.

动形式的方法去研究高级运动形式。如果用研究低级运动形式的方法去研究高级运动形式，就必然得不出正确的结论。德国哲学家、社会学家阿多诺曾提出一个影响广泛的命题——"不能把自然科学的模式移植到社会上"。事实上，列维-斯特劳斯运用二元对立结构方法对人类学现象的解释，虽然精彩不断，但也存在某程度的解释乏力和勉强，有的则属于牵强附会，缺少说服力。恐怕主要问题出在用研究低级运动形式的方法去研究高级运动形式。研究高级运动形式的方法就是以马克思的唯物辩证法为代表的一系列新的研究方法。

五、人格结构

人是一个自动体，即一个能够自动调节自己行为的社会存在物。人的动或静，以及怎样动、怎样静，基本是在一定外界环境下，由自己发动并由自己决定的。外界环境无论怎样，对人而言，都只是一种外在的刺激，并不能直接决定他的行为，他的动或静，以及怎样动、怎样静都是由他自己决定的。而且，人的动或静，以及怎样动、怎样静，是世界上最复杂、最高级和最深奥难测的现象，这说明人的内部必然有一个最复杂、最高级的动力结构装置，是它决定人的复杂的动机和行为。但是，这个动力结构装置，我们既看不见，又摸不着，只能依据其两端（输入端与输出端）而推知，难以破译，所以可将其称为"人格黑箱"[①]。它的结构和运行机制十分复杂，人类至今对其知之甚少。"结构选择论"的根本目标，就是要破译人的这个动力结构装置——"人格黑箱"。

（一）人格概念

人格概念看似简单，实际十分复杂。在现实生活中，对于人格概念，

---

① 控制论概念。"黑箱"指控制论者用来表示任何一部过于复杂的机器或者任何一组过于复杂的命令。对于"黑箱"只能从两端认识其结构、特点、功能和机制。

不仅不同学科有不同的解释，甚至每个人都可能有自己不同的理解。迄今为止，多个领域的理论家都曾给人格下过定义，但是，却没有一种是公认的①。因此，为了深入研究独立的个人，有必要先将人格概念阐释清楚。

1. 人格一词的来源

一般认为，"人格"一词来源于拉丁文"persona"。人格最初指戏剧中的"假面壳"即"面具"，这一"面具"是在古希腊的戏剧中使用的，后来大约在公元前 100 年被罗马的演员所采用。传说中有一个著名的罗马演员为遮蔽他的斜眼而采用"面具"，以后延续下来。但是，戏剧和生活，戏剧角色和社会真实角色之间，是极易混淆的。所以在西方古代，这个名词的内涵发生了一些变化，变成了一个基本指人本身的抽象名词。从古罗马政治家西塞罗（公元前 106—前 43 年）的文章中，就可以看出它内涵的进一步的衍化。在他的文章中，人格至少有四种含义：

第一，一个人表现在别人眼中的印象（而不是一个人真正的样子）；

第二，某人（譬如一个哲学家）在生活中扮演的角色；

第三，使一个人适合于他的工作的那些个人品质的总和；

第四，人的优越和尊严（譬如文章的风格）。

从西赛罗开始，在古代西方社会早期，人格的含义仍不断得到引申和衍化，已经初步具备了现代人格概念的某些含义。如：

第一，外表的样子。人格已经由"假面壳"即"面具"引申为人的外表的样子，但它尚不是真实的自我，而是虚构的、冒充的、假托的自我。

第二，一个具有优异品质的人。最初，人格仅指演员本人，后来引申为一切个性的本质或特性，指个人的真实的自我，而不是假托的自我。这一点，对后来人格含义的发展具有十分重要的影响。

第三，个人的声望和尊严。这个含义很快被吸收到罗马的社会阶级制度中，用以区分有的人有法律上的权利和义务，而有的人则没有。在这

---

① 如美国心理学家奥尔波特曾回顾了人格学说的历史，概括和分析了 50 种人格的定义。

里，人格表示自由的公民，不包含奴隶。自由公民有人格，而奴隶则没有。

第四，一个集团或机关的代表者。在这里，人格具有代表者的权利和义务的含义。如教堂里的祭司，也用的是人格这个名词。

从古代早期社会人格一词的衍化可以看出，人格由最初的"假面壳"即"面具"衍化为非本质的、虚构的个人，又由非本质的、虚构的个人衍化为本质的、真实的个人，为人格概念的丰富和完善奠定了基础。一般而言，人格大体指称"个体""个人"或"个体""个人"的某一方面，某一部分。

在近现代，中西方对人格都有比较抽象的解释。西方主要从"个体人"的"心理"层面解释人格。如《简明不列颠百科全书》对人格的解释是："每个人所特有的心理——生理状态（或特征）的有机结合，包括遗传的和后天获得的成分，人格使一个人区别于他人，并可通过他与环境和社会群体的关系表现出来。"中国则侧重在道德和伦理层面解释人格。如在《现代汉语词典（第7版）》中列出人格的三种含义：第一，人的性格、气质、能力等特征的总和。第二，个人的道德品质。第三，人作为权利、义务主体的资格。其中，第二条含义在中国使用广泛，成为中国普遍认同的"人格"概念。

2. 分学科人格概念

"人格"概念一旦被用来描述"人本身"，就迅速成为许多人文社会科学普遍使用的概念。这主要有以下两个原因：第一，"人格"概念具有简洁明了的特性。用"人格"来表述人十分简洁，含义清晰，在本学科内不容易与其他概念和范畴发生混淆。第二，"人本身"，也即"人是什么"是许多人文社会科学理论的逻辑前提。这使得以"人本身"，也即"人是什么"为逻辑前提的人文社会科学普遍采用了"人格"概念。上述两个原因使"人格"概念很快成为一个极为特殊的普遍使用的概念。在英文中它是一个最抽象的词，它的内涵非常广泛而所指又少，伸缩性极大，几乎每个人文社会学科都可以使用它，放在任何语句中也很少引起歧义。这使得不同学科都对"人格"概念做出了自己的解释，可能发挥了"人格"概念的某一个方面，也可能丢掉了"人格"概念的其他方面，在中国也有类似的情况。因而，要深入研究"人格"概念，就必须对若干人文社会学科的人格概念做进一步考察和研究。

（1）哲学的人格概念。

哲学范围内的人格概念基本指人的本质、人的本质属性以及人的价值。如公元6世纪的神学家波伊悉阿斯说："人格是真实的有理性的个人的本性。"① 这个"人格"概念既表明了个人的真实性，又表明了个人的理性，但是它的所指皆是人的"本性"，不包含人的"本性"以外的内容。这个概念曾为中古时代的几乎所有哲学家所接受，为此后人格的一系列哲学定义开辟了道路。又如哲学家莱布尼茨说："人格是赋有理性的实体。"②洛克则强调自我意识的属性，他说："人格是一个会思考的聪明的存在物，有推理和反省能力并能考虑自我本身。"③

（2）伦理学的人格概念。

伦理学范围内的人格概念基本指人的道德品性和因道德而产生的做人的尊严。如康德在伦理道德的含义上使用人格概念，并把人格的道德价值看得极高。他说："人格把我们本性的崇高性清楚地显示在我们的肉眼前。""人格是每一个人的那种品质，这种品质使他有价值，不管别人怎样使用它。""一个人也能够成为我所钟爱、恐惧、惊羡、甚至惊异的对象，但他并不因此就成了我所敬重的对象。他的诙谐有趣，他的勇敢绝伦，他的膂力过人，他的位高权重，都能拿这一类情操灌注在我心中，不过我的内心对他总还不起敬重之感。芳泰奈尔说：'在贵人面前，我的身子虽然鞠躬，而我的内心却不鞠躬。'我还可以补充一句话：如果我亲眼见到一个寒微平民的品节端正，自愧不如，那末，我的内心也要向他致敬！"④ 可见，康德将伦理学的人格概念及其价值体现得淋漓尽致。

（3）法学的人格概念。

法学范围内的人格概念基本指法律所规定和保护的具有人的基本权利和义务的主体⑤。此种人格始于出生，终于死亡。有关人的法律地位问题

---

①②③　陈仲庚，张雨新. 人格心理学. 沈阳：辽宁人民出版社，1988：33-34.

④　康德. 实践理性批判. 北京：商务印书馆，1960：78.

⑤　《法学词典》编辑委员会. 法学词典. 上海：上海辞书出版社，1985：12-13.

的人格概念最早产生于罗马法典。按照罗马法典，人格是"享有法律地位的任何人"。只有生而自由的公民才是有人格的，具有法定权利和人的尊严。奴隶被认为是非人，不具有人格。基督教的道德家反对这种社会歧视，坚持每一个人都有人格。在现代国家中，法律把人格看作"一个活的人类生物，包括他的全部一切"。因此，所有人都具有法律人格，都有自己的法定权利和义务。而且，在法律的进一步发展中，又将符合法律规定的社会"团体"（如公司）看作独立的人格，称作"法人"，也具有人格的法定权利和义务。在这里将"法人"的人格定义为"一个由人民结合组成的团体。"

（4）社会学的人格概念。

社会学范围内的人格概念基本指成人所具备的个人性格，是个人行为特质表现的统一性和固定性的配合形式①。一般而言，社会学家总是喜欢从一般社会的视角去定义人格，不强调人格的内在"结构"及人格结构的动力和"选择"，不强调人格内在"结构"和"选择"的自足属性。如有的人将人格定义为"人类团体的最终颗粒"。在社会学家的眼里，人格总是这样或那样被看作社会背景的反映或文化的主观反映。比如，法里斯（Faris）下了一个简练的定义：人格是"文化的主观方面"②。他认为，风俗和社会传统在单个人生活中的主观化就是人格。这个认识是片面的，忽略和排除了生物因素在人格中的地位和作用，也避开了作为主体的人的复杂内在"结构"、"结构"功能和人的"选择"能力。也有的社会学家是从社会的有效性出发给人格下定义的。他们把人格看作个人有效性的综合。如伯桔斯说："人格是决定人在社会中角色和地位的一切特性的综合。所以人格可以下定义为社会的有效性。"③ 这个人格定义同样将复杂多变、变幻莫测、深奥难测的人格简单化了。

（5）心理学的人格概念。

在心理学范围内，一般将人格等同于个性，大致指一个人各种心理特征的综合，也可以说，是一个人的基本的精神面貌④。在研究人格的诸多

---

① 李剑华，范定九. 社会学简明辞典. 兰州：甘肃人民出版社，1984：12-22.
② 陈仲庚，张雨新. 人格心理学. 沈阳：辽宁人民出版社，1986：38.
③ 同②37-38.
④ 杨清. 简明心理学辞典. 长春：吉林人民出版社，1985：16.

学科中，心理学的研究内容最丰富和深刻。心理学家们曾提出过大量含有精辟见解的人格概念。他们大都认为，人格是个人品质的集合或综合。在此基础上，不同人往往强调了不同的方面。有的强调人格的整合性。如麦考迪认为，人格是"多种模式（兴趣）的一个整合，这种整合使有机体的行为具有一种特殊的倾向"。有的强调人格对环境的适应性。如肯卜夫说，人格是"人对环境进行独特的适应中所具有的那些习惯系统的综合"。有的强调人格的区别性。如吉尔福说，"人格是人的特质的独特模式"。也有的强调人格的动力性。还有人认为"人格是在个体内在的心理物理系统中的动力组织，它决定人对环境顺应的独特性"。总之，心理学对人格的探索是深刻而普遍的，但是，均未超出将人格定义为"人的心理"这个含义。

3. "结构选择论"的人格概念

"结构选择论"是在主体人类学范围内界定和使用人格概念的，它所阐释的对象是"现实的具体的有特色的完整的个人"。

（1）人格概念。

上述各个传统学科关于人格的概念各具特色，都具有其合理成分，都对认识人自身和破解人格做出了有价值的探索，有的具有里程碑的意义。但是，他们具有一个共同的特点，即都是从本学科研究领域出发对人格概念进行解释，因而，每种概念只概括和阐释了人格的某一部分或某一方面的性质和特征。如果从具体的"完整人"的视角看分学科的人格概念，它们的"共同特点"就变成了"共同缺点"，即只从本学科领域出发研究了具体的"完整人"的一部分或一个方面，仅能照亮具体的"完整人"的一个部分，而未研究具体的"完整人"的全貌，不能照亮具体的"完整人"的全部。这种情况类似于"盲人摸象"：一个瞎子摸到了象牙，就认为大象是个尖长的萝卜样的东西；一个瞎子摸到了大象的耳朵，就认为大象是一个簸箕一样的东西；一个瞎子摸到了大象的腿，就认为大象是个柱状体；一个瞎子摸到了大象的背，就认为大象是床一样的东西；一个瞎子摸到了大象的肚子，就认为大象是一个大瓮……对他们的认识如何评价？也正确，也不正确。如果要解释大象的一个部分，他们的认识无疑是正确的。但是如果要说明具体的"完整象"，他们的认识（结论）则都是片面的、不正确的。

简言之，上述各个传统学科的人格概念中，哲学的人格概念照亮了人的本质，伦理学的人格概念照亮了人的道德，法学的人格概念照亮了法律所规定的人的权利和义务，社会学的人格概念照亮了人格的社会性及其形成的文化原因，心理学的人格概念照亮了人格的心理。他们都照亮了人格的一个部分，而没有照亮人格的全部和整体——具体的"完整人"。今天，"结构选择论"的任务恰恰在于说明和解读具体的"完整人"，而不是说明和解读具体的"完整人"的某一个部分。它所阐释的人格概念必须能够涵盖和解读具体的"完整人"——人的生命的完整的本质、完整的本体、完整的内涵和外延。从这一点出发，显然以往分学科的人格概念无法担此重任。应当重新界定人格概念，并用重新界定的人格概念去解说具体的"完整人"和照亮具体的"完整人"。

从解读具体的"完整人"的视角出发，人格概念应定义为：人格是现实的具体的完整的有特色的个人。它是人经由社会化获得的，具有内在统一性和相对稳定性的个人特质结构和动力结构，是人格"结构与选择"的整体，是人的自然生命和价值生命的统一，是人的生存方式和样式，当然，也是人的某种发展状态和水平。

（2）人格概念的内涵。

上述人格概念大体包括以下含义：

A. 人格是现实的具体的个人。人格是生活在现实之中的、有血有肉的、活生生的个人。它包含人的本质，但不限于人的本质，是一个生活于现实之中的、每天从事着实践活动的具体的社会存在。

B. 人格是"完整的"个人。它是对人的整体描述，而不是对人的某一方面的描述，也不是对人的本质的抽象的描述，而是反映了人的整体性存在。这表现在：（a）人格具有整合性和整体倾向的一致性。（b）人格既包含人的内在要素结构，又包含人的外在行为选择实践，并且具有表里的统一性。

C. 人格的本体是"结构与选择"。结构决定选择，选择也决定结构，结构与选择是对立统一的。那种将人格单纯看作"结构"或者将人格单纯看作"选择"的观点都是片面的，人格是"结构与选择"的统一体。

D. 人格是有特色的个人。人格是每个人的独特结构，具有特殊的复杂内在组织，给人言行以特色，使每一个人成为有别于他人的独特的个体。世界上没有两个结构完全一样的个人，因而也没有两个完全一样的人格。

E. 人格是一个内在的动力组织。人格结构不只是一个素质结构和特质结构，也是一个动力结构。它本身具有能量，在一定外界环境刺激下，决定人的动机和行为。人格的内在动力结构既是人行为选择的推动力量，也是人在行为选择中遭受挫折，产生疾病的内在原因。

F. 人格既是发展变化的，又具有相对稳定性。人格是具有内在结构的人，其内在结构既具有发展性和可变性，又具有相对的稳定性。人格的内在结构及行为选择，既是可变的发展的，又具有相对稳定性和一贯性。

G. 人格是人的先天遗传素质与后天学习经验的结合。先天遗传素质是人格的某种自然基础，而后天的学习是人格形成的关键。

H. 人格是社会化的结果。人格是人在社会生活中，不断学习知识，接受社会价值观念，进行行为训练的结果。人格的形成和变化过程，是人的社会化过程。这个过程也可表述为，人格是文化哺育的结果。同样，文化也是人格建构的结果。文化与人格互相影响、互相制约、互相建构、共同发展，不可分离。

I. 人格是人的自然生命与价值生命的统一。人与动物不同，人既有"自然生命"，也有"超自然生命"；既有"种生命"，也有"类生命"。并且人格是"自然生命与超自然生命""种生命与类生命""自然生命与价值生命"的统一。

（二）人格结构理论的若干模式

人格结构是人格要素以一定方式组合而成的，是人的一切行为的内在根据和动力源泉。人格结构是一个"黑箱"。它真实存在，结构复杂，功能巨大，但却看不见也摸不着，只能依据其两端而推之。一端是输入端，即环境刺激，另一端是输出端，即人格行为选择，只能从这两端推测人格结构。这种方法具有复杂性、间接性和解释的不确定性，这导致几千年来人类对人格结构认识的贫乏、片面和不准确。这也从另一个方面说明认识和揭示人格结构的困难和艰巨。5 000年来，中外许多学者和理论家曾提出过各种不同的人格结构理论模式，并做出了重要理论贡献。对此，我们应进行深入研究和分析，以便取其精华，去其糟粕，从而建立"结构选择论"这一人格结构理论模式。

1. 古代中西人格结构理论模式

古代中国与西方某些先哲倾向于理性人格论。他们所提出的人格结构往往是人的理性素质结构，或者是以理性素质结构为根本标志的理性人格结构。

中国儒家的创始人孔子，一贯提倡君子人格，而君子人格的根本特点是"仁者爱人"，具有高尚的道德。后来，他随着社会阅历的丰富和认识的深化，逐渐将以天下为己任的君子人格结构定位于"仁、智、勇"，提出"君子三道"说，即"君子道者三，我无能焉：仁者不忧，智者不惑，勇者不惧"（《论语·宪问》）。

孟子更发展了孔子的理性人格理论。他说："恻隐之心，人皆有之；羞恶之心，人皆有之；恭敬之心，人皆有之；是非之心，人皆有之。恻隐之心，仁也；羞恶之心，义也；恭敬之心，礼也；是非之心，智也。仁义礼智，非由外铄我也，我固有之也。"（《孟子·告子上》）他还认为，人性可分为自然性和社会性。人的自然性即饮食男女、耳目口腹之欲。人的社会性即仁义礼智"四德"。人与动物的区别在于动物只有自然性（"小体"），而人则既有自然性又有社会性（"大体"）。一个人如果只有自然性而无社会性，则是"小人"，无异于禽兽。他认为，心的功能在于思考。人要成为人，就要用心思考，加强自身修养。只要肯于用心思考，就能将"四端"（恻隐之心、羞恶之心、恭敬之心、是非之心）上升和扩张为"四德"（仁义礼智），成为君子。

显然，孟子构筑了一个理性的人格结构理论体系。集古希腊思想之大成的学者柏拉图也较早地提出了理性人格理论。

柏拉图在其代表性著作《理想国》中深刻地探讨了理想人格问题。他提出了灵魂三分说的人格结构思想。他认为人与动物和植物不同，动物和植物只具有低等的灵魂，而人具有高等的灵魂——理性的灵魂，因而人才是最接近于神的存在。人的灵魂由三个等级组成：理性、意志和情欲。而人也可以分成三类，即"金、银、铜铁"，以"金"做成的人为理想人格代表，具有理性。社会也由这三类人形成等级：以"金"做成的"哲学王"，掌握理性，统治社会；以"银"做成的武士，保卫国家；以"铜铁"做成的平民，从事生产和经济。至于奴隶则没有人格。

显然，他的人格结构理论也是以理性为核心建构的。在人类文明的早期，中外许多杰出思想家对人格的认识往往是以理性为核心的，其人格结构理论也往往是以理性的结构为核心建构的。

2. 弗洛伊德的人格结构理论模式

奥地利精神分析学家西格蒙德·弗洛伊德曾提出一个经典的人格结构模式。他认为，就个体人格而言，人格可以划分为"本我""自我""超我"三个部分。"本我"由最原始的生物能量组成，完全处于潜意识之中。受动物的快乐原则支配，要求满足基本的生物要求。他指出这个基本的生物要求就是性。"本我"的一切要求都可以归结为性的要求。这是推动人行为的最原始的能量。他甚至说，人们无论是高兴还是悲哀，无论是追求金钱地位还是追求荣誉，无论是发动战争还是缔结和平，其最后的根源和推动力量都是性。但是"本我"不能区分生理需要意愿与外界现实的差距。"本我"是无意识的初级生理本能。人格进一步发展后，达到"自我"阶段。"自我"是有理性的意识。它企图把"本我"的需求意向同现实世界联系起来。它为"本我"服务，并受现实性原则支配。"自我"不但能意识到"本我"的意向，也能意识到外部的现实条件，既能制约潜意识，也能操纵意识。人格进一步发展后就达到了它的高级阶段，即高级过程，这就是"超我"阶段。"超我"是成熟的、人类文明道德的维护者，它追求无限的完美。当"本我"的生命需求发动之后，"自我"便根据"超我"的原则去指导行为——或者满足要求，按照"超我"许可的方式去行为；或者不满足，将"本我"的要求重新压回潜意识。如果能够经常地以合理的方式去满足"本我"的需要，那么，人格可以正常地健康地发展。相反，如果使"本我"原始的生命需求受到压抑，人就会生病，尤其可能患神经性疾病。他依据所创造的人格结构模式创造了"精神分析疗法"，这一方法成为世界性的神经性疾病的治疗方法之一。弗洛伊德的人格结构模式，有着重要的贡献，但也存在明显的失误。弗洛伊德提出的人格结构模式为研究人格结构提出了一个理论框架，为探索人的行为的方向、产生神经性疾病的原因和治疗开辟了一条道路，对破译"人是什么"起到了重要的开拓性的作用。但是，他的人格结构模式显然存在很大弊病。他忽视了人格行为的全面性生理基础，把人格行为全部归结为原始的性欲和性欲的派生物（爱与恨、友爱与残杀等等），陷入了"泛性论"的泥潭，受到了包括他弟子在内的很多人的批评。产生这种片面性的一个重要原因是他研究对象的狭隘（仅限于神经病人和他本人的心理体验），以及过分地强调变态心理和变态行为的普遍意义。弗洛伊德人格结构如图5-1所示：

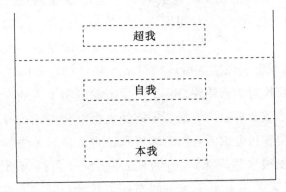

图5-1　弗洛伊德人格结构图

3. 霍妮的人格结构理论模式

美国文化学派心理学家凯伦·霍妮，曾任美国心理学会主席。她在批判弗洛伊德学说时，提出了"真实我、现实我和理想我"的人格结构模式。她认为，人的"真实我"是人最基本的生理和精神需求，是潜在的自我。有时，她也称其为"可能的自我"，体现了人格的自发性、主动性和创造性。但是，人们在生活中都以一个现实的自我存在着（"现实我"），也都在追求着一个理想的自我（"理想我"）。对于每个人来说，"现实我"和"理想我"的矛盾具有更重要的意义。"现实我"包括那些在任何特定时期真正体现自己的东西，"理想我"反映了我最希望成为的那种人。对一个人来说，"理想我"是他们希望将来能达到的目标，这是他们借以安排自己一生，追求实现的东西。由现实的自我追求理想的自我，这是人们行为的内在基本动力，同时，也是人们产生神经性疾病的原因。对正常人来说，现实的自我和理想的自我没有太大分离，总是有紧密联系的。他们能根据现实自我的变化而变化理想的自我。随着理想的实现，新的理想又取代了旧的理想，所以在正常人那里，理想既符合实际，又是动力。但是，在神经病患者那里，现实的自我和理想的自我是分裂的。他们将现实的自我看得低级而又可鄙，而将理想的自我看得幻妙而高不可攀，因此，在他们的心里，理想的自我不是现实自我的自然延伸，而是脱离，是不切实际的梦幻。在这种情况下，他们对理想追求得越强烈，失败得便越严重，病症便越严重。应该说，霍妮的人格结构模式纠正了弗洛伊德的人格结构模式的弊病（泛性论，仅从性欲的满足与不满足去寻找精神疾病的原因等等），而从理想和现实的角度探讨了人格结构，开辟了认识人格结构和人类行为的新视野和新道路，从另一个方面说明了人的行为和产生疾病的原因，做出了重要贡献。但是，霍妮的人格结构模式仍有重要缺欠。她仅从理想和现实的角度说明人格的动机和行为，显然无法包含人格动机和行为的全部。在很多情况下，人的行为主要同"人格判断"有关，而同"理想我"状况无关或关系不大。如当一名教师决定一个实验该如何做，一道难题该如何运算的时候；当一个学生运算 2 除以 2 等于几的时候……当人们做纯粹知识和逻辑推理判断的时候，行为选择主要靠"逻辑判断"，而同理想的自我无关或关系不大。可见，霍妮的"真实我""现实我""理想我"的人格结构模式，虽然在某些情况下能够解释人的行为和产生神经性疾病的原因，但是，还不能解释人的所有行为现象，没有达到作为一种科学规律在其研究对象范围内普遍有效的要求。霍妮的人格结构如图 5-2 所示：

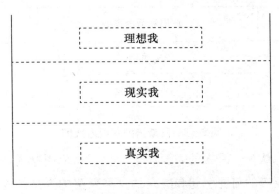

图 5-2　霍妮的人格结构图

4. 马斯洛的人格结构理论模式

美国人本主义心理学家亚伯拉罕·马斯洛是美国著名人本心理学家，曾任美国心理学会主席。他不同意经典分析学派、社会—文化学派的观点。1943 年在《人的动机理论》一书中他提出了一个名为"动机理论"的人格结构理论。马斯洛认为，人类有强度不同的本能化的需要，并假设这些本能化需要是层梯式的。层梯底部的需要比层梯上部的需要更强烈、更接近动物的本能，而层梯越高的需要，则越是人类特有的、理性的和完美的需要。这些不同层级的需要构成了人类行为的动机的动源。人的一生都是受控于这些层级的需要，为满足这些需要而奋斗，在这些需要层梯上向上攀登。由于每个人需要的层级很不相同，因而人格内容有差异。人越向高级需要攀登，则越少动物性，越多人性。马斯洛的需要层次如图 5-3 所示：

马斯洛认为，人的低层级需要的满足，会激励其追求更高层次的需要，在他的需要层次理论中，"自我实现的需要"是最高层次的需要。这些需要均是人的本能的需要。他把这一现象称为人类的"成长动机"或

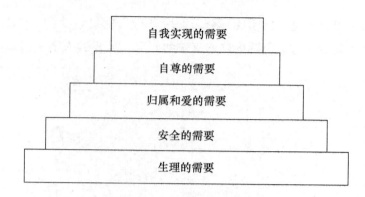

图 5 - 3 马斯洛的需要层次图

"发展动机"。他认为，是人的需要产生动机，从而引起人们产生行为。人的行为是不同层级的需要引起和决定的。马斯洛的人格结构理论模式（动机理论）以人的需要解释人的行为，把需要看作人行为的动因，具有一定的合理性，避免了弗洛伊德单纯从"性欲"的驱动力和霍妮单纯从"理想我"与"现实我"关系的角度解释人行为的片面性。但是，马斯洛的人格结构理论模式仍然是不全面的，并不能科学地说明人的动机和行为。如马斯洛认为，人生活在世界上必然有本能化的需要（主要是五种层级需要），而需要能够直接产生动机和行为，这种看法不符合实际。人的需要并不能直接产生动机和行为。人的需要仅仅为人的动机和行为提供基本的能量和大致的趋向，但并不能直接决定人是否行为和怎样行为。人是理性的动物，人的动机和行为是由"人格需要"与"人格判断"共同决定的。在一般情况下，只有当"人格需要"和"人格判断"同时发挥作用时，人才可能产生动机和行为。而且，在一般情况下，最终决定他是否行为和怎样行为的，是他的"人格判断"。马斯洛的人格结构理论模式认为需要直接决定动机和行为，不符合人的行为的实际，完全忽略了决定人行为的关键项——"人格判断"。一般而言，变幻多端、神秘莫测的人的行为，不是因为"人格需要力"的复杂，而是因为"人格判断力"的复杂。仅以马斯洛的五种需要，无论如何解释不了人的哪怕一点稍微复杂的行为。因此，马斯洛的人格结构理论模式也是片面的，不符合人的"动机与行为"的实际，因而也是不科学的。

5. 勒温的人格结构理论模式

库尔特·萨德克·勒温是当代著名的心理学大师。他不仅提出了系统的"心理场论",而且同时提出了研究心理结构和行为的方法。托尔曼先生在勒温逝世时悼念说:"在未来的心理学史上,有两个人必将超于众人之上——弗洛伊德和勒温。他们两人的洞察力相反相成,初次使心理学成为可以同时适用于真实的个人和真实的社会的一门科学。""动力"是勒温心理学的核心概念。他认为"动力"就是能够推动人行为的内在能量和潜在能量。"动力"是勒温心理学立论的基础,也是勒温心理学最突出的特征,以至有人将勒温称作动力心理学家。他还提出"心理紧张系统"的概念,认为"心理紧张系统"是人的行为的根源,其中紧张和需求是两个最基本的概念。他说,只要在一个人的内部存在一种心理的需求,也就会存在一种处于紧张状态的系统,紧张(也可称"张力")的释放可为心理活动和行为提供动力和能量,从而也就构成了决定人的心理活动和行为表现的潜在因素。在勒温看来,"紧张"始终处于一种"系统"之中,因而要真正理解"紧张",就必须理解这种系统——"动力场",也就是勒温所称的"生活空间"。"生活空间"包括一定时间内决定个体行为和心理活动的所有事实。他认为,为了理解或预测行为,必须把人及环境看作一种相互依存因素的集合,可称其为"心理动力场"。在此基础上,他提出了著名的"心理行为公式":$B=f(PE)=f(LS)$。其中,B 表示行为,P 表示行为主体,E 表示环境,LS 是生活空间的简称。生活空间包括了人与环境。行为发生在生活空间之中,是人与环境的函数,也是生活空间的函数。勒温把"心理场论"中的"动力"概念扩展开来,提出一种基本的动力模式——"稳态平衡论"。"稳态平衡论"主张有机体内有一种自我保护和自然平衡的倾向,是人所具有的一种自我控制能力,稳态的失调会使有机体产生紧张状态,并促使有机体通过适应性行为去获取新的平衡。勒温指出,当需求打破了原有的心理平衡,就引起内在的紧张,而由这种紧张所激发的行为指向获取新的内在平衡。心理过程通常出自趋于平衡的倾向,正如普遍的生物过程,以及物理、经济或其他过程一样,从一种稳定状态转向一种过程以及稳定的过程中所发生的变化，都可以从这样一种事实中推出，即在某一点上，平衡被打破了，于是朝向一种新的平衡状态的过程便开始了。显然，勒温创立了一种新的解释人行为的模式——"稳态平衡论"，区别于以前的仅从"求乐"和"趋乐避苦"视角解释人行为的模式，这是勒温的卓越贡献。他提出的"心理场论"或"稳态平衡论"代表了一种新的心理学观点和方法。以往的心理学家大都从人的"心理实体"本身研究人的动机和行为，而勒温则开始从"人与环境的关系"研究人的动机和行为。从"实体"概念转到"关系"概念，不只给心理学，也给一切关于人的研究提供了新的视角和方法。当然，勒温的理论也有不足，主要表现在两个方面：第一，在某种程度上过于强调环境与人的"关系"动力，而忽视心理要素及心理要素关系的动力价值。第二，他所提出的"心理行为公式"能够解释人的比较简单的行为，而无法解释人的千变万化、神秘莫测的复杂行为。

这也许是整个心理学学科的局限性所致。大多心理学家主张避开"价值观"，保持"价值中立"，这使心理学同时也避开了因复杂价值观而产生的极其复杂的人及其行为。然而，如果放弃了对人的复杂行为的研究怎么能解释复杂、深奥和神秘的人和同样复杂、深奥和神秘的人的行为？如果不能说明这样的人及其行为，怎么能解开困扰人类 5 000 年的"人之谜"？

（三）人格结构的概念、特点与功能

1. 人格结构概念

所谓人格结构，是指人格内在要素的有机组合及其形式或方式。它是人格系统中各要素及其关系和联系的组织形式，表现为人格系统内各要素及其在空间和时间方面的有机联系与相互作用的方式。它包括以下具体含义：（1）人格结构是整体的。每个具体的人格结构都是一个完整的系统整体，具有内在整合性功能。它不仅以系统整体的方式存在，也以系统整体的方式对外界环境做出反应，进行行为选择。（2）人格结构是人格系统中各要素及其关系和联系的组织形式。它不仅包含各个构成要素，更包含各个构成要素之间、各构成要素与人格整体之间的关系或联系。如人格结构是由这三个系统（"人格需要力"系统、"人格判断力"系统和"人格行为选择"系统）及其所包含的更具体的要素依据一定的关系和联系构成的。（3）人格结构是现实的、具体的、特殊的。人格结构在形式上具有普遍性、共同性（或称同构性，即具有大体相同的结构形式），但是，在内容上却是特殊的，即每个具体的人格结构的内容都是独特的。可以这样说，世界上能够有相似的或类似的人格结构，但是，却不可能有两个完全相同的人格结构。因而，对人格结构的分析，必须坚持现实的、具体的、历史的观点和方法。（4）人格结构是人格的根本标志。从根本上说，人与人的差别，不在于男女的差别、年龄的差别，也不在于肤色的差别，而在于人格结构的差别。人格结构是人格发展程度和水平的根本标志，也是人格特点和特征的根本标志。（5）人格结构是影响甚至决定人格命运的关键因素。一般而言，影响人格命运的因素很多，但是最重要的影响因素是人格结构。在一定外界环境条件下，人格结构决定人格行为选择的性质和水平，决定了行为选择的成败，从而决定了命运的起伏盛衰。（6）人格结构是环境影响与人格选择相互作用的结果。从人格结构与环境的关系看，人格结构是人格应对外界环境压力和挑战的产物和结果。从人格结构与行为选择的关系看，人格结构决定人格行为选择，在一定环境条件下，有什么样的人格结构就会有什么样的行为选择。而人格结构又是人格行为选择所建构起来的，是人格行为选择的结果。（7）人格结构在"结构选择论"知识体系中占据重要位置，是"结构选择论"的基础内容和核心内容之一。只有将"人格结构"研究透彻，才能将"结构选择论"阐释清楚，为人的生存发展服务。

2. 人格结构的特点

人格结构有如下特点：

（1）整体性。

人格结构以整体的方式存在，是一个有机的整体。其中各组成要素之间相互联系、相互作用共同构成了高度组织化的和有序的人格结构系统。尽管人格结构的要素复杂多变，但却能统合为一个有机整体，具有内在组合的有序性和倾向的一致性。并且，人格结构均以整体对外，即在一定外界环境下，人格结构能做出统一的行为选择，而不是分裂的行为选择。分裂的行为选择是人格结构的严重缺欠和疾病。

（2）层次性。

人格结构具有层次性，它的构成要素有层次差别，即有高层次与低层次、上一层次与下一层次的差别。如果换一个角度看人格结构的层次，人格结构又具有"双重性"。在人格的"三级结构"——人格需要力、人格判断力、人格行为选择中，每一个层次都具有"双重性"，每一个层次既是人格结构的构成要素，又是一个自成体系的小系统，本身包含若干个小的构成要素①。

（3）稳定性与变动性的统一。

人格结构既具有维持内部秩序稳定的趋势，又具有开放和变化的趋势，是变与不变的统一。人格结构具有相对稳定性，是有序结构，其内部各要素及其关系是有序的、相互联系和相互作用的关系。这种有序的相互联系和相互作用关系形成了相对稳定的趋势，致使人格结构内部某一状态持续出现。这种稳定性一旦发生变化，人格结构也随之发生改变。人格结构同时具有开放性和变化性。人格结构能够与外界环境保持密切联系，向外界环境开放，进行能量和信息交换，与外界环境保持适应和平衡，这既表现为不断改造自身人格结构的行为，同时也表现为改造外界环境的行为。

（4）同构性与独特性的统一。

人格结构既具有形式的同构性②，又具有内容的独特性，是同构性与独特性的统一。人格结构的形式是大体相近或相同的，也就是说从形式上看，世界上所有人都有大致相同的人格结构形式。这表现在所有人的人格结构都是由"三级结构八种力量"所构成。世界上不论男女老少，也不论

---

① 廖盖隆，孙连成，陈有进. 马克思主义百科要览. 北京：人民日报出版社，1993：219~220.
② 拉波特，奥弗林. 社会文化人类学的关键概念. 北京：华夏出版社，2009：82~83.

民族种族，没有例外。但是，人格结构的内容是独特的，世界上没有内容（"三级结构八种力量"）完全相同的两个人格结构，因而也就没有两个完全相同的人格——人格结构内容的不同组合在数量上可以达到无限。正如卢梭所言："我独一无二，我天生与众不同，我敢说我不像世界上的任何人。如果我不比别人好，那么我至少跟别人两样。大自然铸造了我，然后就把模型打碎了。"①

（5）共时性与历时性的统一。

人格结构既是共时性的结构，又是历时性的结构，是共时性与历时性的统一②。人格结构是共时性的结构，是当下的具体存在，表现为在一定条件下，由诸要素组合而成的具体人格结构、具体人格结构特性和具体的行为选择方式。同时，人格结构又是历时性的结构，是他自身人格结构发展的结果，也是人类自身发展历程的某种复演和表现。人格结构凝结了他本人自出生以来的发展历程，也留下了对人格结构足以构成重要影响的"事件印痕"③。其中，某些"事件印痕"足以影响其一生。而且，还应当看到，人格结构不只是自己的历时性结构，而且也是"类"的历时性结构，即"个体重复类的经历"④。一般而言，人格结构自身最初阶段的发展历史永远重复人类的发展历程，特别是从出生至童年阶段大致重复了人类童年的历史。还可以进一步说，正因为人格结构是共时性和历时性的统一，在人格结构中必然包含人类一切潜在的可能性，这就是说，人格结构的潜在可能性和能量十分巨大，而我们实际开发和利用的非常有限。这也说明，人格结构的潜能是大体相同或相似的。每个健康的人格，其基因中所包含的潜能没有本质的差别。而现实中每个人格结构的差异，特别是那种悬殊的差异，基本是由后天开发造成的。认识人格结构的共时性与历时性的统一，对于开发人的潜能，对于我们认识人类自身——"类"——所应持的态度均具有重要意义。

---

① 高青海，胡海波，贺来. 人的类生命与类哲学. 长春：吉林人民出版社，1998：398.
② 金炳华. 马克思主义哲学大辞典. 上海：上海辞书出版社，2003：178—179.
③ 哈伯德. 戴尼提. 北京：三联书店，1989：3.
④ 夏建中. 文化人类学理论学派. 北京：中国人民大学出版社，1997：167.

3. 人格结构的功能

人格结构主要有以下功能：

（1）认知功能。

人格结构包含世界上最好的认知结构，它不仅能够直接认知世界，还可以间接地认知更广泛更久远的世界，它能够创造和识别文化的根本载体——符号，这是人格结构独具的功能，也是人之所以如此发达的根本原因。卡西尔认为，人生活在"符号宇宙"之中，具有符号化的认知能力和思维，是符号动物。认知符号使人的认知能力具有"无限性"。具体表现在：第一，使人具有客观语言；第二，使人具有符号化的想象力（想象到从未见过，甚至从未有过的事与物）；第三，使人具有符号化的智慧；第四，使人具有时空知觉；第五，使人具有关系思维；第六，使人进入意义世界；第七，使人具有理想的世界；第八，使人的行为由动物的反应性行为上升为复杂的人的选择性行为[①]。人格结构使人的认知能力不仅具有简洁性、快捷性、周延性、深刻性，而且具有无限性。

（2）选择功能。

人格结构最重要的功能是行为选择，即在外界环境刺激下，经过人格结构的内在运作，产生相应的行为选择。行为选择的一般的过程是：在外界环境刺激下，人格需要力发动，经过人格判断力判断，产生了某种行为，回应环境。这种行为可能是单纯地回应外界环境挑战的行为，也可能是单纯地改变自己人格结构的行为，也可能是这两者都有的复合性行为。人实现生存目的的基本方式是行为选择。人人在选择，事事在选择，处处在选择，时时在选择。可以说人的基本生存方式是在外界环境条件下，通过自己的人格结构，进行行为选择，决定自己的生存、发展和命运。

（3）动力功能。

人格结构是一个动力装置，给人的行为选择和一切表现提供动力来源。人格的动力源泉主要表现在三个方面：第一，要素动力。人格结构所

---

① 卡西尔. 人论. 上海：上海译文出版社，2009：4-11.

包含的各个要素（"三级结构八种力量"），均具有潜能，是人格存在和发展变化的动力源泉①。第二，"内结构"动力。人格结构各个要素之间的关系、各个要素与人格结构整体的关系均具有动力，是人格存在和发展变化的动力源泉。第三，"外结构"动力。外界环境与人格结构之间的关系也是人格动力。外界环境与人格结构之间的适应和不适应所产生的矛盾，造成"人格紧张"，推动人格产生行为，实现"人格平衡"。而且，这种矛盾是发展变化的，与人的生命共在。正是上述三种动力，推动人格进行行为选择，维持人格生存和发展，直至生命结束。

（4）创造功能。

人格结构功能与动物机体结构功能的本质区别是创造。人格结构不仅能通过创造改造和超越自己的主观世界，也能够通过创造改造和超越客观世界，从而掌握自己的命运。人格结构的创造功能表现在属人世界的一切方面，但是最基本的创造功能则是生产实践。马克思指出："诚然，动物也生产。它也为自己营造巢穴或住所，如蜜蜂、海狸、蚂蚁等。⋯⋯动物只是按照它所属的那个种的尺度和需要来建造，而人却懂得按照任何一个种的尺度来进行生产，并且懂得怎样处处都把内在的尺度运用到对象上去；因此，人也按照美的规律来建造。"② 人格结构的创造性功能，使人牢牢地掌握着自己的命运，不仅让人拥有值得骄傲的过去和现在，而且必将让人拥有更值得骄傲的未来。

（5）整合功能。

人格结构具有整体性的自我整合功能。人格结构的要素复杂多变，但是，却能以一个整体的面貌出现，并以整体的方式进行行为选择，应对环境，关键在于人格结构具有强大的整合功能。人格结构的整合功能使人格无论遇到怎样复杂的环境和自身发生了怎样的变化，都始终能以一个"完整人"的面貌出现。这主要表现在：第一，人格结构能够整合自身的全部构成要素，使其成为一个统一的生命整体。第二，人格结构能够在外界环

---

① 陈学明. 西方马克思主义命题辞典. 北京：东方出版社，2004：234-235.

② 马克思. 1844年经济学哲学手稿//马克思，恩格斯. 马克思恩格斯全集：第42卷. 北京：人民出版社，1979：96-97.

境压力下，整合自身的所有人格力量，选择统一的应对行为。第三，人格结构对自身的构成要素，不仅能够进行共时性的整合，也基本能够进行历时性的整合，使人格结构成为共时性和历时性相统一的结构。整合功能使人格结构成为世界上最具整体性和统一性的生命结构。

（6）自建构功能。

自建构功能指人格结构具有设定自我目标，统合自身，实现自我目标，不断自我超越的功能。人格结构的这项功能主要是通过自我意识实现的。人的自我意识成熟之后会自动"分化与统一"，即一分为二，形成"理想的我"与"现实的我"，并能够用"理想的我"去分析、评价和统一"现实的我"，实现自我超越。这个过程循环往复，直至生命结束。人格的"二重生命"（自然生命与超自然生命）以及人的"多重二重生命"的自我超越和统一，都是通我自我意识的"分化与统一"实现的。人格对外界开放，不断吸纳、接受外来信息，也都是通过自我意识的"分化与统一"功能实现的。自我意识的"分化与统一"功能，即人格结构的自建构功能，是人格结构自我超越的基础，使人格结构的发展和完善具有无限性。

（四）人格的基本结构

1. 人格的基本结构——"三级结构八种力量"

人格结构基本由"三级结构八种力量"构成。"三级结构"即人格需要力、人格判断力、人格行为选择。"八种力量"指在"三级结构"之中包含"八种人格力量"。其中，"人格需要力"包含三种人格力量——生存需要力、归属需要力、价值需要力（也可称发展需要力）。"人格判断力"包含四种人格力量——思想道德力、智慧力、意志力、反省力。"人格行为选择"包含一种人格力量——人格行为选择（见图5-4）。

对人格基本结构可做如下解释：

（1）人格基本结构由"三级结构八种力量"所构成。人格需要力存在于人格的潜意识之中，是人格的需要和欲望力量。人格判断力存在于人格

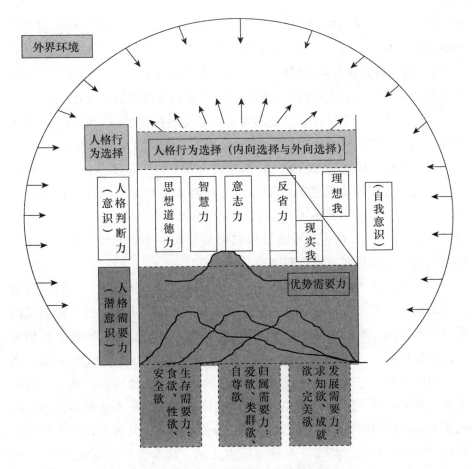

图5-4 人格的基本结构图

的意识之中，是人格的理智力量。"人格行为选择"是人格应对具体环境而产生的行为选择力量，包含行为目标和为实现目标而集聚的人格力量，是在外界环境刺激下，人格需要力与人格判断力共同运作的结果。一般而言，人格基本结构的运行机制是，在外界环境刺激下，人格需要力发动，经人格判断力判断，选择相应的行为——内向行为或外向行为。

（2）人格基本结构具有同构性。世界上，所有人类成员，都有大致相同的人格结构形式——"三级结构八种力量"。也就是说，不论男女老少，不论民族国家，也不论肤色，所有人的人格结构都是由"三级结构八种力量"所构成，没有例外。每个人格结构之间的差异，主要是人格结构内容的差异。每个人格结构的具体内容是不同的，没有两个人格结构内容完全相同的人。但是，在人格结构的形式上，差别很小或没有差别，都具有"三级结构八种力量"，具有同构性，这是人类进化和遗传的结果。如果缺少其中的任何一个层次或力量，那么均为严重的人格残缺或人格疾病。

（3）在人格基本结构中，全部人格力量均具有重要地位和价值，不可或缺。在"三级结构八种力量"之间，虽然有层次的差别，有各种"力"的不同，也有地位与功能的差异，但是没有重要与不重要、有用与无用的差别。对于人格的生存和发展而言，人格基本结构的"三级结构八种力量"都是十分重要的、不可或缺的。应充分均衡发展"三级结构八种力量"，建构完整的人格。忽视或排斥其中的任何一个"层次"或"力量"，都将给人格造成伤害，都是不科学、不合理的。

（4）人格基本结构之间具有多种复合关系。从整体上看，它们之间基本是结构与功能关系。这种结构与功能关系，具体表现为人格结构系统内部各要素之间、要素与整体之间的关系，即互相联系、互相制约、互相渗透、互相规定、互相支撑、互相限制、共同运作、系统一致的关系。同时，也应看到，"三级结构八种力量"之间也存在其他关系。其一，因果关系。例如，在一定外界环境条件下，人格行为选择是人格需要力与人格判断力共同运作的结果。在这里，人格需要力、人格判断力是原因，而人格行为选择是结果。其二，本质与现象关系。从本质与现象关系角度看，在某种意义上，人格行为选择只是人格需要力和人格判断力的一种必然表现或现象，人格需要力和人格判断力是本质，而人格行为选择是现象或表现。可见，人格的"三级结构八种力量"之间具有复杂的多种复合关系，但基本关系仍是结构与功能关系。

（5）人格基本结构是一个统一的整体。虽然人格结构的要素复杂多变，但是每时每刻都能以一个"完整人"的面貌出现。尽管人格结构处于对外界环境的开放状态，不断与外界环境进行复杂的信息和能量交换，但仍能保持自我的整体统一——以一个"完整人"的状态存在，进行行为选择。反过来说，假如它不能以"完整人"的状态存在或进行行为选择，则为明显的人格缺欠或疾病。

2. 人格结构理论对以往相关理论的继承、整合与包容

如前所述，在人类五千年文明史中，曾产生大量关于人格结构的理论和知识。本书所提出的"三级结构八种力量"人格结构图型理论，是一个原创性的理论知识体系，具有完整性、独立性和系统性，与以往各派人格结构理论都有重要区别。但是，它并不是凭空产生的，而是有源之水、有本之木。它既是对本人多年来跨学科探索知识、多学科研究和实验所获得经验的整合与升华，又是对以往各派人格结构理论及相关学科知识的全面整合与超越。它以人格基本结构为基础，尽最大可能整合与包容以往任何有价值的理论和观点。主要表现在以下几个方面：

（1）对理性主义人格结构理论的整合与包容。以往理性主义人格理论，往往将人格结构概括为人格的理性力量结构。如理性主义认为人格结构是"真善美"的结合，或者是"智仁勇"的结合，或者是"真善美圣"的结合。中国儒家以孔子和孟子为代表的人格结构理论、古希腊以柏拉图为代表的人格结构理论以及目前中国港台地区的某些人格理论等，都属于理性主义的人格结构理论。这些理论肯定人格结构中的理性力量，重视理性力量在人格结构中的地位与功能，是正确的，符合人的实际。假如人格结构中缺失了理性力量，那就是人格精神的严重残缺，或者只达到物，未达到人。因而，在人格结构中，必须包含人格的理性力量，这是理性主义人格结构理论的重要贡献。但是，理性主义人格结构理论的缺欠也十分明显：它们一般只在意识层次或理性层次上概括和解释人格结构，忽视人格的潜意识和非理性，甚至完全否认人的潜意识和非理性的存在和功能，这不符合人的实际，违背人性，是极为荒谬的。依据"三级结构八种力量"的人格结构理论分析，理性主义人格结构理论丢掉了人格结构的第一个层次——人格需要力，陷入了理论上的残缺和荒谬。

（2）对非理性主义人格结构理论的整合与包容。以往非理性主义人格理论，往往将人格结构概括为人格的非理性力量结构。如非理性主义认为人格结构是由人的需要和欲望，即人的类本能构成的；或者认为在人格结构中存在理性的因素，但是，人格结构中"欲望"和"非理性"占据统治

地位，决定人的行为，并决定人的精神是否健康。前者的代表有马斯洛的人格结构理论，后者的代表有弗洛伊德的人格结构理论。这些理论肯定人格结构中的非理性力量，重视人格需要、欲望和类本能在人格结构中的地位与功能，无疑是正确的，反映了人性的重要内容，符合人的实际。假如人格结构中缺失了非理性力量，那也是人格结构的残缺，人也不是"完整人"，甚至不是"人"。因而，在人格结构中，必然包含人格的非理性力量，包含人格的需要、欲望和类本能。但是，非理性主义人格结构理论也有明显缺欠。它们一般只在潜意识层次或非理性层次上概括和解释人格结构，忽视人格的意识和理性，有的甚至完全否认人格意识和理性的存在和价值，这不符合人的实际。人类具有强大的理性和意识，这是人与动物的根本区别之一，是人所以为人、所以为类的根本。

假如人格结构中缺失了理性力量，那也是"人格结构的残缺"，人也不是"完整人"，甚至不是"人"，在某个方面还没有超越动物的界限。

忽视或否认人格的理性和意识与忽视或否认人格的非理性和潜意识一样违背人性，是荒谬的。依据"三级结构八种力量"的人格结构理论，非理性主义人格结构理论忽视，甚至丢掉了人格结构的第二个层次——人格判断力，陷入了理论上的片面和残缺。

（3）对行为主义人格结构理论的整合与包容。行为主义人格结构理论认为，研究人格内在结构毫无价值，并且不科学、不准确，只有研究一定环境刺激下的行为反应才是真实的可靠的，因而放弃深入研究人格内在结构，甚至只研究环境刺激和机体反应，以及习得性行为和行为习惯。他们有的概括出"行为公式"："刺激"→"反应"（S→R），比如美国行为主义心理学家华生、斯金纳。有的概括出"心理行为公式"：$B = f(PE) = f(LS)$，比如美国心理学家勒温。这种理论将环境因素引入人格结构研究，使人格结构研究由单纯研究人格内在结构转入研究环境与人的关系，即由单纯研究"实体"转入研究"关系"，是人格结构研究理论和方法的一大进步。人格结构一刻也不能脱离环境，不仅人格结构是在环境中形成的，而且人格的生存和发展也是在环境中实现的，离开环境就说不清人格结构，更说不清复杂的人格行为。因此，应当充分肯定行为主义人格结构理论的重大贡献。然而，行为主义理论的缺欠也是十分明显的。这表现在两个方面：第一，无法解释人的复杂行为。它们过于热衷"刺激"→"反应"（S→R）公式，而否认深入研究人格内在结构的价值和可能性，往往只适应于研究人的简单重复性行为，而不适应研究人的复杂的"选择性"行为，特别无法解释人的变幻多端、神秘莫测的"选择性"行为。第二，未揭示清楚人格结构。它们普遍将人格结构看得过于简单，放弃研究或放弃深入研究人格结构，因而与揭示人格结构越行越远。依据"三级结构八种力量"的人格结构理论，行为主义人格结构理论忽视甚至放弃深入研究人格结构，因而陷入理论上和方法上的某种程度的困境——既说不清复杂的人格结构，也说不清更为复杂的人格行为。

（4）对其他人格结构理论和相关学科理论知识的整合与包容。在人类知识的大海中，不只理性主义人格结构理论、非理性主义人格结构理论和行为主义人格结构理论做出了重大贡献，而且其他人格结构理论以及与此相关的学科都包含许多有价值的理论创见，因此有必要进行科学的整合与包容。比如：哲学中就有大量关于"主体自我意识"的理论和知识，其中有的理论将哲学的发展和属人世界的发展归结为"主体自我意识"的发展。美国文化学派心理学家凯伦·霍妮强调"自我"的"核心"和"主宰"地位，强调"理想我"与"现实我"的对立和矛盾，认为它们的矛盾和统一是推动人格发展的真正动力源泉，也是使人"自我挣扎"和患神经性疾病的根源①。除此之外，在其他人格结构理论和相关学科理论知识中也包含很多关于人格结构的真知灼见，我们应当充分吸纳和借鉴它们。但是，也应看到它们的局限性——仍无法全面阐述"完整人"的人格结构。比如，由于学科的限制，哲学往往仅限于揭示人的本质和本质规定，而无法全面阐释具体的"完整人"的人格结构。也由于学科本身的限制（"价值中立"，脱开具体的思想、价值和知识内容谈人格结构），心理学仅能阐释人格心理，也无法全面阐释具体的"完整人"的人格结构。在现有学科中，只有人类学具有全面阐释具体的"完整人"的人格结构的优势和可能

---

① 葛鲁嘉，陈若莉. 文化困境与内心挣扎——霍妮的文化心理病理学. 武汉：湖北教育出版社，1999：130-181.

性。但是，由于以往人类学偏移了自己的学科对象和知识本体——"人本身"，只注重研究人的"体质"和人的"文化"，没有将注意力聚焦在全面阐释"人本身"——具体的"完整人"的人格结构上，甚至还坚决反对研究"人本身"，使人类学产生脱离研究"人本身"的倾向。"结构选择论"将"人本身"列为研究对象，吸收中外关于"人本身"的杰出理论，全面阐释具体的"完整人"的人格结构。经过三十余年的跟踪研究和探索终于提出"三级结构八种力量"的人格结构理论。

总之，本项研究采取"跨学科"的态度，重视和尊重以往所有的人格结构理论和相关学科知识中的人格结构思想，不抱有任何学科偏见，不拘泥任何知识偏好，全面搜集相关数据和资料，尽最大努力将其整合在"三级结构八种力量"这一人格结构理论体系之中。

六、人格需要力

人格需要力是人格结构的基础层次，在人格结构"三级结构八种力量"中，属第一个层次，包含三种人格力量——生存需要力、归属需要力和发展需要力。其中，每种人格力量又包含三种欲望或需要。人格需要力存在于人的潜意识之中，不仅内涵丰富，而且能量巨大，为人格行为选择提供原始的能量和大致的趋向，是人格结构中的深层次结构。研究人格结构，必须要深入研究人格需要力，揭开人格需要力的奥秘，以便更深刻地认识"主体——人"，掌握人格建构和行为选择的主动权。

（一）人格需要力概念

人格需要力指存在于人格的潜意识（或无意识）之中的需要和欲望的力量，是潜意识的内容，是人格结构的基础层次。它与生俱来，并随人格发展而发展，是人格巨大的潜在能源，给人格的行为提供原始的能量和大致的趋向。人格需要力存在于人的潜意识或无意识之中，可称为人格的无意识力量。人格需要力虽然存在，能量巨大，但是，人格意识对（自己的）人格需要力并不真正了解，既说不清它的存在状态，也不能对它的存在施加影响。人格需要力是人格行为选择的动力源泉，它能支撑人面对环境压力顽强拼搏。它的基本功能是给人格行为选择提供最原始的能量和大致的趋向，为人类生存发展提供无穷尽的力量源泉。

马克思曾对人的本质力量——激情、热情做过经典描述，深刻地揭示了人格需要力的本质、地位、特性和功能。他说："人作为对象性的、感性的存在物，是一个**受动的**存在物；因为它感到自己是受动的，所以是一个有**激情**的存在物。激情、热情是人强烈追求自己的对象的本质力量。"① 这句话包含四层含义，第一，人的需要和欲望与生俱来，只有依靠对象才能满足需要，才能生存和发展，因而人是一个"对象性的、感性的存在物"。第二，人必须依靠对象存在，而对象是自在的，并不依靠人而存在，因而人是一个"受动的存在物"。第三，人性的本质是不挫不愤，越挫越愤，因为他感到自己是受动的，所以是一个"有激情的存在物"。第四，激情、热情是人强烈追求自己的对象的本质力量，是人面对困难、不屈不挠、百折不回的内在根据，是人生存发展和走向美好未来的真正力量之源。人从类人猿进化而来，经过约170万年的艰苦岁月，战胜了千难万险，终于走到了今天，是因为人类不仅是一个"对象性的、感性的"存在物，而且是一个具有"人的本质力量——激情、热情"的"对象性的、感性的"存在物。这显然是对人性、对人的需要和欲望及其功能的描绘和赞美，也是对其最乐观、完整和科学的分析。

德国著名哲学家恩斯特·卡西尔曾引用泰纳对人格需要力的顽强存在和表现的精彩描述："我们所谓的本性，其实是一团隐秘的激情，它们常常是不善的，通常是庸俗的并总是盲目的，在我们的体内呻吟、颤动，力图冲破我们用以掩盖的理性及礼仪的外衣，我们自以为引导着它们，其实是它们引导着我们，我们把我们的行为归因于我们自己，其实是它们的作为。这样的冲动很多，它们是如此的强烈，如此地相互纠缠在一起，它们能如此迅速地苏醒、投入和实施行为以至于其行为能超乎我们的一切推理和一切控制之外。"② 依据泰纳的看法，人格需要力是一团我们看不见的

---

① 马克思. 1844 年经济学哲学手稿//马克思，恩格斯. 马克思恩格斯全集：第 42 卷. 北京：人民出版社，1979：169.

② 卡西尔. 人文科学的逻辑. 北京：中国人民大学出版社，2004：30.

"隐秘的激情"，时时企图冲破理性，以超乎人的推理和想象的方式，推动人去行为。泰纳以文学的笔触激情澎湃地描绘了人格的"需要"和"欲望"，它是如此生动形象，给人深刻印象。当然，需要指出的是，还应当提高"理性"的地位，发现和看重理性的价值和能量。对这团"隐秘的激情"，本书还将从人格需要力结构、人格需要力特性、人格需要力功能等方面做出进一步剖析和描绘。

（二）人格需要力结构

人格需要力具有复杂的内在结构。它包含：一种倾向、三种需要、九个欲望。一种倾向即自我实现倾向。三种需要、九个欲望即在三种需要力之中包含九个欲望。这就是，生存需要力：食欲、性欲、安全欲；归属需要力：爱欲、类群欲、自尊欲；发展需要力（价值需要力）：求知欲、成就欲、完美欲。

1. 一种倾向——自我实现

（1）自我实现概念。

自我实现指存在于每个人身上的实现自我需要和欲望的一种基本的生命倾向，存在于人的潜意识之中，是一种无意识的强大的生命倾向力。它与生俱来，贯穿在全部人格需要力之中，也贯穿在一个人生命的始终。它是人人都有的普遍生命倾向，是人格的全部"三种需要九个欲望"的共有生命倾向，推动人格实现自己的全部潜能。自我实现包含以下含义：第一，自我实现是人格的普遍生命倾向，而不仅仅是人格的一个需要层次。它作为一种普遍的生命倾向，存在于每个人的体内，表现在人格的全部需要和欲望之中，而不是一个独立的需要层次。也就是说，它并不是马斯洛所言的"最高层级的需要"，更不是有了自我实现需要就会成为自我实现的人，就会产生多种优秀品性，而成为杰出的人物。自我实现作为一种普遍的生命倾向贯穿于每个层次的人格需要力之中，是每种人格需要力的基本生命倾向，推动人格发挥潜能，实现自身的需要和欲望。第二，自我实现存在于人的潜意识之中，是一种无意识的需要、欲望、冲动和原始的生命力，是一种无意识的自然生命倾向，使自我有机体的需要和欲望获得维持、满足和实现。第三，自我实现具有两重性——既是人生存发展的动力源泉，也是人的一切破坏力产生的原始基础。如果教育引导恰当，就会成为人格与类群生存和发展的无穷尽的动力源泉，如果引导失误或放任自流，则可能变为文明的破坏力量和自我毁灭力量。第四，社会与教育的基本责任之一就是引导人格正确认识和处理自我实现与社会实现、他人实现的关系，自觉地将自我实现与社会实现、他人实现合理地统一起来，共同和谐发展。

本书不同意马斯洛将自我实现看作最高层级需要的观点，而主张自我实现是人格结构的普遍性倾向。这种观点在马斯洛生活的时代就已经存在。与马斯洛同时代的美国著名心理学家卡尔·罗杰斯也不同意马斯洛的观点，他认为，"个体内心蕴藏的最重要的资源乃是实现的趋向。有机体有一种基本的趋向和追求——使正在体验的有机体得到实现、保持和增强。……在人类有机体中有一个中心能源，它是整个有机体而不是某一部分的功能。也许最好的概念是把它定义为对有机体的履行、实现、维持和增强的趋向"。按照罗杰斯的观点，一切生物包括人类在内都具有求满足、求生存、求发展、求增强的自身需要的天然倾向。人的所有内趋力（需要）都可以纳入自我实现的趋向之中，使他们的各种需要获得满足。即使遇到困难，他们也会顽强地坚持这种"生命的延伸"。比如，一个开始学步的小孩，一次次地跌倒，尽管很疼，但却增强了他行走的欲望。许多文明发源于恶劣的自然环境之中，恶劣的自然环境不仅没有使它们消失，反而创造了繁荣的文化，增强了生命力[1]。

显然，自我实现是人一种与生俱来的生命倾向，是一种普遍性的基本生命力，它贯穿和体现在人的所有需要和欲望之中，使人类具有顽强的、势不可挡、不可遏制的天性。不过，还应当补充一点，人类从一开始就注

---

① 赫根汉. 人格心理学. 海口：海南人民出版社，1986：403.

意到了这个问题，并创造了原始的祭祀、禁忌、神话、教育和教化等方法，试图将个人的实现倾向与氏族、部落和众人的实现倾向联系起来，达到某种统一、一致与和谐。这项工作，至今仍在继续，只要人类以人的方式生存，并且还想永远存在下去，这项使个人自我实现与他人、类群和类实现相统一的努力就不能结束，就应当继续进行下去！

（2）对马斯洛自我实现理论的剖析和纠正。

马斯洛关于自我实现需要和自我实现的人的理论有些牵强附会，是一个没有给出科学证明的命题，不能成立。下面将对马斯洛关于自我实现需要和自我实现的人的理论进行必要的理论剖析。

马斯洛关于自我实现需要和自我实现的人的理论的基本观点是：人有五个层级的类本能需要，即生理的需要、安全的需要、归属和爱的需要、自尊的需要和自我实现的需要。每个人只有在满足了前四种需要之后才会产生自我实现的需要，并且一旦人爬上自我实现的需要的阶梯，产生自我实现的需要，就会豁然开朗，成为自我实现的人，并且具有十四种优秀品质，成为与众不同的杰出的人物。

本书认为，这个理论有如下缺欠：

第一，自我实现需要是人与生俱来的基本生命倾向。马斯洛将自我实现需要抬高为人的最高层级的需要，并认为达到自我实现需要层级的人就会成为杰出人物——自我实现的人，完全违背人格的现实。自我实现需要只是人的一种与生俱来的基本生命倾向，贯穿和表现在人的一切需要和欲望之中，推动各种需要和欲望获得满足。无论人格的生存需要力（包括：食欲、性欲、安全欲）、归属需要力（包括：爱欲，类群欲——家庭欲、组织欲、民族欲、国家欲和人类欲，自尊欲）和发展需要力（包括：求知欲、成就欲、完美欲），还是自我人格结构的满足、维持、增强和完善，其原始的基本生命倾向都是自我实现。自我实现不是人格需要的某一个层次（特别不是人格需要的最高层次），更不是人一旦满足了前四种需要，登上自我实现需要层次，就能成为杰出人物——自我实现的人。

第二，将人的十几种优秀品质的产生归结为满足了前四个层级需要，达到第五个层级需要——自我实现需要的结果，缺乏根据，是非科学的武断结论。假设马斯洛的自我实现需要理论是科学的、正确的。那么，我们可以合乎逻辑地提出这样的问题：当人在满足前四个层级需要，达到第五个层级需要的时候，他一定会具有（或产生）十几种优秀品质吗？他难道不会产生十几种卑劣的品质吗？很难有明确的回答。因为当一个人满足前四个层级需要，达到第五个层级需要的时候，他既可能有十几种优秀品质，也可能具有十几种卑劣的品质。需要层级的高低只能说明他的需要指向层级的差别（是生理层级、安全层级、归属和爱层级、自尊层级，还是自我实现层级），但却说明不了他的个人品质（优秀还是低劣）。

例如，希特勒显然满足了前四个层级需要，达到第五个层级需要，但是，他要实现什么需要？他产生了什么优秀品质吗？他产生了日尔曼民族是世界上最优秀的民族，应当统治世界，犹太人是最劣等的民族，应当消灭的观念；产生了征服地球和统治全人类的需要，继而产生了野心、征服、狂妄、狭隘、阴险、狡诈、神经质、野蛮、残忍等十几种卑劣的品质！他疯狂地发动第二次世界大战，犯下了发动战争和反人类的滔天罪行。显然，马斯洛认为人的优秀品质是由人的"自我实现需要"自然产生的结论是武断的、无根据的、荒谬的。

第三，人的品质基本是由三种因素——教育、社会影响和个人努力决定的，而不是由人的需要直接决定的。人的品质，不论是优秀的品质，还是卑劣的品质，都不是人格的自在之物，也不是人格需要自然延伸的结果（如马斯洛所言，满足前四种需要，达到第五种需要的结果），而是在社会环境中，教育、社会影响和个人努力三个因素交互作用的结果。人格需要的层级只为人格品质的形成提供了某种基础和条件，它不一定会产生何种品质。这表现在两个方面：首先，人格需要对形成人格品质只起基础作用，不起决定作用。在人格需要的任何一个层级上，都可能产生优秀的品质，也都可能产生卑劣的品质。在人类历史上，帝王将相、豪门贵族、亿万富豪可以说均满足了前四个层级的需要，达到了第五个层级的需要。可是，他们的品质如何？公正地说，他们中有的人表现出的优秀品质足以流传千古，而他们中有的人表现出的卑劣品质也足以遗臭万年。这难道不能说明满足需要的层级不是形成人的品质的决定性因素吗？其次，人格的品质是由教育、社会影响和个人努力共同作用的结果。无论是满足了前四种需要层级的人格，还是未完全满足前四种需要层级的人格，都可能产生优秀的品质，也都可能产生卑劣的品质，关键在于他接受过什么教育、受到什么社会环境影响、自己努力如何。人格的品质大都可以在上述三个方面找到原因。因此，可以说，归根结底人格的品质，是由教育、社会影响和个人努力这三个因素决定的。

第四，自我实现需要具有两重性——生存的动力和生存的破坏力。这要从两个方面分析：

首先，自我实现需要倾向作为人格的基本生命倾向，是人的生存发展的基本动力源泉。主要表现在以下三点：其一，儿童成长的动力源泉。假如一个儿童缺少自我实现需要基本生命倾向，饿了不知道吃东西，冷了不知道取暖，遇到危险不知道哭喊，还能活下去吗？其二，每个人生存发展的动力源泉。自我实现需要基本生命倾向是每个人生存发展的原始动力，是生命之火，给每个人的行为提供原始的力量和大致的趋向。如果一个人缺乏起码的自我实现需要基本生命倾向，什么都不需要，那怎样生存下去？其三，每个文明生存发展的动力源泉。文明发展必须有充足的动力，而人的自我实现需要基本生命倾向是所有文明生存发展的原始动力基础，凡是善于调动自我实现需要基本生命倾向的文明，其生存发展动力充足，逐渐成为强大文明。凡是不善于调动自我实现需要基本生命倾向的文明，都生存发展动力不足，往往陷于徘徊和停滞。从这个视角看，某些至今仍停留在悲惨落后状态的原始文明，在以往的漫长岁月中，的确没有创造出将自我实现需要基本生命倾向转化为文明发展动力的道路和方法。自我实现需要基本生命倾向是人类的本性，也是人类文明进步和发展的动力源泉，关键在于怎样调动、怎样转化和怎样开发。

其次，自我实现需要倾向是人的基本生命倾向，也是人的一切破坏力产生的原始基础。自我实现需要基本生命倾向既是人的生存发展的基本动力源泉，同时，也是人的一切破坏力产生的土壤。自我实现需要是一种无意识的、盲目的生命倾向力量，存在于人的潜意识之中，基本是引向东则东流，引向西则西流，关键在于怎样引导。如果引导失误或放任自流，则破坏力毕现。德国哲学家马尔库塞曾在《当代工业社会的攻击性》一文中提出一个具有深远影响的命题："现代资本主义社会中人成了攻击性的人，这一社会也成了攻击性的社会。……这个社会具有一种自杀的倾向，而且我们可以在个人的本能结构中找到彻底毁灭全球这场游戏的根子。"① 这一见解发人深省。当然，我们坚信人类的美好前途，但是，也必须保持清醒的头脑，自觉探索自我实现需要基本生命倾向向着人类生存发展动力源泉方向转化的规律性，使它成为人类文明发展的"取之不尽，用之不竭"的动力源泉。

第五，将自我实现升华为自我实现与社会实现、他人实现的统一。教育的一项根本性职责就是引导人格正确认识和处理自我实现与社会实现、他人实现的关系，使个人与社会和谐发展。自我实现需要来源于动物界，所有动物的基本生命倾向都是自我实现。人来源于动物界，也带来了自我实现需要倾向。不过在人类在进化的过程中已经将动物的自我实现需要倾向发展为人的自我实现需要倾向——与人的理性密切相联，并能够接受理性指导和约束的自我实现需要倾向。但是，仍不能将人的自我实现需要倾向看得过高，迄今为止，人的自我实现需要倾向的性质仍然是一种自发的生命本能倾向。只具有这种生命本能倾向，还未达到人的标准，成为真正的人。成为真正的人的标志是懂得自我实现与社会实现、他人实现的关系，在行为中能够将二者结合起来，统一起来。在自我实现需要倾向和能够将自我实现需要倾向与社会实现、他人实现统一起来之间，尚有不小的距离。缩小这个距离，引导人类将自我实现需要倾向与社会实现、他人实现相统一，是所有社会教育的根本职能。严格说来，教育的根本职能都是引导人格正确认识和处理自我实现与社会实现、他人实现的关系，并在行为中真正将二者统一起来。这不仅是教育的根本职能，也是社会和文明的根本职能。如果一个人经过教育仍然只懂得自我实现，而不懂得社会实现和他人实现，那么，他还没有脱离动物界，还不是一个真正的人。这将不仅是教育的失败，也是社会的失败和文明的失败。可见，马斯洛将自我实

---

① 陈学明. 西方马克思主义命题辞典. 北京：东方出版社，2004：199.

现需要看作人的最高层级的需要，将具有自我实现需要倾向的人看作杰出人物，离事实有多大的距离！

2. 人格需要力结构——"三种需要九个欲望"

结构选择论认为，人格需要力结构是"三种需要九个欲望"。人格需要力是由"三种需要九个欲望"构成的。其中，每种需要力包含三个欲望。这就是：生存需要力——食欲、性欲和安全欲，归属需要力——爱欲、类群欲和自尊欲，发展需要力——求知欲、成就欲和完美欲。也可以用层次性来描绘人格需要力的结构：低层次需要力：生存需要力——食欲、性欲和安全欲，中层次需要力：归属需要力——爱欲、类群欲和自尊欲，高层次需要力：发展需要力——求知欲、成就欲和完美欲。

（1）生存需要力——食欲、性欲、安全欲。

生存需要力是人格的低层次的需要力量和欲望力量，也是人格的最大的需要力量和欲望力量，只要它处于匮乏状态，人格的其他需要和欲望都很难提上日程。生存需要力推动人从事持续的生产实践，延续和发展自己和人类的生命。对此，马克思在《德意志意识形态》第一卷第一章中做了精辟概括。他指出："我们首先应当确定一切人类生存的第一个前提也就是一切历史的第一个前提，这个前提就是：人们为了能够'创造历史'，必须能够生活。但是为了生活，首先就需要衣、食、住以及其他东西。因此第一个历史活动就是生产满足这些需要的资料，即生产物质生活本身。"① 在一切需要中生存需要是最优先的，也是能量最大的。如果一个人处于危急情况下，什么都没有，既缺食物、空气、安全，又缺爱情、尊重和完美，他最渴望的将是食物、空气和安全，首先要得到的将是食物和空气。他的行为将主要被生存需要支配，而其他需要只能放到第二位。笔者曾对一个危急情况——"一场大火"做过"主体调查"，调查结论完全证实上述分析。调查记录和分析如下：

1997年12月30日晚6时，长春商业城发生大火，烧死几十人。长春

---

① 马克思，恩格斯. 费尔巴哈//马克思，恩格斯. 马克思恩格斯选集：第1卷. 北京：人民出版社，1972：32.

机务段的 30 多人正在三楼一个包房吃饭，忽然黑烟灌进来，包房成了烟道，高热扑进来，人们涌向窗口，将窗口挤满，前面的人将头伸到窗外，吸口气。有一位女的大喊："我要死了，快让我吸口气吧！"别人喊："往上跳！"她居然一下子跳到所有人的头上，将头伸出窗外。事后说："不知道自己为什么会跳得这么高、这么快。"有一个人爬到窗口，吸到一口新鲜空气，第一个感觉是"空气可太好了！怎么这样舒服呢？"当他们被云梯救出去以后，见到谁都拥抱，看到"对头"都亲切。事后，有人谈这场经历时说："什么金钱、地位、你长我短闹意见，都毫无意义。"有人问："当时怎么想的？"回答是："什么想法也没有，脑子一片空白，但只有一个念头：要活下去，往窗口挤，吸一口气。"有一个人说："这时一切其他欲望全部消失，什么创造，荣誉、社交，都消失了，只想怎么活下来。"在那个年代，铁路机务段属于半军事化管理，员工精神境界较高，纪律性很强。在这场大火中也有理性的力量的卓越表现。在最紧急时刻，消防云梯到了。有人大喊："女人优先！"结果，没有一个男人往前去。有一个女职工半吓半呛已瘫在地上，大家将她举起来放在云梯上，她才获救。十几名女职工都下去了，男职工也一个接一个地下去了。有一位 59 岁的副处长，坚持让年轻人先下，自己最后一个下去。据事后主管部门调查和评估，如果消防支队晚到 10 分钟，有一半人将死去。

这个事件，从"人格结构"角度看，起码能说明以下几点：其一，生存需要（食物、空气、安全等）是最低层次需要，也是最强烈的需要，在一切需要都不能满足的情况下，排在最优先地位的将是生存需要，其他需要只能退居第二位。其二，在危急情况下，人有超常生命爆发力，能够做到平时想都不敢想的事情。其三，即使在生死危机考验面前，人格判断力（理性力量）仍能发挥指导和控制的作用，仍然是人格行为的主持者。其四，重大的"人格事件"有时能改变人格结构和人生态度，有的"人格事件"具有净化灵魂的作用。

人的生存需要力主要包含三个欲望：食欲、性欲和安全欲。

第一，食欲是人的最基本的欲望和需要之一，也是人最强烈的欲望和需要之一。它是人格需要力的最低层次，也是人格需要力的最强烈层次，给人格生存发展提供动力，是与生俱来的。初生的婴儿，饿了便大哭大闹，吃饱了就欢乐。人终生都受到食欲的控制，并为满足它而努力。而且，无论是人格还是类群，都必须首先处理好食欲问题，这是影响人类文明治乱兴衰的一个关键因素。对于人格来说，食欲不足或食欲过旺都是不小的毛病或疾病，终生受累。而对于类群来说，满足不了成员的起码的"食欲"，往往是产生动荡和无序的直接原因。

第二，性欲是人的最基本的欲望和需要之一，也是人最强烈的欲望和需要之一。一般情况下，在人饿得发晕的时候，最强的需要是食欲。而一旦食欲获得基本满足，性欲的问题就会提上日程。性欲是人与生俱来的普遍的强烈欲望，是人格行为选择的普遍性动力源泉，当然也是人患神经性疾病的重要原因之一。人只有处理好性欲问题才可能获得健康和幸福。从整个人类角度看，性欲是人类绵延永续的生理基础。没有性欲何言人类的生存和永续？马克思指出，"一开始就纳入历史发展过程的第三种关系就是：每日都在重新生产自己生命的人们开始生产另外一些人，即增殖。……这样，生命的生产——无论是自己生命的生产（通过劳动）或他人生命的生产（通过生育）——立即表现为双重关系：一方面是自然关系，另一方面是社会关系"①。显然，性欲是人类的与生俱来的强烈欲望之一，也是人类繁衍和建立社会关系的基本生理基础之一。

第三，安全欲同样是人的最基本的欲望和需要之一，也是人最强烈的欲望和需要之一。安全欲也是与生俱来的，只要生命存在，安全欲就存在，而且经历的事件越多，安全需要越敏感。最基本的安全需要是生命安全的需要。如上述调查证明，人的生存需要起码的空气、一定的温度和维持人生命的其他一切必需条件。缺少或剥夺这些条件，人将无法生存。因而，安全是人的最强烈和迫切的需要之一。在一切正常情况下，安全需要并不凸显，而一旦出现危机，必然上升为第一位，人格结构和选择也将被它的倾向支配。由于人生活在社会之中，安全需要也扩大到一切社会领域。如，工作职位安全、工作环境安全、家庭安全、经济安全、政治安

---

① 马克思，恩格斯. 费尔巴哈//马克思，恩格斯. 马克思恩格斯选集：第1卷. 北京：人民出版社，1972：33—34.

全、信仰安全等。这些安全需要同样在一切正常情况下，并不凸显，而一旦出现危机，必然上升为第一位，人格结构和选择也将被它的倾向支配。

（2）归属需要力——爱欲、类群欲、自尊欲。

归属需要力是人格的中层次需要力量和欲望力量，也是人格的强烈的需要力量和欲望力量。当人的最基本生存需要——食欲、性欲和安全欲获得起码满足，就会凸显归属需要和情感的强烈需要，并很容易将其上升为优势需要，支配其行为。这时，爱欲、类群欲、自尊欲被提上日程。人是社会性动物，对社会和他人有强烈的依恋之情。人既需要社会和他人的爱心、关怀和喜爱，又欲将爱奉献给社会和他人。如果他失去了与社会和他人的联系，就会产生孤独感、被抛弃感，郁郁寡欢，甚至无法生存下去。列宁曾深刻指出："没有'人的情感'，就从来没有也不可能有人对于真理的追求。"① 弗洛伊德对人的归属需要和情感做了深入研究。他认为人格结构由两部分组成：生的本能（爱欲）和死的本能（攻击本能）。人格结构的总能量不变，只是在这两部分中间分配，此消彼长。生的本能多，则死的本能就少；相反，死的本能多，生的本能就少。如果从积极方面看，弗洛伊德的观点有一定道理。从人类生存的角度说，起码应肯定两点：第一，人格的归属需要及其所属的欲望对人类的生存发展具有决定性意义，是人的基本需要和欲望，也是人的持续的强大生命力之一。生的本能和死的本能的发展和延伸都能影响甚至决定人类能否生存下去。第二，人类文明的道路只能是发扬人格的生的本能，抑制人格的死的本能，保持人与人、人与社会、人与自然、人与自身之间和谐，实现共生、共存、共荣。而对于人格而言，归属和情感的需要不仅是人格的动力源泉，也是人格健康与幸福的基本原因。能够满足归属需要及其所属欲望，有利于人的身心健康，而长期满足不了归属需要及其所属欲望，则有可能产生人格障碍或人格疾病。下面的案例，将有助于理解"归属需要力"的重要地位和价值。

德国大诗人歌德童年时代的一个"行为之谜"，长期无法破解，只有

---

① 列宁. 书评//列宁. 列宁全集：第 20 卷. 北京：人民出版社，1958：255.

用人格归属需要及其所属欲望理论才能得到基本解释。歌德出身于德国的一个小官员家庭，生活比较宽裕。他是长子，在 5 岁之前获得充分的母爱，生活得舒适而惬意。歌德聪明活泼，比较听话。可是，在他 5 岁的时候，母亲生了第二个孩子，他的小妹妹。母亲把全部的爱从他的身上转移到他妹妹身上。这时歌德的归属和爱的需要长时间得不到满足，受到挫折，已经产生了某种人格障碍，但是他的父母均不知道。一天，他父亲下班后带回一箱中国瓷器，爱不释手，仔细欣赏之后放在一个小橱里。第二天，他父亲上班去了。歌德起床后，走到雨搭下面，向篱笆外面张望。门口恰有一个少年，向歌德招手，喊："出来！出来！"歌德突然喊："你等着！你等着！"回转身，跑进屋里，打开装着中国瓷器的小橱，拿出一摞瓷器，跑到雨搭下，扔出去一个，摔碎。门外少年大喊："好！再来一个！"歌德将手中瓷器全部扔到门外摔碎。回去又拿了一摞瓷器，一个一个扔了出去，摔碎。往返几次，将他父亲带回的瓷器全部扔出去，摔碎。这时的歌德没感到一点愧疚，反而显得痛快和兴奋。他父亲下班后，首先去看宝贵的瓷器。父亲大为惊讶，因为瓷器一个都不见了。父亲问歌德母亲："家里来过人吗？"回答："没有。"问："那么，你移动瓷器了？"回答："也没有。"这时，歌德进屋了。他父亲问："歌德，看到父亲的瓷器了吗？"回答："看到了。"歌德父亲："在哪里？快领我去看看。"歌德将他父亲领到门外，一指，说："在这里。"歌德父亲看到，全部瓷器都摔碎在马路上，而歌德却没有做错事的表情，好像还挺兴高采烈。对此，歌德父亲无法解释，并请教了很多有名人士，但他们都解释不了。待弗洛伊德学说发表以后，人们才恍然大悟。原来，歌德童年因为添了个小妹妹，母爱突然由独占变为匮乏，潜意识已经出现障碍，产生"扔出去"的冲动，实际是要将小妹妹扔出去，恢复自己的母爱。但是，歌德很懂事，且喜欢自己的小妹妹。于是，将父亲最喜欢的瓷器全部扔出去，使自己的潜意识获得平衡，并因此而感到惬意。

从这个"行为之谜"可以看到归属和爱在人格结构中的重要地位，它不仅是人格的动力之源、人格的健康之源，在某种程度上，也是人的性格形成之源。这一点，对于儿童来说，尤其重要。中国实行计划生育之前，多子女家庭十分普遍。人们发现，兄弟几个的性格有一定规律性。如"老大傻，老二奸，老三坏，老四……"其实，产生这类现象的深层原因是母爱分配不均，而幼儿的性格则是在争夺母爱的过程中形成的。可见，归属需要力的影响之深广。

归属需要力主要包含三种欲望：爱欲、类群欲和自尊欲。

第一，爱欲一般指人的内心深处对异性的真挚的仰慕和渴望，是一种因爱而产生的震撼心灵的归属之情。当然，爱欲不仅包含对异性的爱，也包含父母兄弟姐妹之爱、同志朋友之爱。当一个人初步（或起码）解决了生存需要之后，就会凸显强烈的爱欲需要。在恋人之间，爱欲尤为强烈，有时会感到获得爱情远胜于获得其他一切东西，处于热恋中的情人甚至宁可放弃其他已经得到和可能得到的一切。爱欲是人类的普遍的强烈欲望，是人格行为的强大动力源泉。人类文明发展以后，将爱欲升华为爱情成为人类生存发展的永恒主题。

第二，类群欲是源于人的类本性的一种普遍而广泛的归属之情，是人类进化而产生的无意识成果。它表现为渴望得到类群的承认、尊重和关爱，同时，也将自己的热烈的爱和忠诚献给类群。如果他无法完全做到这一点，那么起码也得做到一点点，至少要得到哪怕一个人的尊重和关爱。如果这一点点都得不到，他就可能因彻底绝望而放弃一切，走向悲惨的结局。

有一个典型案例很能说明这个问题——在20世纪80年代，某工厂一名失足青年被分配到后勤部门当清洁工。冬天寒冷，他要求劳资科像对待其他清洁工一样，发给他一件棉大衣。结果，他得到了一件又旧又破的棉大衣，气得大哭起来，并想辞职，去社会流浪。工厂党委书记是位50多岁的女干部，得知后立即找到他，亲切地说："别哭了，来，我替你把大衣补好。"这位青年感动万分，此后表现非常好，并当上市劳模。他说："像我这样的人，别的什么都不图，就图一个别人看得起。"

类群欲的本质是作为人类一员的骄傲、自豪感和光荣感，得不到类群的承认、尊重和关爱，就等于被人类所抛弃；而不能将自己的爱献给类群就等于自绝于人类。这对于一个精神健康的人而言，是永远不能承受之重。

第三，自尊欲是源于人的类本性的另一种普遍而广泛的归属之情。当一个人的生存需要得到起码满足以后，它就会明显表现出来。一般而言，自尊欲表现在尊重自己和获得别人尊重两个方面。第一，尊重自己。这就是渴望自己有实力、胜任工作、有成就，同时，有道德、有人格，并因而有足够的自信心和尊严感。这是一个人立于天地之间的脊梁，再大的压力和误解也无法使它弯曲。有了它，就能慎独，即使有条件和机会也不会做违背良心的事。有时为了尊重自己，宁可抛弃一切，甚至生命。第二，获得别人尊重。这就是渴望得到社会、类群和他人的承认和尊重，得到必要的肯定性评价、独立自主和自由。自尊欲也是人类进化而产生的无意识成果。一个幼儿在六至八个月大的时候就会表现出尊重的需要，如果你不尊重他，他就会不满意，甚至大哭起来，即使他并不会用语言表达。如果你一直不尊重他，他就会将这个挫伤性的"印痕"带到以后的成长过程中。在他接触社会以后，他会以百倍的热情去寻找友谊、他人的承认和尊重，以弥补他本该得到的最需要的东西。这合乎人性的需要，应当支持他。假如他仍然找不到这些绝对必要的东西，他的人生就难免陷入自卑、消沉、暗淡和怨恨。自尊欲是人性的强烈需要之一，是人之为人的骄傲和自豪的需要，虽然后天的教育对它有重要作用，但它的根基却与生俱来，因此应当扶持它，让它健康成长，而不能企图压制它、泯灭它，泯灭了它就等于折断了人之为人的脊梁。有了它，他只能做他应当做的，而泯灭了它，他就什么都能做……

下面这个被作家高建群写成小说《白房子争议地区源流考》的真实故事，是说明类群欲（爱国情）和自尊欲再好不过的案例：

在中俄边境阿尔泰山山麓有一列白房子。一百多年前，它是清政府的边防哨所，住着一队边防军和头领"马镰刀"。这里发生了涉及"55.5平方公里的中国领土"的震撼人心的故事，此后的一百年这块土地属于有争议地区。"马镰刀"出身于边贸商人家庭，自幼习武，雄健英俊，性格刚强，曾当过威震一方的枭雄——响马首领，后被招安，带着部下驻守边疆。边界两边的中俄士兵关系较好，可以互称外号。事发突然。一天，两边士兵列队巡防，沿边界线两侧前行。天气燥热。"马镰刀"的妻子耶利亚骑马送来一桶酸奶。中国士兵喝得痛快，俄国士兵头目伯雷亚也请求喝一点，并暂借一张牛皮大的土地，并在一张小纸上写下借条，"马镰刀"同意，签了名。双方尽兴。事隔数月，清政府下令逮捕"马镰刀"，处死，罪名卖国。原来，借条未收回，被俄国一青年军官发现，送莫斯科邀功。沙俄通知中国政府，一张牛皮做成皮条，可圈55.5平方公里土地，必须出借。清政府软弱无能，答应出借，并下令处死卖国贼"马镰刀"。"马镰刀"在狱中不服，无法忍受伯雷亚的阴谋，更无法接受卖国的罪名，在一个夜晚越狱，骑快马直奔哨所，带领人马杀过边界，将伯雷亚等二十余名俄方官兵俘房，准备处死。当他得知不是伯雷亚的阴谋后，长叹一声，放了俘房。越回边界，跪在地上向着东方，大喊"国家，我对不起你！"后引颈自刎，跟随的士兵也全部自刎。俄方伯雷亚等二十余名官兵，得知消息后，全部自刎。此后，俄方不再强索土地，这"55.5平方公里的中国领土"成为争议地区，近年堪界后，归还中国。

这一幕发生在一百年前的悲剧，气壮山河，动人心魄，不亚于希腊神话和莎士比亚笔下的英雄史诗。这是类群欲（爱国情）和自尊欲在危难中的卓越表现。它不仅说明类群欲和自尊欲的存在，而且说明类群欲和自尊欲的强大。在必要时，人可以为所属类群（如国家）的利益和人格的尊严，放弃一切，甚至生命。如果向着人类的远祖方向追溯，类群欲和自尊欲依然存在，而且十分强大。在原始人的世界里，最原始的类群，如血缘家庭，也反复上演为类群的利益、荣誉和自己的人格尊严而放弃一切其他需要，甚至生命的悲剧或壮举。

（3）发展需要力——求知欲、成就欲、完美欲。

发展需要力是人格的高层次需要和欲望的力量，主要指人格为实现自己的生命价值而产生的需要和欲望。这是一种追求充分发挥潜能，全面实现自我生命价值的无限欲望。发展需要力以自己的精神满足为对象，具有无限性，是人的永恒的巨大动力源泉。发展需要力是人与动物的根本区别之一。动物有生存需要，也有某种形式和程度的归属需要，但是，却没有发展需要。人是天然的追求发展和价值的类存在物，世界上只有人才生活在价值理想和可能之中，这可以从两个角度来说明：

首先，人的生存需要和归属需要获得充分的满足后，会产生新的需要和欲望——发展需要，迫切要求实现自己的价值。也就是说，他还要充分开发自己的潜能，能成为什么就成为什么，最大限度地实现自己的价值，不辜负自己的生命。这种需要是无限的。

其次，即使人的生存需要和归属需要没有获得像样的满足，或仅获得起码的满足，也会产生发展需要——追求知识、成就和人生的完美，最大限度地实现自我的价值。这种情况在古今成就大事业者的事迹中不难发现。甚至可以说，在某种意义上，发展需要的满足是以抑制某些生存需要和归属需要为前提的。"艰难困苦，玉汝于成"就是最恰当的描写。司马迁写《史记》、唐僧取经、达摩面壁、曹雪芹写《红楼梦》等都是抑制某种生存需要和归属需要而成就发展需要的典型事例。因此，可以说人是典型的发展的动物和价值动物。只要有可能，人就会去追求发展和价值，即人之为人的意义——从看得见、摸得着的，到看不见、摸不着的。有的人追求事业成功，有的人追求品德道义，有的人追求书写华章，有的人追求人格的完美……只有追求和实现自己的发展和价值才是人生的最大快乐。当然，也应看到发展需要力的另一面：一般而言，追求发展和生命价值是人格的动力源泉，但是如果处理不好理想和现实的关系，也可能走向反面。如将理想目标看得高不可攀，而将现实自我看得过低而不可接受，使二者严重脱离和对立，也会成为本不该有的痛苦的根源，甚至是神经性疾病的根源。

发展需要力主要包含三种欲望：求知欲、成就欲和完美欲。

第一，求知欲指对于知识的迫切需要和欲望，是人的高层次需要力之一。求知欲是人与动物的根本区别之一，是人性的表现。它基本是与生俱来的，但后天的培养和发展也相当关键和重要。求知欲一般可分为两种：有限求知欲与无限求知欲。

所谓有限求知欲，也可称匮乏性求知欲，指人与生俱来的对于生存知识的需要和欲望。婴儿来到世界上就表现出强烈的求知欲，他的耳目口鼻舌身就是一个"高保真"磁头，将一切能搜集到的信息都收录进大脑，储存起来。从婴儿到幼儿时代都是如此。但是，这种求知欲只是为生存需要服务的，是围绕生存知识展开的，一旦生存需要的知识获得基本满足，就会减弱，徘徊不前。有许多人一生的求知欲都是围绕生存需要和生存知识展开的，他们的大部分知识属于生活的基本知识和经验，极易获得满足，满足以后，再无求知欲望。因此，这种求知欲可称为有限求知欲。

所谓无限求知欲，也可称发展性求知欲，指在先天求知欲的基础上，通过后天启发、诱导和训练而逐步形成的对一切知识的需要和渴望，特别是对用"符号"表达的创造性知识的浓厚兴趣、需要和渴望。它是为满足归属需要和发展需要服务的，是围绕归属知识和发展知识，特别是创造归属知识和价值知识展开的，而归属需要和发展需要是永远无法最终满足的，归属知识和发展知识是无限的。因此，这种求知欲可称为无限求知欲。无限求知欲对于一个现代人格是绝对不可缺少的。无限求知欲来源于有限求知欲，是有限求知欲的合理转化、升华和延伸。转化的关键期是3～5岁，与幼儿语言发展期的后期重合。这时怎样使幼儿的求知欲由对身边事物的求知欲转化为对语言的求知欲，再由对语言的"求知欲"转化为对所有"符号"及其所表达的意义的求知欲，十分关键。转化过早过强，会损害幼儿的形象思维和创造力；而转化过晚过弱会使幼儿建立不起对"符号"及其所表达的意义的兴趣和注意，难以形成无限求知欲。这是一道普遍性的难题，考验着每一位家长和幼教老师的智慧。

第二，成就欲指渴望自己在工作和事业上有创造和发明，卓有成效，超越前人的需要和欲望，是人的高层次需要力的主要表现形式之一。成就欲虽然在生存需要和归属需要获得基本满足以后表现得更为强烈，然而，它的产生和存在要早得多，在幼儿身上常常可以看到成就欲的苗头。如摆积木游戏的不断出新、跳舞的花样翻新等。成就欲也是人类所独具的基本欲望，是人类长期进化的无意识成果，需要提倡、扶持和保护，不可限制和打击，否则容易停滞，淡漠以至消失。依据中国儒家的观点，成就欲往往表现为三个方面的欲望：立功欲、立德欲、立言欲。立功欲，指为类群（家庭、组织、国家）和人类建立卓著功勋的强烈需要和欲望。立德欲，指深刻领会正确的价值信仰系统，并在行为上成为道德楷模的强烈需要和欲望。立言欲，指深刻探索人与社会生存发展规律，创造新知识的强烈需要和欲望。儒家关于成就欲三个内涵的概括科学准确，十分深刻。

第三，完美欲指渴望自己的潜能得充分开发，成为自己所期望的那种人的强烈的需要和欲望。也就是使自己"能成为什么就成为什么"的需要和欲望。它期望自己在潜能开发、成就事业和完善人格等方面都能够达到较高的水准，令自己满意并获得他人认可。当然，完美欲的产生有赖于生存需要和归属需要的满足。一般而言，只有当生存需要和归属需要获得基本满足以后，才可能产生"能成为什么就成为什么"和令自己满意并获得他人认可的欲望，进一步登上完美欲的阶梯。然而，登上完美欲的阶梯以后，他才真正知道这种需要和欲望是如此强烈，以至于使他宁可将其他需要降低到最低限度，而不顾一切地向着理想的目标走去。

美国遗传学家芭芭拉·麦克林托克的事例可能具有说服力。她在20世纪40年代发现某些基因可以跳跃，这一发现与当时的主流学术理论是背离的，这使得不久后象征她荣誉的学术职务都丢失了。但是，她坚持自己的信念和目标，在玉米地里默默地从事着自己所陶醉的研究，做着大家普遍反对的事情。最终她成功了，并在1983年80多岁时获得了诺贝尔奖。

这也许是成功者的一般性规律。人无完人，人生也不可能完美无缺。在现实生活中，完美欲对不同人格而言，可能仅意味着不同需要和欲望的完美实现。有的人的完美欲意味着事业上的创新再创新、超越再超越，永远不停止在一个水平上；有的人的完美欲意味着道德境界上的不断提升、超越和完美；有的人的完美欲意味着写下具有永恒价值的言论；有的人的完美欲意味着人格的超越、完善和完美；而对于另外一些人来说，完美欲仅意味着徒劳地追求长生不老。但是，完美欲的力量却是巨大无比的，它不可遏制，持续持久，带有某种为理想和热望而献身的性质。

（三）人格需要力的特性

人格需要力大致具有以下特性：

1. 系统性

人格需要力是人类长期进化形成的需要和欲望系统，以完整的系统方式存在。它基本是由"一个倾向、三种需要和九个欲望"组成。在基本倾向以及各个人格需要和欲望之间，不只有层次的区别，也有地位和功能的不同，但是，却没有重要与不重要的区别。人格需要力中的所有需要和欲望都是系统的有机组成部分，都是重要的、不可或缺的，都应当在系统中获得恰当均衡的发展。

2. 自在性

人格需要力虽然强烈，能量巨大，但是，只存在于人的潜意识之中，是一种无意识的力量。它是自在的、自发的，而不是自为的，更不是自觉的。正如泰纳所言，它只是"一团隐秘的激情"，自由自在，只管要求无限的满足，但是却不能区分应当与不应当，更不能区分行为的正确与否。而且，人格需要力是自在的，它基本遵循自身的规律性。人的理智对它的要求有满足或不满足的决定权，也有影响、渗透、引导和提升它的作用和功能，但是却不能决定它的存在与不存在，也基本不能阻止它自身的规律发挥作用。

3. 递进性

人格需要力的递进性，主要表现在三个层次人格需要力的逐级产生。比如，最先产生生存需要力，生存需要力获得满足后会激励产生归属需要力，归属需要力获得满足后会产生价值需要力等。人格需要力的递进性也表现在优势需要力的逐级递进性上。一般而言，初生婴儿最先成为优势需要力的必定是生存需要力，特别是其中的食欲、安全欲；接着成为优势需要力的则是归属需要力，如爱欲、类群欲和自尊欲；较后成为优势需要力的则是发展需要力，如求知欲、成就欲和完美欲。但是，从时间上来看，三种优势需要力的逐级递进，相隔并不太久，有的人从青少年时代起求知欲、成就欲和完美欲就上升为优势需要力，并维持一生。

4. 势能差性

人格需要力是一个动力结构，内部既有能差，又有势差，共同构成人格需要力的势能差，推动人格动力结构发生运动。主要有：

第一，能差，指人格需要力的各层级之间，需要的层级越低，越接近于动物的需要，强度越大；需要的层级越高，越是属人的需要，强度越小，越需要保护和扶持。相比较而言，在生存需要力、归属需要力和发展需要力之间，生存需要力强度最大，归属需要力强度次之，发展需要力强度最小。但在某种特定环境下，任何一种需要力都有可能成为最迫切的需要，变为强度最大的需要力。

第二，势差，指人格需要力的各个层级在特定环境下，某种需要最为强烈，上升为优势需要力，推动人格判断力进行分析判断，选择行为。同时，其他需要力则处于潜隐不显的状态。优势需要力是最为强烈、能量最大的需要力，给人格行为提供原始的能量和大致的趋向。在不同环境刺激下，三种需要力中的任何一种需要力，都有可能上升为优势需要力。一般而言，人格行为选择的最基本能量和大致趋向是优势需要力提供的。

第三，势能差，即势差与能差的结合。一般而言，有如下规律性：

其一，在三个层次需要力（生存需要力、归属需要力、发展需要力）都没有获得"起码满足"，即均处于匮乏状态的情况下，低层次需要力（生存需要力）最容易成为优势需要力，中层次需要力（归属需要力）和高层次需要力（价值需要力）次之。

对此，19世纪中期，德国学者恩斯特·恩格尔曾做过类似的研究，并概括出一个经济规律：对于一个家庭而言，它的收入越少，用于购买食物的费用在总支出中所占的比例越大。对于一个国家而言，国家越穷，每个国民的平均支出中用来购买食物的费用所占比例越大。这个规律所反映的正是人格需要力的势能差特性：在三个层次需要力——生存需要力、归属需要力、发展需要力都没有获得基本满足，即均处于匮乏状态的情况下，低层次需要力（生存需要力）最容易成为优势需要力，优先获得满足，中层次需要力（归属需要力）和高层次需要力（发展需要力）次之。

其二，在三个层次需要力——生存需要力、归属需要力、发展需要力已经获得"起码满足"的情况下，任何一个层次需要力都有可能成为优势需要力。究竟哪个层次需要力成为优势需要力，主要由两个因素决定：

首先，由人格需要力结构特性决定。也就是，取决于不同人的人格需要力结构的特性。如有的人生存需要力强烈，其他两种需要力次之；有的人归属需要力强烈，其他两种需要力次之；而有的人发展需要力强烈，其他两种需要力次之。对于这三类不同需要力结构的人格而言，在三个层次需要力——生存需要力、归属需要力、发展需要力均获得基本满足的情况下，哪种需要力容易（或经常）成为优势需要力，主要是由他的人格需要力结构特性决定的。也就是说，生存需要力强烈的人，生存需要力就容易（或经常）成为优势需要力；归属需要力强烈的人，归属需要力就容易（或经常）成为优势需要力；发展需要力强烈的人，发展需要力就容易（或经常）成为优势需要力。总之，在三个层次需要力——生存需要力、归属需要力、发展需要力已经获得"起码满足"的情况下，人格需要力结构的特性决定了某种需要力容易（或经常）成为优势需要力。

最典型的案例就是我国著名数学家陈景润先生。他的人格需要力结构代表了某一类杰出学者需要力结构的共性。他从青少年时代起，高层次需要力——发展需要力，特别是其中的成就欲就很强烈，经常成为优势需要力。到成年以后，他立志摘取数学皇冠上的明珠——"哥德巴赫猜想"，高层次需要力——发展需要力，特别是其中的成就欲更为强烈，长期成为优势需要力，其他需要力（生存需要力和归属需要力）则处于潜隐不显状态。如他的低层次需要力——生存需要力仅处于低水平满足状态，即仅达到维持生命的水平——住楼梯下的一间几平方米小屋，每天吃几个馒头和一点咸菜，喝几碗白开水。但是，他却持续地向"哥德巴赫猜想"猛攻，终于获得成功。他的事迹说明，在三个层次需要力（生存需要力、归属需要力、发展需要力）获得"起码满足"的情况下，任何一种需要力都可能成为优势需要力。究竟哪个层次需要力成为优势需要力，主要取决于本人的需要力结构的特性——看他的哪个层次需要力最强。

其次，由外界环境刺激引发。长期的强烈的外界环境刺激，容易诱发相应的需要力成为优势需要力。在三个层次需要力——生存需要力、归属需要力、发展需要力获得"起码满足"以后，究竟哪种需要力成为优势需要力，也取决于环境刺激。最典型的案例莫过于脍炙人口的故事"孟母择邻"。孟母带着幼年的孟子，起初住在公墓附近，孟子就学习埋葬死人的过程，孟母认为，这不合适，立即搬家。这次住到集市附近，孟子看到商人自吹自夸地卖东西赚钱，就又学着玩。孟母认为，我的孩子住在这里也不合适，又搬家，最后搬到学堂附近。这时孟子学习礼节和读书，要上学。孟母说，这才是我的孩子应该住的地方。于是，他们在这里住了下来，孟子的高层次需要力——发展需要力受到环境的长期刺激，经常成为优势需要力，终于在这种需要力的支撑下，度过漫长的学习生涯，做出伟大的贡献。这说明，在三种需要力均获得"起码满足"的情况下，长期的强烈的外界环境刺激，容易诱发相应的需要力成为优势需要力。

5. 波动性

人格需要力是动态的、发展变化的。它在人的体内起伏波动，有如大海的波浪，给人的生存发展和行为选择提供能量的来源。它既能够随环境的变化而随时改变每种需要力的状态和强度，又能依据每种需要力的状态和强度推动行为，尝试改变环境。它有时风平浪静，像海鸟鸣唱，有时却像惊涛骇浪、狂风暴雨；有时千呼万唤仍若隐若现，有时却突然苏醒投入行为，令人始料不及……但这些都是自在的、自发的、无意识的。人总是试图控制它，但是并不理想。这不仅因为人类的意志力不足，也因为今天人类的理智尚不发达，没有能力随时给出正确的指导和判断，做不到随时正确指导。但是，有一点是毫无疑问的——人从出生开始，需要力就像大海一样，起伏波动，给人的行为提供原始的能量和大致的趋向，直至离开这个世界。这是人格需要力的特点之一。

6. 无限性

人格的需要力具有无限性。这主要表现在两个方面：第一，高层次需要力具有无限性。人的高层次需要力——发展需要力（包括求知欲、成就欲、完美欲）主要不以外界为对象，而主要以自己的精神世界为对象，而人的精神世界是无限的，因此人的发展需要力也是无限的。第二，需要的满足会引起新的需要。人是无限匮乏（需要）的动物，一种匮乏满足了，立即会引起新的匮乏，永无止境。比如人的腿短，创造了马车；接着又匮乏，创造了火车；接着又匮乏，创造了汽车；接着又匮乏，创造了飞机；接着又匮乏，创造了飞船……永远不会止步。人格需要力的无限匮乏乃是人类生存发展的动力源泉，是人类文明具有无限前途的人性基础。马克思在《德意志意识形态》中曾深刻指出："第二个事实是，已经得到满足的第一个需要本身、满足需要的活动和已经获得的为满足需要用的工具又引起新的需要。这种新的需要的产生是第一个历史活动。"[①] 人类文明正是在这种"需要—满足—新的需要"的推动下，从古代文明走到近代文明，又从近代文明走到现代文明，今后还必定会有更为发达和美好的文明。

7. 部分可调性

部分可调性指人格需要力具有一定的可以调节的特性，即用一定的人格判断力（理智、意识）部分调节人格需要力（潜意识）的可能性。虽然人格需要力是自在的，但是，仍然可以用人格判断力进行一定程度的调节，因为人格需要力本身并不是绝对封闭的，也不是绝对孤立的，它与人格判断力相互联结、相互依存，相互渗透、相互影响，共同组成人格结构统一体。在这个人格结构统一体中，人格判断力对人格需要力具有一定的调节功能。这个功能表现在以下几个方面：第一，调节行为。在一定外界环境下，人格需要力产生优势需要，发动行为的意向，但是却并不能决定行为。最后决定行为的是人格判断力。如果人格判断力同意这种行为，则产生这种行为，进一步决定行为的方式和方法等。如果人格判断力不同意这种行为，则将人格需要力所产生的优势需要力重新压回潜意识，不产生行为。第二，调节需要的方向或强度。如果一个时期，某种需要力过于旺盛，引发人格需要力结构失衡，则可以用人格判断力调节人格需要力的方

---

① 马克思，恩格斯. 费尔巴哈//马克思，恩格斯. 马克思恩格斯选集：第1卷. 北京：人民出版社，1972：32-33.

向或强度，通过人格需要力的转移、释放或升华使之恢复平衡。例如：明朝归终居士所著《意气谱——反菜根谭》中介绍了一种调节方法，即高一品作人法："栽花种竹，玩鹤观鱼，是寄情也，是移欲也。其实名利色也，粉黛色也；花竹鹤鱼，亦色也。以此色移彼色，是高一品作人法。"① 这种高一品作人法，就是一种转移、升华与合理释放相结合的调节方法。第三，治疗。如果人格需要力不平衡，超过一定限度，产生某种混乱和无序，进入病态，则可以通过某些人格判断力、人格需要力和行为干预相结合的方法，解除混乱，使之由无序到有序，恢复健康，如心理咨询法等。总之，人格需要力具有一定（部分）可调性，为人类合理地进行调节提供了可能性。

（四）人格需要力的功能

人格需要力具有如下功能：

1. 动力功能

人格需要力是人格行为选择的动力基础，给人格的生存发展和行为选择提供永不枯竭的动力源泉。人格需要和欲望是一团生命之火，是"一团隐秘的激情"，它能推动人格迎接环境的压力和挑战，战胜困难和挫折，寻求生存发展、友谊爱情、荣誉尊严，走向完善和完美，创造文化和文明，顽强地走向未来。任何人和任何文明都离不开人格需要力的动力支撑。中国有一句名言：哀莫大于心死。假如一个人什么需要和欲望都没有，就等于心死，就无任何希望，是最大的不幸和悲哀。笔者曾于1976年利用一年的时间在吉林省大安县（今大安市）做"主体调查"，当时就遇到了一个这样的人。我曾设想，假如他有一种人格需要和欲望是正常的和足够的，他就可能改变命运。遗憾的是，他都没有。

---

① 归终居士. 意气谱：反菜根谭. 许良，译. 海口：海南出版社，1992：75.

那是科尔沁草原的边缘，属于半农半牧地区。在这个村子里，有若干个被称为"懒蛋"的人，其中有一个被认为是最懒的"懒蛋"，外号"孔二孩子"。在那个动乱的年代，正值"批林批孔"高潮，"孔二孩子"当然是最糟糕的孩子。当时，他大约三十岁，身高近一米八，浓眉大眼，父母已故，在村边草甸子上搭个"马架子"①住。他懒到这样的程度：他算计所挣工分能将自己的口粮领回来，就再不干活，谁说都没有用。他每天就躺在炕上望棚顶。太阳老高起床，拿只水桶去井边打一桶水（没有水缸），倒在大锅里半桶，取两碗高粱米倒在锅里，再拿个大搂扒（一种很大的搂草用的大扒。他在秋天不搂草，没有各家各户积攒的那种大草垛），在草甸子上走一圈，弄来一扒草，放到灶坑里，点火，煮了一锅粥。早晨喝两碗，中午喝两碗，晚上喝两碗，其余时间全躺在炕上。也没洗脸盆，每天早上拿个毛巾在水桶里沾一下，象征性地擦把脸完事，又躺下。他每次到屯子去，小孩子跟在后边喊："孔二孩子！孔二孩子！"他也没什么反应。我们经过调查，请他参加村懒汉学习班，试图改造他，但无效果。于是我找他谈话，想弄清他的人格结构，特别是人格需要力如何。我问："每天都吃啥？"答："吃粥。"我说："吃得太差，不想吃得好一点？"答："那没啥关系，吃啥不活着呢?!"又问："住啥房子？"答："马架子。"我说："住个马架子太危险，不怕狼群把你叼去？"答："那管啥，叼就叼去呗。"又问："你到各屯去，小孩子在后面叫'孔二孩子'，你不想让别人尊敬你？"答："那有啥，叫去呗！"……价值需要更谈不上，只能问"归属需要"了。问："娶媳妇没有？"答："没有。"问："想不想娶媳妇？"答："那咋不想呢!?"好，总算有想法和欲望了。问："你怎么娶不上媳妇？"答："懒呗。"我说："完全正确。你虽然长得不错，但据我了解，姑娘不想嫁给你，寡妇也不想嫁给你。为什么？怕嫁给你遭罪。你今后只要好好干活，把懒字丢掉，我保你娶上媳妇。"整个主体性调查和谈话效果都较好。此后，他真的干活了，下地，抹房子，放马……遗憾的是，我们工作10个月后就撤点了，他还没有养成劳动习惯，很不稳定。一年后，他所在

①　一种非常简易的草房，一般为打猎者或放牧者所使用，也有人用作临时居所。长宽各三至四米。挖地深近一米，两边支几个木杆，再苫上草，里边搭一个锅台，连着一个小炕。

的村有人来，我问起"孔二孩子"的情况，知道他又不干活了！我想，人格需要力是人的生命之火，这名青年在"三种需要九个欲望"之中，哪怕有一个层次、一两种欲望强烈，都能够以此为基础，将他支撑起来，改变他的命运。然而，他一种需要力、一个欲望都不强烈。

2. 趋向功能

趋向功能指人格需要力在一定外界环境条件下，具有决定行为选择趋向的作用。一般而言，人格需要力除了为行为选择提供动力之外，还为行为选择提供大致的趋向，这是人格需要力的基本功能之一。这是因为，在一定外界环境条件下，某种人格需要力成为优势需要力，它不仅为行为选择提供了动力，也大体规定了行为选择的基本趋向。人格需要力的"三种需要九个欲望"都具有决定行为选择基本趋向的动能。例如：在餐厅里，一个饥肠辘辘的人，吃的需要上升为优势需要，此刻他的行为选择的大体趋向就是用餐。在图书馆中，一个成就欲望强烈的人，学习的需要上升为优势需要，此时此刻他的行为选择的大体趋向就是读书。虽然他们吃什么，怎么吃，读什么，怎么读，最终是由他们的人格判断力决定的，但是吃和读的大体趋向却是人格需要力决定的。

3. 趋新功能

人格需要力在获得满足以后会产生新的需要，它的这一功能可以简称为"需要引起新需要"的功能。人格需要力不是呆板僵化的模式，而是一个变幻多端的动态系统。它常变常新、不断超越，绝不肯停止在一种水平和一个状态，是一个活跃的动力系统。一般而言，某个层次的需要或某种欲望成为优势需要力，并获得满足后，可能产生两个倾向：第一，优势需要力层次上升。由低层次优势需要力上升为高一层次优势需要力，这是需要趋新的一种形式。第二，引发新的需要。也就是说，需要的层次没有上升，仍然在原有的层次上，但是，需要的内容和形式却发生改变，产生了新的需要，以往的对象已经不能完全满足新的需要，只有创造新的对象才能满足新的需要，这是需要趋新的另一种形式。上述两种趋新形式，都不是个别的特殊的现象，而是普遍的经常的现象，它推动甚至逼迫人们不断创新，不断超越，以不停顿的创新满足不断更新的需要。事实上，人类的文化史就是在人的需要力趋新功能的推动下，不断创造和发明的自我超越史和自我更新史。

4. 延续功能

人格需要力是人类生命的基础，具有繁衍后代、延续生命的作用。人的个体自然生命是短暂的，要想延续自然生命只有一个方式——繁衍后代。而人格的基本需要力——生存需要力（性欲）是繁衍后代的生理基础。马克思的"两种生产"理论告诉我们，人类是通过繁衍后代延续生命的。马克思说："一开始就纳入历史发展过程的第三种关系就是：每日都在重新生产自己生命的人们开始生产另外一些人，即增殖。……这样，生命的生产——无论是自己生命的生产（通过劳动）或他人生命的生产（通过生育）——立即表现为双重关系：一方面是自然关系，另一方面是社会关系"①。显然，人格需要力（性欲）是人类增殖——生产另外一些人的基础，具有延续人类生命的功能。

5. 创新功能

人格需要力不仅包含趋新的倾向，也包含创新要素和创新活动，具有创新的作用和功能。人格需要力存在于潜意识之中，是一个巨大的创新能源和创新发源地。甚至可以这样说，人类的绝大部分创新都是在潜意识中发端和孕育的。德国心理学家谢林说："理智是以双重方式进行创造的，或者是盲目的和无意识地进行创造的，或者是自由地和有意识地进行创造的。"② 这一点，德国经典哲学代表康德有更为深刻的见解。他认为，无意识是人的精神世界的半个世界，存在着大量的模糊观念，更富有能动性、活跃性和创造性，是思想的"助产士"。他将人格的创造性活动分成四个

① 马克思，恩格斯. 费尔巴哈//马克思，恩格斯. 马克思恩格斯选集：第1卷. 北京：人民出版社，1972：32-33.

② 谢林. 先验唯心论体系. 北京：商务印书馆，1977：250.

阶段，即酝酿、潜伏、恍然、完成。其中，无意识（潜意识）活动占了前两个阶段——酝酿、潜伏阶段，意识则占了后两个阶段——恍然、完成阶段①。创新活动只有完成了前两个阶段，才能够进入后两个阶段。意识的创造活动是以无意识（潜意识）的创造性活动为基础的。

6. 记忆功能

人格需要力具有通过潜意识记忆"人格事件"的作用和功能。人类的记忆功能无与伦比。主要是通过三种形式实现的：第一，对客观知识系统的记忆主要是通过建立符号系统实现的。如岩画、图画、书籍等。第二，对口头知识系统的记忆。主要是通过口头传播实现的。如祖母文化等。第三，对"人格事件"的记忆。既通过人的意识实现，也通过人的潜意识实现。相比较而言，潜意识对"人格事件"的记忆更深刻，对人格自身的影响也更大。潜意识是通过"印痕"实现记忆的。有时意识已经将其忘却，可潜意识并没有忘却，还会通过梦境、日常行为的不可理解的改变等将它再现出来。萨特在所写的传记《家庭的白痴》中描述了大作家福楼拜幼年时的遭遇，母亲认为他不是女孩而冷落他，父亲认为他不聪明而嫌弃他，称他为"白痴"。这个残酷的事件，不仅留在福楼拜的意识里，也铭刻在他的潜意识中，构成了终生挥之不去的"印痕"，也改变了他一生的轨迹——将残酷的世界描述给人，成为伟大的作家。人格需要力对个人经历的记忆是如此，而对人类历史的记忆也大致如此。在人格需要力之中包含着对人类进化历程的某种记忆，有时通过幼儿的不可思议的行为或人们无法理解的梦境再现一下。只是由于人类对自身的研究还十分肤浅，现今还无法像分析"历史遗存"（考古等）那样去分析人类的无意识现象，比如释梦。相信"结构选择论"将来一定有能力担此重任。

---

① 车文博. 意识与无意识. 沈阳：辽宁人民出版社，1987：7.

（二）人格判断力结构

人格判断力由四种力以特定方式构成。这四种人格判断力是：思想道德力、智慧力、意志力和反省力。这四种人格判断力存在于人的意识之中，是人的意识的基本内容。但是，它们也有区别。前三种人格判断力存在于意识之中，主要的功能是认识人格结构与环境的关系，做出外向行为选择。第四种人格判断力存在于自我意识之中，主要功能是认识自我的人格结构，做出内向行为选择。四种人格判断力相互联结、相互渗透、相互制约、相互规定，共同构成了人格判断力的系统结构。每种人格判断力既具有独立性，又具有共通性，也就是说，在每种人格判断力中都具有自己的特性，但同时也包含另外三种人格判断力的因素和成分。它们之间是你中有我、我中有你，互相渗透、互相规定的关系。如果某一种人格判断力不包含其他三种人格判断力的因素和成分，不受其他三种人格判断力的制约和规定，则为孤立的和片面的人格判断力，必然变质、变味，成为畸形和残缺的人格判断力。因此，四种人格判断力必须充分均衡发展，相互渗透和相互制约，而不能孤立发展，有的发展，有的不发展。对于这一点，早在两千五百年前，孔子就已经说得十分透彻了。《论语·阳货》中记载：

> "由也，女闻六言六蔽矣乎？"对曰："未也。""居！吾语女。好仁不好学，其蔽也愚；好知不好学，其蔽也荡；好信不好学，其蔽也贼；好直不好学，其蔽也绞；好勇不好学，其蔽也乱；好刚不好学，其蔽也狂。"

将这段话翻译过来，大意是：

> 孔子对他的学生仲由说："由啊，你听说过六种品德和六种弊病吗？"仲由回答："没有听说过。"孔子说："坐下！我告诉你。爱好仁德而不爱学习，它的弊病是愚昧；爱好耍小聪明而不爱学习，它的弊病是放荡；爱好诚实而不爱学习，它的弊病是危害亲人；爱好直率而不爱学习，它的弊病是刺伤人心；爱好勇敢而不爱学习，它的弊病是

犯上作乱；爱好刚强而不爱学习，它的弊病是胆大妄为。"

可见四种人格判断力中，智慧力对其他几种人格判断力的渗透、影响、制约和规定的作用。同样，其他三种人格判断力中的每一种也能够对另外三种人格判断力发挥渗透、影响、制约和规定的作用。因此，四种人格判断力是一个有机的人格判断力系统，具有内在的相互联结、相互渗透、相互制约、相互规定的关系，缺一不可，应充分均衡发展。

人格判断力的四种人格力分别为：

1. 思想道德力

思想道德力指人格结构中的思想观念和道德品质力量，主要的功能是调控和掌握行为的性质和方向，决定行为的基本对错。它具有人格的整体性和协调性精神品质，能够决定人格的整体精神力量的大小和精神境界的高低，以及协调人与自然、人与社会、人与自我之间关系的能力的水平。思想道德力强的人，必然精神力量强大，精神境界高尚，并善于协调人与自然、人与社会、人与自我之间的关系；而思想道德力弱的人，必然精神力量弱小，精神境界不高，并不善于协调人与自然、人与社会、人与自我之间关系。思想道德力是决定一个人事业成功和人生幸福的关键性力量。

思想道德力可分为两个部分：思想观念力与道德品质力。思想观念力是人的本质生命力。"思想力是人生存发展过程中关键的生命力"，"是一种激励人们不竭前行、创造未来的前导性力量"。"它使人不只成为自己生命的主宰者，也成为整个宇宙生命能量的解放者。"① 法国著名思想家帕斯卡尔曾这样痛快淋漓地赞美人的思想力，人只不过是一根芦苇，是自然界最脆弱的东西，但他是一根会思维的芦苇。用不着整个宇宙都拿起武器来才能毁灭他，一口气、一滴水就足以致他死命了。然而，纵使宇宙毁灭了他，人却仍然比致他死命的东西高贵得多，因为他知道自己要死亡，以及

---

① 高清海，胡海波，贺来. 人的"类生命"与"类哲学". 长春：吉林人民出版社，1998：456-457.

宇宙对他具有优势，而宇宙对此却一无所知。因而，我们全部的尊严就在于此①。他很能想象一个人没有手、没有脚、没有头（因为只是经验才教导我们说，头比脚重要）。然而，却不能想象人没有思想，因为那就成了一块顽石或者一头畜生了。可见，思想力是人的关键生命力和本质生命力，是生命的火焰、敏锐的思维、沉思的目光和人之为人的骄傲所在。它使人能够认识和热爱宇宙间的一切生灵，又远高于宇宙间的一切生灵。观念力与思想力具有同样的性质，只是观念力的适用范围要比思想力宽得多。思想力主要表现在把握对象的本质和规律上，而观念力则主要表现在对对象的基本看法、基本态度和基本观点上。

道德是调整人与人之间、人与社会以及人与自然之间关系的行为规范的总和。道德品质力指人们所具有的道德认识、道德情感、道德意志和道德行为所内含的精神力量。它不仅使人与动物相区别，也使人与人相区别。它使人的品质天差地别，有的人道德品质高尚，可以做道德楷模，有的人道德品质低下，不过是一抔黄土，而有的人无异于禽兽。它还决定人在一定外界环境下行为的方向和性质、基本的对与错。

思想道德力包含以下思想观念和做人的基本道德品质：第一，基本正确的思想观念，主要指世界观、人生观、价值观、政治观。世界观也称宇宙观，是人们对世界的基本看法、基本观点和基本态度，是人们看待和处理一切事物的思想认识前提和基础。人生观是人们对人生目的和意义的根本看法和态度。价值观是指人们关于一切事物好与坏、有意义与无意义的根本看法和根本态度。政治观主要指人们对国家乃至人类政治生活重大问题的基本看法和基本态度。第二，做人的基本道德品质，主要包括人们的基本道德观念和基本的道德品质，如集体主义精神、为人民服务精神等。基本道德规范，如：公民道德、社会公德、职业道德和家庭美德等。还有某些做人的基本品德，如仁爱、敬业、责任感、诚信、守规则、公正等。

思想道德力强大不仅能提高人格的整体行为选择水平，也能使人获得信任，凝聚人心，形成无坚不摧的力量。对于一个政治家来说，这一点尤

---

① 帕斯卡尔. 思想录. 北京：商务印书馆，1987.

其明显。毛泽东作为一个政治家，之所以被中国人民所敬仰，是因为他具有献身精神。他立志改变旧中国，矢志不移，与人民同甘共苦。这也是他获得人心的主要原因之一，也是中国即使在三年经济困难时期，仍然政局稳定的重要原因之一。下面这段流传已久的故事，再好不过地说明了这一点：

1959—1961 年三年经济困难时期，毛泽东宣布半年不吃肉。当时，他在北大念书的女儿李讷大病一场，身体浮肿，在学校里吃不饱饭。但是，毛泽东仍不允许她回来与自己一起吃小灶。一次周末，李讷回来了，炊事员高兴地说："今天改善生活！"也就是多加两个菜，多加一碗米。开饭时，李讷早就坐在餐桌旁，眼睛盯住饭菜，说："爸爸，吃饭了！"毛泽东过来，不忍心看她的那个样子，用报纸挡住眼睛，说："你吃吧。"李讷不一会就风卷残云般地吃掉一半，又说："爸爸，吃饭哪。"毛泽东说："年纪大了，吃点就饱啦。"李讷说："那我就全部歼灭！"饭菜全部吃光后，李讷似乎还没有吃饱，问炊事员："还有没有？"炊事员回答："我给你找去。"翻了半天，找到半个馒头，放在火上烤。拿过来，李讷看看盘子底，说："还可以冲碗汤嘛。"不一会又都吃光喝光，说："这回到底了。"炊事员在一旁边看边擦眼泪，说："您是一国的主席，让孩子饿成这样。"他还建议让李讷每天回来吃饭。毛泽东不准。炊事员又说："那给她些粮票。"毛泽东问："全国的孩子能不能都发粮票？"炊事员说："不能。"毛泽东说："那她为什么能？"毛泽东还说："谁叫她是毛泽东的女儿呢？还是恪守本分的好，现在这种形势尤其要严格！"①

对于一个政治家来说，道德高尚，与民同在，永远是他获得广泛认同和政治威望的人格基础。对于从事其他事业的人来说，也是如此。

2. 智慧力

智慧力指人格结构中由求知心理、知识结构、思维方式和能力等组成的知识和智力的力量，是人们进行有效信息加工、处理复杂事物、从事创

---

① 张静如. 毛泽东研究全书：第 6 卷. 长春：长春出版社，1997：5434—5442.

造的能力。它的主要功能是提供行为选择的方式、方法和手段，决定行为选择的智慧和水平。它主要表现在人的创造性精神品质上。智慧力强大的人必然创造力勃发，而智慧力薄弱的人必然平庸守旧，不善创造。人与人之间，智慧力也有天壤之别。有的人可以成为大科学家，硕果累累，而有的人不知道"2"除以"2"等于几；有的人能够领导一国、一省，而有的人第二个人也领导不了；有的人处理问题精妙绝伦，而有的人经常好心办坏事。由此可见智慧力的功效。智慧力同思想道德力一样是一个人事业成功与人生幸福的关键性力量。

智慧力主要包含以下三个要素：创造性的知识结构、创造性的思维方式和创造性的能力。智慧力是由这三个要素所组成的有机系统。

（1）创造性的知识结构。知识是创造和成功成才的基础。所谓知识结构，就是一个人的知识在数量和质量上的构成情况和组合方式。合理的知识结构是发明和创造的基础。只有知识丰富、结构合理，才能才思奔涌，浮想有序，引起发明和创造。客观世界是一个多层次、多序列的有如网络的统一整体。而人的知识作为客观世界的反映，也必然是多层次、多序列的有如网络的有机体系。只有知识结构合理而充分的人，才能从事创造性的劳动，并走向成功。一般而言，创造性的知识结构主要指"通才"的知识结构。所谓"通才"知识结构指一专多通、一专多能的知识结构。也就是，既有比较广博的知识系统，同时，又有比较精深的知识主干。有人形象地说："相关的知识都应知道一点或一些，而主攻目标的知识要知道其中的一切。"对此，著名物理学家爱因斯坦深有感触。

爱因斯坦由于念书时忽视数学，知识结构不合理，这给他以后的科学研究造成了很大困难。1946 年，他在《自述》中写道："作为一个学生，我还不清楚，在物理学中，通向更深的基本知识的道路是同最精密的数学方法联系着的。""我还认为对一个物理学家来说，只要明晰地掌握数学基本概念以备应用也就很够了，而其余的东西，对于物理学家来说，不过是不会有什么结果的枝节问题。这是一个我后来才很难过地发现到的错误。"确实，他在向相对论的高峰猛冲的过程中，曾被数学困住了。他在没有掌握黎曼几何以前，只取得了狭义相对论的成功。后来补充掌握了黎曼几何之后，才发现了广义相对论的广阔天地。爱因斯坦对知识结构问题十分敏感，他在 1932 年就尖锐地指出："更糟糕的是，这种专门化的结果，使我们愈来愈难以随着科学进步的步调来对科学全貌做个哪怕是大略的了解，而要是没有这种理解，真正的研究精神必定要受到损害。"这充分表明具有合理知识结构，对于发明创造是何等重要！在科学技术界是如此，在其他各行各业也都是如此。

（2）创造性的思维方式。创造性的思维方式是创造力量的源泉，是人格智慧力的核心。一个人的一生有无建树，关键在于他有无创造性思维。创造性思维越强，发现真理的可能性越大；相反，创造性思维很弱的人，很难发现真理，即使走到真理的面前，也无力揭开它的面纱。在社会活动和社会科学领域里，也是如此。凡是对历史有杰出贡献的人物，大都是创造性思维很强的人。一般而言，创造性思维具有四个特征：第一，进取性。具有创造性思维的人，思考问题有强大的内动力，往往像着了魔一样，百般求索，锐意进取，登攀不止。他总想着是什么？为什么？怎么样？绝不满足于一般的结论，而要彻底揭开它的谜底，直到水落石出为止。第二，求异性。求异性是指在认识客观事物的过程中，特别关注在客观事物之间的差异性和特殊性，不局限于已有的知识和方法，总是要大胆地提出新鲜的设想，有时甚至是异想天开。它往往表现为对司空见惯的现象和已有的结论持怀疑的、分析的、批判的态度。求异性思维往往表现为思维的独立性、怀疑性、灵活性等特征。第三，发散性。发散性思维是思路异常开阔的思维，它使思维沿着不同的方向发散，智慧光芒四射。当然，发散必须与集中相统一，最终将思维活动集中在最佳结论上。但是，发散性思维不急于归一，而是多方探索，思通万里，在散发出无数的联想和闪光的灵感之后，再找出正确的答案和结论。发散性思维是多种思维方式的统一。如，抽象思维、形象思维和数学思维的统一等。第四，严密性。想象可以丰富广泛，但论证和结论必须严谨准确，不能有误。只有符合严密逻辑和实践的假说、方案，才是正确和完美的。创造性思维应当像格林尼治天文台的时钟一样准确。

对于创造性思维方式而言，也许丁肇中与爱因斯坦的案例更为典型。

在一个时期，美国物理学界曾流传一个信息，有一种类似粒子的物理现象一闪即逝，这意味着将有一个新的粒子被发现。美国哥伦比亚大学著名教授莱德曼和他的小组曾在布鲁克海文国家实验室的一台质子同步加速器上工作。他们按照传统，只注意探测器的灵敏度，结果一无所获，最终放弃了。而丁肇中教授却采取了"逆向思考"，反过来花大本钱改进它的分辨本领，终于发现了 J 粒子，最终获得了诺贝尔物理学奖。物体运动速度改变而长度不变，这几乎是不证自明的公理，但爱因斯坦却做了相反的考虑。他认为这只是低速世界的特殊规律。在高速世界里，如果光速不变，长度是否改变呢？他证实了长度随着速度而变化的规律从而发现了相对性原理和光速不变原理，创造了具有划时代意义的相对论。爱因斯坦在总结自己的科学活动时，曾多次提到"反过来加以思考"和"采取相反路线"问题，并对此予以高度评价。

"逆向思考"是创造性思维的生动表现，不仅对于科学研究，而且对各个行业和各个领域的工作都具有重要意义。

（3）创造性的能力。创造不仅靠知识和思维，还靠能力。弗朗西斯·培根说："各种学问并不把它们本身的用途交给我们，如何应用这些学问乃是学问以外的、学问以上的一种智慧。"人的创造性能力，主要有六种：第一，自学能力，即善于了解自己需要什么知识，并能根据自己意图去独立获取知识和信息的能力。第二，推理能力，即运用概念、判断和推理的思维过程，概括地、间接地揭示事物本质和规律的认识能力。第三，研究能力，即善于发现问题并主动探究其本质和规律的能力。如：预见力、观察能力、实验或社会调查能力、思维能力、想象力及正确的研究方法等。第四，创造能力，即在掌握前人知识和经验的基础上，提出创见和发明创造的能力。第五，表达能力，即以口头或书面的方式表达自己的思想、认识和情感的能力。第六，管理能力，即运用科学方法领导和调控组织以便实现组织目标的能力，包括技术技能、人事技能和概念技能等。

3. 意志力

意志力指人格自觉地确定目的并支配其行动以实现预定目的的精神力

量和心理过程。它的主要功能是支撑人格结构，最终控制行为，是每一位成功者必备的精神品质和人格特征。如，意志力最终决定人格的行为，包括行为的开始与结束，能量的投入与撤出，行为的坚持与变换等，以实现预期的目的。它主要表现为人格的进取性、坚定性和自控性等精神品质。纵观人类历史，凡成大事者，无论是政治家、军事家、企业家、科学家，还是哲学社会科学的学者，皆是意志坚强的人。人与人之间意志力相差悬殊，有的人确定目标，勇敢前行，不达目的决不回头，而有的人无法完成任何一项困难的工作；有的人善于独立思考，独立规划，独立完成任务，而有的人事事依赖他人，不能独立做出和执行任何困难的决定；有的人善于把握先机，果断行事，而有的人优柔寡断，当断不断，坐失良机……意志力的强弱对于人的成功与幸福影响极大，往往是成大事者与不能成事者的重要内在差别。

意志力包含的构成要素有多种，范围很宽，但归纳起来主要包括两个方面，即人格的意志品质与进取性精神品质。

第一，意志品质。这主要包括四种品质：独立性品质、果断性品质、坚持性品质和自控性品质。所谓独立性品质，指一个人不屈从周围人的压力，不是遵照偶然性影响，而是从自己在一定情况下应如何行事的信念、知识和观念出发，决定自己行为的精神品质。它与依赖性品质相对。所谓果断性品质，指一个人有能力及时地、毫不犹豫地做出有充分根据的决定，并经周密思考后坚定地执行这些决定的精神品质。它与优柔寡断品质相对。所谓坚持性品质，指一个人能够长时间毫不懈怠地保持精神的紧张状态，不被困难所吓倒，不屈不挠地向既定目标前进的精神品质。它与动摇性品质相对。所谓自控性品质，指一个人善于抑制自己的不健康情绪（如激动、恐惧、愤慨、暴怒、失望等）和不当行为的精神品质。它表现为一个人控制自己的能力，与控制力软弱等品质相对。

第二，进取性精神品质。主要包括某些进取性的人格品质。如：自信、勇敢精神、竞争精神、冒险精神、挫折耐性等。进取性精神品质是一个人大胆开拓进取，战胜环境压力，忍受挫折打击，特别是突发性重大事件的打击，保持身心健康，继续前行，直至取得成功的精神支撑和重要保证。进取性精神品质是现代人格的典型特征，保守、退缩是传统人格的典型特征。在现代社会，只有勇敢进取、耐受挫折的人才能走向成功。下面的中外研究结果，充分说明了意志力对于一个人事业成功的重要价值。

美国心理学家特曼（Terman）通过对人的非智力因素进行测量研究，创造了"斯坦福-比纳智力量表"。他对 150 名最成功的智力优越者的研究表明，卓越智力成就所要求的不仅仅是那些智力因素本身，非智力因素在天才人物成功中发挥了重要作用。以下四种非智力因素是这些天才人物的共同精神品质，分别是：第一，为取得成功的坚持力；第二，为实现目标不断积累成果的能力；第三，自信心；第四，克服自卑感的能力[1]。我国学者赵中天在 20 世纪 80 年代查阅中外 53 名学者（科学家、发明家、理论家）和 47 名艺术家（诗人、文学家、画家）的传记发现他们除了具有卓越的聪慧以外，还具有以下共同的人格特征：第一，勤奋好学，不知疲倦地工作；第二，为实现理想勇于克服困难；第三，虚心学习和实践；第四，坚信自己的事业一定成功；第五，争强好胜，有进取心；第六，对工作有责任感[2]。

上述研究成果充分说明，意志力是人格结构的支撑力量，是人格行为的最终控制力，是每一位成功者必备的精神品质和人格特征。

4. 反省力

反省力指人格所具有的主动反省、评价原人格结构和建立新人格结构的能力。它存在于人的自我意识之中，是自我意识的功能，是人格结构的自我认识、自我评价和自我超越的力量。一般而言，在外界环境压力下，自我意识会主动认识、评价、反省、超越和完善自己的人格结构，以便更好地回应外界环境的压力和挑战。反省力是每位成功者必备的精神品质。一个人能否成功，成功以后能否继续努力和取得更大成功，关键在于他的反省力的强弱。反省力强大的人，能够主动反省自身，不断超越自身，永无发展止境，前途无量。而反省力较弱的人，不善于反省自身，甚至抵触

---

①② 赵中天. 人格因素与智力发展. 北京师范大学学报，1983（1）.

反省自身，往往失去超越自身的能力和机会，陷于停滞、徘徊，甚至倒退。因此，可以说反省力的强弱，往往是一个人，能否跌倒爬起，不断发展和超越，保持终生进步的根本力量。

为深入探索和揭示反省力的内涵，有必要做进一步解释：

（1）反省力的运行机制。反省力存在于人格的自我意识之中，是自我意识的重要功能。一般而言，人在10岁左右自我意识开始成熟。成熟的自我意识会自动一分为二，即将统一的自我意识分为两个对立的部分——主体的我与客体的我、理想的我与现实的我，并会主动用主体的我和理想的我去认识、分析、评价和统一客体的我和现实的我，从而实现自我人格发展和超越。这里所谓主体的我，指自我意识本身作为主体能动的自我存在。所谓客体的我，指自我意识本身作为对象——客体存在。自我意识能够主动用主体的我去认识、分析、评价和统一客体的我，从而实现人格自身的发展和超越。所谓理想的我，指自我意识在实践和学习的基础上，形成的关于我的未来的美好目标。所谓现实的我，指现实存在的真实的自我。自我意识能够主动用理想的我去认识、分析、评价和统一现实的我，从而实现人格自身的发展和超越。并且，在自我意识的推动下，这种主体的我与客体的我的分化与统一、理想的我与现实的我的分化与统一是反复进行、永不停止的，直至生命结束，推动人格结构不断发展和自我超越。

（2）反省力与前三种人格判断力的联系与区别。

第一，它们之间具有内在联系。反省力也属于人格判断力，是人格结构中的第四种人格判断力，在这一点上反省力与其他三种人格判断力没有不同，它们都是人格的理智力量，属于人格结构中的关键层次——人格判断力层次，具有人格判断力的一般特点与功能。它们之间存在着深刻的相互联系、相互渗透、相互制约、相互支撑、相互规定和相互转化的关系。

第二，它们之间存在明显的区别。主要表现在：其一，存在的空间不同。前三种人格判断力存在于意识之中，而反省力存在于自我意识之中。其二，功能不同。前三种人格判断力的功能主要是面对外界环境压力，整合全部人格力量，做出行为选择。外向行为选择以行为回应外界环境压力和挑战，内向行为选择调动、调整和整合全部人格力量参与外向行为选择。而反省力的功能主要是通过自我意识的分化与统一，反省和超越原有人格结构，建设新的人格结构，不断实现人格的自我超越。当然，这两种功能之间虽有区别和不同，但不是各自孤立的和封闭的，它们的功能是相互渗透、相互支撑、携手完成的。一般而言，前三种人格判断力也参与反省力的分化与统一，支撑反省力的反省与超行为。反省力也参与前三种人格判断力回应外界环境压力的行为。其三，运行机制不同。前三种人格判断力存在于意识之中，主要受意识的普遍运动规律的支配和规定，直接认识外界环境和内在人格结构，统合全部人格力量，经过分析和判断，选择各种应对性行为。而反省力存在于自我意识之中，主要受自我意识特殊运动规律的支配和规定。它主要是通过"自我意识的分化与统一"运行机制，推动人格结构实现自我反省和超越。它的主要功能是对内推动人格自我反省和超越，并不直接回应外界环境的挑战。

（3）反省力的巨大价值。反省力对人格的成功与幸福、对类群的成败以及人类的生存发展均具有十分重要的意义。主要表现在：

第一，"有限人格"与"无限人格"的区别。反省力的强弱是"有限人格"与"无限人格"区别的内在原因。反省力强大的人，自我意识分化与统一的功能强大，善于学习，形成理想的我，并善于用理想的我认识、分析、评价和统一现实的我，形成新的人格结构，实现自我超越。他在外界环境压力下，不断自我反省和超越，永不停止在一个水平上。这样的人格，在学术上可以称为"无限人格"，对他的前途既不能封顶，更不能画句号。而另外一种人格，反省力薄弱，自我意识既不善于分化，也不善于统一，无法实现人格结构的反省与超越，经常将人格结构停止在一个水平上。这样的人格，在学术上可以称为"有限人格"，不会有太大的前途。可见，反省力是"有限人格"与"无限人格"区别的内在原因。而"有限人格"与"无限人格"的区别往往决定了一个人一生的生存、发展和命运，不能不加倍关注。

应当进一步说明的是：这两个概念（"有限人格"与"无限人格"）在西方人格主义哲学领域被普遍使用，但其内涵与本书所指有本质区别。西方人格主义哲学的"有限人格"指所有现世生活的人，而"无限人格"仅指造物主——上帝。而"结构选择论"认为，"有限人格"与"无限人格"的区别是"现实的人"的区别，与神无关，也与神学无关。在这里应当特别指出两点：首先，在"结构选择论"概念系统中，人格是核心概念之一，仅指现实的有特色的个人，也就是一切现实的有特色的完整的个人。其次，人格结构研究的结果表明，不同的人，自我意识之中的反省力强弱不同，甚至存在巨大差异，能够因此而将现实的人格区分为两类："有限人格"与"无限人格"。反省力的强弱是"有限人格"与"无限人格"区别的内在原因和根本原因。

第二，"有限类群"与"无限类群"的区别。与人格存在"有限人格"与"无限人格"的区别一样，类群也存在"有限类群"与"无限类群"的区别。类群是人类自觉建构的生存共同体。类群反省力的强弱，特别是类群领导者和精英层反省力的强弱往往是"有限类群"与"无限类群"区别的根本原因。如果类群的领导者和精英层善于学习，不断自觉地反省和超越自己，使类群永远不停止在一个水平上，则类群具有无限发展的可能性，我们可以将这样的类群称作"无限类群"。相反，如果类群的领导者和精英层故步自封，不善于学习，不能够经常自觉地反省和超越自己，则只能使类群停滞、徘徊、倒退，甚至解体，没有前途，我们可以将这样的类群称作"有限类群"。这对于任何一种类群都适用。下面，依据这种理论分析一下中国的某些企业，可以看到如下现象：

正像有的文章分析的那样：改革开放以来，中国企业界有一个独特的景观——江山代有企业出，各领风骚三五年。什么原因？根本原因在于受中国传统文化中的某些观念——小富即安、知足者常乐、出头的椽子先烂等的影响，在创造和成功以后，往往满足于现状，故步自封，不思反省和超越，原地徘徊、踏步，停滞甚至倒退。企业界缺少自我反省和自我超越的能力。现在，我国进入世界 500 强的企业，多数是合并的结果，较少有通过不断自我反省和自我超越，逐步做大做强的。2010 年中石油在世界 500 强中排名第一，而美孚石油公司排名第二，可是，资本收益率美孚石油公司是 20%，而中石油仅为 0.5%，其生命力可想而知。严格来说，今天的中石油要想做强自己，只有一条路——向自己的反省力和自我超越力要前途，首先全面提升自己的反省力。这种现象告诉我们：无论何种类群，要想强大并获得持续发展，根本的动力和途径仍在于自身——提高反省力。要使自己的反省力强大，就需要不间断地反省和超越自身——创造了还要再创造，成功了还要再成功，超越了还要再超越，永远不停止在一个水平上。

第三，"有限的类"与"无限的类"的区别。如果从人类的角度来说，反省力的强弱也是人类能否与大自然共生共存的根本原因。如果人类善于自觉反省，不断主动纠正自己的错误观念、理论、制度和行为，不断自我超越，那么，人类一定能够与大自然共生共存。如果人类不善于自觉反省，经常顽固地坚持自己的某些错误观念、理论、制度和行为，不能不断地自我超越，那么，有理由认为人类只是个"十分有限"的动物，没有能力、没有资格，也没有可能与大自然共生共存。这样说，并不过分。

人类是世界上唯一有自我意识的动物，因而也是唯一有可能掌握自己命运的动物。动物没有自我意识，不会反思和改变自己的行为，因而其存亡基本取决于大自然。而人类有自我意识，会反思和改变自己的行为，因而，人类的存亡基本取决于自己——取决于人类自我意识的强与弱，取决于人类能否善于自觉地反省、改变和超越自己。这表现在两点上：其一，善于反省自己，能够把握和控制自己，不做错事或少做错事，特别是不做自我毁灭的事。其二，善于自觉地反省和超越自己，即善于在关于"类生存"的思想、价值、科学技术、人际关系和制度规则等一切方面不断地自觉反省和超越自己。如果人类能够在理论和行为上同时做到上述两点，则我们可以将人类称作"无限的类"，即能够与大自然共生共存的类。相反，不能够在理论和行为上同时做到上述两点，则我们只能将人类称作"有限的类"，即不能够与大自然共生共存的类。自称为"万物之灵长"的人类，究竟能够最终选择哪一个呢？

第四，"健康人格"与"神经症人格"的区别。人格反省力——理想的我与现实的我的对立统一，既是人格结构发展和超越的动力，同时，也是人格疾病产生的根源之一。美国心理学家凯伦·霍妮长期从事人格结构的研究，揭示了真实我、现实我与理想我的关系，特别是揭示了现实我与理想我的关系。她认为现实我与理想我的矛盾冲突是人的基本焦虑和核心的内在冲突，既能为人格发展提供方向和动力，也是人患各种神经性疾病的原因。在健康人格那里，理想我与现实我是连续的。现实我是理想我的基础，而理想我是现实我的自然延伸。而在神经症患者那里，理想我与现实我是断裂的，表现为脱离。理想我是不合理的意象和自负系统，是对现实我的否认和脱离。对理想我幻想得越是高不可攀，病症便越严重。凯伦·霍妮的研究对"结构选择论"中人的生命本体论关于理想我与现实我关系的理论观点具有重要启发作用。下面笔者所做的"主体调查"，记录了一个真实的案例，从实践上证实了上述理论观点。

在十年动乱刚刚结束时，某大学物理系迎来了第二批考试入学的学生。其中有一名学生的行为与其他学生有些不一样（当时，并未引起校方注意）。他自认为自己是超人，而其他学生不过是群氓，因而，入学一年半他只与住自己下铺的同学说过几句话，从未与其他同学讲过话。超人怎么能与群氓说话呢？在"文化大革命"时，他看到张铁生靠一张白卷平步青云，不仅念了大学，而且当上全国人大常委会委员，就说："我要当总理。"可是，后来"四人帮"垮台，他又说："我要当爱因斯坦。"（其实，这时他已经在某种程度上有了神经性疾病的症状，但无人知道。）他的学习生活并不顺利，有一段时间经常肚子疼。他去医院检查，医生检查后告诉他："是肠炎，不要紧，很快会恢复。"他不信，要求复诊，医生无奈，请来科主任和其他几名医生一同为他复诊。仔细检查后，几名医生一致认为他患的是直肠炎。可是，他躺在病床上听到的却是"这个学生患的是直肠癌"。于是，他起身便走了，并离开了学校。他离开学校十余天，学校才发现他在书桌上留下的一张纸条，上面写了这样几句话："我心比天高，命比纸薄……再见吧！"学校走访他家乡的亲友，都说没有见到他，这个学生的行踪杳无音讯。时隔一年，校方接到他的一封信，信中写道："我现在站在黄河边上。我本是黄河的儿子，现在还给黄河吧。"他看似理想远大，实际是神经症患者，是病态的理想我，表现为理想我高不可攀，与现实我脱离和对立，经受不了现实中一个小小的挫折。一个平常的小病——直肠炎足以使他的精神彻底崩溃，走向自我毁灭。

（三）人格判断力的特性

人格判断力作为人格结构中的理性力量，具有以下特性：

1. 结构性

人格判断力存在于意识和自我意识之中，以人的社会实践、大脑和语言为基础，具有严格的结构性，是一个高度秩序化的意识系统。莱德曼认为，"这样做的结果是将世界秩序化……大脑与其说是外界信息的被动接受者，不如说是能动的建构者"。人的意识是"高度秩序化的意识"[①]。康德认为："意识之所以具有统一自身的整合作用，是因为意识具有能够将意识内容统一起来的'统觉'。"[②] 在意识的整合作用下，人格判断力的四种力量——思想道德力、智慧力、意志力和反省力都不是孤立存在的，也不能单独发挥作用。它们之间互相联结、互相渗透、互相制约、相互规定，构成统一的整体，统一发挥作用。

2. 主动性

人格判断力不是消极被动的存在，而是主动发挥作用和功能的理性力量。康德认为："意识存在的唯一形式，不是什么被动的沉思，而是主动的判断，不仅仅是概念的作用，而且是推理式的解释。"[③] 在外界环境刺激下，人格判断力并不是坐等人格需要力发动，而后再进行人格判断。这仅仅是人格行为选择的一种形式，还有多种人格行为选择的形式。人格判断力能够主动求证人格需要力，做出行为选择，还能够在人格需要力没有参与或者在与人格需要力相左的情况下，单独做出某种行为选择，如真理性行为。人格判断力和人格需要力一样，都具有主动性，表现为外向行为选择（改造客

---

① 拉波特，奥弗林. 社会文化人类学的关键概念. 北京：华夏出版社，2005：62-63.
② 车文博. 意识与无意识. 沈阳：辽宁人民出版社，1987：6-7.
③ 同②6.

观世界）和内向行为选择（改造主观世界），是人的主体性的身心基础。

3. 层次性

人格判断力内涵丰富，层次复杂，涉及人类行为的所有领域。康德对此曾做过深刻分析，写出专著《判断力批判》，将人格判断力分为两类或两个层次——规范性的判断力和反思性的判断力。他指出：如果普遍的东西（规则、原则、规律）被给予了，那么把特殊归摄于它们之下的那个判断力就是规定性的。但是，如果只有特殊被给予了，判断力必须为此去寻求普遍，那么这种判断力就只是反思性的①。依据康德的意见，判断力有高与低两个层次。低层次的判断是在给予规则、原则和规律前提下，将特殊事物归摄于其下，从而知道其一般本质和特性的判断。这类判断力可称为规范性的判断力。高层次判断是只给予特殊事物，但并没有给予判断的前提——规则、原则和规律，要想判断，就必须首先在特殊事物之上提出并证明一个前提性的规则、原则和规律。这种判断力的任务是从自然中的特殊上升到普遍。这类判断力可称为反思性的判断力。这种判断力是更为复杂的高级判断力，没经过专门的训练很难具备。总之，人格判断力具有多样性、层次性，十分复杂，需要自觉学习和精心培养。

4. 势位差性

这是人格判断力的基本特性之一。势位差性指人格判断力的自然动力性特征。人的大脑是人格判断力的物质基础。大脑是一个能量源，因而人格判断力也具有动力性特征。人格判断力在进行思想理论（或价值）行为选择时，会自动依据思想理论的"势位差"，首先选择"高势位"思想理论，依次向下选择，最后选择"低势位"思想理论。"势差"指人格判断力在判断时，会自动依据对象理论的"势能差"，首先选择"高势能"对象理论，依次向下选择，最后选择"低势能"对象理论②。所谓"位差"

① 康德. 判断力批判. 北京：人民出版社，2002：13-14.
② "势能"指思想理论对主体而言，因所内含的生存适应性、价值性、规律性、事实性、知识性及表现美等而具有的能量。思想理论包含上述内容多且高，"势能"就大，相反，"势能"就小。

指人格判断力在判断时，会自动依据对象概念（或范畴）的"位能差"，首先选择"高位能"对象概念，依次向下选择，最后选择"低位能"对象概念①。"势位差性"告诉我们两项原则：第一，在诸多可供选择的思想理论中，人格判断力会自然关注"高势位"思想理论，将注意力集中在"高势位"思想理论上，并自然选择"高势位"思想理论。第二，如果希望人格判断力选择某种思想理论，应当首先提高该思想理论的"势能"和"位能"，使其在诸多可供选择的思想理论中，具备"高势位"，成为"高势位"的思想理论，否则很难得到人格判断力的自然选择。

5. 过程性

人格判断力既是相对稳定的，又是发展变化的，具有过程性和流变性。主要表现在两个方面：

第一，就整个人类而言，人类的人格判断力有形成和发展过程。人类从最初原始人精神世界的"朦胧破晓阶段"，发展到"雏形初具阶段"，再到"系统完形阶段"，经历了100余万年。今后还会继续发展和变化。

第二，就个体而言，人格判断力也有形成和发展过程。这个过程与人类的人格判断力形成发展过程类似。个体人格永远复演人类精神的发展历程。初生婴儿的精神世界主要被潜意识（或无意识）填充，人格判断力（意识）不过是一个小亮点，这是人区别于动物的弥足珍贵的小亮点。此后，这个小亮点会随生活实践、语言和脑的发展，不断扩大，并占满整个意识。这个过程从出生开始需15～20年。对这个过程孟子有精彩的描绘。他认为，人生而有"四端"即"恻隐之心、羞恶之心、恭敬之心、是非之心"，"非由外铄我也，我固有之也"（《孟子·告子上》）。而后，逐渐开发，上升和扩张为"四德"即"仁义礼智"，形成强大的人格判断力，人也就变成为君子。德国古典哲学家黑格尔在《精神现象学》一书中对人的意识的发展历程做了深刻描绘。他认为，人的意识由低级到高级经历了六个发展阶段：其一，意识，指对外界对象的意识；其二，自我意识，指由

---

① "位能"指概念因位阶而具有的逻辑能量。"高位阶"的概念逻辑能量大，"低位阶"的概念逻辑能量小。

对外界对象的意识发展到对自我的意识；其三，理性，指由自我意识发展到主客观相统一，或称自我实现；其四，精神，即客观精神；其五，宗教；其六，绝对知识。前三个阶段基本指人的个体意识或人格意识的发展阶段。显然，他也认为，人的意识是一个形成、发展的过程①。

6. 建构性

就人格而言，人格判断力最初存在于遗传基因之中。在人出生以后，人格判断力由遗传基因转变为发展的基础和潜势。在以后的岁月里，四种人格力量能否发展，发展什么，没有发展什么，是充分均衡发展，还是畸形发展，主要靠后天的开发和建构（个别的特殊技能，如唱歌、舞蹈、绘画、奔跑等除外）。基本是开发和建构什么就有什么，不开发和建构什么就没有什么，着重开发和建构什么就多什么，忽视开发和建构什么就少什么……开发和建构是决定人格判断力存在状态和水平的基本原因或根本原因。这样，人类就承担了一项最伟大而艰巨的任务——合理地开发和建构人格判断力。人类要建构世界，首先要建构自己，要建构什么样的世界，首先要建构什么样的人格判断力。人格判断力的价值是显而易见的——人的行为选择主要是由人格判断力决定的。

然而，建构人格判断力的艰难超过一般人的想象。康德在其著作《纯粹理性批判》的第一段文字就说："人类理性在其知识的某个门类里有一种特殊的命运，就是：它为一些它无法摆脱的问题所困扰；因为这些问题是由理性自身的本性向自己提出来的，但它又不能回答它们；因为这些问题超越了人类理性的一切能力。"② 显然，康德认为，建构某种人格判断力最困难的问题莫过于寻找建构它的前提，而这个前提又是"无休止的争吵"，这个前提的名字就叫作形而上学。他为了解决此问题，寻找建构人格判断力的前提，写了三部著作，分别为：《纯粹理性批判》《实践理性批判》《判断力批判》。他的确为此做出了人类理性难以做出的贡献。他与每个时代的巨人一样，不管寻找建构人格判断力的前提多么困难，还是为人

---

① 黑格尔. 精神现象学：上册. 北京：商务印书馆，1962：64.
② 康德. 纯粹理性批判. 北京：人民出版社，2007：1.

类提供了颇有价值的前提。

7. 自控性

人格判断力具有自控性，即具有控制自己的人格结构和行为选择的特性。这是人与动物的一个根本区别。动物永远不能将自己与外界区分开，也不能以自身为认识和控制的对象，不具备自控性。而人则不同，人不仅能产生对外界环境的认识——意识，而且能产生对自己人格的认识——自我意识。自我意识的根本功能有二：第一，认识自己——自我感觉、自我观察、自我分析、自我反馈。第二，对待自己——自我评价、自我监督、自我修养、自我管理。自我意识是人格反省力的土壤，它使人格判断力（主要是反省力）不仅能认识和评价自己的人格结构，而且还能管理和提升自己的人格结构，主动去控制人格的内向选择行为，实现改造和提升自己人格结构的目的。

（四）人格判断力的功能

人格判断力有如下功能：

1. 选择功能

人格判断力在一定环境条件下，具有最后决定行为选择的地位和作用。在一定外界环境下进行行为选择是人格的基本活动方式，也是决定人格和命运起伏盛衰的主要原因。一般而言，在人格行为选择过程中，外界环境刺激是行为选择的条件因素，人格需要力是行为选择的基础因素，而人格判断力则是行为选择的最后决定因素。在通常情况下（突发的绝境、梦境、醉酒、昏迷等极个别情况除外），人的行为选择都是由人格判断力最后决定的。无论是外向行为选择（直接回应环境压力的行为选择），还是内向行为选择（调整和超越自我人格结构的行为选择），都是由人格判断力最后决定的。这是人格行为与动物行为的根本性区别。动物没有理智，它的行为直接由欲望决定。而人格结构既有欲望——人格需要力，又有理智——人格判断力，它的行为必然由人格判断力决定。人格判断力的基本职能是行为选择，它非常忠于职守，是一个忠诚的行为"守门人"。在正常情况下，它决不会允许人格需要力直接决定行为。即使人格需要力反抗，发生激烈的冲突，也毫无用处。有时，人格需要力也会巧妙地回避它，悄悄地溜出来表演一番，如做千奇百怪的梦。但是，在白天，在人醒着的时候办不到。人格判断力一点行为选择权都不想分给人格需要力，而且事必躬亲，因而活得很累。现代的人们，度假、旅游、唱卡拉OK……实质都是想让它休息。它也可以休息，但是有一个条件——人们不决定任何事情，一旦决定事情，人格判断力就立即投入工作！它不会主动放弃任何行为选择的决定权。人类很难改变这种状况，这是人的理性的功能，是人性的表现，是由人格结构决定的，是人类进化170万年的结果。

2. 统合功能

人格判断力具有将人格结构统合为一个有机整体的作用，即将人格结构的"三级结构八种力量"统合为一个有机整体，并在一定环境下采取统一行为的作用。统合功能是人格判断力的一个基本功能。

研究人格判断力的统合功能必须深入揭示人格统合模式。所谓人格统合模式指人格结构自我统合的机制或基本方式。本书主张知性统合模式，就是以人格的认知结构及其发展为基础和主线统合人格结构的统合模式。主张知性统合模式有三点理由：第一，从空间看，人格结构统合以统觉为基础。人格结构统合是建立在统觉基础上的，即以统觉为基础，同时进行的四种统合——统觉、统情、统意、统行，是这四种统合的统一。统觉，即认知的统一是人格结构统一的基础，其余情感、意志、行为的统一只能建立在统觉，即认知统一的基础之上。第二，从时间看，人类的发展以知识为基础。人类从原始人进化到现代人，已有170万年历史。一个人从出生到成年，成为一名合格的人，仅有约20年的时间。就是说，他必须以20年的时间跨越人类170万年的历史，掌握人类170万年进化的基本经验，获得人类170万年进化的基本成果，否则，不可能成为合格的人。人格以短短的 20 年时间跨越漫长的 170 万年，只有一条路：以认知为基础和主线，以情感、意志、行为为辅助，进行人格结构的建构与统合。情感、意志、行为等都无法代替认知成为人格建构与统合的基础和主线。情感、意志、行为是人格建构和统合的重要因素，但无法担此重任。只有认知才能担此重任——让一个人用短短的 20 年跨越人类 170 万年漫长的进化历史，达于现代，成为合格的现代人。第三，知性统合模式虽然主张以人格的认知结构及其发展为基础和主线统合人格结构，但是，并不排斥情感、意志、行为等要素在人格结构统合中的地位和作用，相反，十分重视这些要素在人格结构统合中的作用，认为其中任何一个要素在人格结构整合中都是必要的，不可或缺的。统觉、统情、统意、统行必须结合进行，缺少任何一个环节，人格结构整合都难以成功。

知性统合模式认为，人格结构是一个多层次多要素的有机整体，它能够将各个层次、各种人格力量统一组成有机整体，并能在一定外界环境下采取统一的行为。能采取统一行为的根本原因在于它本身是一个经过长期进化而形成的有机整体，有一个坚强有力的组织——人格判断力（意识）。人格判断力的统合功能主要体现为"四统"：统觉、统情、统意、统行。具体介绍如下：

（1）统觉。统觉即通过感知、想象和推理等方式统一认识。德国古典哲学家康德在《纯粹理性批判》一书的第一篇先验分析论中深刻地阐述了统觉的功能。他认为，统觉是人格的一种先验的综合统一认识能力，能够进行三种综合：第一，直观中把握的综合，即将感性的杂多联结起来。第二，想象中的再造综合，即将记忆表象组合再现出来。第三，概念中认识，即以概念的同一性将杂多的感知、想象的印象和对概念的歧义统一起来。这三个方面，靠统觉实现了认识的整体统一[①]。这个整体统一认识，不仅能包容人格认知的共时性（空间）联系，也能够包容人格认知的历时性（时间）联系，因而是充分的和坚固的。还应看到，参加统一认识的认知因素不仅包括感觉和知觉，还包括想象和思维。特别是思维在统一认识

---

① 车文博. 意识与无意识. 沈阳：辽宁人民出版社，1987：6-7.

中具有关键性作用。我国心理学家潘菽说:"在意识中思维很重要,起着独特的联系作用,既有同时的空间联系,也有先后的时间联系,故能使复合的意识形成一片,形成一片完整的图景。可见,有了思维,才有意识。"① 思维使人格的知识和认知联结(统合)为一个有机整体。

一般而言,统觉的内在机制是"势位差统",即以"高势位"的认知统合"低势位"的认知。凡进入人大脑的认知都会依照"势位差统"的定势和规律,被统合并被纳入大脑的统一秩序。这是人格判断力的一种自然动力机制和功能,是人类进化 170 万年的硕果。比如,以"上位概念"统合"下位概念"、以"深刻的认知"统合"肤浅的认知"、以"全面的认知"统合"片面的认知"、以"本质的认知"统合"现象的认知"、以"规律性的认知"统合"经验性的认知"、以"彻底的认知"统合"不彻底的认知"、以"美的认知"统合"丑的认知"……总之,以"高势位"的认知统合"低势位"的认知。这告诉我们,要想让人接受某种思想理论,首先就必须站在"理"上,以"高势位"的"理"去统合"低势位"的"理",真正做到以理服人。

(2)统情。人格在与对象的关系中,不仅会产生感觉、知觉、想象和思维,也会产生情绪和情感。情绪和情感是人格在与对象的关系中产生的,基础仍是对对象的认识。在人格与对象的接触中,人格对对象的认识是杂多的,人格对对象的情绪和情感也是杂多的,但是,一旦将杂多的认识统合为统一的认识,杂多的情绪和情感也会随之转变为倾向大体一致的情绪和情感,或者是一种情绪或情感,实现统情。这就是说,统情的基础是统觉,即统一认识。当然,统情的过程相当复杂,但是,只要统一的认识是坚定的、可靠的,统情就大体可以实现。

一旦统觉和统情相统一,就会形成统一信念。信念是认知和情感的"合金",是人格判断力统合功能的飞跃和升华。一种认知一旦与情感相结合,形成信念,就具有了更大的统合能量和自动性,以信念为核心统合其他感觉、知觉、知识、观念、情感、想象和思维,形成坚固的信念系统,

---

① 潘菽. 意识问题试解. 心理学新探,1980 (1).

极大地增强了人格判断力的统合功能。

（3）统意。统意即形成统一的意志。在这里，意志既是一种目的和目标（包括：外向行为的目的和目标、内向的人格理想的目的和目标），也是一种实现目的和目标的精神品质，如独立性、果断性、坚持性和自控性等精神品质。一旦认知转化和上升为统一的意志，形成明确的目的和目标，就会产生更大的统合力，发挥意志（独立性、果断性、坚持性和自控性等精神品质）的强大力量，调动和调整整个人格结构为实现既定目的和目标而拼搏。

（4）统行。统行即在统一认知、情感、意志的基础上，统一行为选择。统一行为选择表现在两个方面：第一，内向行为选择，即坚定地用统一的理想的自我去统一现实的自我，实现人格结构的整体统一和飞跃。第二，外向行为选择，即坚定地用统一的外向目的和目标去整合全部外向行为，实现外向行为的统一性。

统行是一个更为复杂的统合过程，不只涉及人格判断力的统合功能本身，还涉及原人格结构中的认知、情感、意志和行为的发展状态和水平，并受其影响，有时甚至由它们决定。要想达到统行的目的，除需要提高认知水平之外，还要辅以更多的条件——情感培养、意志磨练、行为训练。可见，知性统合模式既符合规律，又有限度，不是自满自足的，因而应当在充分发挥知性统合功能的基础上，结合进行知、情、意、行的特殊教育、培养和训练，否则统行很难成功。总之，人格判断力具有统合功能，具体表现为统觉、统情、统意和统行四个具体功能。

3. 定向功能

人格判断力具有确定人格结构的方向和人格行为方向的作用。定向功能主要表现为思想道德力的功能。思想道德力包含人格的思想观念和道德品质，在人格动力结构和行为选择中，管人格结构和行为选择的方向、性质和基本的对与错。它主要表现为人格的协调性精神品质，即协调人格与社会、人格与自然、人格与自身关系的精神品质。人格、类群和类的重大生存问题和失误的产生，往往不是因为人的智慧水平不高，而是因为人的思想道德力不足。思想道德力的水平和强弱不只关系人格自身的成功、幸福和命运，更关系类群和类的前途和命运。

4. 创新功能

人格判断力具有求新求异、引发和支撑开拓创新的作用与能力。创新功能主要表现为智慧力的功能。智慧力包含人格的知识结构、思维方式和能力，在人格结构和行为选择中，主要管行为的方式、方法和水平。智慧力的最高表现是人格的创造性精神品质，包括人的创造性知识结构、创造性思维方式和创造性能力。智慧力强大的人，必然创造力勃发，硕果累累，而智慧力衰弱的人，必然平庸守旧，抱残守缺。对于个人而言，萨特的话具有一定启发性。他说："想象具有一种超越和归零的力量，使得个体能够逃脱被淹没在现实中，将他们从既定的现实中解放出来，允许他们成为别的什么，而不是他们看上去可能被造就的样子。"[①] K. 波普尔提出和论证了"三个世界"的理论：第一世界是物理世界；第二世界是人格的精神世界，包括意识状态、心理素质和非意识状态；第三世界是文化世界，包括人类的全部文化产物[②]。显然，庞大而复杂的第三个世界——文化世界，完全是人类的创造物。创造性精神品质不只包含着人格的现在和未来，也包含着类群和类的未来，人类的每一次对困境的超越都是靠自己的创造力实现的，人类今天所面临的难题和困境也只能寄希望于自己的创造力。

5. 支撑功能

人格判断力具有支撑人格结构确定目标、控制行为和实现目标的作用。支撑功能主要表现为意志力量的各种功能，包括意志品质和精神品质两个方面。一般而言，人格的特性是，确定目标相对容易，而克服困难、坚持目标和实现目标不容易，需要有顽强的意志力。没有顽强的意志力做支撑，任何重要的目标都不可能实现。在人类历史上，凡成就大事业者，都是意志顽强的人，没有一个意志薄弱者。毛泽东和邓小平是中国近现代

---

① 波普尔. 世界 1. 2. 3. 自然科学哲学问题，1980（1）.
② 拉波特，奥弗林. 社会文化人类学的关键概念. 北京：华夏出版社，2005：4.

历史上贡献最大的两位伟人，都是意志顽强者。毛泽东青年时心忧天下，立志改天换地。他在一本《伦理学原理》书上写下这样的眉批："河出潼关，因有太华抵抗，而水力益增其奔猛；风回三峡，因有巫山为隔，而风力益增其怒号。"这表现了"不挫不愤，越挫越愤"的坚强性格。他带领中国人民经历几十年艰苦奋斗、浴血奋战最终实现了民族独立的百年梦想。人格判断力——意志力是人格结构的支撑力量，是人格成功的关键。

6. 超越功能

人格判断力具有自觉反省，不断超越自我的内在机制和作用。超越功能主要表现为反省力的各种功能。反省力存在于人的自我意识之中，具有自我分化与统一的独特功能。它既能将统一的自我意识分化为理想的我与现实的我，又能自动用理想的我统一现实的我，实现自我超越。而且这个过程循环往复，永无止境。其实，这是每个人，上至领袖和杰出人物，下至平民百姓，一生发展和超越的最重要动力源泉，没有例外。有无强大的反省力，往往是成才与不成才、成大才与成小才的决定性因素。一个人要想事业成功，终生辉煌，就必须关注反省力的培养，善于学习、反省和超越——创造了还要再创造，成功了还要再成功，超越了还要再超越，永远不停止在一个水平上。反省和超越精神是深刻思想力的本质表现，不仅关系人格的成败，也关系民族的命运。它是一个伟大民族的标志，也是一个伟大民族的"取之不尽，用之不竭"的力量源泉。

7. 动力功能

人格判断力具有推动人格结构运转、调整、超越和决定行为选择的能力，是人格生存发展的一个基本动力源泉。四种人格判断力——思想道德力、智慧力、意志力和反省力都具有动力的功能，均是人格生存发展的动力源泉。四种人格判断力的有机联系和结合，会形成巨大的人格合力，是更大的人格动力源泉。四种人格判断力充分均衡发展的人格，是完整的人格，是一个人一生成功与幸福的内在原因，也是历史上某些杰出人物的典型人格。四种人格判断力充分均衡发展更是一个民族或国家人格力量得以张扬、民族力量和国家力量得以强大的根本原因。

纵观创造"贞观之治"的唐太宗李世民（599—649），可以发现他的四种人格判断力比较突出，是一个难得的具有完整人格的杰出领袖人物，而唐朝也是中国历史上人格力量相对强大和张扬的时代。这里不妨对他的四种人格判断力做一点分析：他的思想道德力——作为一个封建王朝的皇帝，难能可贵。他总结隋朝败亡的教训，发出"水能载舟，亦能覆舟"的感叹；对待自己，"抑损嗜欲，躬行节俭"；武德九年（公元626年）和贞观二年（公元628年），两次放出宫女几千人，"任从婚嫁"；做《赋尚书》："纵情昏主多，克己明君鲜。灭身资累恶，成名由积善。"上行下效，唐初官员躬行简约，民风淳朴，百姓无饥寒。他的智慧力——具有"运筹帷幄，决胜千里"的雄才大略。隋大业十三年（公元617年），李世民20岁。他综观隋末大势，力劝其父李渊起兵晋阳，举起反隋大旗。在初战受挫，李渊反复的情况下，他又"号哭力劝"，并提出"乘虚入关，号令天下"的战略，攻下隋都。他不久又提出类似诸葛亮"隆中对"的战略方针——巩固关中，出兵西北，再进关东，最后获得了全局性的胜利。当时的李世民不过20多岁。在此后的战争中，他屡屡提出克敌制胜、治国兴邦的战略策略，取得节节胜利，可谓难得的大才。他的意志力——亲率大军冲锋陷阵，血染战袍，几经生死劫难，从无惧色，终于打出一个李唐天下。据史书记载，他曾为解救李渊之危，亲自率队数次冲入敌阵，斩杀无数，双袖灌满血，出阵甩干，再冲入敌阵，勇猛无比，威震敌胆。他的反省力——主动反省，知错改过，纳谏如流。他提出著名的"三镜"之说，并说："人欲自照，必须明镜。主欲知过，必藉忠臣。""每闲居静坐，则自内省，恒恐上不称天心，下为百姓所怨。"他晚年作《帝范》，无情地剖析自己，对晚年失误深有自责，并未掩过饰非，并说"毋以吾为前鉴"。一个皇帝做到这一点，实属不易，值得学习。从李世民身上不难看出人格判断力的重要性，更不难看出四种人格判断力充分均衡发展的重大价值——它不只是人格成功与幸福的力量源泉，也是民族和国家繁荣昌盛、人民幸福的力量源泉。

8. 记忆功能

人格判断力具有分析和储存知识和经验的巨大能力，可以称其为一座

"知识和经验仓库"。人格判断力不是一座简单的"仓库"，而是一座经过人格判断力分析判断，并经过细致归类、排序，以至反复咀嚼而存储知识和经验的"仓库"。这座"仓库"有两种存储方式：直接存入和选择存入。所谓直接存入，指对于纯粹知识的存入方式。这种存入方式相对比较简单，只要经过知识判断，即可存入"仓库"。如：2＋2＝4。只要经过知识判断就可知道其价值，判断以后，就直接存入"仓库"。所谓选择存入，指对于价值判断的存入方式。这种存入方式相对比较复杂，除了要进行知识判断之外，还必须进行价值判断。而价值判断十分复杂，在本质上是一种反思性的判断，要经过思维的多重咀嚼。如：适应性咀嚼（对主体适应环境关系的咀嚼）、满足需要（利益）咀嚼、知识咀嚼、超越性咀嚼、审美咀嚼等。只有经过思维的多重咀嚼，并认为有价值，获得通过的价值观念，才能存入"仓库"；而对于经过思维的多重咀嚼，认为没有价值，没有获得通过的价值观念则会被淡化，不存入"仓库"。一般而言，存入"仓库"的知识和价值被人格判断力记忆，而不存入"仓库"的价值观念则不被人格判断力记忆。

八、人格行为选择

人格行为选择是人的特殊生命本体——"结构与选择"的功能，是人的主体精神和主体能力的表现。它贯穿在人格的全部生命实践活动之中，既包含外向行为选择，又包含内向行为选择。它的最普遍的机制是，在外界环境压力和挑战下，人格需要力发动，由人格判断力判断，最后选择行为。人格行为选择对人格命运具有决定性的影响，甚至可以说，人格命运基本是由人格行为选择决定的。因此，"主体——人"要掌握自己的命运，就必须将在一定外界环境压力下，人格行为选择的机制、向度和类型等重要问题阐释清楚。

（一）人格环境力

1. 人格环境力概念

所谓人格环境，是指在环绕人格的空间中直接或间接影响人格生存和发展的各种因素的总体。总的来说，人格环境包括两个方面：自然环境和主体间环境。从一般意义上讲，凡是与人有关系并对人发生影响的物质和精神条件都可以称为人格环境。如：人所处的江河湖海、山川平原、物产资源等自然环境和政治制度、经济发展、社会文化、社会风气、主体际关系等社会环境。一般而言，在许多学科中，环境是作为某项中心事物的对立面而存在的，在环境与中心事物之间存在着对立统一关系。在结构选择论中，人格环境同样是作为人格的对立面而存在的，它既是人格生存发展的条件，同时，也是人格生存发展的压力和挑战的主要来源。人格环境为人格提供了生存发展的空间和资源，能够满足人格生存发展的基本需要，人格一刻也离不开环境。同时，人格环境也向人格施加压力和挑战，给人格造成困难和挫折，逼迫人格处于紧张和焦虑状态，为生存而战。人格与环境之间既是对立的，又是统一的，相互依存，相互支撑，共生共荣。所谓人格环境力主要是从力量的角度解释环境，指环境自身以及环境对人格所具有的全部力量。

对人格的环境问题，德国哲学家哈贝马斯提出了"交往行为理论"，并出版了《交往行为理论》一书，在世界范围内产生了广泛影响。他把人的行为分为两种：一种是工具行为，一种是交往行为。他的所谓工具行为，指的是劳动，涉及人与自然关系。他的所谓交往行为，指的是人与人之间的关系。在这两类行为中，他特别强调交往行为，认为人类的奋斗目标是交往行为的合理化，这意味着人自身的解放。他特别论证了"人必须生活于交往行为的联系之中"的命题，认为人总是社会的人，必须生活于交往行为的联系之中，人就是交往行为及其生活形式中的人，并提出交往行为合理化问题①。

如果从人格环境力的角度看，哈贝马斯关于两类行为的划分及对交往行为的重视和剖析，具有启发性和借鉴价值。结构选择论将主要从主体间环境力的角度分析和解释环境。

2. 人格环境力要素

人格环境力是一个非常复杂的系统。基本可分两大类：自然环境力与主体间环境力。自然环境指环绕人格的空间中直接或间接影响人格生存发

---

① 陈学明. 西方马克思主义命题辞典. 北京：东方出版社，2004：233-234.

展的各种自然因素的总和。如：大气环境、水环境（如海洋环境、湖泊环境、河流环境等）、土壤环境、生物环境和地质环境等。自然环境虽然由于人类活动而发生巨大改变，但仍按自然规律存在着。本书将着重分析人格的主体间环境。人格的主体间环境指环绕人格的空间中直接或间接影响人格生存发展的其他主体因素的总和。如：家庭环境、组织环境、民族环境、社会环境、国际环境，以及个人之间的关系环境等。

人格的主体间环境主要有以下几种：

（1）社会环境。主要包括以下几个方面：

第一，社会。所谓社会，是以共同的物质生产活动为基础而相互联系的人类生活共同体。马克思说："社会——不管其形式如何——究竟是什么呢？是人们交互作用的产物。"① 社会由经济基础和上层建筑构成。人在生产活动中形成的与一定的生产力发展水平相适应的生产关系的总和，是社会的经济基础。由经济基础产生与经济基础相适应的社会政治法律关系、道德、艺术等政治现象和社会意识形态，是社会的上层建筑。社会作为人类生活的共同体，具有整合功能、继往开来的功能和导向的功能。社会把人们在一定时间和空间上合成一个整体，使人们互相发生关系，分工合作，以利生存。社会为人们规定了整套思想和行为规范，相对地确定了人们的社会地位，以保持一定的社会秩序。人的行为超越了社会行为规范，就会遭受社会的非难和制止。人的思想也自觉或不自觉地受社会舆论导向的影响，而且由于社会意识形态的多重交叉性，人们接受的社会影响是多向的和有冲突的。如著名作家巴金在《家》《春》《秋》中描写的高氏三兄弟，虽然都生活在封建社会，但接受社会的影响却大不一样。大哥觉新满脑袋孝悌思想，逆来顺受，是封建社会的牺牲品；而三弟觉慧则接受了革命思想，与封建家庭决裂，走上革命道路。社会给人的思想品德和心理以强有力的影响。

第二，社会文化。所谓社会文化，是人类在社会发展过程中所创造的物质财富和精神财富的总和。物质财富，如生产设施、生活设施、房屋建

---

① 马克思. 马克思致巴·瓦·安年柯夫（1846 年 12 月 28 日）//马克思，恩格斯. 马克思恩格斯选集：第 4 卷. 北京：人民出版社，1972：320.

筑、衣着服饰、饮食用具、交通工具等。精神财富，如哲学、文学、艺术、科学、教育、风俗习惯、宗教信仰等。社会文化具有普遍性、继承性、民族性和渗透性。社会文化是传播世界观、人生观、价值观、政治观和道德观的工具，影响人们的思想品德和心理，培养和造就人格。每个人都在一定的社会文化环境中生活，社会文化促使他实现社会化，即"文化主体化"，形成特定的人格。社会文化是对人格影响最大的社会环境因素。

美国社会学家曾这样分析社会文化形式之一——报纸对美国青少年的影响：每天都有数十万份报纸问世。墨迹未干，美国的邮递、快邮和铁路部门就抓起它们，以几乎是闪电般的速度将它们分送到从缅因州到加利福尼亚州的美国各地。这一印刷品的洪流每天倾注到每个城市，又从各个城市进入每个村庄、城镇和几乎是全国各家各户。这些出版物是强有力的教育者，它们或教人行善，或教人作恶。它们价格低廉，每份的价钱从一美分到五美分不等，因此，各个阶级的人都能买得起。它们还进入了家庭，孩子们也可以见到、阅读或反复地阅读它们。父亲早晨读报是为了确切地知道市场的情况，了解当天的新闻，吸引他的是报纸的大字标题。有些新闻让人们特别注意某些令人作呕的犯罪细节，一眼就可以看出它的实质。于是他厌恶地不再读它，并不假思索地把报纸丢在书房或起居室里，然后就上班去了。然而他却很少想到，这篇他不肯读下去的下流的诱人堕落的文章却会被他的孩子们看到并贪婪地阅读①。

可见，社会文化既有正功能，也有负功能。正确的思想理论能使人耳目聪明，牢牢掌握社会发展的大方向，错误的思想理论则只能使人困惑糊涂，误入歧途。

第三，社会风气。所谓社会风气，就是社会风尚和习气。它是社会经济、政治、文化、道德状况等的综合反映，是社会成员精神风貌的总体表现。社会风气主要包括社会道德风尚、社会治安秩序和社会心理反映。社会风气作为社会意识形态的一种表现，是社会经济状况的反映。但是，它并不是社会经济状况的直接反映，而要经过社会制度、文化发展和道德意

---

① ELKIN F，HANDEL G. The Child and Society：The Process of Socialization. New York：Random House，1978.

识状况的折射。社会风气的好坏不仅取决于社会经济，而且取决于社会的政治、文化、教育和道德状况。社会风气具有相对稳定性和巨大的能动性。它广泛渗透于社会生活的各个领域，以强大的社会舆论和社会习惯势力的形式，制约人们的言论和行动，推动或阻碍社会发展。这种作用是通过影响人的思想和行为来实现的。社会风气对人的思想和行为具有潜移默化的影响。社会风气的好坏，关系到人格的塑造和民族的盛衰。

（2）组织环境。组织环境指由人所建立的各类生存共同体所形成的环境。如：学校、企业及其他各类社会组织。组织环境基本可以分为两大类，即学习环境、工作环境。

第一，学习环境（本书主要指学校）。学校是有目的、有计划、有组织地向学生系统传授社会规范、价值标准和知识技能的机构和独立群体。它的社会职能基本有三个：继往开来、传播科学文化知识，培养合乎社会需要的人才，移风易俗、改造社会、建设文明。学校的三项社会职能，基本上是靠培育人才实现的。这一点，无论在哪个社会里都一样。美国社会学家赫斯和托尼曾对 12 000 名二年级到八年级的中小学生进行调查，发现学校在向学生传播对政治制度的作用的看法和态度并使学生相信它的作用方面，显然起着最主要的作用。赫斯和托尼认为，有人也许会说家庭在培养儿童对国家的基本的忠诚方面起了很大作用，但是，学校提供的内容、信息和概念，扩大并发展了这些儿童早期形成的深厚感情[1]。学校在引导学生尊重既有的政治和社会秩序，传播价值观念，培养情感和传授知识技能方面，具有特殊的重要作用。学校环境很广泛，主要包含以下几个方面：其一，教育教学内容和方法。它们是教育思想的载体，是学校环境影响的主要因素。其二，校风。校风是学校的"社会气氛"，是学校中占主导地位的教育原则、风气和习惯。其三，学风。学风是学校形成的具有传统性的学习态度和风格。其四，师德。师德是教师的职业道德。校风、学风、师德是对学校全局和师生精神世界构成重要影响的环境因素。

---

[1] HESS R，TORNEY J. The Development of Political Attitudes in Children. Chicago：Ordan Press，1967.

第二，工作环境。工作环境指人从事某项工作所在组织的物质环境和精神环境的总和。在现代社会里，几乎每个有工作和劳动能力的人，都在一定的组织里工作。对于人格来说，工作是他生活的主要内容，他一生最主要的时间都是在组织中度过的，因此，工作环境对其人格的形成有着莫大影响。如：组织的工作状况、领导层作风和能力、风气、成员间关系等均对人格产生重要影响。工作环境主要包含以下几个方面：其一，组织管理。管理就是组织为了使系统的功效不断提高而从事的一系列活动。组织管理的范围很广泛，主要包含组织机构、制度和规定、人和信息等的管理。领导层是组织管理中最为关键、最为活跃的因素。组织管理的理念、原则和水平如何，对组织成员的人格形成和发展有重要影响。其二，人际关系。人际关系是工作环境中极其重要的因素。每个人在组织中都有上级、下级和同事，既有合作，又有竞争，对人格影响极大。其三，组织风气。组织风气指组织经过长期努力而形成的占主导地位的处事原则、习惯和风气，是无形的精神力量，不仅对提高组织效率，而且对组织成员的人格产生重要影响。

（3）家庭环境。家庭是建立在婚姻关系、血缘关系或收养关系基础上的社会生活共同体。家庭环境对人格形成的影响巨大。家庭是人格社会化的第一块基石，父母是孩子的第一任老师。人的一生有三分之二的时间是在家庭中度过的。家庭教育对人格形成起着奠基作用，不只关系到人格和家庭的发展，也关系到社会的安危。19世纪德国教育家福禄贝尔说："国家的命运与其说是操纵在掌权者手里，倒不如说是掌握在母亲的手中。"父母对子女的影响巨大，子女之间的相互影响也是巨大的。我国前女子乒乓球单打世界冠军丘钟惠在回忆自己的少年时代时说：在认识人和社会的过程中，对我影响较大的，……在家中，是我的哥哥，……我很尊敬哥哥，倒不是因为哥哥教会我打球，关键时刻总是和我站在一起，而是我认为哥哥讲的话有道理，做出的事使人服气。……哥哥喜欢看的书我从来不放过，哥哥崇拜的英雄，也是我心目中的英雄。孩子从家庭成员的思想道德行为中，从成人之间、成人与孩子之间的关系中，逐渐领悟了善恶、美丑、勇怯和是非的界限，形成了人格基础，对终生都有重要作用。

家庭环境主要包括以下几个方面：

其一，家风。家风指一个家庭在长期生活中，甚至在世代繁衍中，逐渐形成的较为稳定的处事原则、行为习惯和生活作风。它一经形成，就影响和制约着家庭每个成员的言行，而且还在一定程度上有继承性和延续性，对后代家庭产生或大或小的影响。苏联教育家马卡连柯说："不要以为只有你们同儿童谈话，或教育儿童、吩咐儿童的时候，才是在进行教育。你们是在生活的每时每刻，甚至你们不在家的时候也在教育着儿童。你们怎样穿戴，怎样同别人谈话，怎样议论别人，怎样欢乐或发愁，怎样对待敌人和朋友，怎样笑，怎样读报——这一切都对儿童有着重要意义。"①

其二，家庭关系。家庭关系指家庭成员之间，以婚姻关系和血缘关系为基础、以情感关系为核心的各种关系，包括夫妻关系、亲子关系及亲属关系。情感关系是家庭关系的核心，一切家庭关系都是围绕相互间的情感而展开和发展的。夫妻关系的核心问题是情感——爱情，父子（女）、母子（女）关系的核心问题也是情感——亲情。家庭情感关系的深浅好坏直接影响相互间的关系和行为方式，对每个人的思想感情、心境、工作态度和生活态度的影响都很大，尤其是对下一代心理的发育成长，几乎具有决定性的作用。可以这样说，婚后的家庭关系重塑夫和妻，而夫妻关系和亲子关系又塑造着他们的子女。家庭关系不能不是家庭环境中的一个核心内容。

其三，家庭的文化素质。家庭的文化素质指家庭主要成员的文化程度和家庭活动的文化水准。家庭的文化素质直接影响和决定家庭生活方式的层次和家庭生活环境的氛围。家庭文化素质对人格形成和发展产生重要影响。

（4）社交环境。本书的社交环境，不是指开展社交活动的所有环境，而专指经常交往的朋友组成的社交环境，即"朋友圈"。"朋友圈"，特别是同辈群体的"朋友圈"，其成员一般在家庭背景、社会地位、年龄、特点、爱好等方面都比较接近，经常聚集在一起，彼此间影响很大。形成同辈群体的"朋友圈"往往有以下三个条件：其一，年龄相近，社会成熟程

---

① 马卡连柯. 儿童教育讲座//马卡连柯. 马卡连柯全集：第4卷. 北京：人民教育出版社，1957：400.

度大体相同；其二，社会地位和阶层大体相同；其三，职业、学历和兴趣爱好大体相近或相同。同辈群体的"朋友圈"对人格形成影响巨大，有时其影响能超过组织和家庭的影响。好的"朋友圈"正气占主导，能传播社会优秀文化知识，排忧解难，鼓舞人积极上进。坏的"朋友圈"，歪风邪气占主导，传播消极落后的，甚至是黄色的文化，对抗社会，拖人下水。"朋友圈"的独特作用，主要有以下原因：首先，在"朋友圈"中，有自己特殊的亚文化，表现为一系列独特的价值标准和行为准则。其次，在"朋友圈"中，有时可能会根据某种兴趣而打破某些社会"禁忌"。最后，在"朋友圈"中，成员的社会地位、兴趣爱好、文化水准相仿，易于产生平行影响和亚文化传递，往往在人格形成和行为选择中起关键作用。

3. 人格环境力的特点

人格环境力有如下特点：

（1）广泛性。在经济全球化和信息全球化时代，影响人格环境力的因素十分广泛和复杂，不仅包含自然因素，也包含主体间因素；不仅包含它们的现实因素，也包含它们的历史发展因素；不仅包含物质因素、制度因素、技术因素，也包含人的因素；既包含长期稳定因素，又包含瞬息万变、稍纵即逝因素；既包含积极因素，又包含消极因素……国际国内发生的重大事件，科学技术的新发明，人类对宇宙和地球的科学探险，都会立即转变为环境影响，使人格环境力成为一个内涵十分广泛的很难认识和把握的复杂动态系统。

（2）渗透性。人格环境力对人格的影响，除少数制度硬性规定之外，都不是强制性的，而是渗透性的。它往往是通过复杂多变的环境刺激，激发人的情感，刺激人的心灵，影响人的认识，潜移默化、渗透积累，使人在不知不觉中接受影响，产生变化——量变或质变。无论是社会环境、组织环境、家庭环境，还是社交环境，都具有这种潜移默化、感染熏陶、润物无声的特点。

（3）特定性。人格环境力是广泛复杂的，又是特殊特定的。一个人绝不可能接触整个世界的所有领域，生活在所有环境之中。他真正接触的环境是具体的、特殊的、特定的。如，在一定时间内，他所生活的社会环境、组织环境、家庭环境、社交环境等，都是具体的、特殊的、特定的。在这个意义上，他必须承认这个环境，从这个环境出发去奋斗和拼搏，以争取更美好的未来，而不能不承认这个环境，幻想不存在这个环境。特定的环境是人格形成的主要根源之一，是分析人格结构及其行为选择规律的依据。只有将特定环境了解透彻，才能全面了解人格和解释人格行为。

（4）动态性。人格环境力既是相对稳定的，又是发展变化的。自然环境无时无刻不在发生变化，而社会环境发展变化更快。这种变化有时可以用"年"和"月"来表述，有时可以用"日"来表述，而有时则只能用"瞬息万变"来表述。社会环境、组织环境、家庭环境、社交环境等都是发展变化的。认识和掌握变化中的环境是走向成功的条件。认识和掌握了变化的环境就可以走向成功，而不认识、不掌握变化了的环境就只能走向失败。

（5）持续性。人格环境力是人格生存的一个永远"在场"的因素，人格只能利用它提供的条件和机会，回应它的挑战。具体的某一种人格环境会发生变化，它可能产生，也可能消失，但是人格环境力的"在场"不会消失。所有人格都只能生活在环境力之中，被环境力所环绕。环境力向人格提出挑战，同时，也给人格提供生存的条件和机会，谁也离不开谁。因此，人格环境是一种持续的存在，人格只能时时面对它。在环境中生存——这是人格的基本生存方式，没有例外。

（6）部分可控性。人格具有部分控制人格环境的能力。人格主体永远不可能完全控制所有人格环境，但是，却能够控制部分人格环境。这是人与动物的根本区别之一，动物完全不能控制环境，而人却可以通过改造环境而控制部分环境。人在本质上是实践的动物，人类从开始生产实践起，就用工具控制了部分环境，将"自在"的环境因素转化为"为我"的环境因素。人类不仅能控制部分自然环境因素，也能够控制部分主体间环境因素。这表现了人的巨大的主观能动性和主体能力。但是，由于环境具有无限性，人格永远无法完全控制全部环境，只能控制部分环境。具体而言，人格对自然环境，只具有部分控制的能力。人格对主体间环境，同样也只有部分控制的能力。

4. 人格环境力的作用

（1）塑造作用。塑造作用指环境对人格具有教育和塑造的功能。人格的形成主要取决于三个因素：环境影响、教育和自我努力。环境对人施以各种环绕力。这种力的作用，能使人习染成一种符合环境的特性，并被环境同化，形成人格。马克思在分析空想社会主义者和法国唯物主义者关于环境在个性形成中的作用时说："人创造环境，同样环境也创造人。"① 他还说，"人天生就是社会的生物，那他就只有在社会中才能发展自己的真正天性"②。列宁在与唯心主义社会学者展开论战时，也曾强调指出，不能认为人们的思想和感情似乎是偶然出现的，"而不是从一定社会环境（它是个人精神生活的材料、客体，它从正面或反面反映在个人的'思想和感情'上面，反映在代表这一或那一社会阶级的利益上面）中必然产生的"③。对此，我国许多古代学者曾做过大量论述。如：墨子认为人性如"素丝"，"染于苍则苍，染于黄则黄"。荀子用"蓬生麻中，不扶而直；白沙在涅，与之俱黑"（《劝学篇》）来说明环境的环绕力对人格形成的决定性影响。一般而言，在环境作用的问题上，必须反对两种错误倾向：第一，要反对"环境决定论"。"环境决定论"片面夸大环境的决定作用，认为人的一切思想品德和能力的差异都是由环境造成的，个人的主观不起任何作用。这种理论夸大了环境的作用，否定人的主观能动性，同时，也忽视和否定了教育的主导地位和作用，因而是片面的。第二，要反对"生物决定论"。"生物决定论"片面夸大生物因素对人的思想和行为的作用，认为人的一切思想品德的差异和人的一切行为，都是生物的原因决定的，完全否认社会环境和教育的决定作用。这种理论显然也是片面的、不正确的。

（2）激励作用。人格环境力是激发人格生命力，开发人格潜能的基本

---

① 马克思，恩格斯. 德意志意识形态//马克思，恩格斯. 马克思恩格斯全集：第3卷. 北京：人民出版社，1960：43.

② 马克思，恩格斯. 神圣家族//马克思，恩格斯. 马克思恩格斯全集：第2卷. 北京：人民出版社，1957：167.

③ 列宁. 民粹主义的经济内容//列宁. 列宁全集：第1卷. 北京：人民出版社，1955：383.

条件。人是一个具有"二重生命"的生物。在对待环境压力上，具有积极与消极、主动与被动的二重性。积极进取的人格对待环境压力的态度是，"不挫不愤，越挫越愤"。环境挑战和压力是激发斗志、开发潜能的重要条件。艰苦的生存条件和人生经历常常是成功的前提和助力。对此，孟子有深刻论述。他认为，人要担当"大任"就必须经过艰苦环境的长期磨练和考验，并提出了"生于忧患，死于安乐"和"艰难困苦，玉汝于成"的著名论断。他说："天将降大任于斯人也，必先苦其心志，劳其筋骨，饿其体肤，空乏其身，行拂乱其所为，所以动心忍性，曾益其所不能。"（《孟子·告子下》）这深刻揭示出环境对人格的激励进取、对性格的锤炼和对潜能的开发的巨大功能。

（3）资源作用。人格环境力有"两重性"：第一重性，人格环境力是人格生存压力的主要来源，人格只有成功地回应环境压力才能生存和发展；第二重性，人格环境力是人格生存发展所需资源的基本来源，是人格生存发展的必需条件，人格只有合理而充分地利用环境所提供的资源，才能生存和发展。环境的资源作用或功能主要包含自然环境力为人格所提供的全部自然资源和主体间环境力为人格所提供的全部文化资源。人格的生存和发展，一刻也离不开人格环境力所提供的资源。失去人格环境力所提供的资源，人格无法生存，更不可能发展。在现代，环境的信息功能日益突出。今天，无论是事业、生活，还是健康，都离不开迅捷而充分的信息。信息已成为人格生存发展的最重要的资源之一。信息领先意味着整体领先，信息落后意味着整体落后。一个人获取信息的能力和占有信息的数量与质量往往决定了他的事业的成与败。总之，人格环境力为人格生存发展提供了必要的资源。

（4）特化作用。特化作用指人格环境力容易使人格出现"特化现象"，并将人格引向特化的道路。人格环境力具有整体性和广泛性，又具有具体性、特殊性、特定性。一般而言，人格首先要回应的必然是具体的、特殊的、特定的环境压力和挑战。他的各项重大选择也必然是针对具体的、特殊的、特定的环境而做出的。人格长期生活在特定的环境之中，必然会出现一种倾向——人格结构的"特化"现象。也就是人格结构只适应具体的、特殊的、特定的环境，而难以适应更普遍的环境。一旦他的生存环境发生改变，就会显得很不适应，很被动。人格是环境的产物，出现人格结构的"特化"现象，有其必然性，但是，应当自觉避免。邓小平曾指出，教育应"面向世界，面向现代化，面向未来"，就是为避免中国人格只适应中国环境而不适应更普遍环境提出来的，是避免中国人格"特化"的重大教育决策。

（5）约束作用。约束作用指人格环境力对人格行为具有巨大的引导、规范和约束的作用。自然环境和主体间环境对人格行为都具有巨大的约束作用。人对自然的行为并没有绝对的自由，必须遵循合理性原则，否则，必然引起大自然的疯狂报复，如果人类肆意破坏大自然，一意孤行，只能被大自然淘汰。主体间环境对人格行为也具有巨大的约束力。良好的主体间环境对不良行为和歪风邪气有巨大的限制和约束力量，而不良的主体间环境只能助长不良行为和歪风邪气。一般而言，法律和制度是环境对人格行为实行的"硬约束"，道德和舆论是环境对人格行为实行的"软约束"。两种约束力都对人格行为产生巨大的规范和限制作用，引导和规范人格行为遵循一定的秩序。

（6）部分决定作用。部分决定作用指人格环境对人格结构和人格命运具有部分限定或决定的功能。人格是主体，人格结构和人格命运是人格自己选择的结果，是由人格自己决定的。但是，也不能忽视环境对人格结构和人格命运的重要影响。人格环境对人格结构和人格命运具有部分决定的功能。一般而言，环境决定人格行为选择的可能性。一个人，无论人格力量多么强大，他只能在环境提供的各种可能性中进行选择，而不可能超出环境的可能性去选择。如果你没有足够的经济资本和特殊的机会，又想实现美好的理想，就必须努力奋斗。否则，难免被淘汰。总之，环境具有部分决定人格结构和人格命运的功能。基本规律是，环境决定人格发展的可能性，而人格选择决定命运。

（二）人格行为选择

1. 人格行为选择概念

人格行为选择，指人格在外界环境挑战和压力下，为了生存和发展而对行为的挑选和决策，是能动改造世界和改造自我的活动。它贯穿在人格的全部生命实践活动之中，是普遍的、经常的、大量的行为，既包含外向行为选择，又包含内向行为选择。人格行为选择是人的特殊生命本质——"实践主体"的具体表现，是人的特殊生命本体——"结构与选择"的功能，是一种自觉的、有目的的、能动的和创造性的活动。它的最普遍的机制是，在外界环境压力和挑战下，人格需要力发动，人格判断力判断，最后选择行为。人格在外界环境的挑战和压力下，时时处处面临行为选择，并通过行为选择实现自己的目的和理想。人格行为选择对人格的起伏盛衰和命运具有决定性的意义和影响，甚至可以说，人格的起伏盛衰和命运基本是由人格行为选择决定的。

应区分一般人格行为选择和人格事件。所谓一般人格行为选择，指在环境刺激和压力下，人格的普遍的大量的行为选择，是日常的人格行为选择。所谓人格事件，指对人格结构造成重大而持久影响的事件，是特殊情境下的个别行为选择。它与类群事件相对。类群事件是对类群结构造成重大而持久影响的事件，并将长久地保存在类群记忆之中。人格事件可能是由"类群事件"造成的，也可能只是人格本身的事件。它在人格结构中留下的痕迹，即"事件印痕"。它对人格来说，可能是正面的，也可能是负面的。有的可能永久地保存在人格记忆之中，并影响人的终生。对于负面的"事件印痕"应以科学的方法加以清除，使其走出阴影，走向光明与美好。

人格事件与类群事件有联系有区别：它们的联系——都是对人格或类群造成重大而持久影响的事件；它们的区别——类群事件是对类群造成重大而持久影响的事件。当然，有些类群事件直接给某人的人格造成重大而持久的影响，因此，同时也是某人的人格事件。而人格事件是对某一人格造成重大而持久影响的事件，一般仅限于人格自身，除少数手握重权的领袖人物之外，很少有人格事件成为类群事件。

2. 人格行为选择机制

人格行为选择机制，主要指人格在外界环境刺激下，为了生存发展的需要，调动各种人格力量，主动运作，并最终形成行为选择的有机过程。也可以展开描述：人格行为选择的一般机制是，人格在外界环境刺激和压力下，为了生存和发展，人格需要力发动，人格判断力判断，而后做出行为选择。这个过程大致是：环境刺激＋人格结构（人格需要力＋人格判断力）→人格行为选择。人格行为选择机制有如下要点：

（1）人格行为选择的动力基础。人格行为选择的基本动力来自两个方面：第一，外界环境挑战和压力。这包括自然环境的压力和挑战与主体间环境的压力和挑战，即来自其他人格或类群的压力和挑战。第二，人格结构自身的动力。如：人格需要力（"三种需要九个欲望"）和人格判断力（"四种人格判断力"）等人格的全部动力。

（2）一般性人格行为选择机制。通常情况下，人格行为选择都是程序性行为选择，即在外界环境刺激下，由人格需要力发动，经人格判断力判断而产生的行为选择。这种行为选择是普遍的、大量的、经常的，因而可称为程序性行为选择。

（3）特殊性人格行为选择机制。在特殊情况下，人格行为选择也能够不遵循程序性行为选择机制，而运行特殊性行为选择机制。如：在外界环境刺激下，由人格需要力发动，而人格判断力并未参与，仅由人格需要力独自决定的行为选择。比如：梦境、梦游、儿童的某些行为等。或者在外界环境刺激下，由人格判断力发动，而人格需要力并未参与，仅由人格判断力独自决定的行为选择。比如：革命者、道德高尚者的某种献身行为和某种放弃自我重要利益的行为等。这两类情况，都属于特殊性人格行为选择机制。

3. 人格行为选择向度

人格行为选择向度，指人格行为选择的基本指向。一般而言，人格行为选择只有两个向度，即外向行为选择和内向行为选择。这两个角度，有时表现为单向行为选择，即单向的外向行为选择或单向的内向行为选择；有时表现为双向行为选择，即外向行为选择与内向行为选择同时叠加进行或先后有序组合进行。

（1）外向行为选择与内向行为选择。所谓外向行为选择，是指在外界环境刺激下，为了生存发展，人格的行为选择指向外界环境，表现为适应或改造外界环境的行为。如：人格针对外部环境而采取的政治的、经济的、文化的行为或日常生活行为等。这就是人们经常讲的改造客观世界的行为。所谓内向行为选择，是指在外界环境刺激下，为了生存发展，人格的行为选择指向自身的人格结构，表现为反省、改造和超越人格自身结构的行为。如：人格反省和调整人格结构与外界环境关系的行为，反省、改造和超越自身的整体人格结构的行为，反省、改造和超越自身的某一人格要素的行为等。这就是人们经常讲的改造主观世界的行为。

（2）单向行为选择与双向行为选择。这是指人格行为选择向度的复合程度。所谓单向行为选择，是指方向单一的人格行为选择。如，在外界环境刺激下，人格或者单纯选择外向行为，即单纯指向外界环境的行为；或者单纯选择内向行为，即单纯指向反省、改造或超越自我人格结构的行为。所谓双向行为选择，是指外向行为选择与内向行为选择同时叠加进行或先后有序组合进行的行为选择。一般而言，重要的比较复杂的人格行为选择基本都是双向行为选择。双向行为选择也可称为双向复合行为选择。

4. 人格行为选择类型

人格行为选择类型，指依据行为选择方式的性质而对人格行为选择所做的分类。人格行为选择主要有四种类型：程序性选择、表现性选择、真理性选择和不行为。

（1）程序性选择。程序性选择指在外界环境挑战和压力下，为了生存发展的需要，人格采用一般性行为选择机制而进行的行为选择。这种行为选择的方式是，在外界环境刺激下，由人格需要力发动，由人格判断力判断而产生行为。这种选择方式是普遍的、经常的、大量的行为选择。在一般情况下，人格行为选择基本上采用程序性行为选择机制。

（2）表现性选择。表现性选择指在一定外界环境刺激下，由人格需要力发动，而人格判断力并未参与，仅由人格需要力决定的行为选择。这是特殊情况下的行为选择。在一般情况下，人格判断力是人格结构及其行为选择的主持者，是人格行为选择的最后决定力量，可以称为人格行为选择的"守门人"。而且，人格判断力是一个尽职尽责的人格行为"守门人"，在它清醒的时候必须由它自己决定行为选择，它决不允许人格需要力直接决定人格行为选择。因而，在正常情况下，不会出现表现性行为选择。然而，人格结构和人格行为选择都是世界上最复杂的现象，在人格行为中总有许多行为是难以解释的，这些行为大部分属于表现性行为。它不是由理智的代表——人格判断力决定的，而是由非理智的欲望的代表——人格需要力决定的。表现性行为选择一般出现在以下情况：童年时代出现的某些行为、梦境、醉酒、偶尔出现的自己都无法解释的表情或动作等。表现性行为选择虽然是特殊的、少量的行为选择，然而却意义重大。在一般的程序性行为选择中，人格理智的代表——人格判断力决定行为，它会出于某种考虑而掩盖某些真实的东西，因而很难从人格行为选择中直接获得完全真实的信息。如：某人有病，当你问他："您是否有病？"他可能出于某种考虑回答你："我没病，健康着呢。"这是人格判断力由于特殊的复杂原因而对真实的遮蔽。可是，在表现性行为中，人格判断力由于某种原因，没有参与判断和选择，人格需要力突破人格判断力（意识和理智）的防线，直接决定行为。这时，它会原封不动地将身心的真实呈现在别人的面前。因而，表现性行为是研究人的真实的极好对象和最佳的机会。从表现性行为中可以看到他的潜意识状态、身心健康状况、基本焦虑、面临的事件或危机，以及他以往的某些经历，甚至在一定意义上还可以从中发现其祖先（人类童年时代）的某些事件和人类难以彻底遗忘的经历，为研究复杂的人类提供某些信息。下面的两类表现性行为选择，说明这个问题再好不过。

第一，童年的行为。童年时代，人格结构尚不健全，理智和意识还未长成，意识基本上处在潜意识的包围之中。这时的人格判断力虽然也想"把门看好"，不准人格需要力直接决定行为，但是，由于自己尚未长成，封不住"门"，因而人格需要力就能够不时地溜出来表演一番，提供了许多关于人的真实状况。如：儿童见到生人，便飞奔到母亲的身后躲起来，并不时地张望——这类似于幼猴的行为。幼儿和小学生好恶作剧，虐待小动物，惧怕大动物，偷果子，追逐猫，袭击狗，爱爬树……当大人追问他："为什么这样做？"他其实是回答不上的——他并不懂得人类的发展史。可是，追问急了，他就会乱编些不着边际的谎话应付你。他的行为是由潜意识中动物性的冲动决定的，他的祖先就是这样做的，而他的理智和意识尚不成熟，必然也会出现这样的行为。他并不明白，他正在演绎理智尚不发达的祖先——"童年时代"人类的行为。他怎么能够说清楚"为什么？"但是，儿童的行为却展示了人类的"童年时代"，让我们看到了人类"童年时代"的某种真实。这说明，个体永远复演人类的历史。

第二，梦境。人在醒着的时候，人格判断力非常认真，尽职尽责地把好门，不给人格需要力直接决定行为以任何机会。可是，当人睡觉的时候，情况则发生了变化。人格判断力"睡着了"，而人格需要力却并没有"睡着"，也不会"睡着"，于是，就偷偷地溜出来表演，指挥行为，人就开始了梦境。梦境表现的是潜意识的大海，可能有各种需要、欲望、情绪、焦虑、从未见过的人物、动植物和图景、从未经历过的事件……梦境中不仅有自己的经历和"印痕"，还可能有祖先的经历和"印痕"，更可能有潜意识面对困境而提供的"模糊回应"，只是由于以下两点原因，我们还无法解读它。第一，我们至今仍非常缺乏关于潜意识和梦境的知识，人类对自己的这方面认识，恐怕连基础知识也够不上，难言科学破译。第二，梦境提供的"模糊回应"带有前意识的特点。也可以说它是潜意识和前意识为自己提供的"模糊回应"。不要以为遇到人格事件只有人格判断力是负责任的，而人格需要力是不负责任的。人格需要力同样是负责任的，有时也要提出"模糊回应"。只是，潜意识是原始人全部"精神世界"的遗存，它所提供的"模糊回应"类似于意识刚刚破晓时的原始人为自己提供的"模糊回应"，包含着大量意向性、动作性和图画性概括，在现代人看来显得离奇古怪，无法理解。应当说，梦境提供的"模糊回应"既不见得准确，更不见得正确，否则人类的数百万年进化（现代的"意识"）就毫无意义，但却可能包含着某种意想不到的启发性。对于这种潜意识在梦境中的可能贡献，由于我们还无法正确地释梦，往往辜负了它的一片好心。梦境的确包含着自我的某种真实、祖先的某种真实和自己破除困境的某种可能的"模糊回应"，是认识自我和祖先的极好途径，也可能会从中获得某种有益的启发。科学技术史曾记载著名科学家门捷列夫发现元素周期律、著名化学家凯库勒发现苯的结构等大量案例，他们都曾受到过梦境中模糊意向的启发。

苯是在 1825 年由英国科学家法拉第首先发现的。如何确定它的结构式，考验着欧洲的化学家们。德国化学家凯库勒是一位极富想象力的学者，对苯的结构，他在分析了大量的实验事实之后认为：这是一个很稳定的"核"，6 个碳原子之间的结合非常牢固，而且排列十分紧凑。于是，凯库勒集中精力研究这 6 个碳原子的"核"。但在提出了多种开链式结构但又因其与实验结果不符而一一否定之后，1865 年他终于悟出闭合链的形式是解决苯分子结构的关键，创造了被公认的"凯库勒式"（环状六边形结构）。凯库勒悟出苯分子的环状结构的经过，是化学史上的著名案例。他说这来自一个梦。他在比利时的根特大学读书时，一天晚上，他在书房中打起了瞌睡，眼前又出现了旋转的碳原子。碳原子的长链像蛇一样盘绕卷曲，忽见一条蛇抓住了自己的尾巴，并旋转不停。他像触电般地猛醒过来，整理苯环结构的假说，又忙了一夜。对此，凯库勒说："我们应该会做梦！……那么我们就可以发现真理，……但不要在清醒的理智检验之前，就宣布我们的梦。"应该指出的是，凯库勒能够从梦中得到启发，并不是偶然的。这是由于他长期冥思苦想有关原子、分子、结构等问题，然后才会梦其所思，梦有所得。但是，这却告诉"结构选择论"一个事实——面对某种困境潜意识也会运作，并产生某种"模糊回应"，有时会在梦中上演，给人以意想不到的启发。

然而，由于今天的人类长期疏于认识自己，至今尚未掌握释梦的可靠技术，只能"望梦兴叹"！但是，从理论上讲，人类的未来是一定能够释梦的。下面的案例可能会给我们理解上述理论带来进一步启示：

《士礼居丛书·梁公九谏》中记载了狄仁杰为武则天释梦的故事。"一日，武则天睡至三更，忽得一梦，梦与大罗女对手着棋，局中有子，旋被打将，频输天女，忽然惊觉。"武则天十分迷信，晚年又整日忧思接班人无着落，就猜测这是上天的暗示，无法解释，产生内心的焦虑。第二天，她上朝后将此梦讲给众大臣，希望有人圆梦，但无人应声。这时，丞相狄仁杰出来奏曰："臣圆此梦，于国不祥，陛下梦与大罗天女对手着棋，局中有子，旋被打将，频输天女；盖谓局中有子，不得其位，旋被打将失其所主。今有太子卢陵王贬房州千里，是谓局中有子，不得其位，遂感此梦。"接着，狄仁杰替武则天提出了一个对策，说："臣愿东宫之位，速立卢陵王为储君。若立武三思，终当不得。"后来，武则天采纳了狄仁杰的建议，立卢陵王为太子。

这场圆梦非常经典，基本符合梦（表现性行为选择）的规律。武则天在位杀人无数，李唐诸王子也被杀贬多人，晚年感到无人可立太子，忧思过度，产生焦虑。夜间化作梦境，与大罗天女对棋，"局中有子，旋被打将，频输天女"。这场梦的关键在"子"字。白天醒着的时候，武则天的人格判断力能够区分儿子、太子与棋子的差别，可是，在梦中，人格判断力"睡着了"，人格需要力分不清儿子、太子与棋子，于是，太子变成了棋子，并因为棋子不得其位，而频输天女。狄仁杰抓住"子"字，将梦境还原为现实，指出武则天的忧虑——无法立太子，安王朝。于是，提出立卢陵王为太子的建议。现在，已无法得知狄仁杰圆梦的详细考虑，但是，这场圆梦却十分精彩。它起码说明两点：第一，表现性行为选择虽然是个别的，但意义巨大，其中蕴含着大量尚不为人知的信息、知识、人格结构运行的规律性以及可能的潜意识对解除困境的"模糊回应"，有待深入开发。第二，人类总有一天有能力以科学的方法释梦，并解释其他各种表现性行为选择，以便获得更全面的关于人自己的知识。

（3）真理性选择。真理性选择指在一定外界环境刺激下，人格需要力没有发动或虽然发动但其趋向与人格判断力相左的情况下，由人格判断力单独决定的行为选择。这是特殊情况下的行为选择。在一般情况下，人格需要力是行为选择的基础，必然参与行为选择。但是，在极特殊情况下——或者人格需要力没有发动，或者虽然发动，但其趋向与人格判断力的判断相反，人格判断力经过深刻抉择，忽略或放弃人格需要力，单独决定行为选择。这种行为选择虽然是个别的、少数的，但却是存在的。人是有理性的动物，理性是行为选择的最后决定者。这种选择意味着个人将为真理（理性）做出不小的牺牲，可称为真理性选择，是人性的表现。典型的真理性选择就是革命烈士抛头颅洒热血的行为、志士仁人为真理而献身的行为、公职人员牺牲个人利益恪尽职守的行为等。决定他们行为的唯一力量就是真理。下述两个案例是对真理性选择的最好说明：

案例一：我国戊戌变法的主将谭嗣同，为挽救中华厄运而奔走呼号。变法失败后，有人劝他出走，他坚决不肯，悲愤地说："各国变法，无不以流血而成，今日中国未闻有因变法而流血者，此国之所以不昌也。有之，请自嗣同始。"年仅三十三岁，慷慨就义。他的尸骨运回浏阳家乡，葬于城外石山下。人们在他墓前的华表上刻下一副对联：

> 亘古不磨，片石苍茫立天地；
> 一峦挺秀，群山奔赴若波涛。

案例二：继哥白尼发表"日心说"之后，意大利著名天文学家和哲学家布鲁诺，进一步发展了"日心说"。他在当年罗马教皇当众焚毁哥白尼《天体运行论》的广场上，勇敢地批判教会的神创论。后来，他被迫在外国流亡 16 年。他在流亡的生活中，完成了《论无限、宇宙和诸世界》，指出宇宙是无限的、永恒的，它没有中心，宇宙有无数个太阳系，而太阳不过是太阳系的中心。这引起了反动宗教势力的恐慌，1592 年世界各国有130 多个宗教异端裁判所指控布鲁诺为异端。罗马教皇用最卑鄙的手段把布鲁诺骗回意大利，然后将其逮捕入狱，用软硬兼施的方法企图让布鲁诺放弃自己的观点，结果均告失败。英勇的布鲁诺，经过 7 年监禁，在他 52岁的时候壮烈地牺牲于罗马广场的烈火之中。他自知将受火刑，但镇定自若地说："火并不能把我征服，未来的世界会了解我，知道我的价值。对于我的死，后代会说他不知道死的恐惧。"他觉得为真理而献身是最大的光荣。宗教异端裁判所的档案也记载："布鲁诺没有任何招供，他认为没有做过任何值得反悔的事。"

谭嗣同和布鲁诺的行为是典型的真理性选择，显示了人性的尊严、伟大和光辉！他们的行为是全人类学习的典范。不过，应当指出的是，真理性选择是少数英雄模范和杰出人物的行为，不是所有人的普遍行为，也不是经常性的行为。应当提倡真理性行为所表现的崇高精神。但是，让所有的人，在所有情况下都做到，这既不应当，也不可能。

（4）不行为。不行为指在外界环境压力下，人格需要力发动，而人格判断力经过判断，认为不应当有行为，因而选择了不行为。不行为的实质也是一种选择行为，而且往往是一种深思熟虑的选择行为。不行为实际上经过了人格行为选择的全部程序，是程序性选择的另一种表现。不行为虽然是一种特殊的行为，但是，在现实生活中并不少见。三国时代的"徐庶进曹营——一言不发"就是典型的不行为。其实，这是徐庶反复思索而选择的行为。人们在日常生活中，往往有这种经验——在某个问题上或在某种场合里，不应当发言，否则将十分不利，因而，表现为不行为。在实际生活里，不行为也有一定的数量，只是由于人性的弱点——争强好胜，往往无法真正做到不行为。

九、人格结构形成的历程与成因

人格结构是一个在肉体基础上，特别是在大脑的基础上形成的精神系统。人格结构不是从来就有的，是自然界长期发展的产物，是由高级动物的无意结构发展而来的。这是一个由混沌到有序的过程，其形成和发展经历了漫长的岁月和复杂的历程。

（一）人类人格结构的形成历程

1. 人格结构形成的条件

人格结构是由动物的无意识结构发展演变而来的。由高等动物的无意识结构发展到人的人格结构需要三个基本条件：

（1）社会实践。社会实践是人格结构形成的社会基础。这主要表现在两个方面：一方面，社会实践表现为制造和使用工具。制造工具使人类从动物界中超脱出来，由类人猿变成了猿人。随着制造工具的发展和完善，猿人一步步演变为现代人。工具的制造、使用和发展是人格结构产生、发展和完善的根本性社会基础。另一方面，社会实践表现为人类的社会生活。人类从事制造工具和生产劳动，必然结成生产关系及以生产关系为基础的一切社会关系，展开了人类特有的社会生活。随着人类社会生活的进步和发达，人格结构也愈益完善和发达。人类的社会生活同样是人格结构产生、发展和完善的根本性社会基础。

（2）人的大脑。大脑是人格结构的物质基础。在生产劳动、社会生活实践和语言的作用下，猿脑迅速发达起来，转变为人脑，成为人格结构的物质基础。猿脑是猿的无意识结构的物质基础，而人脑是人格结构的物质基础。没有复杂的、发达的人脑做物质基础，不可能产生复杂的、发达的人格结构。人格结构主要是高度发展、高度完善，并高度组织起来的特殊物质——人脑的状态和机能。这个状态和机能表现在三个方面：第一，反映外在客观世界，形成感觉、知觉、观念和理智。第二，反映内在自身的各种状态，形成不同的欲望、需要和理智。第三，将外在反映形成的感觉、知觉、观念和理智与内在反映形成的不同欲望、需要和理智整合（统合）起来，形成人格结构，并在一定的条件下，形成相应的动机与行为，产生人的复杂的、千变万化的动机和行为。

（3）语言。语言是人格结构的一种存在和表现形式，行为（表情、动作、投射等）是人格结构的另一种存在和表现形式。猿的无意识结构基本上是由本能组成的，至多能达到不稳定的前意识水平，具备某种不稳定的一闪即逝的"意向性心理"的萌芽，因而它的结构是以行为的形式表达的，不需要也不可能以语言符号的形式存在和表达。而人的人格结构则复杂和发达得多。它的一部分（潜意识）仍然能够以行为的形式表达。当然，这一部分随着科学技术的发展也能够或多或少地以语言的形式来表达。但是，从根本上说人的人格结构的基本存在和表达形式是语言。人的人格结构不仅包含有前意识、潜意识，而且包含复杂和高级的意识，意识在人格结构中居支配地位。行为难以深刻、准确、全面地表达意识。因此，人的人格结构不仅能够，而且必须以语言符号的形式存在和表达。依据古人类学提供的资料，语言与人格结构是同步形成的，语言的形成和发展与人格结构的形成和发展互为条件和前提，两者相互促进，同时形成，

控制对象，还是对象控制打制者，是很难说清楚的，这两者的区别在猿人的头脑里也是不清楚的。这说明，他们的人格结构在意向性心理这个层次上是稳定的，但是，整体上是混沌的。在这个阶段里，猿人的人格结构可以用图9-1来表示：

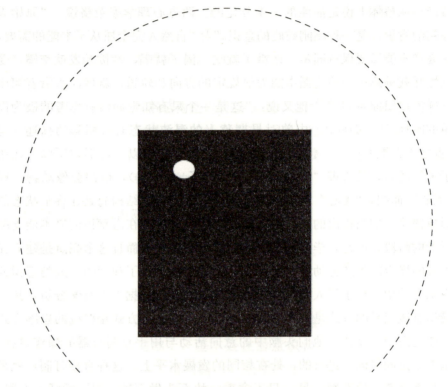

图9-1 猿人的"朦胧破晓"阶段人格结构图

从猿人的"朦胧破晓"人格结构图来看，其人格结构是混沌的、模糊的。其人格结构基本处在前意识阶段，相当于潜意识水平。猿人就是以这样的人格结构去面对外界环境的挑战，支配自己的行为，其行为也不能不若愚若昏，遵循本能，处在昏茫中。不过应当看到，在猿人的"朦胧破晓"人格结构中，已出现了一个稳固的小亮点，这是一种省悟了的自觉意识。尽管亮点过小，而且亮度有限，但是，却预示了人类的暗夜即将结束，黎明即将到来。它一定会在生产实践的基础上越来越大，越来越亮，照亮整个人类的精神世界。

（2）"雏形初具"阶段。

这个阶段大约处在从早期智人开始至晚期智人前。早期智人已有了比较清晰的意识，意识与潜意识已经逐渐分化，但意识还不够强大，在很长的时期内，仍然是潜意识占据支配地位。在早期智人人格结构中，象征自觉意识的亮点已经扩大和发展，亮了一片，但是，相比较而言，潜意识仍处于优势，占据着更为广大的一片，包围着意识。有时，意识能够决定行为，但是在多数情况下是潜意识决定行为，呈现出意识与潜意识交替直接决定行为的状态，其行为有时清醒，有时昏茫。早期智人的人格结构可以用图9-2来表示：

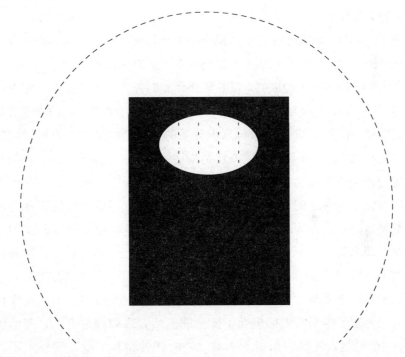

图9-2 早期智人的"雏形初具"阶段人格结构图

早期智人的人格结构状态是与其生产实践的进步相联系的。从早期智人开始，制造石器的工艺已经有了进步，由直接打制一个环节，分解成若干环节，如修理石核（石料），预制打制台面，在人工台面上打制石器，对打制出来的石片做进一步加工。同这种生产石器过程相对应的，早期智人的思维方式和活动也发生了明显变化：由猿人的意向—动作，变为意向—意向。猿人的模糊的意向性逐渐变为比较明确的意向性，行为的自觉目的性不断凸显和明朗。在早期智人的遗址中，发现有随葬品。这说明早期智人也已经制作和佩戴装饰品。这进一步说明，早期智人的意识已经明显进步和发展，自觉意识决定的行为，不仅数量增多、范围拓展，而且趋向复杂化。同时，这也说明，早期智人的自我意识和自我意识支配行为的现象已出现。从早期智人开始，人格结构已由猿人的"朦胧破晓"状态发生了显著的分化：一个是原有的潜意识、潜意识活动和由潜意识直接决定的行为，一个是逐渐分化和发展起来的自觉意识、自觉意识活动和由自觉意识决定的行为。原来的潜意识几乎占据人格结构的全部，现在则让出了一部分，而自觉意识则由一个小亮点变成了一部分；原来的潜意识占据全部前台，直接决定行为，现在其一部分已被挤向后台，而自觉意识逐渐挤向前台，去直接决定行为。这样便逐步形成了由潜意识和意识构成的，潜意识仍然相对强大，意识已有一定发展的"雏形初具"人格结构状态。从图 9-2 中可以看出，早期智人的自觉意识已有一定发展，已经形成潜意识与意识分明的界限，初步具备人格结构的样式，但是，也不能对早期智人的人格结构估计过高。从整体来说，早期智人的自觉意识仍不够发达，水平较低，仍存在某些混沌现象。在早期智人阶段可以看到一种普遍的、初级的精神现象，就是分不清醒时的知觉与睡眠中的梦境，并且误以为梦境就是实境。在公元前 2 世纪，中国西汉的贾谊曾在其《新书》中记载，当时北方匈奴人"梦中许人，觉且不背其信"。1844 年西方学者伊姆·特恩在圭亚那印第安人那里发现，"现实的人应该对自己出现于他人梦中时针对做梦者而采取的行为负责"①。另外，现代人的梦境也再现了早期智人的理性不健全的生活方式和行为方式。弗洛伊德认为："在现代人的梦中保留着人类远古时代的精神文物，梦境表现的原始运作方式，曾经一度操纵着人们清醒时的生活，这些在现代人那里似乎被放逐到夜间去。"② 古希腊诗人埃斯库罗斯说得更明确："我们远古祖先觉醒时的生活，同我们现代人的梦态生活一样。"③ 就是说，早期智人的

---

① 恩格斯. 路德维希·费尔巴哈和德国古典哲学的终结. 北京：人民出版社，1972：14.
② 弗洛伊德. 释梦. 台北：志文出版社，1973：457-473.
③ 萨根. 伊甸园的飞龙——人类智力进化推测. 石家庄：河北人民出版社，1980：104.

生活和行为，曾像现代人梦境中的生活和行为一样混沌、昏茫、离奇，难以用今天的理性逻辑去理解。他们当时的生活和行为，被现代人作为梦境保留下来，放在夜间理智沉睡时去上演。产生这种生活方式和行为方式的根本原因是他们的自觉意识不够健全，只能覆盖前台的一部分，前台的相当大部分仍然不能不由潜意识占领，而且他们已经具有的自觉意识也远未达到现代人自觉意识的水平。因此，早期智人（直至晚期智人前）的人格结构只能处在"雏形初具"阶段，没有达到"系统完形阶段"，更远未成熟。

（3）"系统完形"阶段。

这个阶段大约处在晚期智人时期。晚期智人的意识和潜意识的分化和组合已经基本完成。其人格结构是一个完整的系统，意识和潜意识是人格结构大系统的两个相对独立又相互联系和贯通的小系统，共同组成了人格结构的完整系统。在这个时期，晚期智人的自觉意识逐渐发达起来，已经完全占据了人格结构的前台，直接决定行为，潜意识已经全部退回后台，不再直接决定行为。潜意识是人格结构中具有极大生命能量的部分，但是，它已被意识压回后台，成为潜意识。在一般情况下，它无论有何欲望和要求，都无法走到前台，直接决定行为，而只能在后台活动，反映和推动意识，由意识选择和决定行为。意识已将人格结构与外界联系的出口——动机与行为封上，不再允许潜意识直接决定动机与行为。当然，特殊情况例外，如在梦境中，意识沉睡，潜意识溜出来指挥行为，产生混沌、离奇的梦境——梦中行为。也还存在其他某些少量的无意识的行为等。应当看到，晚期智人的人格结构虽然已明显地分化为意识与潜意识两个小系统，并且互相联系，各具功能，初步形成了人格结构的"系统完形"。但是，其分化和发展尚处在刚刚完形阶段，人格结构中意识自身的分化、潜意识自身的分化刚刚开始，一切都比较简单、单纯和原始。离人格结构分化完成还很远，更谈不上人格结构的成熟。当然，晚期智人的人格结构毕竟已经经过漫长的进化过程，具备了现代人的人格结构的基本框架。这是人类发展史上了不起的飞跃，人类真正开始以人的结构去行为和生活。在这个阶段里，晚期智人的人格结构可以用图 9-3 来表示：

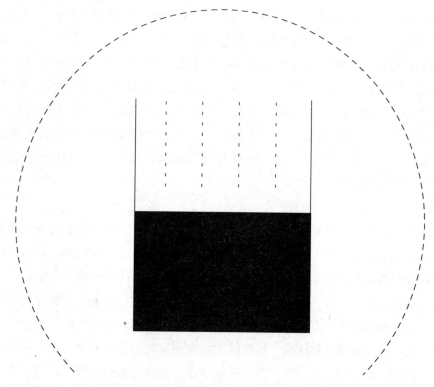

图 9-3 晚期智人的"系统完形"阶段人格结构图

由于晚期智人的人格结构已达到"系统完形"阶段，能够用自觉意识迎接外界的压力和挑战，选择动机和行为，因而牢牢地巩固了自己在实践活动中的主体地位，大大地提高了自己的主体性。在"朦胧破晓"阶段，猿人的工具性生产实践活动虽然是经常的，但是，其自觉意识只是一个小亮点；虽然已具有主体性，但这种主体性相当模糊，忽隐忽现，飘移不定，并不明确和稳定。在"雏形初具"阶段，早期智人的工具性生产实践活动不仅是恒常的，而且发展和复杂化了，思维方式已由猿人的意向—动作，发展到意向—意向，主体性已经凸显出来，目的性比较明确，但是，仍不够自觉、稳定，他有时是自觉的主体，而有时则不是。在"系统完形"阶段，晚期智人已从事着不断重复的工具性生产和再生产，生产和生活都向复杂化方向大大发展了。思维方式不只有意向，而且能做初步的分析和判断，能够由"系统完形"阶段的人格结构运作产生类似现代人的某些动机和行为。只有在晚期智人阶段，人类才具有了真正意义上的自觉主体性，每日每时从事着明确的恒常的自觉的主体性社会实践活动。当然，这时由于人类整体发展水平的限制，其主体性社会实践活动的水准仍然是较低的。在人类漫长发展史中，潜意识曾长期居主导地位，在人格结构中占据绝大部分空间，只是在晚期智人阶段，意识和潜意识各占据属于自己的空间，意识占据前台，潜意识退居后台。也只有在这时，才可以说真正意义上的人格结构图型已经形成。从人类种系发育时间看，"系统完形"阶段的人格结构从晚期智人开端（在公元前5万年或前4万年），直到旧石器时代晚期至新石器时代才完成。在晚期智人形成"系统完形"人格结构以后，其意识系统与潜意识系统虽然各有自己的特殊内容，但两者之间不是分裂的，而是连为一体的，使人格结构成为一个完整的大系统。在这个人格结构大系统中，意识系统与潜意识系统呈如下关系：第一，互相联系、互相转化。在人格结构大系统中，潜意识能够转化为意识。如：原始人梦境中的变幻莫测的神奇的自我，后来呈现为灵魂不灭和有意识的神灵观念与宗教观念。潜意识实际是神灵观念和宗教观念的来源之一。同样，意识也能够转化为潜意识。如人类都需要学习走路和五指屈伸，这是有意识的活动，但是一旦将走路和五指屈伸变为行为习惯以后，其心理过程已降到意识阈限以下，储存在潜意识之中，再不需要意识控制，由潜意识调节即可。第二，互相影响，互相制约。潜意识的发展程度和水平，能够影响和制约意识的发展程度和水平。如一个只有低层次欲望和需要而无高层次欲望和需要的人，其意识的发展水平必然较低，很难超越满足低层次欲望和需要的目的和手段范围。同样，意识的发展程度和水平也会影响和制约潜意识的发展程度和水平。如一个人知识丰富、观念正确，就能够调节自己的欲望和需要，均衡合理地发展；相反，一个人知识贫乏、观念畸形，就会限制高层次需要的发展，甚至导致欲望和需要畸形。意识与潜意识是在互相影响、互相制约中发展变化和完善的。

（二）个体人格结构的成长过程

1. "基本生物发生律"

人类的人格结构发展历程与个体的人格结构成长过程是什么关系？依据"基本生物发生律"——个体永远复演类的经历，人格从出生到成年，其成长过程复演了人类从诞生到幼年到童年再到成年的全部历程。"基本生物发生律"是德国生物进化论学者海克尔提出并论证的，在世界影响广泛，得到许多著名心理家、社会学家、人类学家和历史学家的盛赞和拥护。他的基本观点是，任何有机体形式在其个体发育中均以微缩的形式重复着类的进化的基本周期。也就是说，个体的发展过程复演了类的进化历程，前者不过是后者的微缩。事实恰是如此：个体人格结构的成长过程重复了人类人格的发展历程，它们不只相似，而且可以说相同，以至于使用一套图就可以将两者都说清楚。

2. 个体人格结构形成的三个阶段

人格结构是一个在肉体基础上，特别是在大脑的基础上形成的精神系统。人格结构从婴幼儿期的"朦胧破晓"阶段（0～3岁）（见图9-4），经过幼儿和少年期的"雏形初具"阶段（3～10岁）（见图9-5），到少年和青年期（10～18岁）（见图9-6）的"系统完形"阶段，经历了复杂的发展历程，即由混沌到有序的过程。

一个人从出生到成年的人格结构发育历程与人类从猿人到现代人的人格结构发育历程一致，也大致经历了三个发展阶段。

（1）"朦胧破晓"阶段。

"朦胧破晓"阶段为第一阶段。这个阶段相当于0～3岁的婴幼儿期。在这个阶段里，婴幼儿的人格结构很不完善，潜意识几乎占据了人格结构的全部，自觉的意识只是一个小亮点，行为基本是靠本能支配的。其情形类似人类的猿人时期，其人格结构图也类似猿人的"朦胧破晓"阶段人格

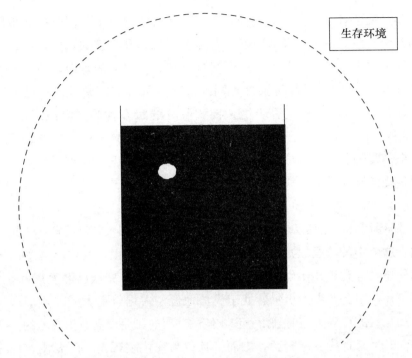

生存环境

图 9-4　婴幼儿期（0～3 岁）的"朦胧破晓"阶段人格结构图

结构图。著名心理学家荣格曾指出："个体的精神是从一种混沌的、未分化的统一状态中开始的。"① 儿童心理学家皮亚杰则将 0～2 岁儿童的心理称作感知—运动（类似猿人的意向—动作）阶段心理。他指出，这个阶段的幼儿是以本能指挥行为的。婴儿出生后都会用口、手、脚做吮吸、抓取、打击之类的动作，不需要学习。这些动作是由先天的本能支配的，还没有超出固有的遗传装置的范围。后来，幼儿的"工具性动作"和"动作性概括"则表现出一种类似意识而尚非意识的意向，有些部分超出了本能模式。如婴儿用手拉动被单去拿被单上的东西，拉成人的手去抓他抓不着的东西等。但从整体上看幼儿的精神世界还没有超出潜意识水平。皮亚杰认为："幼儿在感知—运动阶段甚至不知道自己是自己活动的发源者和控制者。"② 瓦龙（H. Wallon）曾指出，3 岁以前的儿童常自己对自己说话，

---

① 霍尔，诺德贝. 荣格心理学入门. 北京：三联书店，1987：112.
② 皮亚杰. 发生认识论原理. 北京：商务印书馆，1981：23.

一会儿是说话者，一会儿又是听话者。游戏时常常一个人同时扮演主体与客体两个角色。说话中经常用第三人称表示自己和自己的意向，如说宝宝吃、宝宝要……还没有明确地意识到自己和表达自己的意向，还不习惯说"我"如何。他们也不能区别自我同外部世界的界限，常吮吸自己的手指和脚趾①。瓦龙将这种主客不清、物我不分的状态称为"混沌现象"。可见，3岁以前幼儿的人格结构也是潜意识统治的世界，只是在潜意识之中有一个恒常的、极有发展前途的小亮点——自觉意识，其状态类似于猿人的"朦胧破晓"阶段人格结构图。

（2）"雏形初具"阶段。

"雏形初具"阶段为第二阶段。这个阶段是3～10岁，相当于幼儿和少年期。这个年龄阶段的儿童已经有了比较清晰的意识，意识与潜意识已经开始分化，但意识还不够强大。象征自觉意识的小亮点已经发展和扩大，亮了一片，但是，潜意识仍然处于优势地位，占据着更大的一片。这个年龄阶段儿童的行为，有时是由意识支配的，有时则是由潜意识支配的，意识与潜意识交替直接支配行为，因而，其行为往往表现出一阵聪明，一阵糊涂，一阵听话，一阵不听话，有的行为可以用常理解释，而有的行为无法用常理解释的两极变幻状态，直到五六岁仍能看到这种"混沌"现象。一般而言，儿童3岁以后，不仅意识发展了，扩大了在人格结构中占据的空间，而且自我意识也开始出现和发展。这时候，他们不仅习惯于用"我"，而且经常执拗地叫喊：我要、我要……自我意识也像一个明亮的亮点，不断增大，不断变亮。这是他们成为主体的开始，是他们建立自己生活的原点，也是他们开始建造在未来能够承担起自己权利和义务的心理基础，意义非同寻常。康德曾指出："当儿童开始用'我'说话时，对他就像升起了一道光明。"②因此，应当将3～10岁看作儿童意识与潜意识明显分化时期、儿童自我意识产生和迅速发展时期。当然对3～10岁儿童的人格结构不能估计过高，其自我意识发展不足，潜意识仍然强大，必须进一步解决意识和自我意识的迅速发展和主导行为问题。主要是解决好两个问题：第一，梦境与真实的关系问

---

① 朱智贤. 儿童心理学史论丛. 北京：北京师范大学出版社，1982.
② 康德. 实用人类学. 重庆：重庆出版社，1987：2.

题。皮亚杰和柯尔伯格曾研究过儿童对梦的看法和态度。起初，儿童与早期智人一样，认为梦是真实的。后来，在大人的启发下，才认识到梦境是虚幻的，是幻觉，不是真实的。梦境反映的是潜意识。在清醒状态下，他们能够区分实境和梦境，并能意识到自己和自己的意识。在这个过程中，包含着一种危险性——给精神世界留下迷信的种子。为此，必须让儿童真正区分梦境和真实，完全相信梦是幻觉，是不真实的。否则，就会给后来的精神世界留下迷信的种子。第二，自我与他人的关系问题。儿童3岁以后能够将"我"与外界分离出来，开始用"我"说话，尝试结束物我不分、主客不清的混沌状态，并且其意识与自我意识迅速发展，这是一个人真正作为主体，掌握自己命运的开始，意义重大。但是，在这个过程中同样包含一种危险性——给自己适应社会生活留下障碍。为此，必须让儿童不仅承认自己的存在，同时也承认和尊重他人的存在，并与他人和谐相处。否则，他将终生难以适应以类群方式生存的人类社会生活。

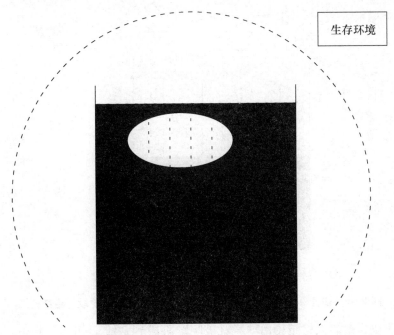

图9-5 幼儿和少年期（3～10岁）的"雏形初具"阶段人格结构图

（3）"系统完形"阶段。

系统完形阶段为第三阶段。这个阶段是10～18岁，相当于少年和青年期。在这个阶段里，儿童进入少年期，自觉意识获得迅速发展，意识与潜意识交互作用，发展成两个小系统，共同组成了人格结构的完整系统。这个阶段相当于晚期智人的"系统完形"阶段，其人格结构图相当于晚期智人的"系统完形"阶段人格结构图。在这个阶段，少年的自觉意识逐渐发达起来，占据了人格结构的前台，潜意识退回后台。自觉意识直接决定行为，潜意识不再直接决定行为。这时，少年的人格结构已经成形。当然，在10岁时，人格结构只是开始成形，意识和自我意识都不发达，更未成熟，到18岁左右时，人格结构才真正成形，初步达到了一个现代人的人格结构水平。其人格结构图与晚期智人的"系统完形"阶段人格结构图一致。

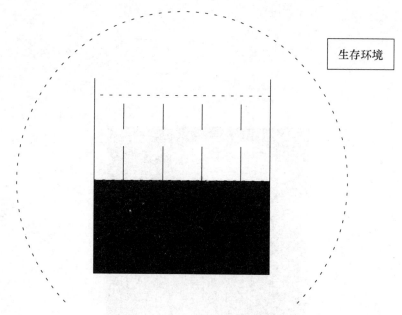

生存环境

图9-6 少年和青年期（10～18岁）的"系统完形"阶段人格结构图

推动儿童的人格结构由"朦胧破晓"阶段到"雏形初具"阶段，再到"系统完形"阶段的因素很多，其中基础的因素有三项，即社会实践、大脑的逐渐成熟和语言的学习与掌握。可以说，人格结构的发展是在社会实践的基础上，通过大脑的逐渐成熟和掌握语言实现的。其中，语言是人格结构逐步达到"系统完形"阶段的工具和必要条件。毫无疑问，意识和潜意识所摄取和蕴含的信息，无论是在主体头脑中存储加工，还是向外输出，决定行为，抑或是在主体间传播和沟通，都需要一定的形式或符号。形式或符号不是意识和潜意识的根源，但却是意识和潜意识形成的工具和条件。意识和潜意识的系统化必须靠形式或符号，只有通过符号的系统化才能最终实现意识和潜意识的系统化，意识和潜意识也才能够正常存在和运作。弗洛伊德对此有精辟见解。他认为，就个体（也包括种系）精神发生过程看，是形象思维早于词语思维。潜意识属于一种形象思维，而意识则属于词语思维，必须借助词语表象①。一般而言，潜意识是意向或意向的组合。意向—动作只需要一些比较简单的意向符号或意向符号系统。这种符号只要对有关形象进行压缩、简化、典型化即可。而意识所包含的思想、观念及其活动则复杂和深刻得多，除了意象之外，还有概念与概念组合和运作，这必须借助于词语符号和词语符号系统。这说明，人格结构的系统化和正常运作必须借助于一定的形式或符号，特别是词语符号。依据现代儿童心理学的成果，儿童的人格结构是伴随语言的掌握而发展和完善的。个体人格的潜意识系统的形成要早于意识系统的形成。一般而言，儿童在完全学会母语之前，他的人格结构大体处于潜意识水平，即达到"朦胧破晓"阶段。在3岁以后，特别在5～6岁时，借助于意向符号和部分词语符号，达到潜意识为主，意识也有一定发展的水平，即达到"雏形初具"阶段。这个阶段，是儿童的意识与词语同时迅速发展的时期。在10岁以后，儿童进入少年期，已经能够全面掌握和运用词语符号，明确表达意识和自我意识，其人格结构也进入"系统完形"阶段。威廉·C. 格莱因认为："儿童5岁掌握母语的基本结构，7岁接近成人语法，10岁可以掌握复杂的语法技能。"② 这个研究说明，儿童掌握语言的进程与儿童人格结构发展的进程基本一致，大体同步。儿童只有在10岁以后，才能够掌握复杂的语法技能，也才能使其人格结构逐步达到"系统完形"阶段，并走向

---

① 弗洛伊德. 弗洛伊德后期著作选. 上海：上海译文出版社，1986.
② 格莱因. 儿童心理发展的理论. 长沙：湖南教育出版社，1983：378-379.

成熟。

（三）人格的年龄阶段性特征

从人格的社会年龄角度看，人的一生，从生到死，人格的发展也有比较明显的阶段性。在每个阶段里，人格各有不同的矛盾、特征和发展任务。人格发展如果不符合阶段性特征或者错过了阶段性发展任务，则很难取得成功。人格的年龄阶段性特征是以人格结构的发展阶段为基础的。人格的社会年龄发展大致要经过以下几个阶段：

1. 童年期阶段

这个阶段大约从出生到 13 岁，是人格基础形成的时期。在这个阶段里，儿童在千差万别的客观条件下生活，初步形成了一定的人格基础，其中，有些人格素质能够影响其一生。在这个阶段，遗传素质（如身体构造、形态、感官、神经系统的类型和特点等）起着重要作用。遗传素质是人格发展的物质前提和必要条件。遗传素质在人的心理形成（主要是中枢神经系统的形成），特别是儿童心理的发展中起着重要作用。但是，随着人由婴儿到幼儿，再向青少年发展，遗传素质在人格发展中的作用会逐渐降低，而生活环境如家庭、学校、社会教育的作用上升，并逐渐对人格形成起决定性作用。某些先天的遗传素质也会随之发生一定的变化。在这个阶段里，儿童的人格表现出最大的可塑性。他们基本以三种方式促成人格素质的形成：第一，模仿。他们把父母或教师作为范型。如果父母是粗暴的，子女则可能是粗暴的；父母是和善的，子女则可能是和善的。第二，接受指导。主要是父母和教师关于行为规范的解释和训练，他们也可以从中获得某些理性认识。第三，认同。儿童将某个人看作理想人格模式，主动向这个人学习，形成人格认同。儿童通过上述三种方式逐渐形成比较模糊的自我理想人格，即直观地把他所崇拜的人的人格指导原则当作自己的人格指导原则，用以指导自己的行为。童年期是人格形成的最重要时期，这个时期，儿童在生理和心理方面都有明显发展。第二信号系统的条件反射已趋于完整，"自己"或"我"的概念初步形成。在这个时期应着重向儿童进行伦理道德规范教育和行为训练，使他们初步懂得其中的标准和界限，并养成良好的行为习惯。此外，还应注意培养儿童的社会角色观念，并使其学会履行社会角色义务（如家庭亲友角色、师生角色、同学角色等），为今后认同社会角色，成为责任公民打下基础。同时，还应注意培养儿童参与一般生理需要以外的其他社会活动的兴趣，使其人格需要向较高层次升华，避免固着在低级层次。

人格发展是一个阶段性的连续发展过程，童年期的人格发展是终生人格发展的基础。童年期形成的人格素质（人格需要、伦理道德观念、性格、情感、认识等），对成年期人格有巨大影响，如果发生偏差，或者疏漏，则是难以弥补的。俗语说"三岁看大，七岁看老"，这虽然过于绝对，但是可以反映出人们对于童年期人格基础作用的重视。

2. 青春期阶段

这个阶段是 13～25 岁。这个阶段是人格走向成熟的关键时期。这是个体社会化过程质的飞跃时期，是初期社会化的完成时期，即把一个尚未具备社会成员资格的人转化为一名合格的社会成员。在这个阶段里，人格结构及其素质结构逐步成熟，并且进入社会职业角色。青年期是人格矛盾冲突激烈和迅速发展的时期，青年人在激烈的人格冲突和选择中，形成了自己的人格，完成了学习、恋爱、就业三件大事，不知不觉地决定了自己的未来。

青年的人格有以下特点：第一，身体急剧成长和变化，性走向成熟。第二，情感丰富、强烈，但不稳定。第三，逻辑思维迅速发展，但有时带有主观性和片面性。第四，自我意识增强，关心自己的未来，有能力进行自我教育。第五，富于理想，对未来充满希望，基本上是个理想主义者。在这一阶段，青年在人格发展上必须完成两项任务：第一，了解和发展自己，做好自我角色认同。美国人格心理学家埃里克森认为，青年期人格发展的主要内容，就是完成自我角色认同，即力图把握自己的过去、现在和将来发展的内在连续性，认识自己与所处环境的同一性。如果一个青年在童年期的人格心理发展中获得的是安全感、信任感、勤奋感和自主感，到了青春期，自我角色认同的问题就能够比较顺利解决，其人格心理和行为就会顺应社会环境的要求。相反，如果其童年阶段心理发展获得的是恐惧感、怀疑感、自卑感和失望感，青春期就容易出现角色认同混乱。如：权威性混乱——或一意孤行，或一味盲从；情绪性混乱——或喜怒无常，或难以表露；时间性混乱——或办事急躁，或办事拖沓；性别混乱——各种性变态；等等。然而，在青春期阶段内，自我角色认同处在将定而未定阶段，可以说青春期是实现角色认同和顺应的又一次机会。因此，无论在童年期人格心理埋藏下多少毛病和困难，只要抓住青春期角色认同的机会努力改正和完善，都会取得令人满意的效果。如果再次错过这次机会，获得角色认同就会成为终生的困难。第二，形成正确的人生理想（社会理想、职业理想、道德理想和生活理想），提高自律性。童年期的人生理想是比较模糊的，对自己的认识和评价也很直观和片面，自律能力相对比较弱。青春期则开始形成明确的人生理想，对自己的认识和评价也变得比较具体和恰当，自律的能力有很大提高。剖析古今中外的杰出人物，可以看到他们在青年时代都胸怀远大理想，具有自我分析和自我评价的能力，而且都有过自觉的自我教育和自我修养的实践。他们不断发现自己人格素质和行为上的优点和缺点，然后进行自我约束和调整，使自己的人格趋向完善，最后形成出色的人格范型。因此，在青春期必须自觉树立积极正确的人生理想，提高自我分析能力，加强自律性，努力塑造一个理想的自我。

3. 成年期阶段

这个阶段是 25～60 岁（退休年龄）。进入成年期以后，人格不只生理心理完全成熟了，而且思想道德和社会角色也基本定型，人格趋于稳定。在这个时期，人要经历结婚、生育子女、任职的升降变化等，担负起丈夫（或妻子）、父亲（或母亲）和不同工作人员的角色。他们为担负起自己的社会角色而学习、工作、调整关系和奔波。他们"大权在握"，奋斗拼搏，整个社会控制在他们手里。他们已由理想主义者转变为现实主义者。从人的社会化意义上讲，这个时期人的社会化过程基本完成，已经完全进入

"社会人"阶段，其人格素质和行为方式具有相当的稳定性，在一般情况下，不容易发生显著的质的改变。但是，由于以下原因，成人的人格也会发生变化：第一，社会在发展变化，社会环境和教育也必然发生变化。这种变化反映在人格上，就会引起相应的变化。第二，个人承担的社会角色是变化的。因而，他的人格素质和行为方式也必须随之调整和改变，否则就无法适应新的角色。第三，个人所遇到的特殊经历也能引起人格心理和思想观念的变化。如一场战争、一场灾难、一次重病、一个罕见的机遇、一次特大的成功或失败等等，都可能在人的心理和思想道德观念上产生重要影响，改变已成定势的人格结构和行为方式。正因为有上述变化的可能，一个成年人要想立足于社会并成为一个成功者，就必须不使自己的人格僵化起来，而应主动参加社会继续教育，不断地发展和完善自己的人格，实现永无止境的"继续社会化"。

4. 老年期阶段

这是生命的最后一个阶段，是 60 岁以后。处在这一阶段，人的生理器官和机能走向衰退，老年性疾病增加。从人格心理上看，容易产生自卑、多疑、任性等情感。他们惧怕退休，因为这意味着他们社会角色的丧失和社会生命的完结。他们必须学会放弃以前的地位、权力和尊严，学会进入新的社会角色。如：参加街道活动、教育青年、照看孙男娣女，在同辈人交往中获得快乐。在这个阶段里，为了适应角色，使自己和亲友获得幸福，对社会有益，也必须学习，改变自己的人格素质和行为方式。此正所谓"活到老，学到老"。

总之，人格是分阶段向前发展的，每个阶段都有其特殊的矛盾、任务和发展内容。

（四）人格结构形成的原因

对于人格结构形成的原因，历来争论很大，不同人格学家往往有自己的解释。近代以来，大体有以下几种关于人格结构形成的理论：

1. "遗传说"解释

这种学说认为人格主要来自遗传，人格的差异主要是由遗传的差异造成的。人格差异形成的原因与人头发的颜色、眼睛的颜色和体质差异形成的原因一样，都是遗传造成的。他们觉得，问一个人为什么急躁与问他为什么会长得这么高几乎是一样的。他们认为，人的心理特征与生理特征都是由遗传决定的。如，有人说："此人具有俄罗斯人的脾气"，"他具有他叔父犯罪的秉性"；又如，"龙生龙，凤生凤，老鼠生儿打地洞"；等等。这些都是以"血统论"观点看人格，把遗传看作人格形成的主要原因。

2. "社会文化说"解释

按照社会文化派的理论观点，人格是人们扮演的各种角色的综合。人的身上担负着非常多的社会角色。假如有人在"我是"的后面写出自己的全部社会角色，那是很难全部写完的，而人格正是这些社会角色铸造的。如：我是大学生、共青团员、团小组长、哲学科代表、"三好学生"、长春市人、校美术协会会员、校广播站播音员、英语朗诵爱好者、独生子……上面所列的每一种社会角色都有一套确定的要求与之相对应，社会对每个角色的可接受性行为都分别做了限制。社会为每个角色都确定了相应的行为规范，如果不遵守这些行为规范，就会面临着社会压力。这种理论认为，这些行为规范和相应的社会压力是铸造人格的基本原因。他们还认为，另外的一些社会文化因素，如，家庭的经济地位和政治地位、民族、宗教、生长地区、父母文化程度、人际交往关系等等，也都对人格的形成产生重要影响。总之，这种理论认为，社会文化是人格形成的决定性因素。

3. "学习经验说"解释

学习经验说认为，每个人的人格都是别人对我们生存行为进行奖赏的结果。每个人获得奖赏的经验不同，每个人的人格也不同。在他们看来，成功或失败的原因只能在奖赏的模式中去寻找，而不是在遗传因素中去寻找。在任何一个家庭或学校里，一些行为受到奖赏，另一些行为却受到忽视。受到奖赏的行为就容易形成行为习惯，而受到忽视的行为就会消失。一切人格特征都是这样形成的。按照这一理论主张，人格的形成可以通过控制给予或不给予的各种形式来加以制约，用系统地操纵奖赏的办法来培养人格。

4. "人本主义说"解释

这种理论认为，人有自我实现的愿望，也有造就自己人格的能力。一个人在自我实现的过程中，尝到了成功的喜悦和失败的痛苦，从而明白了其中的道理，变得聪明起来。人能够通过自我实现的经验积累形成自己的人格，人有能力自己设计自己和自己完善自己，过多的教育和管理是不适当的和有害的，是对人格的侵犯。因此，他们反对具体的教育措施，主张让人们在追求生存的意义和价值的过程中，完成自己的人格。

5. "潜意识说"解释

这种理论认为，人格的根据不在意识，而在潜意识。人格及人格行为是由潜意识决定的，因此，研究和分析人格，必须分析潜意识，而这项工作相当复杂，必须有一套特殊的方法。如：梦的分析、符号分析、自由联想、假设、记忆错误分析等等。他们认为，既然潜意识是人格及人格行为的真正原因，那么，仅仅研究意识是不够的，而应当通过潜意识的表面现象去深入研究潜意识本身。在研究方法上，他们尽量避免向对象直接问及行为的原因。如：你为什么会那样做，而不这样做？等等。因为他们认为，人格及人格行为的原因存在于潜意识之中，不存在于意识之中，本人是不知道的，这就是所谓精神分析学派的理论。

6. "完整人格教育说"解释

如果对上述理论加以认真分析就会发现，上述理论都着重阐明了人格形成的某一个因素，而忽略了其他因素，难免具有片面性。如果将这些因素符合规律地综合起来则会形成比较全面的理论。综合各种理论并不是简单地拼凑旧理论，而是创造新理论。按照"完整人格教育说"或"三体一要素说"（"三体"：教育者、受教育者、社会环境；"一要素"：教育媒介——教育目的、教育内容、教育手段、教育活动），人格的形成并不是一体作用的结果（如，"人本主义说"，只强调自我完成人格的作用；"学习经验说"，只强调教育者完成人格的作用；"社会文化说"，只强调社会文化环境对人格的熏陶和规范作用），也不是两体作用的结果（如：只强调自我完成作用和教育作用，忽视社会环境对人格形成的莫大影响；或只强调自我完成作用和社会环境的作用，忽视教育对人格形成的决定性影响），而是"三体一要素"综合作用的结果，即教育者、受教育者和社会环境三体及一要素相互联结、综合运动的结果，其中，自我（受教育者）是人格形成的能动的一体，是人格形成的基础。只有充分发挥了人格的自我认识、自我评价和自我完善的作用，人格才能形成。在这个意义上可以说，"人格是自我选择的结果"。教育是人格形成的主导力量，人格是教育者设计的教育目的、教育内容、教育手段和教育活动建构的产物。任何人格的形成都离不开教育，在这个意义上，可以说"人格是教育的产物"。社会环境是人格形成的必要条件，任何人格都是在社会环境熏陶下形成的，在这个意义上，可以说"人格是社会环境的产物"。但是，更确切地说，人格是教育者、受教育者和社会环境综合作用的结果。要塑造健康人格或理想人格，单靠"三体"中的一体是片面的，必须靠"三体"和一要素协同一致，共同发挥作用。因此，人格结构是"三体一要素"做符合规律运动的产物。

十、类群结构与选择

人类不只以"人格"的方式存在，同时也以"类群"的方式存在。"人格"和"类群"是人类的基本存在方式。人类的远祖——类人猿就是以个体与群体的方式存在的。人类将这种存在方式延续下来，并发展为人的两种基本存在方式——"人格"和"类群"。

研究人的存在方式，不仅要研究"人格"，也要研究"类群"。然而，令人遗憾的是，普遍"类群"的概念及其知识至今仍留有大片空白。以往人们只创建了具体"类群"（如家庭、组织、国家及国际组织等）概念及其知识，而未创建普遍"类群"概念及其知识。今天，创建普遍"类群"概念及其知识已是世界理论界的历史性课题。创建与完善普遍"类群"概念及其知识系统对促使人类重新认识自己、为人文社会科学提供正确的"人性前提"、弥补具体"类群"知识的缺欠、建构合理的生存理性、掌握自身命运等重大理论和实践问题都具有极其重要的价值。

（一）普遍"类群"概念的空缺及其危害

五千年文明史中，普遍"类群"概念一直是空白的。人们只创建了具体"类群"概念，如家庭、组织、国家及国际组织等，而未创建普遍"类群"概念。普遍"类群"概念及其知识的空缺，是人类基本概念和知识系统的重大缺欠，并且制约和束缚了人类的思维，影响了人类对于自己存在方式和生存方式的探索和建构。现在，这个问题迫切需要解决。

至今人类既无普遍"类群"概念，也无已有概念和范畴能够指代普遍"类群"，因而，只有创建普遍"类群"概念及其知识才能填补这一空缺。

具体"类群"概念无法代替普遍"类群"概念。相对于普遍"类群"概念而言，家庭、组织、国家及国际组织等都属于具体"类群"概念。人们能够使用具体"类群"概念完整地表述具体"类群"的知识和理论。例如，使用家庭概念完整地表述关于家庭的知识和理论，使用组织概念完整地表述组织的知识和理论，使用国家概念完整地表述关于国家的知识和理论等，然而，人们不能使用具体"类群"概念完整地表述关于普遍"类群"的知识和理论，这是由语言逻辑决定的：在具有从属关系的概念和范畴系统中，属概念（"上位概念"）能够包含种概念（"下位概念"），而种概念却不能包含属概念，也不能代替属概念。在"类群"概念系统中，普遍"类群"是属概念，而家庭、组织、国家及国际组织等是种概念，因此，家庭、组织、国家及国际组织等概念都无法包含或替代普遍"类群"概念。

现有其他表述人类群体的概念也都无法代替普遍"类群"概念。

例如，"群体"概念，英文为"colony""population"。一般而言，"群体指二人或二人以上具有直接或间接接触的人的结合"①。"百度百科"曾对"群体"做过多种含义相近的解释。如将"群体"解释为，"群体与个体相对，是个体的共同体。不同个体按某种特征结合在一起，进行共同活动、相互交往，就形成了群体"。同时，按照不同标准，"百度百科"将群体分为：假设群体与实际群体、大型群体与小型群体、实属群体与参照群体、正式群体与非正式群体等。显然，"群体"概念与普遍"类群"概念

---

① 李剑华，范定九. 社会学简明辞典. 兰州：甘肃人民出版社，1984：459-460.

有实质差别。普遍"类群"是"具有自我整合性组织结构和独立社会实践主体特性的生存共同体",是"社会实践的主体",而"群体"则不具有这样的本质和特性。因此,有的"群体"属于"类群",而有的"群体"则不属于"类群"。如各种非正式群体均不属于"类群"。同样,各种具体"类群",也不能简单地归结在"群体"概念之下。可见,"群体"概念既不等于,也不能代替普遍"类群"概念。

又如"集体"概念,英文为"collectiveness"。集体指"工作、活动、生活在一起的有组织的群众的整体"①。"百度百科"曾对"集体"做过多种含义相近的解释。如将"集体"解释为,"集体,是一种组织形式团体,具有一定的活动范围,共同的经济基础、思想基础、政治目的和共同的社会利益"。并且,它认为"集体是群体的高级表现形式",更多地表示一种价值观和态度倾向。如:集体主义价值观念和道德等。显然,"集体"概念与普遍"类群"概念有实质差别。普遍"类群"是"具有自我整合性组织结构和独立社会实践主体特性的生存共同体",是"社会实践的主体",而"集体"则不具有这样的本质和特性。因此,"集体"既不等于普遍"类群",也不能代替普遍"类群"。如因各种目的而暂时聚合的群体,可被称为"集体",却不可被称为普遍"类群"。同样,各种具体"类群"也不能简单地归结在"集体"概念之下。可见,"集体"概念既不等同,也不能代替普遍"类群"概念。

只有具体"类群"概念,而无普遍"类群"概念,是人类基本概念的缺欠,必然导致人类知识的更大缺欠,如人类主体知识链条的不完整、具体"类群"知识的不准确和人类生存理性的缺欠等问题。

如缺失普遍"类群"概念及其知识,必然导致具体"类群"知识难以保证准确和科学。依据语言逻辑,属概念表征种概念的本质属性,并包含全部种概念。准确地掌握属概念就可以准确地掌握种概念的本质属性,相反地,不掌握属概念则很难掌握种概念的本质属性,还可能陷入盲目和随意的误区。也就是说,如果缺少属概念及其知识,种概念及其知识将很难

① 新华词典编写组. 新华词典. 北京:商务印书馆,1981:391.

被准确把握。当前，普遍"类群"概念（属概念）缺失，只有具体"类群"概念（种概念），这导致某些具体"类群"概念和理论的缺欠。例如：有的学者仅从"文化结构"视域解释具体"类群"，有的学者仅从"主体分层"视域解释具体"类群"，有的学者仅从"类群选择"（如"行动者网络"理论）视域解释具体"类群"等。从结构选择论角度看，普遍"类群"由"类群主体""类群文化""类群选择"三个要素有机构成，是一个系统结构，只能整体存在和整体运作，其中每个要素都不可能孤立地存在或运作，更不可能用其中一个要素替代系统整体。

又如缺失普遍"类群"概念及其知识会造成人类主体系统的不完整和人类生存理性的缺欠。完整的人类主体系统中有三类具体主体——人格主体、类群主体和类主体。然而，没有普遍"类群"概念，必然造成人类主体系统概念和范畴链条的断裂——缺失"类群主体"概念，这又必然导致人类生存理性产生某种片面性或缺欠，产生不以完整的人类主体链条（人格主体—类群主体—类主体）为前提和立足点，而仅以其中某一种主体为前提和立足点的生存理性的问题。如仅以人格主体为前提和立足点，排斥类群主体和类主体而建立的生存理性系统，难免有其片面性。这就是近代西方的主流思想理论，这种思想理论就是孤立地以人格主体为前提和立足点，排斥类群主体和类主体而建立的生存理性系统，在兴盛了几百年之后，这一系统陷入了生存危机，这将不仅给西方世界，甚至整个世界带来巨大的灾难。

（二）类群的概念及种类

1. 类群概念

所谓"类群"，是在外界环境压力下，人类自觉建构的具有自我整合性组织结构和实践主体特性的生存共同体，是人类作为主体的一种普遍的存在方式。人类生活在环境之中，环境既为人类提供了生存的条件，也给人类施加了压力，提出了挑战。人类为了生存必须回应环境的压力和挑战。结群是人类回应环境压力和挑战的基本方式之一。从最初的类人猿的群居生活，到逐渐建立各种形式的家庭、队群或游群、部落、酋邦、组织、国家以至国际组织……人类创造了结构复杂、功能各异的"类群"——人类生存共同体。今后还会创造结构更为复杂、功能更为细致齐全的"类群"。人类是结群的高手，任何动物都无法与之相比。人的这个特点，早在春秋时代荀子就论述过：人"力不若牛，走不若马，而牛马为用，何也？曰：人能群，彼不能群也"（《荀子·王制》）。没有"类群"，人类就无法回应环境的压力和挑战，无法生存、发展、幸福，并与大自然和谐共存。这种在外界环境压力下，人类为了生存而自觉建构的具有整合性组织结构的"生存共同体"，可以统一称为"类群"。"类群"概念须做进一步解释：

（1）人自觉建构的生存共同体。在环境的压力和挑战面前，单个人往往是柔弱无助的。大自然没有赋予人庞大的躯体，也没有赋予人锐利的爪子和锋利的牙齿，人所能够依靠的就是智慧和结群，智慧和结群使人类获得了与大自然比肩的力量。人类的结群与动物的结群有本质的区别：动物结群是由本能推动的，自然地形成"种群"；而人类结群是由意识支配的，自觉建构"类群"。原始人所制定的最初的禁忌，有相当一部分就是关于建构"类群"的原则或限制，如乱伦禁忌等。随着人类生存实践的发展，人类建构"类群"的行为愈益自觉和完善。还应看到，"类群"是一个开放的生存共同体，人类自觉建构"类群"的行动将永远继续下去，"类群"的发展变化也不会停止。

（2）满足人生命需要的生存共同体。人有生命必然有各种需要，包括物质的需要、精神的需要和社会交往的需要等。而且，还应看到人的需要是无限的——人是无限匮乏的动物。建立"类群"是为了满足人的各种生命需要，也只有不断建构和完善"类群"才能满足人的无限匮乏的生命需要。马克思说："人是最名副其实的政治动物，不仅是一种合群的动物，而且是只有在社会中……才能独立的动物。"[1] 霍尔巴赫说，"在一切存在

---

① 马克思. 导言//马克思，恩格斯. 马克思恩格斯全集：第46卷（上）. 北京：人民出版社，1979：21.

物中，人最需要的是人"①。这就是说，孤立的个人无法满足人的需要，只有人和人的联合与合作——组成不同类型和形式的"类群"，才能满足人的各种生命需要。"类群"就是人类为了满足人的各种生命需要而自觉建立的生存共同体。

（3）具有"类"特性的生存共同体。"类群"是两方面含义的统一，即人类特性与群体特性的统一。人类特性是"类群"的本质特性，决定"类群"的根本性质。这使人类的"类群"与动物的"种群"有着本质的差别。"类群"是"类"的群体性存在，凡"类"所具有的一切特性"类群"都具有。如：实践性——"类群"是生存实践的主体；主体性——"类群"是人类三种主体之一；"生命的二重性"——"类群"与"人格"一样都具有"自然生命和超自然生命"，并且是"自然生命与超自然生命"的统一；"结构与选择"性——"类群"与"人格"一样，都具有"结构与选择"本体，具有"结构与选择"的各种规定性。因此，"类群"是具有"类"特性的生存共同体。

（4）具有自我整合性组织结构的生存共同体。"类群"具有内在组织结构——"类群结构"。"类群结构"中诸要素之间、要素与整体之间存在着特定的必然联系和关系，有着特殊的运行机制和秩序，不是杂乱无章的。特别是，"类群结构"是一个自我整合性的组织，它不仅能够使"类群"诸要素形成特定的内部秩序，而且能够将"类群"诸要素统合起来，应对外界环境的压力和挑战，产生一致的"类群"行为。"类群"是具有自我整合性组织结构的生存共同体。自我整合性是它区别于人类其他群体的显著特征。并不是人类的一切群体都可以称为"类群"，不具备自我整合性组织结构的人类群体不能被称作"类群"。按照这个规定性，家庭、组织、国家和某些国际组织等，可被称为"类群"。有的群体不能被称为"类群"。如偶然聚合的人群、社会上处于松散状态的某种职业的从业者等，由于不具有自我整合性组织结构，不能被称为"类群"。

（5）具有主体"结构与选择"生命特征的生存共同体。"类群"是表

① 马克思，恩格斯. 神圣家庭//马克思，恩格斯. 马克思恩格斯全集：第2卷. 北京：人民出版社，1957：169-170页注释（2）.

述"类群主体"的概念，其关键性特征是具有主体"结构与选择"生命特征。它是由主体构成的，以"结构与选择"为本体的有机生命整体，能够在外界环境压力和挑战面前，独立做出决策，选择自己的应对性行为。这种应对性行为可能是指向外界的，直接回应外界的挑战；也可能是指向自身的，调整自己的"类群"结构。但不论是指向外界的行为，还是指向自身的行为，都是它独立选择和决策的，即它的"结构与选择"本体运行的结果。其他"类群"对它的全部指示或暗示，对它而言都只能是外界环境压力和刺激的一部分，它究竟做出什么决策，选择什么行为都要由自己做出决定。在这个意义上，具有主体"结构与选择"生命特征的群体是"类群"，不具有主体"结构与选择"生命特征的群体不能算作"类群"。

（6）完整地揭示和表述人类的三类主体（人格主体、类群主体、类主体）之一——"类群主体"。"类群"是揭示和表述"类群主体"的概念和范畴，主要揭示和表述"类群主体"的结构、功能、特性和运行机制。"类群"从总体上涵盖和包容全部具体的"类群主体"。"类群"是属概念，而具体的"类群主体"是种概念。"类群"与每个具体"类群主体"之间是一般与个别、普遍与特殊、抽象与具体的关系。"类群"的结构、功能、特性和运行机制必然包含在每个具体的"类群主体"之中，而具体的"类群主体"的结构、功能、特性和运行机制必然体现"类群主体"的结构、功能、特性和运行机制。深入研究和揭示"类群"的结构、功能、特性和运行机制必然为深入研究和揭示具体的"群体主体"的结构、功能、特性和运行机制提供理论基础和指导。在这个意义上，深入揭示"类群"的结构、功能、特性和运行机制是研究和揭示具体的"类群主体"的结构、功能、特性和运行机制的必要条件。只有深入研究"类群"才能为深入研究和揭示全部具体的"类群主体"提供正确的指导和条件。

2. 类群的种类

从血缘、地缘、业缘、信仰、权力等方面综合考虑，"类群"大致有如下四类：

（1）家庭。

家庭是人类社会历史最久、最普遍的类群形式。家庭指在婚姻关系、血缘关系或收养关系基础上产生的亲属间的生存共同体，有狭义和广义两种。狭义家庭仅指一夫一妻制个体家庭。广义家庭则指群婚制出现后的各种类型的家庭。如：血缘家庭、普那路亚家庭（亚血缘家庭）、对偶家庭和一夫一妻制家庭等。婚姻是建立家庭的基础，家庭是缔结婚姻的结果。夫妻婚姻关系是家庭的最初关系，而后产生父母子女等其他家庭成员关系，由此产生更为复杂的亲属关系。家庭是生育、经济、教育、文化、政治的最基本单位，具有独立性。家庭在相对独立的情况下养育儿童，赡养老人，为家庭成员创造衣食住行条件，在婚丧嫁娶医等重要关头照顾和帮助自己的成员，几乎在生活的一切领域中做出决定。家庭的重要地位是显而易见的。作为有生命的人，他的最基础的活动必然是缔结两性婚姻、生儿育女、维持生活和患病死亡。而且，个人的情感、最初的价值观、最基本的行为模式往往是在家庭中形成的。因此，即使在国家和社会高度现代化的今天，家庭的功能和地位也是不可替代的，个人也不会放弃在家庭中的角色。

（2）组织。

组织是"类群"的基本种类之一，指社会中的正式组织。那些无特定结构的非正式组织不在此列。所谓正式组织，指人们为了达到某种共同目标，将其行为彼此协调与联合起来所形成的生存共同体。组织具有结构和生命，其活动是整体性、结构性和规范性的。简言之，组织就是被正式组织起来并经正式程序认定的生存共同体。人类社会越发展，组织数量越多，组织功能也越发达。今天的人类社会已是一个高度组织化的社会，组织无论是对社会还是对个人都是至关重要的。甚至有人说，"现代社会正在发生一种趋势，社会集团或管理者阶级，正在获取对社会的支配，正在获取权力和特权，正在获得统治阶级的地位"①。一般而言，组织具有如下特点：第一，确定的目标，包括组织目标和个人目标；第二，特定的结

---

① 皮尤. 组织管理学名家思想荟萃. 北京：中国社会科学出版社，1986：209.

构，包括观念心理、技术、制度结构和人员组织系统结构；第三，有结构的整体活动；第四，是社会中的主体，享有社会主体的权利和义务。组织具有如下功能：第一，应对外界环境压力和挑战；第二，统一成员的认识和行为，实现组织的目标；第三，满足组织成员的需求；第四，更有效率，实现效益最大化目标。组织是通过正式制定的程序而建构的，正式程序言明了组织的目标、性质、成员的关系及行为准则。组织包括：学校、公司、企业、研究机构、医院、农场等正式组织。非正式组织，如偶然聚合的人群、友好团体或某些公益团体、社会上处于松散状态的某种职业的从业者等，不能是"类群"概念中的组织。

（3）国家。

"国家是阶级的统治机关"，掌握在经济上占统治地位的阶级手中。国家从诞生之日起至今始终是全部类群中的权威性类群，具有"暴力"特点，是统治阶级行使权力的权威性工具，它包括国家立法机关、行政机关、审判机关、检察机关、军队、警察、监狱等。国家就是以上述政治权力为核心所组成的政治机构。同时，国家是国际法的主体，在国际法上享有权利并承担义务。国家是权威性的生存共同体。它拥有国家主权、国家领土、居民三个基本要素，是这三个要素的统一。迄今为止，尽管经济全球化发展迅速，国家仍然是人们所建立的生存共同体中最关键、最具权威性的生存共同体。在现代民族国家产生以后，国家与社会完全重合，既为所有"类群"提供活动的基础、背景和舞台，又统摄、指导和规范所有"类群"，使它们失去了完全独立性。它们的存在和活动已纳入国家的制度和法规之下，只保留制度和法规允许的独立和自由。国家具有特定的结构和选择的功能，通过决定内外政策和选择行为，应对挑战，决定自己的生存发展和命运。国家的根本性职能有三项：第一，维护阶级政治统治，对极少数敌对分子和危害社会的反社会分子实施专政；第二，组织经济、政治、文化和社会建设，促进社会快速持续发展；第三，保卫国家独立和领土主权完整。国家有四种制度：奴隶制国家、封建制国家、资本主义国家和社会主义国家。国家是个历史范畴。国家不是从来就有的，在国家产生之前，人类社会长期处于原始社会状态。恩格斯说："国家是社会在一定发展阶段上的产物；国家是表示：这个社会陷入了不可解决的自我矛盾，分裂为不可调和的对立面而又无力摆脱这些对立面。……就需要有一种表面上驾于社会之上的力量，这种力量应当缓和冲突，把冲突保持在'秩序'的范围以内；这种从社会中产生但又自居于社会之上并且日益同社会脱离的力量，就是国家。"① 国家是阶级矛盾不可调和的产物。未来，在社会生产力高度发展的基础上，在世界上阶级被消灭以后，国家将自行消亡。

（4）国际组织。

国际组织指不同国家的成员按照协议建立的组织。它是为了实现共同的经济、政治和文化目标，依据条约或其他法律文件而建立的，具有常设性组织机构和设施。国际组织的法律人格来源于国际组织的基本法律文件。根据参加成员的身份可分为政府间组织和非政府组织。根据各组织的活动领域又分为政治、经济、文化等国际组织。根据活动范围又可分为全球性组织（如联合国）和区域性组织（如欧盟、独联体、上海合作组织、经互会、东盟、世贸组织、亚太经合组织等）。当然，并不是所有国际组织都是"类群"，一般而言政府间的国际组织属于"类群"，其他国际组织是否属于"类群"需要具体分析，有的是而有的不是。属于"类群"的国际组织是"类群"的一个重要形式，也是人类的一种生存共同体。属于"类群"的国际组织一般具有如下特点：第一，是国家间的组织；第二，是根据国家政府间的多边或双边条约建立的；第三，具有独立性、独立行为选择能力和自我整合能力；第四，是常设的；第五，具有国际性、目的性、组织性、自主性，是国际社会的实践主体。在经济全球化条件下，国际组织发展迅速，越来越凸显其对人类生存的重要价值。

（三）类群结构理论的若干模式

近代以来，关于类群结构的解释众多。这是研究类群结构的知识基

① 恩格斯. 家庭、私有制和国家的起源//马克思，恩格斯. 马克思恩格斯选集：第 4 卷. 北京：人民出版社，1972：166.

础，只有深入研究和分析以往的类群结构理论模式，才能建立起科学的类群结构理论模式，正确引导类群行为选择，掌握类群命运。下面对五种具有代表性的类群结构理论模式作简要的阐释和分析。

1. 拉德克利夫-布朗的类群结构理论

拉德克利夫-布朗是英国功能主义的旗手，曾于 1935 年来中国讲学。他的功能主义理论主要包括：（1）强调共时性研究。他在历时性研究和共时性研究两个方面，着重开展共时性研究，这与他的结构功能主义理论有关。共时性研究是将文化看成一个整合的系统，每个要素都是其中的一个角色，具有特定功能。研究文化就要研究文化的整体结构、各个要素在系统内部的相互关系，以及它们在应对环境时的功能。同时，还需要比较不同文化之间的异同和特征。（2）提出社会结构思想。他认为社会是一种结构。他的社会结构思想主要包括以下四点：第一，社会结构决定社会功能。拉德克利夫-布朗在《安达曼岛人》一书中表述过一个功能主义的典型观点："一原始社会的每个风俗与信仰在该社区的社会生活上扮演着某种决定性的角色，恰如一生物的每个器官在该有机体的一般生命中扮演着某些角色一样。"① 他认为，只有搞清社会结构，才能真正明确这一结构中各个要素所起的功能作用。所以，他十分重视对社会结构的研究。第二，社会结构的含义。社会结构指在一个文化统一体中，人与人之间的关系。这包括人与人组合的各种群体，以及个人在这个群体中的位置。群体包含类别和阶层两种形式。如：类别——男人与女人、家庭与家族等，阶层——贵族与平民、工人与农民等。第三，制度规定和支配人与人之间的关系。制度指某些原则、社会公认的规范体系和社会行为模式。其中，原则是群体形成的基础，而社会规范和行为模式则是对社会允许和期望行为的固定。他十分重视对制度的研究，并指出："通过那些用来规定处于各种关系中人的正常的或被希望的行为的制度，就一定能描述社会结构。"②第四，社会结构的内容变动不居，但社会结构的形式相对稳定。由于人与

---

① 哈登. 人与文化的理论. 齐齐哈尔：黑龙江教育出版社，1988：214.
② 拉德克利夫-布朗. 社会人类学方法. 济南：山东人民出版社，1988：146.

人之间的关系经常处于变动状态，社会结构必然是动态的，然而，社会结构的形式是相对稳定的。这就像人的生理现象一样，人的细胞是变动的，甚至每7年全部更新换代一次，然而，人的机体的形式是不变的。(3) 主张社会进化论。这包含以下几点：第一，坚持社会进化论。他宣称自己终生赞成社会进化理论，批驳反社会进化的各种观点。第二，进化，无论是有机体的进化还是社会的进化，都是受制于自然规律的自然过程。第三，进化过程是一种由简单到复杂的趋异性发展。无论是动植物还是社会结构都正在经历这种由简单到复杂的趋异性发展过程。第四，进化的普遍趋势是"组织的进步"（斯宾塞语）。无论是有机体的进化还是社会的进化，都表现为"组织的进步"和生活形式的多样化，表现为结构功能的复杂化和交往的频繁与复杂化。他赞成涂尔干的论断——社会进化可用"物质密度与社会密度"来衡量。"物质密度"指生活在一个单位区域内的人数。"社会密度"指在一个单位区域内人际交往的频率和次数。第五，进化不等于进步。他认为，进化仅仅意味着结构和功能的进化以及社会关系的复杂化，而进步则意味着知识、科学技术的进步和道德的发展。进化的结果可能使社会结构向更复杂的方向发展或向内外均衡发展，但这是更好些或更坏些，还应当有另外的科学的标准。拉德克利夫-布朗不愧是一位结构主义人类学大师，创造了大量新理论和新观点，特别是关于社会结构和功能的理论，富有科学性和启发性，具有借鉴价值，而其中有的观点已接近"结构选择论"的某些理论。

2. 埃米尔·涂尔干的类群结构理论

埃米尔·涂尔干（1858—1917）是法国著名社会学家和文化人类学家。他提出的社会结构理论被称为功能主义理论，至今仍有重要影响。涂尔干的功能主义社会结构理论内涵大致如下：(1) 两个理论前提。第一，社会进化论。他认为，原始社会到文明社会的进化导致社会合作的增加——群体中个人专门化分工不断发展，形成了相互依赖的关系，这是社会合作的真正源泉。第二，社会整体论观点。他认为，社会虽然是个体的组合，但是，已超越了个体。社会是一个有独特性质的实体，不受个体的影响，个体反而受它的支配、规定和影响。人类社会之所以会有不平等，是由宏观社会结构决定的，随着宏观社会结构性质的变化，不平等状况也会发生变化、得到纠正。因此，要考察某种特定的社会分层状况，就必须考察其宏观社会结构，通过对宏观社会结构的解释来说明。（2）核心理论观点。第一，"社会事实"或"集体意识"。涂尔干认为，社会学的研究对象应该是"社会事实"，而不是个人行为。只有"社会事实"才能真实地说明和解释社会，个人行为说明不了社会。他在《教育与社会学》中将"社会事实"概括为："对个人可施加外在强制的任何固定或不固定的行为方式"。"社会事实"有三个标准：外在性、强制性和普遍性。他在《社会分工论》中将"集体意识"概括为：一个社会中多数人共有的信仰与情感，通过它而形成该社会生活的固定制度。他后来又将这种由社会强加给个人的"集体意识"称为"集体观念"或"社会事实"。因此，研究社会分层或社会结构，必须主要研究"社会事实"或"集体观念"。第二，实现社会合作和平等的基本道路——由"机械团结"走向"有机团结"。他在《社会分工论》中提出了实现社会合作的一对著名概念——"机械团结"与"有机团结"。他认为，在传统社会中人们之间的关系是以"同质"为基础的机械结合，这种关系依靠共同的信仰和惩罚性的规范将社会整合为一个整体。而在现代工业社会中，人们之间的关系是以复杂的"分工"为基础的有机结合，这种关系是由社会分工造成的异质性和相互依赖联结而形成的，随着支持个性的集体意识的出现和补偿性法律的完善，个性得到发展，因而社会相互之间依赖程度越高，社会团结越牢固，越有利于实现平等。他的结论是"社会的发展水平越高，环节社会就越容易被组织社会吞噬掉，社会不平等也越容易被夷平"[1]。可见，他是从社会分工角度来观察社会分层和平等问题的。在涂尔干看来，社会结构——社会分工越精细，人与人之间就越容易实现平等。同时，在研究方法上，必须注意研究社会各个部分对于社会整体的功能。（3）实证主义特点。他以实证主义方法研究社会，得出某些独特的结论。这表现在：第一，始终坚持社会分层

---

① 涂尔干. 社会分工论. 北京：三联书店，2000：337.

由社会整体功能结构决定、社会的组织结构状态决定社会分层的具体形态这一观点。第二，肯定分化的正功能，甚至肯定一定程度的不平等。在他看来，社会发展就是社会功能不断发生分化的过程，这个过程能够提高生活水平，缓解矛盾冲突。当然，分化程度必须与社会团结相适应。在社会团结的情况下，分化有利于社会整体保持常态及稳定。例如，在社会处于"机械团结"阶段时，社会分化出"神圣"与"世俗"的不平等，也具有正面功能。第三，以职业为社会分层的基础。在涂尔干看来，社会分层现象完全是由职业功能差别造成的。当社会组织结构处于"机械团结"阶段，必然分化出"神圣的职业"与"世俗的职业"，产生不平等。当社会组织处于"有机团结"阶段，由于职业种类繁多复杂，各职业之间紧密联系，不可或缺，必然产生公平的契约，形成职业间的平等。职业差别是形成社会分层的根本原因。显然，涂尔干的社会分层理论有着鲜明的特点——"社会分工合作的理论"，这种理论后来发展成社会分层理论的重要派别——功能主义理论，被称为"第三种分层理论"。这种理论的缺欠是：没有明确给出具体的分层标准，不具批判性，并且完全忽略了个人的主观能动性在社会分层中的作用。因而，功能主义理论不能科学解释社会不平等的起源。但是，涂尔干的理论仍然是认识和解决社会分层问题的一种极为重要的视角和方法。

3. 马克斯·韦伯的类群结构理论

马克斯·韦伯，德国著名社会学家，著述丰硕，对社会分层理论贡献巨大。他认为，所谓社会分层，指的是社会资源在社会中的不均等分配，即对社会地位不平等的人或不同社会群体占有社会中有价值事物的分配。例如，对财富、收入、声望、教育机会等的分配。马克斯·韦伯提出了著名的"多元分层"理论，影响广泛。"多元分层"理论大体包括如下内容：(1) 两个前提预设。第一，社会分层原因的双重性。他认为，财产占有与个人社会行动共同决定社会分层。在市场经济条件下，纯粹的财产占有只是决定社会分层的最初前提，并不能完全决定社会分层，真正导致社会分层的还有其他原因，他认为，个人或群体与市场机会结合的状况决定了社会分层。第二，个人的社会行动是社会结构的基本材料，这与涂尔干的观点完全相反。涂尔干将社会看作独立于个人的实体，而韦伯认为社会是由社会行动者构成的系统，不存在脱离个人的社会。因此，韦伯提出了与涂尔干完全不同的社会理论——把"社会行动"作为研究对象，并且认为个人的"社会行动"是构成社会结构的最基本材料。他对"社会行动"的解释是"根据行为者所赋加的意向而与他人行为有关，并在其过程中针对他人行为的一类行动"。他在这两个理论预设的前提下，提出了"多元分层"理论①。（2）"三位一体"的社会分层理论。韦伯提出了财富、声望、权力三位一体的社会分层模式。他在《经济与社会》一书中全面阐述了他的分层理论——阶级是基于经济的划分；等级是基于地位的划分；政党是权力群体，是基于政治权力的划分。第一，阶级与市场处境。他认为，在市场经济条件下，阶级地位是由市场处境中经济状况和生活条件决定的。在经济活动中有共同处境和共同利益的人会形成共同的交往与行动，从而产生不同的社会阶级。同一个阶级是由经济生活相同或相似的人组成的。他说："在下述情况下，我们说的是一个'阶级'：首先，对于为数众多的人来说，某一种特殊的、构成原因的生存机会的因素是共同的；其次，这种因素仅仅通过经济的货物占有利益和获利利益来表现；最后，它是在（商品和劳务）市场的条件下表现的（阶级状况）。"② 这三个方面就是"生活机遇""经济利益""市场"，其中市场是中心概念。正是这三个方面共同作用形成了阶级。韦伯同时指出，占有财产和毫无财产是所有阶级处境中两种基本处境，有产者的财产与无产者的劳动力，以市场为中介进行的交换是不平等的——资本处于有利地位而劳动力处于不利地位。"根据边缘效用的规律，它排除了无财产者参与对所有高价值货物的竞争，以利于有产者，并且实际上为后者垄断了对这些货物的获得渠道。"③ 他据此得出结论：社会阶级是一种客观分层，阶级地位是由市场处境中的经济状况和生活条件决定的。第二，等级与社会名誉。首先，等级与社会名誉分层的含

---

① 韦伯. 社会学的基本概念. 上海：上海人民出版社，2000.
② 韦伯. 经济与社会. 北京：商务印书馆，1997：247.
③ 同②248.

义：等级与社会名誉分层属于文化分层，也就是以社会名誉或社会声望为基础的分层。韦伯认为，许多人由于共同的地位境况、共同的生活方式和共同的价值观而结合在一起，形成不同的身份群体或地位群体，即为社会等级。他指出，同纯粹由经济决定的"阶级状况"相反，我们想把人的生活命运中任何典型的、由一种特殊的与很多人的共同特点相联系的"荣誉"的社会评价所制约的因素，称为"等级的状况"①。影响声望的因素包括：出身门第、仪礼仪表、知识教养、生活方式等。身份群体有明显的同类意识，处于声望结构上层的阶层具有较强的优越感，并与其他阶层保持距离。其次，社会阶级与文化分层的关系。韦伯认为，经济资源分配与文化资源分配不存在必然的因果关系，并不总是同一的。现实中，出现阶级与阶层的分离现象也相对普遍。一个阶层的经济实力与受尊敬的程度往往并不一致——财富不能使一个新出现的有钱人进入显赫的社会集团之中，有产者与无产者还可能属于相同的等级……这里家庭背景、历史、生活方式、知识教养等都起作用。"正因为如此，享有等级特权的群体从未切实毫无保留地在人格上接受'暴发户'——哪怕他的生活方式完全适应了他们的生活方式——而是接受他的邻里乡党们，他们受到自己阶层惯例的教育，而且从未由于自己获利的劳动而玷污等级的荣誉。"② 第三，政党与权力。多元分层理论的第三个依据是政治权力。韦伯认为，权力是无视他人意愿而支配他人、使他人贯彻自身意志的能力。政党是权力群体，其目的在于谋取和控制权力，以便获得和巩固自己的经济利益和社会地位。权力分层反映了政治领域的不平等。韦伯的突出贡献是提出"科层制"理论。首先，他相信权力和权威会使社会稳定。权威是合法的权力。权力和权威是社会稳定的基础。其次，权威有三种，即法定权威、传统权威、感召型权威。通过对三种权威进行比较，韦伯得出结论——"科层制"是最好的社会组织方式。最后，"科层制"适用一切社会组织。这包括教堂、国家、军队、政党、企业、私营企业、俱乐部等各种组织。尤其在现代工业社会，科层组织大规模发展，资源主要由组织控制而非个人拥有，合法权力

① 韦伯. 经济与社会. 北京：商务印书馆，1997：523.
② 同①529.

往往产生于组织中的管理职位。在这种情况下，科层组织中各种资源实际控制在官员或管理者的手中，因此，官员和管理者必然比其他群体占据更高的层级位置。

总之，上述经济、文化、政治分层密切联系、相互制约，构成社会的多元分层。在上述三种分层中，韦伯更强调文化分层，他认为文化分层是经济分层和政治分层的基础。但它们之间并不存在必然的因果决定关系，在特定的社会条件下，每一种分层都可能成为分层中轴。韦伯的多元分层理论更加切合市场条件下的社会分层实际，对于揭示社会分层产生的原因、变化的机制和解决社会分层合理性问题，均具有创造性和启发性的作用。

4. 布鲁诺·拉图尔的类群结构理论

布鲁诺·拉图尔（1947—　）是科学知识社会学和法国新社会学的领军人物。他所倡导的实验室人类学研究方法和行动者网络理论（简称ANT）以及专著《重组社会》在社会学界产生了重要的影响，特别是他的行动者网络理论视角独特，自成一家。他认为社会科学应当承担三大任务：第一，展开，即通过追踪生活世界中的各种不确定性来展现社会世界；第二，稳定，即跟随行动者解决由不确定性造成的争论，并将处理的方法保留下来；第三，合成，即怎样将社会重组成一个共同世界。这是一个关于社会结构和建构的独特理论。具体包含以下内容：

（1）前提性理论——提出"联结的社会学"即"网络社会学"。他认为，社会学中存在着两种对立的范式，即"社会的社会学"（sociology of the social）与"联结的社会学"（sociology of associations）。他将传统的社会学归结为"社会的社会学"，认为传统社会学大体上都是将社会作为一种特殊现象，是一种与生物、心理、法律、科学、政治等区分开来的特殊领域。这种社会学的特点是将社会因素作为解释社会的起点，以社会解释社会，是一种同义反复，不具备解释效力。他认为，社会秩序中没有什么独特的东西，不存在所谓"社会维度""社会情境"，根本就没有社会这种东西，社会不过是许多异质性事物之间的联系而已。他坚持主张第二种范式，即"联结的社会学"，也就是"行动者网络理论"。这里的网络与一般熟知的网络不同，它并不指一种网状的社会联系，而只是指一种用于描述的工具。传统的网络是指用笔绘制出的"网"，而这里的网络是指那支"笔"，是一种表达工具。所谓"行动者网络理论"是关于行动者如何进行研究和表述自己的理论，是一种方法理论，不涉及描述的结果。拉图尔认为，这种理论命名为"转译社会学"或"行为者活动本体论"更恰当一点。

（2）三个核心概念，即行动者、转义者和网络。他以这三个核心概念为"行动者网络理论"的起点。第一，行动者。对这个概念拉图尔有两方面创新——自由性与广泛性。其一，行动者是自由的行为者，拉图尔反对功能主义将行动者看作处于某个特定位置以完成该位置预设功能的人。他认为，这不是行动者，而只是一个占位符和黑箱。行动者不是中介者，而是转义者。他接到的任何信息或条件都可以发生转化。其二，行动者不仅指行为人，还包括观念、技术、制度、生物等许多非人的物体。第二，转义者。转义者是独立的、自由的行动者。即使知道对它输入了什么信息，也无法准确地预测结果。转义者的特点是改变、转译、扭曲和修改本应由它们表达的那种意义或元素。转义者实质是一种对待行动者的看法或态度。第三，网络。网络不是指一个固定结构的"网"，而是指一系列的行动，是互动、流动、变化、工作的过程，是描述连接的方法。

（3）争论中的五个不确定性。拉图尔阐述了关于社会世界争论中的五个不确定性问题。第一，群体始终处于不断形成和变化之中。他认为，群体不是固定的，所有群体都在不断产生、分类、重组和消失的过程中。一旦不再关注群体的形成或变化过程，群体概念也就失去了意义。第二，行动产生并不断被超越。任何行动都是在其他行动驱使下产生的，而行动的方向和轨迹是不确定的。行动不是受控的、连续的、固定的和必然的，而是由多种力量促成的，并且是不断被影响、转变和变幻的。因此，要想知道促使行动产生和被超越的各种力量，只有跟随行动者去研究和体会。第三，行动者概念扩展到包含客体。拉图尔认为，应当将行动从人类的行动扩展到包括客体的行动，客体也是转义者，同样对事物有作用。因而，也应当研究客体的行动。第四，区分事实角度与关注角度。他认为，事物之间的真正联系才是社会本身，搞清楚了事物之间的联系，也就弄清了什么是社会，要实现这一点，就需要调整我们的关注角度，去掉社会与自然之间的人工边界，将非人类实体凸显出来。这种做法要求我们更多地关注物质提供的多样生活。第五，如何书写文本。拉图尔认为，由于研究者的弱介入，文本可能繁乱，因而应仔细研究文本的书写问题。他提出应当保留以下几种笔记：调查问询的日志、按年代次序和范畴化的方法记录的项目和范畴、随时随地的笔记，以及这些笔记对行动者产生的效果的笔记。

（4）稳定与合成。在讨论上述五个不确定性以后，应重点关注社会的"联结"问题。稳定——解决由不确定性造成的争论，合成——将社会重组成一个共同世界。拉图尔认为，应当通过行动者网络完成以下几项工作：第一，重新定位全局性。第二，重新明确地方性。第三，将这两者结合起来，强调将社会理解为"联结"。他很注重完成最后的任务——合成。前面展开分析行动者的不确定性是为了解决公正性和科学性的问题，而使集体成为一个共有世界属于政治参与的问题，两者结合起来才能组成一个适合我们共同居住的世界，即共同世界。总之，拉图尔的行动者网络理论视角独特，具有诸多创新性，特别是对人的主体能动性的肯定和发挥，给人留下深刻印象。但是，也应看到他的理论存在明显缺欠。如相对主义的缺欠等，这使他的理论设想成分多于现实，一直存在着许多争论，没有得到学界的公认。

5. 阿诺德·汤因比的类群结构理论

阿诺德·汤因比，英国著名历史学家、文明史专家，其十二卷人类文明史巨著《历史研究》内容浩繁，影响巨大。汤因比虽然没有专门的关于文明或社会结构的学术著作，但在其关于历史和文明的论述中，仍可清晰地看到他关于文明结构的前提性构想，并以这个前提性构想分析和解释一切文明现象。他关于文明结构的理论包括：（1）"文明结构框架"的构想。汤因比认为，"文明乃是整体，它们的局部彼此相依为命，而且都互相发生牵制作用……经济的、政治的和文化的因素都保持着一种非常美好的平衡关系，由这个正在生长中的社会的一种内在的和谐进行调节"①。他不仅认为文明的结构包含着经济的、政治的、文化的因素，而且认为文明的结构中包含着"人本身"的因素，这就是"具有创造能力的少数人"和"无产者多数"以及文明的"外部无产者"。汤因比十分看重"具有创造能力的少数人"，并且认为他们是否具有创造力是决定文明盛衰甚至生死存亡的根本原因②。（2）文明生存原理——文明与外部环境的关系是"挑战与回应"。外部环境包括自然环境与其他文明，它们构成了对文明的压力和挑战。每个文明都必须面对外部环境压力和挑战，并做出回应。能够不断成功地做出回应的文明能够生存和持续发展，而不能做出成功回应的文明则会停滞，甚至消亡。（3）文明结构是决定文明起源、发展和毁灭的根本原因。这表现在：第一，文明起源的原因。他认为，决定文明起源的因素既不是地理环境，也不是种族，而是两个条件的结合。也就是说，在这个文明中，存在具有创造能力的少数人。同时，生存环境既不太有利也不会太不利。凡具有这两个条件的集体都形成了文明社会③。第二，文明发展的原因。汤因比认为，文明的发展不是指文明地域的扩张，而是指文明有了日益增强的内部自决力、自我表现力和文明的"升华"现象。这表现为，它的社会具有一些"创造性的少数人"，而且存在"内部无产者"和由外部蛮族所组成的"外部无产者"对他们的模仿和服从。第三，文明崩溃或毁灭的原因。他认为，文明的衰落或毁灭的原因有三点：其一，"创造性的少数人"丧失了创造能力；其二，多数人撤回了他们的模仿和服从；其三，社会丧失了整体统一性。显然，汤因比认为，文明的崩溃和毁灭，根本原因在于文明结构的解体。（4）文明结构的发展历程与文明的发展历程是一致的。人类的历史和文明的发展历程是有节奏的，是一个由低到高的逐渐展开过程，就是由低等人和低等文明到人与文明，最后发展到超人和超等文明。这是文明的发展过程，同时也是文明结构的

---

① 汤因比. 历史研究. 上海：上海人民出版社，1987：463.

② 同①455-457，248.

③ 同①453.

发展过程，更是文明结构中人的发展过程。由上述分析可见，汤因比不愧是一位学术大师，他虽然没有关于文明或社会结构的专著，但仅上述关于文明结构及其运行机制的思想也足以使他在文明结构理论中占据一席之地。汤因比的历史哲学蕴含着一种前提性预设——文明结构框架和文明生存原理（挑战与回应）并始终坚持以此去解释和说明文明的起伏盛衰和整个文明史。当然，他的理论也存在许多缺欠和失误，并且由于无法解答文明的困惑，无法探索出人和文明的出路，会若隐若现地求助于神和天国。但这并不影响他在文明史知识和文明理论上对人类所做的杰出贡献。

（四）类群的结构

类群与人格一样，是一个自动体，即是一个能够自动调节自己行为的人类生存共同体。类群的行为选择是在一定外界环境刺激下，由自己发动并由自己决定的。外界环境无论多么强大，对它而言，都只是一种外在的刺激，并不能直接决定它的行为。类群的行为选择是在一定外界环境刺激下，由它的内在结构决定的，是内在结构运作的结果。类群结构是类群行为选择的决定力量，也是决定类群起伏盛衰的主要原因。研究类群、类群行为及类群的生存发展和命运，最重要的是要将类群结构阐释清楚。

1. 类群结构的概念

所谓类群结构，指由制度确立的类群，其内部诸要素之间的关系和行为规范所形成的有序关系，是类群内部主体之间——人之间、文化要素之间以及人与文化要素之间的关系所共同组成的有机系统。它是一个有生命的有机系统，具有自我整合功能，并能够在外界环境压力下做出应对性行为选择，它自身也通过选择而不断调节、发展变化。

类群结构概念包含以下内涵：

（1）类群结构是一个由制度确立的有机系统。类群结构是由一系列制度确立、支撑和维系的。不论是哪种类型的类群结构都是由制度确立、支撑和维系的。制度是类群制定的处理某些关系的原则、生活模式或行为规范。英国著名功能主义人类学家拉德克利夫-布朗曾指出："通过那些用来规定处于各种关系中人的正常的或被希望的行为的制度，就一定能描述社会结构。"① 制度是类群结构存在的基础，也是类群结构最明确的标识系统。

（2）类群结构是由多种复杂的要素有机构成的整体。类群结构包含：主体结构系统——人与人之间的关系、类群分层结构和类别系统，文化结构系统——类群科技生产力、类群观念力、类群制度力等系统。类群结构还包括，主体结构系统与文化结构系统相互之间的关系和功能。虽然类群结构包含多种构成要素和相互复杂的关系，但是，它能够通过内部机制将自身整合为一个有机的整体，以此形式存在，具有某种整体的一致性和统一性。

（3）类群结构是一个动力系统。类群结构是"主体——人"建构的生命有机体，它本身是一个动力系统，具有强大的生命力。不只其中的主体结构系统——人与人之间的关系具有动力，而且文化结构系统——类群科技生产力、类群观念力、类群制度力等的自身内部关系以及它们之间的相互关系都具有动力。主体结构系统与文化结构系统之间的关系同样蕴含着动力。类群本身是一个有生命的动力系统，一个动力装置，一个自动体。

（4）类群结构是变化的、动态的。类群结构是进化的、发展的。它在外界环境压力下，不断通过自我调节和改造而适应环境，因而既是一个既存的结构，又是一个自我超越的结构，既是一个当下系统，又是一个发展的过程。类群结构能够随环境的变化而变化。类群结构一旦反应迟滞、停止自我超越，就会面临生存环境的巨大压力和挑战，甚至遭遇淘汰。

（5）类群结构是一个有目的、会选择的有机系统。人本身是一个有

---

① 拉德克利夫-布朗. 社会人类学方法. 济南：山东人民出版社，1988：146.

目的、会选择的生物，人所建构的类群也都是有目的、会选择的生命系统。所有类群结构都具有目的性和内部特定运作机制，能够在外界环境的压力下自行决策，做出选择，以便决定自己的生存和发展，从而决定自己的命运。这不只因为类群结构是人建构的，还因为在所有类群结构中都有决策和选择系统——主体决策系统，它具有在环境压力下，自行决策的能力和机制，能够通过类群选择影响和决定自己的命运。从这个意义上讲，人是世界上唯一有可能通过自觉选择而掌握自己命运的生物。

2. 类群的基本结构

结构选择论的类群基本结构理论，主要包含以下内容：

（1）类群结构的整体构成。

类群结构是由"三级结构七种力量"组成的有机系统，是由类群主体、类群文化和类群行为选择三级结构所共同构成的，是类群主体、类群文化和类群行为选择三级结构以特定系统结构方式组成的有机系统。在三级结构中，每级结构又包含若干小的次级构成要素（见图 10 - 1）。

可以将类群结构简单概括为"三级结构七种力量"：

第一级结构，类群主体。类群主体基本包括三个构成要素：主体领导力、主体素质力、主体分层及认同情势力。这是由类群"主体——人"所组成的类群结构要素，是类群的最基本、最生动、最具活力的组成部分。类群主体具有"主体——人"的一切特性，如：社会性、实践性、主动性、创造性、超越性、选择性等。类群主体的三个构成要素以系统结构的方式相互联系、相互影响和相互制约，同时与其他两级结构发生相互联系、相互影响和相互制约关系。

第二级结构，类群文化①。类群文化基本包括三个构成要素：类群科

---

① 一般而言，文化有广义和狭义之分。广义文化指人类所创造的物质财富和精神财富的总和，它反映了人类在一定历史阶段上控制自然界和社会自发力量所达到的程度，可包含科学技术和物质财富、制度和规则，以及观念和精神三个方面。狭义文化仅指人类所创造的精神文化。如，意识形态、观念和精神等。本书所言的文化全部取广义文化的含义，不取狭义文化的含义。卢之超. 马克思主义大辞典. 北京：中国和平出版社，1993：827.

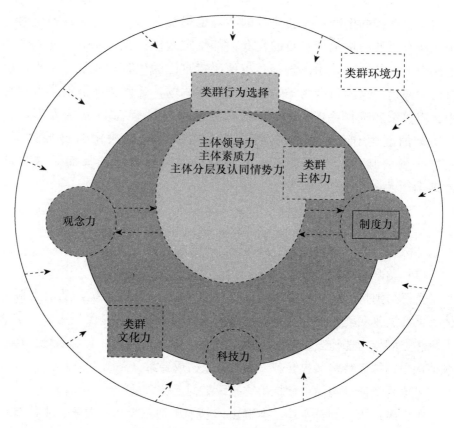

图 10 - 1 "类群结构与选择"图型

技力、类群观念力、类群制度力。类群文化指由类群"主体——人"所创造的物质财富和精神财富的总和，是类群最基本的组成部分。类群文化的三个构成要素以系统结构的方式相互联系、相互影响和相互制约，同时与其他两级结构发生相互联系、相互影响和相互制约关系。

第三级结构，类群行为选择。类群行为选择只包含一个要素，即类群行为选择。这是在外界环境刺激下，类群整体结构运作的结果。它是类群结构作为一个有生命的主体，在面对外界环境压力和挑战时所做的选择和回应，是类群整体结构在外界环境的压力下，类群主体与类群文化相互联系和运作的结果。类群行为选择的一般过程是，在外界环境压力下，类群主体向类群文化求证和求索，而后由类群主体做出选择和决策，产生一定的类群选择行为。这个过程是不间断进行的，只要类群的生命存在，就不会停止。

（2）类群结构的系统结构关系及其具体规定性。

类群结构中整体与要素之间、各要素之间的关系不是一般的整体与组成部分之间、各部分之间的关系，而是系统结构的关系。系统论的基本理论揭示了这种关系的原则和规定性。系统论是研究一般系统模式、结构和规律的学问。系统论所揭示的系统内外各构成要素之间的相互关系和功能，可为解释类群结构关系的本质和规律提供方法和借鉴。类群结构中整体与要素之间、各要素之间的系统结构关系具有以下规定性：

第一，类群结构是在一定外界环境下，由类群主体、类群文化和类群行为选择以特定关系和联系构成的有机整体。类群结构能够在外界环境压力下，统合类群主体、类群文化，整体运作，进行类群行为选择，以便回应环境压力。

第二，类群结构强调整体观念。类群结构是一个有机的整体，各构成要素都处于特定的位置，具有特定的功能，以特定的方式联系或联结。而且，类群系统的功能要求做到整体大于部分之和，但是并不是要素好，类群结构系统的整体功能就一定好。各个构成要素只有遵循类群结构的原则和规律，才能充分发挥各自的功能，并且使类群结构的整体功能得到充分发挥。

第三，类群结构的"系统结构"关系有别于一般"整体与部分"的关系和"本质与现象"的关系。这表现为"系统结构"关系与一般"整体与部分"的关系不同。"系统结构"关系是属人世界的"整体与部分"关系，而一般意义上的"整体与部分"关系是自然世界的"整体与部分"关系，这两种关系不同，有"主体参与主导"与"纯粹自然"的区别，其结构关系和演变规律均有差别。"系统结构"关系与"本质与现象"的关系不同。"本质与现象"的关系将要素和部分看作整体的现象或表象，而将整体看作要素和部分的本质，也不能概括属人类世界类群结构"整体与部分"的本质关系。类群结构的整体与要素之间、各要素之间的关系既不是简单的"整体与部分"的关系，也不是"本质与现象"的关系，而是属人类世界"系统结构"关系。"系统结构"关系指属人类世界内整体与要素之间、各要素之间的特定结构关系，在这种关系中，参与和主导，由于人的主体意识的全面，虽然"整体"由"要素"构成，但是，"整体"却不能还原为"要素"，"要素"也不能指代"整体"。这是一种更为复杂多变的关系，但是对于"类群结构"来说，也是更为真实的关系①。

第四，类群主体与类群文化之间具有系统要素间的特殊复杂关系。具体表现在：其一，目的与工具关系。类群主体是类群文化的目的，而类群文化是类群主体的工具和手段。从本源的意义上说，类群文化是类群主体为了自身的生存和发展而建构的，而类群文化是为类群主体服务的工具和手段。甚至，有学者形象地将类群文化称为人的体外器官。这个比喻再好不过地揭示了类群主体与类群文化之间的目的与工具关系。其二，主体与客体关系。相比较而言，类群主体是主体，而类群文化是客体。类群主体是行为的发起者，而类群文化是接受者。类群主体必然具有主动性、独立性、自主性、选择性、创新性和超越性。当然，也应看到虽然类群文化与类群主体相比是客体，但它绝不是消极的接受者。类群文化一旦被创造出来就具有不以人的主观意志为转移的客观性和能动性，可以对类群主体进行渗透、规定、提供支撑或提出限制，使类群主体只具有相对的独立性和自由，类群主体的选择一般只能在类群文化提供的各种可能性中间进行，而不能在可能性之外进行。其三，基础与关键关系。类群文化是类群主体生存、发展和发挥功能的基础和条件，而类群主体是类群文化发挥功能的关键。类群文化一旦被创造出来，便成为类群主体选择的基础和依托，类群主体的选择一般只能在类群文化提供的基础、可能和趋势上进行。类群文化自身不能进行任何选择。类群文化的所有趋势和可能性只有通过类群主体的行为选择才能实现。因而，类群主体是类群文化发挥作用的关键。其四，互相支撑和互相限制关系。类群主体的素质和发展水平支撑类群文化的存在和发展，同时，也是对类群文化发展的限制。而类群文化的发展水平也支撑类群主体的存在和发展，同时，也是对类群主体发展的限制。其五，互相创造和互相建构关系。类群文化创造类群主体，同样，类群主

---

① 陈学明. 西方马克思主义命题辞典. 北京：东方出版社，2004：16-18.

体也创造类群文化。可以理解为：类群主体是类群文化创造和建构的，同样，类群文化也是类群主体创造和建构的。

3. 类群结构的特性

类群结构具有如下特性：

（1）整体性。类群结构是一个有机整体，而不是各个构成要素的机械组合或简单相加。它的各个构成要素是以系统结构的方式存在的，它的整体功能也是各个构成要素在孤立状态下所没有的，即"整体大于部分之和"。而且，各个构成要素在整体中所表现出来的功能和特性，如果脱离整体便不再存在。类群结构的整体性表现在空间和时间两个方面：在空间上，类群结构以整体的形式存在，它的各个构成要素虽然关系复杂，但都会被整合为有序的统一体，产生维持类群结构生存的起码的一致性。而且，面对外界环境的压力和挑战，类群结构能够依靠自身的机制，调动各构成要素进行整体运作，产生大体一致的整体行为选择。在时间上，从原始人开始，人类便进行时序的探索，划分年、月、日、时，以便保持类群行为在时间上的整体有序和节律的一致性。《诗经》曾大量记载周朝作为一个国家在时序上的整体统一性。例如，《诗经》中的脍炙人口的名句"七月流火，九月授衣"，原文中使用八段歌谣对应一年的月份流变与人的衣食住行和祭祀活动，这些都表明在那个时代中国的先民已十分注意时序上的整体性和统一性①。

（2）结构性。类群结构是一个有机系统，具有系统结构性。类群结构的各个构成要素不是分散、互不相关的，而是有序且有规律地联结在一起的。每个构成要素都处于特定的位置，以特定的方式与其他要素联系或联结，并具有特定的功能。各个构成要素只有遵循类群结构的原则和规律，才能充分发挥应有的功能。类群结构的结构性特征，还表现为类群结构形式的同构性。尽管不同类群结构在内容上丰富多彩、各不相同，然而，在形式上却有共同性，即都具有"三级结构七种力量"的类群结构形式。有的人类学家为了说明类群结构形式上的同构性，曾将西方现代社会与至今尚存的原

---

① 王铭铭. 人类学是什么. 北京：北京大学出版社，2005：103-106.

始社会做了对比——"我们有科学，他们有巫术；我们有历史，他们有神话；我们有高科技的农业，他们则是小农经济；我们有牧师，他们有萨满……我们有哲学，他们有信仰……我们有政府，他们有长者……我们是个人主义的，他们是社区的；等等"①。这说明，凡类群结构在形式上大致相同，具有同构性。列维-斯特劳斯认为，这根源于人的潜意识和心智结构，人的潜意识和心智结构大致相同，所以由人所建构的类群结构的形式也必然大体相同②。

（3）动态性。类群结构不是凝固的、僵化的，而是不断发展变化的、动态的。每种类群既是一种结构，又是一个过程。仅以社会结构为例，马克思恩格斯认为社会是有结构的，它由生产力和生产关系、经济基础和上层建筑的有机联系构成，同时，在阶级社会里这个结构必然表现为阶级结构和分层。而上述社会结构的矛盾和斗争推动着人类社会由低级向高级发展——原始社会、奴隶社会、封建社会、资本主义社会、社会主义社会和共产主义社会。可见，社会结构既是结构，又是发展过程。德国哲学家阿尔弗雷泽·斯密特在《历史与结构》一书中批判了对马克思恩格斯关于社会结构理论的两种片面性解释：一种认为，马克思主义的社会结构理论是"无结构的历史"；另一种认为，马克思主义的社会结构理论是"无历史的结构"。他进而提出了一个著名的命题——马克思主义的社会理论具有历史—结构的双重特征。也就是马克思主义理论将社会既理解为一种结构，又理解为一种历史发展过程③。社会结构是结构与历史的统一，一切种类的类群结构都是如此。无论是家庭结构、组织结构还是国家结构，都既是一种结构，也是一种历史过程，始终处于发展变化之中。

（4）核心性。类群结构是由"主体——人"建构的有机系统，具有核心性特征。在类群的诸要素中存在核心要素，它掌握类群结构中的核心权力或主要权力，可以凝聚、统摄、影响、制约和管理其他要素，通过对利益的分配，将类群要素统合为一个整体，协同一致应对环境压力和挑战，

---

① 拉波特，奥弗林. 社会文化人类学的关键概念. 北京：华夏出版社，2009：82-83.
② 夏建中. 文化人类学理论学派. 北京：中国人民大学出版社，1997：280-281.
③ 陈学明. 西方马克思主义命题辞典. 北京：东方出版社，2004：43-44.

谋求类群的生存和发展。类群结构的核心性特征来源于高级灵长类动物的习性。一般而言，高级灵长类动物的群体大都有分层结构，核心领袖负责统领整个群体，以维持群体秩序。灵长类是社会化的动物。"在非人灵长类群体中，个体的地位是依靠其自身在群体中的地位来确定的"，"……支配等级的运行依赖于群体中某个个体的控制能力，而这些个体通常是群体中占有较多食物或交配权的个体"①。人类延续和发展了哺乳类高级动物的这一特性，建立了越来越复杂、越来越高级、越来越严密的类群结构。人类是建立类群结构的高手，从建立家庭结构，到建立组织结构、国家结构、国际组织结构……每个人都处在类群结构之中。而每一种具体的类群都有自己的独特结构，也都有自己结构的核心。一般而言，家庭结构的核心是家长，组织结构的核心是组织的最高管理者及管理群体（如经理、董事长、校长、院长、所长、主任等，以及其核心管理层），国家结构的核心是国家领导人及领导群体，国际组织的核心是各类负责人及其管理群体（如主席、会长、首席执行官等管理群体）。类群结构的核心是类群的最高权力中心，担负着搜集调查信息、决策、执行和监督等多种重要职责，也具有相应的多项重要权力。类群结构的核心是类群结构中最关键、最重要的因素，对类群的生存和发展起关键作用，有时是决定性的作用。

4. 类群结构的功能

一切类群结构都具有功能，如同人体的结构都具有功能一样。类群结构的功能指类群结构对个人生活和类群的性质及生存发展的影响。类群结构一般具有以下四项功能：

（1）选择功能。选择功能是类群结构的基本功能。所有类群结构都能够在外界环境压力下，通过内在结构——类群主体和类群文化，依照运行机制，做出行为选择，回应环境的压力和挑战。行为选择包含两类：一是"外向行为选择"，这是类群结构直接回应外界环境压力和挑战的行为；二是"内向行为选择"，这是类群结构间接回应外界环境压力和挑战的行为，

① 李法军. 生物人类学. 广州：中山大学出版社，2007：111-112.

是调整、改造和完善自我的行为。这两类行为选择涵盖了类群结构的全部行为，是类群结构主体性和能动性的集中表现。类群结构的一切主体特性——主动性、独立性、自主性、创新性和超越性等，都是通过行为选择功能表现出来的，也只有通过行为选择功能才能得到展开和体现。类群结构的一切功能——动力功能、秩序功能和自建构功能，也都是通过行为选择功能展开和实现的，而且，也只有通过行为选择功能才能得到实现。选择是所有类群结构——家庭结构、组织结构、国家结构和国际组织结构等的基本功能。类群结构的所有生存和发展的目的都只有通过能动的主体选择才能得到实现。马克思恩格斯所创立的实践唯物主义理论既阐明了历史唯物主义，又阐明了历史辩证法，是能动的主体选择论，深刻地揭示了类群结构选择的规律、原则和方法①。

（2）动力功能。类群结构是一个动力结构。类群结构是自身生存发展和行为选择的主要动力源泉。它本身是一个动力装置，它的各个构成要素及要素之间的关系均包含巨大的动力。类群主体（主体领导力、主体素质力、类群分层及认同情势力）蕴含巨大的动力，类群文化（类群科技力、类群观念力、类群制度力）蕴含巨大的动力，这两者之间的矛盾统一关系同样蕴含巨大的动力。类群本身蕴含着求生存求发展的巨大动力，在外界环境的压力下，尤其能激发内在动力，推动它进行行为选择（包含内向行为选择和外向行为选择），应对外界环境的挑战。只要类群结构存在，类群结构的动力就存在，就可以为它的生存发展提供动力源泉。马克思恩格斯所创立的历史唯物论深刻揭示了社会结构的动力来源。生产力与生产关系、经济基础及上层建筑之间既矛盾又统一的辩证运动，是社会生存发展的永恒的动力源泉，推动社会从低级社会形态向高级社会形态发展。在阶级社会里，阶级矛盾和阶级斗争是推动社会发展的动力。生产力与生产关系、经济基础与上层建筑之间的矛盾和斗争，阶级矛盾和斗争，不仅为社会发展提供动力来源，也规定了社会发展的方向②。上述历史唯物论不仅深刻地揭示了社会发展的动力来源和动力功能，也为人们认识和阐释各种

---

① 本书编写组. 马克思主义基本原理概论. 北京：高等教育出版社，2007：61—62.
② 陈学明. 西方马克思主义命题辞典. 北京：东方出版社，2004：50—51.

类群结构（家庭结构、组织结构、国家结构和国际组织结构等）的动力来源和动力功能提了理论基础和方法。

（3）秩序功能。秩序功能指类群结构具有建立、维持和引导主体遵守一定制度和行为规范，将行为控制在一定秩序范围之内的作用。一般而言，所有类群——家庭、组织、国家和国际组织等，都是多元权力和多元利益并存的生存共同体。类群生存的普遍规律是有序生存，而不是无序生存。无序只能导致类群内部产生矛盾冲突、动荡，甚至类群解体。因此，类群结构均主动地建立和维持一定的秩序。英国著名人类学家埃德蒙·罗纳德·利奇在《缅甸高地诸政治体系》一书中提出了"动态的平衡"理论。他认为社会结构是不平衡的，矛盾和冲突必然存在。个人利益和集团利益永远是动态的，平衡是暂时的。因而，社会结构的功能只能是维持一种"动态的平衡"，为个人和利益群体提供一种制度性的关系和联系①。英国著名人类学家 J. G. 弗雷泽在他享誉全球的著作《金枝》中曾描述过一个神话，任何逃奴对内米湖畔神圣"祭司"的"谋杀"都可以使自己成为新"祭司"，并获得"森林之王"的称号。这个神话的隐喻意义在于维持帝王权力与社会权力和利益的均衡②。类群结构不只担负着建立和维持一定秩序的功能，而且也有能力制定合理的制度和行为规范，论证制度和行为规范的合理性，获得各个主体的认同和共识，惩罚违反制度和行为规范的主体，调节与缓和类群内部的矛盾冲突，释放类群结构中对立的情绪和不良能量，不断调整和完善制度和行为规范本身，以便将主体的行为限制在一定的秩序范围之内，维持类群结构的生存和发展。实际上，这是任何一个类群结构每日每时都在做的事情。一旦停止了这项工作，类群结构的秩序和团结就会立刻出现问题，甚至危及类群结构的生存。

（4）自建构功能。所谓自建构功能指类群结构具有自我反省、自我调节、自我完善和自我超越的作用和能力。面对外界环境压力和挑战，类群结构能够通过自我建构，主动完善和提高各构成要素的素质水平，调整类群结构关系，使之达到最佳状态，并与外界环境相适应。自建构功能是类

---

① 夏建中. 文化人类学理论学派. 北京：中国人民大学出版社，1997：289-292.
② 弗雷泽. 金枝. 北京：新世界出版社，2006：1-9.

群结构的一种内在运行机制。类群结构是一个自动体，一般而言，面对外界环境压力和挑战，类群结构会产生两种类型的行为选择——"外向行为选择"和"内向行为选择"。"外向行为选择"是类群结构直接回应外界环境压力和挑战的行为；"内向行为选择"是类群结构间接回应外界环境压力和挑战的行为，是主动反省、调整、完善和超越自身的行为。"内向行为选择"就是类群结构的自建构行为。类群结构能够通过自建构行为提高和完善类群主体力和类群文化力，调整各构成要素的关系，反省、完善和超越原结构，以便成功地回应外界环境的压力和挑战。历史证明，自建构功能的强弱关系着类群结构的起伏盛衰和命运。自建构功能越自觉、越完善，类群结构便越能发现自身的缺欠，超越自我，走向完善和强大。在一定意义上，自建构功能的强弱决定类群结构的强弱。任何强大的类群结构都是通过主动的自建构功能建设起来的。

对于这一点，中国近四十年的经济奇迹是最好的说明。党的十一届三中全会结束以后，以邓小平为核心的党的第二代中央领导集体自觉地反省过去，主动实行改革开放，变计划经济为社会主义市场经济，创造了经济社会高速发展的奇迹，使中国成为世界上第二大经济强国。这个事实最典型地说明了自建构功能的价值①。

实际上，从原始社会开始，所有类群结构都具有积极的自建构功能，并且也都是在自建构功能的作用下获得发展和完善的。在经济全球化的时代，类群结构尤其应自觉发挥自建构功能。

（五）类群主体力

类群主体力是类群结构的核心力量，是类群迎接挑战，谋求生存和发展的关键生命力。在一定外界环境压力和挑战下，类群的行为选择由类群主体和类群文化共同决定。其中，类群文化起着基础作用，类群主体起着

---

① 彭森. 中国经济体制改革的成就、经验和展望//中共中央宣传部理论局. 纪念党的十一届三中全会召开30周年理论研讨会文集：上卷. 北京：学习出版社，2009：67.

关键作用，类群行为选择最终由类群主体决定。类群主体由主体领导力、主体素质力、主体分层及认同情势力三个要素构成。研究类群结构和类群行为，首先要将类群主体力研究和解释清楚。

1. 类群主体力概念

类群主体力指类群结构中"主体——人"的力量，是类群结构中的核心力量和关键力量，最终决定类群在一定环境压力下的行为选择。它是由类群主体力要素——主体领导力、主体素质力、主体分层及认同情势力以特定方式组合形成的整体力量，是类群迎接环境压力和挑战，实现生存发展的根本生命力。这个概念可做如下解释：第一，类群主体力是类群结构中的"主体——人"的力量，是类群结构的主角。它表现出主体的一切特性，如目的性、主动性、自主性、独立性、创造性和超越性等，是类群诸要素中最主动、最积极、最活跃、最具创造力的要素。第二，类群主体力是类群的目的，而类群文化力是类群的工具和手段。类群文化力是为实现类群生存发展而创造的，也是为实现类群生存发展服务的。第三，类群主体力是类群结构中的核心力量。一般而言，类群文化力是类群生存发展的基础，而类群主体力是类群生存发展的关键，它不只决定在一定外界环境下类群对外界环境的直接回应，也决定在一定外界环境下类群对自身结构的反省和调整，决定对类群文化力的建构、重构、加工和改造。第四，类群主体力与类群文化力之间存在辩证统一关系。类群主体力建构和创造类群文化力，类群文化力也建构和创造类群主体力。类群主体力既是文化的存在，也是历史的存在。类群主体力随类群文化力的发展而发展，类群文化力也随类群主体力的发展而发展。它们之间是互相建构、互相影响、互相决定、共同发展的关系。第五，类群主体力是类群结构的关键生命力。在外界环境压力下，类群主体力最先做出反应，产生行为选择的意图和意向，经过求证类群文化力，最终做出行为选择。类群主体力是类群行为选择的主导者、驾驭者和最终决定者，而类群文化力是类群行为选择的基础、凭藉、条件和制约力量。类群主体力是类群结构生存发展的关键。

2. 类群主体力的结构

类群主体力由三种主体要素构成：主体领导力、主体素质力、主体分层及认同情势力。这三种主体要素紧密结合、相互渗透、相互支撑、相互制约，共同构成了类群结构的主体力量。其中，主体领导力是类群主体的核心，是类群主体力中的关键力量。主体领导力通过类群决策和执行，直接掌握和控制类群的整体行为，影响和决定类群的起伏盛衰和命运。主体素质力是类群主体力中的基础力量，它的水平和强弱代表和体现了类群主体力的水平和强弱，决定了类群日常行为表现和重大事件中的行为，影响甚至决定类群主体的生存、发展和命运。主体分层及认同情势力是类群主体力中的关键力量和根本力量，是类群结构的性质、生存状态和治乱安危的主要根源和标志，体现了类群结构的性质、发展水平、合理性与合法性①，对类群结构的生存和发展起关键性和根本性作用。如果主体分层及认同情势力正常，具备合理性与合法性，类群结构就能够维持正常秩序，相反，如果主体分层及认同情势力不正常，不具备合理性与合法性，类群结构便会产生矛盾、冲突、动荡、混乱，甚至解体。同时，也应看到主体领导力、主体素质力、主体分层及认同情势力三种类群主体力量均是类群生存发展的重要动力源泉，对类群的生存发展具有重要的影响和推动作用。

3. 类群主体力的地位

从类群结构总体看，类群主体力的地位可做如下描述：类群主体是类群结构的核心，是类群结构的主体和主角，是类群结构与类群行为的主持者和主导者，是类群结构与类群行为的目的，也是类群成功与失败评价标准的最终依据。这表现在以下几个方面：

（1）从类群结构的目的性上看，类群主体是类群的目的和最终评价标准的依据。类群主体是类群的目的、类群的本体、类群的本位、类群评价的根本出发点和根本立足点以及根本标准的依据。类群活动的归宿，类群

---

① 合法性指一种类群主体的分层结构被社会主体认为是应当的并被接受的程度。

结构的一切活动和选择最终都是为了类群主体——人。如果最终离开类群主体，类群的一切活动、选择和建构都毫无意义。

（2）从类群主体与类群文化的关系看，类群主体永远是类群结构的主体和主角。类群主体与类群文化是辩证统一关系，互相对立又互相统一，不可分离。从人类和文化的起源看，"人创造了文化，文化也创造了人；人又创造了文化，文化又创造了人……"这个过程循环往复，以至无穷，使人类及其所创造的文化走向无限。应该看到，归根结底类群主体是类群文化的创造者，是类群结构的主体和主角。

（3）从类群结构与选择的关系看，类群主体是类群结构的主持者和主导者。这表现在两点上：首先，类群结构与类群主体选择是辩证统一关系，互相对立又互相统一，具有互相渗透、互相规定、互相支撑、互相限制、互相决定的关系。一般而言，类群结构决定类群主体选择，而类群主体选择也决定类群结构。如果从人类的结构与选择的整体看，则应当这样表述：类群主体选择决定了类群结构，类群结构也决定类群主体选择；类群主体选择又决定了类群结构，类群结构又决定了类群主体选择……但从本源上看，归根结底是类群主体选择决定了类群结构。其次，类群主体是类群结构的主持者和主导者，类群的命运归根结底是类群主体通过选择决定的。类群结构与类群主体相比，类群结构是客体，而类群主体是主体、主人和主持者，而且是能动的、千变万化的主体、主人和主持者。无论是类群的命运，还是类的命运，最终都取决于类群主体的选择——取决于类群主体在一定条件下选择了什么和没有选择什么，特别取决于类群主体在重大问题上的选择。

（4）从"主体——人"的本性看，最终决定类群和类的前途和命运的深层根据仍在类群主体自身。人是具有"二重生命"（自然生命和超自然生命）的生物，在"主体——人"的身上既包含使人走向光明和美好的因素，也包含使人自我毁灭的因素。马尔库塞在《当代工业社会的攻击性》中提出了一个影响深远的命题："可以在个人的本能结构中找到彻底毁灭全球这场游戏的根子"[①]。同样，也可以在人的本性中找到使人走向无限光

---

① 陈学明. 西方马克思主义命题辞典. 北京：东方出版社，2004：199.

明和美好的根子。德国大诗人歌德说，"人是世界上唯一生活在理想世界和可能世界之中的生物，也是世界上唯一有希望实现自己美好理想的生物"。充分培育和发展人光明和美好的因素，引导和改造人的自我毁灭因素，就能够创造类群和类光明而美好的未来。可见，从"主体——人"的本性看，无论是类群，还是类，最终决定其命运的深层根据仍在类群主体——人本身。

4. 类群主体力的功能

类群主体力的功能是多方面的，大体可以概括为：

（1）主导功能。类群主体是类群结构的核心和主人，是类群结构的主持者、主导者和驾驭者，具有主持、主导、驾驭、调节和控制类群行为的功能。一般而言，在外界环境刺激下，类群主体（主要是"类群领导"）能够通过选择、决策和管理等多种形式影响和凝聚人心，统摄类群结构全局，决定类群的行为，实现类群的目的和计划。类群主体的主导功能是巨大的，能够在顺境中引领类群再创佳绩，也能够在逆境中团结类群共渡难关。有时，类群一败涂地，面临绝境，但只要类群主体还在，类群主体的顽强意志还在，就仍有起死回生、东山再起的机会和可能。

（2）选择功能。类群主体是类群结构的主持者和主人，具有在外界环境刺激和压力下，主动进行行为选择的功能。行为选择是类群主体的基本功能，也是类群主体实现自己全部目的的基本方式。所有类群主体都能够通过行为选择（内向行为选择或外向行为选择），回应外界环境的压力和挑战，去实现自己的目的。可以这样说，类群的一切目的都是通过类群主体的选择实现的。类群行为选择是决定类群起伏盛衰和命运的根本因素。在一定外界环境下，选择正确，就走向成功；选择错误，就走向失败。类群的前途和命运主要取决于在一定外界环境的刺激和压力下，类群主体的选择，类群主体的选择功能对类群命运具有决定性的影响和作用。

（3）创造功能。类群主体是类群结构中最主动、最积极、最富活力的要素，具有创造的功能。这主要表现在：第一，类群主体的本质特征是创造性。类群主体具有好奇、想象、求新、求异的天性，不仅能够创造他未曾见过的事物，而且能够创造出世界上从未有过的事物。类群主体是类群创造力的源泉和真正的希望之所在。第二，从类群主体与类群文化的关系看，类群主体是类群文化的创造者。"人是文化的生物"，他既是文化的产物，又是文化的创造者。他能够通过无限地创造文化，应付无限的环境压力和挑战，使自己赢得现在和走向未来。第三，类群主体的创造力是人类的希望所在。人类是一个具有"二重生命"的生物，这使他的生命注定了要面对矛盾、冲突、灾难，险象环生，甚至有时面临深渊。过去和现在是这样，将来也会是这样。依据汤因比的看法，所有的人类文明均起源于人类的创造力，文明的生存和发展依赖人的创造力，而人类面对看得见的困境和危机也只能依靠人类的创造力，舍此，没有其他道路可走①。

（4）动力功能。类群主体是人，是具有强大生命力的存在，具有强大的动力功能。类群主体的各个构成要素内部蕴含巨大的动力，而各个构成要素之间的关系尤其蕴含巨大的动力。在一定外界环境压力和刺激下，类群主体能够主动依据特定机制，经过"求证类群文化"②，做出行为选择。类群主体的动力既是自生的，又是类群文化哺育的，并与类群文化相互作用，共同发展。只要类群主体存在，类群主体的动力功能就不会消失。

（5）制约功能。类群主体是类群结构的主人，对于文化的传播和接受具有制约的作用和功能。类群主体不是消极的文化接受者和被塑者，而是一个能动的文化选择者。它对于任何一种文化都要用自己的"前结构"去做"反思性咀嚼"。一般要做五种"反思性咀嚼"。主体"前结构"的状况和水平是主体接受或抗拒某种文化的基础和前提。任何一种文化能否被主体所接受，能否发挥作用，能发挥多大作用，都要受到主体现实状况和水平的制约，并最终由主体的现实状况和水平来决定。

孙中山先生在辛亥革命成功后，曾针对当时国民的普遍素质水平提出分三步实现宪政的方案：第一步——军政，第二步——训政，第三步——

---

① 汤因比. 历史研究. 上海：上海人民出版社，1987：454-457. 如果去掉汤因比关于"具有神力"的神秘解释，他的观点则具有极其重要的启发意义。

② 所谓"求证类群文化"或"求证文化"，指在外界环境压力和挑战下，类群主体，特别是类群领导重新审视类群文化力的活动，即重新解读（观念力）、参照（制度力）、评估和分析（科技力），以便从整体上做出行为选择的过程。"求证文化"是类群主体的决策过程的一个基本环节。

宪政。这个方案就是充分考虑类群主体的实际状况和水平而提出的。不顾类群主体实际状况和水平的文化安排，只能引起消极的反应甚至混乱。

（6）超越性功能。人是世界上唯一具有"二重生命"的生物，类群主体也必然具有"二重生命"的基本特性——能够进行自我的"二重性"反省和超越。类群主体注定要永远生活在理想与现实的二重矛盾和冲突之中，不断用理想去反省、评价和统一现实，超越自我。一旦理想实现之后，便会立即产生新的理想，并用新的理想去反省、评价和统一现实，这个过程循环往复以至无穷。由理想与现实矛盾所引发的类群主体的反省和超越，是类群主体发展变化的动力源泉，推动类群主体以至整个类群结构不断超越自我，永远不停止在某一个水平上。

（六）类群文化力

类群文化力是类群结构的基础力量，是类群迎接挑战，求生存和发展的基本生命力或基础生命力。在一定外界环境压力和挑战下，类群的行为选择是由类群文化和类群主体共同决定的，其中，类群主体起着关键作用，类群文化起着基础作用。类群文化为类群主体进行行为选择提供了基础和依据，也为类群主体进行行为选择提供了可能（思想观念、制度规则和技术物资等资源）。类群主体只能在类群文化提供的基础之上和可能之中进行选择，而不能脱离类群文化提供的基础和可能进行选择，一定条件下的类群文化决定了类群主体行为选择的基础和可能性。因此，研究类群的生存发展和行为选择必须深入研究类群文化，将类群文化力阐释清楚。

1. 类群文化力概念

关于文化的概念和含义，中外的解释纷繁复杂，但是总体看各种解释实际上殊途同归，具有基本共识。中国传统上大体认为，"文"既指文字、文章、文采，又指礼乐制度、法律条文等。"化"就是教化，指以礼乐制度教化百姓。例如，汉代刘向在《说苑》中提出："凡武之兴，谓不服也，文化不改，然后加诛"。又如，南齐王融在《曲水诗序》中写道："设神理以景俗，敷文化以柔远"。西方也有大量关于文化的概念和解释。英国人类学家 E. B. 泰勒在 1871 年出版的《原始文化》一书中指出，"据人种志学的观点来看，文化或文明是一个复杂的整体，它包括知识、信仰、艺术、伦理道德、法律、风俗和作为一个社会成员的人通过学习而获得的任何其他能力和习惯"。英国人类学家马林诺夫斯基在 20 世纪 30 年代出版的《文化论》一书中认为，"文化是指那一群传统的器物，货品，技术，思想，习惯及价值，这概念包容和调节着一切社会科学。我们亦将见，社会组织除非视作文化的一部分，实是无法了解的"。他还认为，文化可分为物质文化和精神文化两部分。对文化进行了比较全面的研究的是文化人类学家 A. L. 克罗伯和 K. 克拉克洪，他们在 1952 年发表的《文化：一个概念定义的考评》中，考察了 100 多种文化定义，最后给文化下了一个综合定义："文化存在于各种内隐的和外显的模式之中，借助符号的运用得以学习与传播，并构成人类群体的特殊成就，这些成就包括他们制造物品的各种具体式样。文化的基本要素是传统（通过历史衍生和由选择得到的）思想观念和价值，其中尤以价值观最为重要。"这个文化定义为现代西方许多学者所认可。另一个文化概念具有更为独到的创见，即费边（Fabian）认为，"文化把传统理解为某种实体，外在于个体的思想，具有客观性，是对象、象征、技术、价值观念、信仰、实践和制度的集合体，由同一文化中的个体共享"[①]。还应特别提到的是美国人类学家弗朗兹·博厄斯的关于文化的见解："文化本身是一个不断'创造的过程'，在这一过程中人们持续不断地吸收并转换相异的因素。……正是通过这种适应过程，文化才会成为一个完整的精神整体"[②]。可见，对"文化"一词的中西方认识，殊途同归。

文化基本指人类在社会历史实践中所创造的成果及创造的过程，是一个有机的统一体。文化反映了人类在一定历史阶段上所取得的一切物质的、制度的和精神的成就，这包括他们自己的创造和持续不断整合相异因

---

① ②　拉波特，奥弗林. 社会文化人类学的关键概念. 北京：华夏出版社，2005：79.

素而取得的整体成就。

所谓类群文化力是从类群文化自身及对类群结构所具有的生存发展生命力角度说的。在这个意义上，类群文化力指类群的物质文化力、制度文化力和精神文化力的综合。为了便于抓住类群结构的本质力量，本书将物质文化力简约地用科技力来概括和代表，将制度文化力简约地用制度力来概括和代表，将精神文化力简约地用观念力来概括和代表。这样，类群文化力的概念可以进一步解释为：科技力、制度力和观念力的综合。

有必要对类群文化力做进一步解释：

（1）类群文化力是人在实践基础上创造的成果和创造的过程。人创造文化，文化也创造人，但是归根结底文化是人的创造物，是人的本质力量外化的结果。自然的存在物不是文化，只有经过人加工的东西才是文化。例如：水不是文化，水库是文化，酒也是文化；石头不是文化，石器是文化，石雕也是文化；等等。同时，也应看到类群文化是人创造文化的过程，永远不会停止在某一个水平上。

（2）类群文化力是一个有机整体。它包含精神的要素——精神文化（观念力）、制度的要素——制度文化（制度力）和物质的要素——物质文化（科技力），是精神文化（观念力）、制度文化（制度力）和物质文化（科技力）构成的有机整体。它们之间互相渗透、互相支撑、互相规定、互相转化，有着内在的结构与功能的必然联系，缺一不可。

（3）类群文化既是某一个类群的原创性成果，即原生文化成果，同时，又是不断整合其他类群相异文化所创造的成果，即外来文化成果，是这两种文化成果的有机综合体和有机统一整体。目前，世界上现存的巨型文明，大都是成功地实现了这两种文化成果的有机整合而创造的。

（4）类群文化是人的生存方式。人是一种文化存在，人性的丰富底蕴来自文化，人的生活方式和行为方式是文化哺育的结果。兰德曼先生说："不仅我们创造了文化，文化也创造了我们。个体永远不能从自身来理解，他只能从支持他并渗透于他的文化的先定性中获得理解。"[①] 类群文化是人

---

① 兰德曼. 哲学人类学. 北京：工人出版社，1988：273.

所创造的生存方式系统，它使人具有无限的丰富性。

（5）类群文化的本质是人性。类群文化是人性的外化和表现，是人依据人性而创造的。人创造文化的根本目的仍在人本身——"人文化成"，使人成为人。类群文化追求的目的包含有经济的、物质的和制度的内容，但是根本的目的却是使人"人"化，是用人文来化人，使人真正成为人。人永远是类群文化的本质和目的。类群文化的这种人性本质不只说明必须坚持文化的"人"化方向，也说明，人只有在创造文化的实践中才能真正成为人。

（6）类群文化力是类群结构的一个有机组成部分。类群结构是由类群主体力、类群文化力和类群行为选择三级结构组成的。类群文化力是类群整体结构中的一级结构，一个基本构成要素。

2. 类群文化力的特点

类群文化力有如下特点：

（1）人本性。类群文化力的本质是人性。它是人性的外化和表现，并始终以人为目的。它有经济、制度的任务，但根本任务始终是"人文化成"，使人成为人。类群文化实践在本质上是创造人性和完善人性的活动。类群文化实践脱离了创造和完善人性即为迷失方向。

（2）整体性。类群文化力是一个有机整体，其构成要素——科技力、制度力、观念力之间存在结构与功能的关系。科技力是类群文化力的基础，制度力是类群文化力的保障，观念力是类群文化力的关键和灵魂，三者共同构成了类群文化力的有机整体。

（3）多元性。类群文化力不是一元的，而是多元的，即各不相同、多种多样的。无论是就世界而言，还是就一个社会而言，类群文化力都是多元的。世界上没有两个完全相同的人，也没有两种完全一样的类群文化力。当然，不排除多元的类群文化力具有某种共同的基础（如共同的科学技术和生产力基础等）、共同的形式（如类群的"三级结构七种力量"结构框架等）和某种价值的共识或相似（如民主制优于奴隶制、不准偷盗等）。这个问题在文化人类学历史上发生过尖锐争论。主要的论题是：人类的文化是单数文化，还是复数文化？单线发展，还是多线发展①？本书倾向于复数文化和多线发展，但这个问题至今仍未真正解决。

（4）时代性。类群文化是一个随着时代发展而发展的过程，具有明显的时代性。它在每一个历史时代都具有不同的成就和特征，体现出时代精神和时代发展水平。同时，类群文化也必然受到时代的制约，难以超越所处时代的限制。无论是人格，还是类群，都应充分发挥自己的创造力，跟上时代的发展。

（5）民族性。类群文化力具有显著的民族性特征，它主要以民族文化的形式存在。各种具体的文化——政治文化、经济文化、制度文化、艺术和民风民俗等，无不具有民族的特点，打上民族的烙印。民族文化——特别是以民族生活方式、民族心理、民族语言和民族精神为基础的民族传统文化，均为系统性存在。它是民族生存的根，是民族的标识系统，只能批判地继承、发展和现代化，而不能抛弃。抛弃民族传统文化，就等于失去民族生存的根，必然导致民族的失落。在阶级社会里，不同阶级由于所处地位和生活条件不同，其文化表现出阶级性的特征。

（6）继承性。类群文化力是一个连续的动态发展过程，一切文化成果都是对以往文化成果的继承、创新和发展。发扬优秀文化传统，批判地继承以往文化的优秀成果，是类群文化力发展的基础。在继承基础上的大胆创新是类群文化力发展的动力源泉。对待文化传统的正确态度只能是批判地继承，在此基础上进行大胆创新。

（7）流动性（或称融合性）。类群文化具有流动性，能够在空间上由一个地方流向另一个地方或者由一个类群流向另一个类群。这是由两种力量推动的：第一，由类群文化的"势位差"推动。"高势位"类群文化能够向"低势位"类群文化流动。这个趋势最终无法人为地阻挡②。第二，某一文明内部"大传统"与"小传统"的相互流动③。由于类群文化力具有流动性，类群文化必然会发生沟通、碰撞和融合，具有融合的特性。

---

① 夏建中. 文化人类学理论学派. 北京：中国人民大学出版社，1997：86-90，198-199.
② 陈秉公. 论国家意识形态"高势位"建设的规律性. 马克思主义研究. 2009（11）.
③ 同①154-156.

（8）规范性。类群文化力不只是一个思想观念系统和技术生产力系统，也是一个制度规则系统。它明确地规定人们之间的关系和行为准则，以便维护类群生存的一定秩序。这种制度规则系统有的是通过约定俗成而自然形成的，有的则是权力部门通过一定程序制定的。制度规则系统具有外显性，人们了解一个类群文化，往往首先从认识其制度规则系统开始。

（9）客观性（也可称规律性）。类群文化是类群主体创造的，但是，它一旦被创造出来，便与创造者主体分离，具有不以人的主观意志为转移的客观性和规律性。它的传播、流动、嬗变、融合、发展和超越将遵循文化自身的客观规律，人只能认识、掌握、遵循和利用这种规律，却无法改变或取消这种规律。类群主体的文化创造也必须以类群文化规律为基础和前提。

（10）理想性。从根本上看，类群文化所承载的是人的理想和追求。人们渴望建立怎样的关系、过怎样的生活、成为怎样的人就建立怎样的文化。一部人类文化史就是一部人类追求理想的关系和理想生活的历史，是一部"跟着理想走，向着可能行"的激情澎湃的奋斗史。类群文化永远具有理想的光辉，启迪人们的心灵，鼓舞人们的意志，照亮人们前行的道路。

3. 类群文化力的要素结构

类群文化力是由三种文化要素构成的：科技力、制度力、观念力。这三种文化要素紧密相连、相互支撑、相互制约、相互决定，共同构成了类群结构的文化力量。其中，科技力是类群文化力量的基础，决定和制约制度力和观念力。一般而言，有什么样的科技力就会要求相应的制度力和观念力，反映它的需要，代表它的意志，为它服务。制度力是类群文化力量的制度保障，支撑和保障相应的科技力和观念力。一般而言，有什么样的制度力就会支撑和保障什么样的科技力和观念力。观念力是类群文化力量的先导，支持和维护相应的科技力和制度力。一般而言，有什么样的科技力和制度力就会建立什么样的观念力，而有什么样的观念力就会支持和维护什么样的科技力和制度力。同时，也应看到科技力、制度力和观念力等三种类群文化力量及其相互之间的对立统一关系是类群生存发展的重要动力源泉。正是科技力、制度力和观念力之间的既对立又统一关系推动类群进步和发展。

4. 类群文化力的功能

类群文化力具有如下功能：

（1）基础功能。类群文化力是整个类群结构的基础，具体表现为：类群文化力是类群结构的科学技术和生产力基础（物质基础）、制度规则基础（制度基础）和思想观念基础（精神基础），为类群主体应对外界环境压力和挑战，实现生存和发展目标提供最重要的基础、条件和保障。一般而言，在外界环境刺激下，类群主体（主要是类群领导）必然会做出反应，寻求对策，但是类群主体不能凭空做出对策，它首先要做的就是求证类群文化，即求证自己的物质、制度和精神基础与条件，而后才能做出决策。在一定外界环境刺激下，类群主体采取何种决策，并不是由类群主体单独决定的，而是由类群主体与类群文化力共同决定的——类群文化力提供了决策的可能区间，而类群主体在可能区间内进行选择。只有在类群文化力提供的可能区间内选择最优决策方案，决策才可能是正确的，才有成功的希望。

（2）导向功能。类群文化力对类群主体的行为选择具有导向功能。类群文化力中的观念力是人的最高生命力，是人的灵魂，决定人选择行为的根本方向和性质，使人在纷乱混沌的选择中，不致迷失方向，更不会沉沦。这无论是对于人格，还是对于类群来说，都是极其重要的。全人类的生存和发展基本靠两根支柱：第一，思想和道德。它们指引人按照"应当"去做，而不是按照"能够"去做，更不是按照"不当"去做，给人类的行为选择指引正确的方向。第二，科学技术。它给人提供方法和工具，引导人们按照"是"去做，创造人生存和发展所必需的物质财富。缺少这两根支柱的任何一根，人类文明的大厦必将倾斜和倒塌。从上述分析中可见，观念力是人类生存和发展的两根支柱之一，它的导向功能是巨大的、绝对不可缺少的。

（3）类化功能。类群文化力的根本功能是"人文化成"——塑造人、提升人、规范人，使人成为人。文化与人的自然本性相对，其根本职能是通过教育和熏陶，改变人的自然本性，建构人性。文化的本质就是化人，使人不断自我超越，实现类化，即人的类化。人创造文化的过程也是使自己类化的过程。这无论是对于人格，还是对于全人类来说都是极其重要的。尤其是在科学技术和市场经济高度发达的今天，人的技术化和物化倾向已危及人类的生存，文化的类化功能显得更加重要。科学技术和物质生产只有与人的类化过程同步发展，并用人的类化过程去引导和制约，人类才能走向光明和美好。相反，淡化或取消文化的类化功能，极可能使人类走向黑暗和深渊。

（4）秩序功能。类群文化力有创造秩序并维护秩序正常运转的功能。这种功能主要表现在两个方面：第一，为类群结构确定目标和价值系统。一般而言，所有类群都是某种定向的组织系统，要维持正常秩序和运转，首先就必须确定类群的目标和价值系统，以便使人们的行为朝向目标并具有逻辑的支撑。正如英国人类学家R. 弗思在1951年出版的《社会组织的要素》一书中所言，"如果认为社会是由一群具有特定生活方式的人组成的，那么文化就是生活方式。文化为这种生活方式提供了说明"。第二，为类群成员规定行为规范。类群文化力（其中的制度力）也是一个制度规则体系，以制度和规则的形式规定了人们的行为方式，从而确定了人们之间的关系。正如英国人类学家拉德克利夫-布朗所说，文化只有在社会结构发挥功能时才能显示出来。如父与子、买者与卖者、统治者与被统治者的关系，只有在他们交往时才能显示出来。规定行为规范，也就是规定秩序。类群文化是人类实现秩序生存的基本保证。

（5）动力功能。类群文化力有推动类群主体行为选择，从而推动类群发展的动力功能。总体来看，类群发展的动力来自三个方面：第一，外界环境的压力和挑战；第二，类群主体内部各个构成要素及其相互关系；第三，类群文化力内部各个构成要素及其相互关系。类群文化力是类群发展的重要动力源泉。这表现在，类群文化力的构成要素——科技力、制度力和观念力本身都具有巨大的能量，为类群生存发展提供源源不断的动力。类群文化力的各个构成要素之间的相互对立统一关系是尤其巨大的动力，推动类群发展和进步。在一定外界环境压力和刺激下，类群文化力（科技力、制度力、观念力及其相互对立统一关系）能够通过类群文化主体化①，转化为巨大的类群主体素质力量，并推动类群主体做出行为选择，或者产生外向行为选择——改造外界环境，或者产生内向行为选择——改造自身。

（6）工具功能（也可称为器官功能）。类群文化力的功能具有"二重性"——它既是人的本质和人性的代表，具有使人成为人的类化功能，同时，也是人为了满足自身的需要而创造的工具，具有工具的功能。这两种功能同时存在，缺一不可。一般而言，类群文化力的三个构成要素——科技力、制度力和观念力，都具有某种工具的性质和功能。其中，科技力的工具性质和功能最为突出和明显。毫无疑问，科技力是为人服务的工具，各种产品不过是人的器官的延伸——望远镜是眼力的延伸，电话是听力的延伸，飞机是行走力的延伸，计算机是脑力的延伸……都是为补充人的精力和体力而创造的工具。人类文明的进步是以科技力的进步为基础的，失去现代科技力基础的现代文明是不可想象的。在一定的意义上，制度力既具有使人成为人的类化功能，也具有管理工具的功能。观念力不是工具，是目的和价值，然而承载和表达观念力的形式——语言、知识和逻辑却是工具。如果类群文化力失去工具功能，人就无法生存。问题只在于如何解决类群文化力"为谁发挥"和"怎样发挥"工具功能的问题。

（7）庇护功能。类群文化力具有庇护类群延续发展的功能。从表层看，类群文化是类群的标志系统，表明一个类群区别于另一个类群的特质。如语言、风俗习惯、文明礼仪、行为方式等，均是文明的某种标识。从深层看，类群文化是类群的生命之根，是团结和凝聚类群全体成员的共同价值信念，只要这个被类群成员共同认可的价值信念存在，类群就会存在。但如果这个凝聚类群的价值信念不存在了，类群也必然随之解体。例

---

① 所谓类群文化主体化指类群文化具有客观性，是一种不以人的意志为转移的客观存在。它虽然具有巨大的能量，但本身不能直接推动类群变化和发展。它只有通过类群文化主体化过程，将客观的类群文化力转变为类群主体力，并推动类群主体做出相应行为选择，才能推动类群变化和发展。类群文化主体化是一个十分复杂的过程，也是一个十分重要的过程。无论是对于人格建构来说，还是对于类群的生存和发展来说，都是极其重要的。今天，人们经常说的人的现代化、法律人格建构、社会主义核心价值观念大众化等，都是对类群文化主体化的具体描述。

如，类群的深层核心价值观念、价值系统、结群原则、结群逻辑等就是凝聚类群的价值信念系统，是类群的生命之根。一般而言，类群文化力是类群主体创造的，但它一经产生，就反过来成为庇护类群作为一个整体延续的坚不可摧的力量。只要类群文化存在，类群的标志系统就存在，类群的生命之根就存在，类群的凝聚力和生命力就存在，类群就不会消失。在人类历史上有两个特殊的民族：一个是犹太民族，一个是吉普赛民族。这两个民族长期没有独立国家，在全世界颠沛流离，经受巨大的挫折和打击，但却始终保持民族的整体性存在，其根本原因之一是他们精心地保持了本民族的文化价值信念系统——既保持了民族的标识系统，又保持了民族的根。文化庇护他们作为民族的整体得以延续。

（8）整合功能。类群文化力是一个有机的系统整体，具有强大的内在整合功能。它的各个构成要素之间互相联结、互相渗透、互相制约，整合为统一的整体。其中，科技力是整合的基础，制度力是整合的保障，观念力是整合的先导，它们相互整合的结果，是使类群成为一个具有内在统一性的有序整体。类群文化力的整合功能有两种可能趋向：一种是积极的整合，表现为科技力、制度力和观念力之间的趋向发展和进步的整合。一种是消极的整合，表现为科技力、制度力和观念力之间的趋向保守和落后的整合。前者是类群发展的动力，后者则是类群发展的阻力。

（七）类群行为选择

行为选择是类群的特殊生命本体——"结构与选择"的功能，也是类群主体精神和主体能力的体现。它贯穿在类群的全部生命实践活动之中，既包含外向行为选择——改造和建构外界的活动，又包含内向行为选择——改造和建构自己的活动。它的最普遍的机制是，在外界环境压力和挑战下，由类群主体发动，经过求证类群文化，由类群领导决策行为选择。类群行为选择对类群的起伏盛衰和命运具有决定性影响，甚至可以说，类群的起伏盛衰和命运基本是由类群行为选择决定的。因此，"主体——人"要掌握自己的命运，就必须将类群行为选择阐释清楚。

1. 类群环境力

（1）类群环境力概念。

类群环境指环绕类群的空间中，可以直接或间接影响类群生存和发展的各种因素的总和，包括自然环境和类群主体间环境两个部分。在环境科学中环境总是作为某项中心事物的对立面而存在，在环境与中心事物之间存在着对立统一关系。在结构选择论中，类群环境同样是作为类群的对立面而存在的，它既是类群主体生存发展的条件，同时，也是类群主体生存发展的压力和挑战的主要来源。类群环境为类群主体提供了生存发展的空间和资源，能够满足类群主体生存的基本需要。类群主体的生存，一刻也离不开环境。同时，类群环境也向类群主体施加压力和挑战，给类群主体造成困难和挫折，威胁类群主体的生存，逼迫类群主体处于紧张和焦虑状态，时时为生存而战。类群主体与类群环境之间的关系既是对立的，又是统一的，并且它们之间只能在对立统一中，相互依存，相互支撑，共生共荣。

还应看到，人与环境的关系同动物与环境的关系存在本质区别。动物只能消极地适应环境——改变自身，统一于环境，求得生存。而人则不同，人是世界的主体，有理智，能够从事创造性的实践活动。人与环境的对立统一，既不是简单地统一于环境，也不是简单地统一于人自身，而是一种相互对立、相互依存、共生共荣的统一，是一种合理的统一，是一种合理的共存状态和过程。对于类群而言，这种合理统一的关键在于类群主体自身。一切取决于在特定的环境压力和挑战下，类群主体怎样认识合理，怎样选择行为和选择什么行为？

类群环境力指类群环境自身以及类群环境对类群主体而言所具有的全部力量。

（2）类群环境力的要素。

类群环境力是一个十分复杂的系统，基本可分两大类：自然环境与类群主体间环境力。自然环境指环绕类群主体的空间中直接或间接影响类群主体生存发展的各种自然因素的总和，一般可分为大气环境、水环境（如海洋环境、湖泊环境、河流环境等）、土壤环境、生物环境（如森林环境、草原环境等）和地质环境等。自然环境虽然由于人类活动而发生巨大改变，但仍按自然规律存在着。类群主体间环境指环绕类群主体的空间中直接或间接影响类群主体生存发展的其他类群主体因素的总和。类群主体间环境一般可以按照类群主体的分类划分，例如家庭主体间环境、组织主体间环境、国家主体间环境、国际组织主体间环境等。对于其中某一种类群主体而言，该类群主体本身之外的一切环绕其周围空间的其他类群主体皆是其类群主体间环境。例如，对于家庭主体而言，一切环绕其周围空间的其他类群主体，如家庭、组织、国家和国际组织等都是其类群主体间环境；对于组织主体而言，一切环绕其周围空间的其他类群主体，如组织、国家和国际组织等都是其类群主体间环境；对于国家主体而言，一切环绕其周围空间的其他类群主体，如国家和国际组织等都是其类群主体间环境。

（3）类群环境力的特点。

类群环境力具有如下特点：

第一，整体性。类群环境是一个整体，是由众多要素组成的复杂体系。无论是其中的自然环境还是主体间环境，再或者是它们各自内部的各个要素，都不是孤立存在的，都是相互联系、相互制约的。很难使某一个环境要素离开环境整体并发生改变，而不影响该环境的其他部分或不受该环境其他部分的制约。

第二，广泛性。类群环境力因素十分广泛而复杂，尤其是经济全球化和信息全球化时代，类群环境因素更为广泛而复杂。它不仅包含自然因素，也包含各个相关类群主体因素；不仅包含它们的现实因素，也包含它们的历史因素；不仅包含物质因素、制度因素、技术因素、人的因素，也包含精神因素；不仅包含长期稳定因素，也包含瞬息万变、稍纵即逝因素；不仅包含积极因素，也包含消极因素……这使类群环境力成为一个很难认识和把握的复杂动态系统。

第三，特定性。类群环境既是广泛而复杂的，又是具体而特殊的——

特定的。一个具体的类群主体不可能直接接触整个世界，更不可能直接接触整个世界的所有领域，能够对它发生重要影响的环境因素必定是特定的。也就是说，对于某一个具体类群主体，特别是对于某一具体类群主体的某一具体事件而言，它的环境因素又是特定的、有限的。这使类群主体认识环境力、应对环境力具备了可能性。关键是要善于认识和区分什么是类群主体的特定环境力，而在特定环境力中，明确区分哪些环境力是主要的，哪些是次要的，而哪些又是可以暂时忽略不计的。

第四，动态性。类群环境力既是相对稳定的，又是发展变化的。这种变化有时可以用"年"和"月"来表述，有时可以用"日"来表述，而有时则只能用"瞬息万变"来表述。有时机会不期而遇，有时机会稍纵即逝，而有时危险始料不及。认识和掌握了变化的环境力就可以走向成功，而不认识、不掌握变化的环境力就只能走向失败。

第五，持续性。类群环境力是类群主体必须时时面对的一个常在因素，即永远"在场"的因素。具体的类群环境力会发生变化，也可能产生，也可能消失，但是类群环境力"在场"不会消失。所有类群主体都只能生活在环境力之中，被环境力所环绕。环境力向类群主体提出挑战，同时，也给它提供生存的资源，它们之间谁也离不开谁。因此，类群主体的基本生存方式——面对类群环境力并在类群环境力中生存，没有例外。

第六，部分可控性。类群主体具有部分控制类群环境的能力。类群主体永远不可能完全控制类群环境力，但是，却能够控制部分类群环境力。这是人与动物的根本区别之一，动物完全不能控制环境力。人在本质上是实践的动物，从人类开始生产实践起，就用工具控制了部分环境，如种植谷物、饲养家畜等，将"自在"的环境因素转化为"为我"的因素。此后，人类控制环境因素的能力与日俱增，不仅能控制部分自然环境因素，也能够控制部分类群主体间环境因素。这表现了人的巨大的主观能动性和主体能力。但是，由于类群环境力具有无限性，类群主体永远无法完全控制全部类群环境。

（4）类群环境力的作用。

第一，资源作用。类群环境力是类群主体生存发展所需资源的基本来源。在这个意义上可以说，类群环境力是类群主体的生存发展的基础和条件。自然环境力为类群主体提供全部自然资源，类群主体间环境力为类群主体提供全部文化资源（科技力资源、制度力资源和观念力资源等）。失去类群环境力所提供的资源，类群主体便无法生存，更无法发展。一般而言，将自然环境力看作类群主体生存发展不可或缺的资源容易理解，而将类群主体间环境力看作类群主体发展不可或缺的资源不容易理解，这往往是由文明发展的程度和水平不高造成的。

第二，激发作用。类群环境力是激发类群主体生命力、开发类群主体潜能的基本条件。人是一个具有"二重生命"的生物，在对待类群环境力上，具有积极与消极、主动与被动的二重性，基本的表现是"不挫不愤，越挫越愤"。阿多诺·汤因比先生在总结人类21种文明盛衰经验的基础上，提出一种关于环境与文明之间关系的深刻见解，即环境压力适度理论。他说，文明的起源有两个条件：一个是具有创造力的少数人，另一个是那里的环境既不太有利也不太不利。这就是，足以发挥最大刺激能力的挑战是在中间的一个点上，这一点是在强度不足和强度过分之间的某一个地方，在这里挑战愈强，刺激就愈大[1]。它使人的创造力开发得最好。例如：威尼斯与荷兰，它们的环境条件在欧洲范围内算是恶劣的，但是，它们却高度发达并取得大量成就，不好的环境条件调动了它们的生命力，充分地开发了它们的潜力。

第三，特化作用。类群环境力容易将类群主体引向特化的轨道并出现特化现象。类群环境力既具有整体性和广泛性，但又是特定的（具体的、特殊的）。类群主体首先要迎接和回应的必然是特定的环境压力和挑战。一般而言，类群主体的各项重大选择和决策也都是针对特定的环境压力和挑战而做出的。这样做的结果必然是特定的环境压力和挑战产生特定的文化。"文化系统在既定的进化过程中越是专化和适应，那么，其走向更高等级的潜力就越小"[2]。在这种情况下，如果没有特别的历史事件和条件（文化传播和碰撞、经贸交流以及某种战争的警示作用等）或文化自觉，

---

① 汤因比. 历史研究. 上海：上海人民出版社，1987：453-454，174，189-191.

② 夏建中. 文化人类学理论学派. 北京：中国人民大学出版社，1997：453-454.

就会出现类群文化的特化现象和内卷现象，导致文明的徘徊甚至衰落。还有一种特化现象，就是极端的类群环境力诱发类群主体产生极端的行为和极端的文化。如：奥斯曼帝国为了统治世界，面对强大的对手，放弃一切私人生活，建立了特别能征善战的"奴隶军团"。斯巴达为了统治那群强大的美塞尼亚人，使自己整个变成了一座大兵营①。这两个事例都不是由自然环境力诱发的，而是由类群主体间环境力诱发的。可见，类群主体间环境力影响之大和认识与解决类群特化现象的必要性。

第四，部分决定作用。迄今为止，类群环境力并不能，也没有征服人类顽强的意志，但是却能够限定，甚至决定某种文明的发育速度和程度。依据阿多诺·汤因比的研究，这就是向某种文明提供最好的生存环境（挑战压力强度不足）或最坏的生存环境（挑战压力强度过分）②。最好的生存环境使人们无须展开丰富的创造便能满足衣食住最基本条件，最坏的生存环境使人们除了维持生命之外无暇进行更为复杂的创造。这两种生存环境都使类群停滞在文明的某个阶段。前者最好的例子是至今仍生活在亚马孙雨林中的原始部落，多少世纪以来优越的自然环境使它们无须多少创造便能够生存下去，这导致它们可叹与可怜地停滞和徘徊在原始状态。后者最好的例子是至今仍生活在北极圈附近的爱斯基摩人。"他们征服了北极的自然环境，但是却变成了那里的囚徒。"③ 除自然环境外，类群主体间环境有时也能部分地决定一个类群的盛衰和荣辱，特别是那些超级强大的敌对类群，有时能够毁灭一个类群，造成如社会学家涂尔干所说的残酷的"社会事实"。这里有一个典型的例子：从 1653 年起，俄罗斯和鞑靼汗国联合分割波兰，吞并乌克兰，造成波兰国家兴亡史上的千古悲剧。不仅如此，此后俄罗斯还与普鲁士等国联手瓜分并灭掉波兰国，只是后来波兰民族通过起义恢复了少部分国土。在俄罗斯侵略和瓜分波兰前，波兰的版图包括今日的波兰、立陶宛、乌克兰和白俄罗斯。这是波兰民族的永久的伤痛④。

① 汤因比. 历史研究. 上海：上海人民出版社，1987：215-224，224-228.
② 同①205-209.
③ 同①225.
④ 显克维支. 火与剑. 海口：南方出版社，2001：1-13.

至于环境彻底剥夺人类的生存条件这种可能性，至今无人能够准确地言明。但是，有一点可以肯定，人类作为一种高级动物，其生存必须有一定的自然条件作为基础。如果人类继续大肆地破坏自然环境，那么总有一天，适合人类生存的自然条件将不复存在。到那时，人类出路安在？其实，不必到那时，大自然对人类的惩罚已使人类感到胆战心惊。可以肯定，类群环境力部分地具有决定类群命运的力量。

2. 类群行为选择的机制与类型

（1）类群行为选择概念。

类群行为选择，指类群主体在外界环境挑战和压力下，为了生存发展的需要，而对行为方案所进行的挑选和决策，是自觉的改造外界和改造自我的活动。它是类群主体自觉的、有目的的、自主的、能动的、创造性的活动，是人的特殊生命本质——实践的具体体现，也是类群的特殊生命本体——"结构与选择"的功能。类群行为选择贯穿在类群的全部生命实践活动之中，是普遍的、经常的、大量的行为，既包含外向的指向外界环境的行为选择，又包含内向的指向自我的自我反省、自我改革和自我超越的行为选择。类群行为选择是有条件的选择，也就是对现实可能性和可能方案的选择，是对最优方案的挑选和决策。它不是"绝对自由"的选择，更不可任意而为。正如马克思所言："如果他要进行选择，他也总是必须在他的生活范围里面、在绝不由他的独自性所造成的一定的事物中间去进行选择的。"① 总之，在外界环境刺激和压力下，在自身生存发展需要的推动下，类群主体时时面临行为选择，并通过行为选择实现生存发展的目的，掌握自己的命运。

一般类群行为选择和类群事件。所谓一般类群行为选择，就是在类群秩序正常的情况下，类群普遍的、大量的对类群不产生重大影响的行为选择，是通常的类群行为选择。所谓类群事件，指在类群秩序正常或不正常的情况下，所产生的对类群的生存发展和命运足以构成重大而持久影响的

---

① 马克思，恩格斯. 德意志意识形态//马克思，恩格斯. 马克思恩格斯全集：第3卷. 北京：人民出版社，1960：355.

行为选择。这种行为选择对类群的生存发展和命运具有关键性作用和影响。个人的行为选择不构成类群事件，只有多数人的大体相同的行为才可能构成对类群命运产生重大影响的类群事件。这种类群事件可能是大多数人的自发行为，也可能是类群领导集团通过决策而产生的行为。类群事件不仅对类群生存发展和命运产生重大影响，而且还可能长久地存在于类群记忆之中，成为永久性的知识经验或案例。

（2）类群行为选择机制。

类群行为选择机制，一般指类群主体在外界环境刺激下，为了生存发展的需要，调动各组成要素统一运作，并最终形成行为决策的有机联系和过程。也可以对其做如下展开描述：在外界环境刺激下，为了生存和发展，类群主体首先做出反应，然后求证类群主体结构、类群文化结构和外界环境，最后依据决策机制进行整合，做出行为选择。这个过程大致是：环境刺激＋类群结构（类群主体结构＋类群文化结构）→类群行为选择。

（3）类群行为选择向度。

类群行为选择向度指类群行为选择的基本指向，也就是类群行为指向外界环境，还是指向内在结构。一般而言，类群行为选择只有两个向度，即"外向行为选择"——类群行为指向外界环境，以及"内向行为选择"——类群行为指向内在结构。

第一，外向行为选择与内向行为选择。所谓外向行为选择，是指在外界环境刺激下，为了生存发展的需要，类群主体的行为选择指向外界环境，表现为适应或改造外界环境的行为，包括适应或改造外部自然环境和类群主体间环境的行为。例如类群主体针对外部世界所采取的政治的、经济的、文化的、外交的，以至军事的行为等，这就是人们经常讲的改造外部世界的行为。所谓内向行为选择，是指在外界环境刺激下，为了生存发展的需要，类群主体的行为选择指向自身的结构，表现为完善或改造类群自身结构的行为，包括完善或改造类群主体结构和类群文化结构的行为。例如类群主体针对自身所采取的完善、调整或改革类群主体结构（主体领导力、主体素质力、主体分层及认同情势力等）、类群文化结构（观念力、制度力、科技力等）的行为，这就是人们经常讲的改造内部世界的行为。

第二，单向行为选择与双向行为选择。这是指类群行为选择向度的复合程度。所谓"单向行为选择"，是指方向单一的类群行为选择。例如，在外界环境刺激下，类群主体或者单纯选择指向适应或改造外界环境的行为，或者单纯选择指向完善、调整或改革自身结构的行为。所谓双向行为选择，是指外向行为选择与内向行为选择同时叠加进行或先后有序组合进行的行为选择。一般而言，重要且复杂的类群行为选择大都是双向行为选择。双向行为选择也可称双向复合行为选择。

（4）类群行为选择类型。

类群行为选择类型，指依据行为选择方式的性质而对类群主体行为选择所做的分类。类群行为选择主要有四类：秩序性选择、表现性选择、权威性选择和不行为。

第一，秩序性选择。秩序性选择指在外界环境挑战和压力下，为了生存发展的需要，类群领导或领导集体依据类群决策程序而进行的行为选择。它一般应包括以下环节：首先，类群领导启动决策程序；其次，类群领导求证类群主体结构、类群文化结构和类群外界环境结构；最后，类群领导选择和决定最优决策方案。这种选择是普遍的、经常的、大量的。在秩序正常或基本正常的情况下，类群主体的行为选择基本采用秩序性行为选择。

第二，表现性选择。表现性选择指在一定外界环境下，类群领导以外的其他类群主体所进行的类群行为选择。也就是说，类群领导或领导集体以外的其他类群主体自发地或有组织地进行类群行为选择（决策），以便表达自己的意志或实现自己的目的。这种选择能够最明显地表现其他类群主体的利益、立场和态度，因而称作表现性选择。表现性选择有两种形式：其一，秩序性表现性行为选择。这种表现性行为选择是在秩序性选择仍然存在，并主导类群行为选择的情况下，类群领导组织的行为选择，是类群领导为了类群选择的信度和效度或为了类群选择的合法性而组织进行的选择。例如，由类群领导集团决定并组织，就某一项重大决策举行公众投票或一定规模的公民咨询协商活动等。这是秩序性选择的一种辅助性选择行为。其二，非秩序性表现性行为选择。这种表现性行为选择往往是自发出现的，呈现非秩序性。这是类群领导集团以外的其他类群主体自发进行的表现性行为选择，这是非正常情况下的类群行为选择，往往出现在自下而上的改良、变革或混乱的情势下，是特殊的类群行为选择。一般而言，只要类群领导集团还掌握着决策权，原有的制度和规则仍具有合法性，这种选择出现的可能性就很小。但是，仍无法排除这种非秩序性选择出现的可能性。

第三，权威性选择。权威性选择指在外界环境挑战和压力下，类群主体领导由于各种原因未经类群决策程序，而仅凭自己的权力或权威进行的行为选择。所谓各种原因，主要指：其一，情况紧急，来不及依据合法程序进行决策。其二，意见分歧过大，无法通过合法程序进行决策。其三，类群领导习惯于权威型领导方式，将个人凌驾于决策机制之上。权威性选择有时很有效力，决策速度快，并且具有力度，但是，在本质上仍属于非秩序性选择，是一种非正常性选择，对类群的生存和发展具有某种危险性，应当尽力避免。

第四，不行为。不行为指在外界环境挑战和压力下，为了生存发展的需要，类群领导或领导集团依据类群决策程序，决定不做行为选择。不行为的实质也是一种行为选择，是秩序性选择的一种类型，而且往往是一种深思熟虑的行为选择。当然，不行为也是个别情况下的特殊的类群行为选择。

十一、类群价值"高势位"建设

从人类五千年文明史中，我们得到这样一个结论：类群价值系统必须"高势位"建设。在不同时代，凡是建立了"高势位"价值系统的类群（家庭、组织、国家和国际组织等），都能应对环境压力和挑战，正常生存和发展，以至走向高峰；凡是未能建立"高势位"价值系统的类群（家庭、组织、国家和国际组织等），都很难应对环境压力和挑战，生存和发展遭遇挫折，表现出停滞和徘徊，甚至走向低潮。这已是被历史证明了的规律。因此，结构选择论必须深入研究和探索类群价值系统"高势位"建设的规律性。

（一）类群价值系统概念与内涵

类群价值系统，指类群主体自觉建构，并获得成员普遍认可的，在类群主体生存和发展等根本问题上，区分事物和行为"好与坏""应当与不应当"的基本看法、基本态度和基本行为规范系统。它具有特定的结构、特性和功能，对类群和人格的行为方式、生存发展以及命运有重要影响，甚至是决定性影响。类群价值系统是类群结构的关键部分，主要功能在于区分事物和行为的"好与坏""应当与不应当",决定类群和人格行为选择的方向、性质以及基本的对与错。它直接与外界接触,是类群主体意志的表达,因而,是类群结构中最活跃和最富变化的部分。在现实生活中,无论哪一种具体的类群——家庭、组织、国家或国际组织,都有自己的类群价值系统,即被绝大多数成员认同,上升为类群意志的价值系统,它对于凝聚类群、引领行为,实现类群的生存发展目标具有重要作用,甚至是决定性作用。

为了深入研究类群价值系统,有必要学习马克思主义的意识形态理论,分析并借鉴 18 世纪欧洲的"观念学"以及美国近代文化社会学家的相关理论。

(1)马克思恩格斯的国家意识形态理论。马克思恩格斯在阐述意识形态及其本质和规律方面做出了划时代的贡献。马克思恩格斯的意识形态理论是以唯物史观对以往意识形态理论进行科学改造的产物。恩格斯指出,"每一历史时代主要的经济生产方式和交换方式以及必然由此产生的社会结构,是该时代政治的和精神的历史所赖以确立的基础"①。马克思通过对德国古典哲学家费尔巴哈的直观唯物主义学说的批判、对国民经济学和黑格尔哲学的批判,将黑格尔以神秘的方式表述的颠倒的意识形态理论再颠倒过来,置于历史唯物主义基础之上,创立了马克思主义意识形态理论。马克思指出,占统治地位的思想意识和观念不过是占统治地位的物质关系在意识和观念上的表现。统治阶级不仅是物质生产的控制者,也是意识和观念生产的控制者,调节自己时代的意识和观念的生产和分配。统治阶级的意识形态,实际上就是"制度化的思想体系",是对一种社会制度合法性的基础论证,并以意识和观念的形态发挥作用,目的在于使社会成员认同现存的社会制度和生活。不只经济基础与意识形态之间存在"结构与功能"的关联,意识形态内部各观念系统之间也存在着"结构与功能"的关联,而且这种"结构与功能"的关联往往更直接、迅捷,具有不凡的威力。马克思恩格斯以历史唯物主义理论为基础创立了

---

① 马克思,恩格斯.《共产党宣言》1888 年英文版序言//马克思,恩格斯. 马克思恩格斯选集:第 1 卷. 北京:人民出版社,1995:257.

元典形态的马克思主义意识形态理论，使意识形态理论第一次达到科学的高度，也使人们对类群价值观念系统的认识达到科学的高度。马克思主义意识形态理论是认识和揭示类群价值观念系统本质和规律的理论基础，只有深刻理解马克思主义意识形态理论，才能将类群价值观念系统解释清楚。

（2）18 世纪欧洲某些启蒙思想家的"观念学"理论。这一理论的代表是 18 世纪欧洲的一部分启蒙学者，他们曾对人类的观念系统做过专门研究，人们将他们称作观念学家。他们承袭了培根和笛卡儿的自由主义启蒙传统，在哲学上追随洛克和孔狄亚克的经验论，建立一种新的"观念科学"。他们认为，如果每门特殊科学（如物理学、心理学、伦理学等）的基本观念是模糊不清的，那么，它就无法克服宗教神学造成的混乱，会陷入毫无希望的争论之中。观念科学的任务就是澄清观念，说明观念的性质、内涵、外延和来龙去脉。观念科学通过其独特的分析方法，将模糊、含混和未经科学检验的日常观念变成清晰、严密、精确的，并且与现实经验相对应的经过科学检验的科学观念，使之成为科学研究的基础。所以，所有特殊的科学都必须依赖于更基本的观念科学。当时最著名的观念学家是德斯蒂·德·特拉西，他将这种思想集中发挥出来，建立了一个庞大的观念科学体系，出版了《观念学原理》（或译为《意识形态原理》，由四卷构成）。第一卷狭义的观念（意识形态），主要研究思想、感觉以及观念的形成和效果；第二卷语法，探讨语言的主要规则；第三卷逻辑；第四卷论意志及其效果。第四卷是将前三卷所讨论的结论应用于实践，以此来考察意志的本性和作用，实现人类对意向和行为的真正理解。观念学家们的重要贡献在于从认识论上（词义、语义、逻辑和语法）深入地研究了人的观念系统，即意识形态。

（3）美国社会学家吉丁斯（1855—1931）及其同时代的某些文化社会学家的理论。吉丁斯对"同类意识"做了专门研究，并因此而获得名声。他的"同类意识"理论主要来源于亚当·斯密的"同感说"，即"共有精神反应"概念。吉丁斯认为，"同类意识"是社会集团成员基于对同类的相互承认而具有的共同社会意识，其中也包含群体内部的分歧及应有的容忍与合作信念①。"同类意识"促成一个同质的社会，它是由个人之间的相互作用和个人对共同刺激的反应产生出来的。每个人会因为共同的刺激、联想、暗示、模仿等发生相同的情感，即"同类意识"。"同类意识"对社会具有同化力。社会是由"同类意识"结合在一起的一个人群，它通过"同类意识"而凝结起来，并永存下去。他著有《社会学原理》《人类社会的理论研究》等著作。章太炎先生曾评价说："美人葛通哥斯之言曰：'社会所始，在同类意识，淑扰于差别觉，制胜于模效性，属诸心理，不当以生理术语乱之'。故葛氏自定其学，宗主执意，而宾旅夫物化，其于斯氏优矣。"② 同时，章太炎也指出吉丁斯将同类意识作用绝对化的片面性。吉丁斯关于"同类意识"的理论和知识对深入研究和揭示类群价值系统具有重要的借鉴价值。

（二）类群价值系统的结构、特性与功能

1. 类群价值系统的结构

类群价值系统是有严密内在结构的有机系统，它是由多种单独价值观念互相联系、互相作用所构成的整体形式的价值系统。马克思在论述黑格尔的辩证法时，曾对思想观念的结构做过精彩的分析。他指出，在理性的辩证运动过程中，"两个彼此矛盾的思想的融合，就形成了一个新的思想，即它们的合题。这个新的思想又分为两个彼此矛盾的思想，而这两个思想又融合成新的合题。这种增殖过程就构成思想群。同简单的范畴一样，思想群也遵循这个辩证运动，它也有另一个与自己矛盾的群作为自己的反题。从这两个思想群中产生出新的思想群，即它们的合题"。他进一步指出："正如从简单范畴的辩证运动中产生群一样，从群的辩证运动中产生

---

① 肖澜，李海默."同化力"一词入华及其流行——兼论梁启超对近代思想之影响. 中山大学研究生季刊（社会科学版），2009（2）.
② 岸本能武太. 社会学. 上海：广智书局，1902；译者序.

系列，从系列的辩证运动中又产生整个体系。"① 马克思认为，两个相互矛盾方面的共存、斗争以及融合，形成一个新的范畴（新的思想群），再从群的辩证运动中产生系列，从系列的辩证运动中产生整个体系，这确实"就是辩证运动的实质"。在这里，马克思所说的思想群、思想系列、思想体系，都是由不同的思想经由不同层次的辩证统一关系而构成的。我们所说的价值系统，就是这种思想群、思想系列、思想体系，即思想——价值观念系统。可以进一步表述为，类群价值系统是一个严密的价值观念及行为规范系统，在横向联系上，有若干领域和方面的区别，在纵向联系上，有高低层次的差别，逻辑关系是包含与从属关系。类群价值系统，包括全部社会思想和价值观念系统都具有这种明显的网状结构。类群价值系统是对社会存在的反映。客观世界是一种系统的类似网状的存在，作为客观世界反映和系统建构的类群价值系统也不能不是系统的类似网状的存在。

类群价值系统不是人的头脑自生的，而是"移入人的头脑并在人的头脑中改造过的物质的东西"②，是客体的存在和辩证运动在人的头脑中的能动反映。可以这样表述，类群价值系统是以单个观念的互相联系的形式存在的，它们之间是一种系统的结构关系，以价值系统的形式存在。类群价值系统不是各自孤立、互不相关的观念的堆积。小的价值系统的有机联系构成一个大的价值系统，大的价值系统的有机联系构成一个更大的价值系统。这样，有机联系的价值系统就构成了类群价值世界。

应当进一步指出的是，人的大脑是形成类群价值系统的物质基础。一方面，人头脑中的价值系统及其结构不是头脑自生的，而是客观存在的反映，是客观物质世界系统及其结构的反映。另一方面，也应看到，人脑对客观物质世界系统及其结构的反映不是机械的、照镜子式的，而是一个能动的创造过程。人脑可以使松散的联系变为紧密的联系，使间接的联系变为直接的联系，使现象的联系变为本质的联系。不只如此，人脑的创造性

---

① 马克思. 政治经济学的形而上学//马克思，恩格斯. 马克思恩格斯选集：第1卷. 北京：人民出版社，1972：107.

② 马克思. 《资本论》第一卷第二版跋//马克思，恩格斯. 马克思恩格斯选集：第2卷. 北京：人民出版社，1972：217.

功能还可以对所反映到的客观事物进行分析、综合、储存，当需要对外界刺激做出反应时，还可以将其激活，经过价值系统内的斗争和整合，产生一种价值主导的趋势（动机），对外界刺激做出回答。人脑之所以具有价值的创造性功能，是因为人脑不是一个被动的接收器，而是一个动力装置，具有先天的动力特性，能主动进行活动，使接受的各种知觉形象成为"完形"——有组织的系统结构整体。这说明，人脑的"先天的动力特性"，使人们在实践中获得的表象和理性认识内化成整体的价值系统。在这个问题上，瑞士心理学家皮亚杰经过长期研究，得出了著名结论。他指出，人脑形成这种完形结构，不是天赋的，只有经过多年努力才能构造成功。他利用数学中发现的"群"的结构模式，研究并建立了独特的"发生认识论"。这里，"群"的结构所产生的功能，就是人脑能够对所反映的客体进行价值系统建构。可见，人脑的能动性和创造性是产生和建构类群价值系统的主观条件。

2. 类群价值系统的特性

类群价值系统具有以下几个特性：

（1）方向性。类群价值系统不是自发产生的，而是类群主体自觉建构的价值体系和行为规范体系，其首要的目的是使类群主体认同，建立起信念体系，并引导类群的全部价值观念，因而具有鲜明的方向性、导向性和目的性。它以引领各种价值观念系统和思潮，凝聚人心，导向行为，维护和发展现存类群秩序为根本任务。方向性、导向性和目的性是类群价值系统的灵魂和本质特征。

（2）核心性。类群价值系统的结构是网络状的，其各种断面是类似蛛网式的系统，均有内核，这种内核就是核心价值。核心价值具有强大的逻辑力量（能量），能够吸引和凝聚其他价值观念，使其他价值观念紧紧地围绕核心价值运动，形成一个个相互联系、相互影响的价值系统。在一个价值系统内，其他价值观念被核心价值吸引、凝聚、制约，产生向着核心价值规定的趋向。这个核心价值是该类群价值系统中能量最大的价值观念，并且已上升为类群成员的信念。信念的突出特点在于它有强大的逻辑能量（吸引力、凝聚力、制约力）。一般而言，形成一个价值观念系统要有能量强大的信念，而拆散一个价值观念系统，形成新的价值观念系统，则需要能量更大的信念。在人脑中，价值观念具有逻辑能量，而核心价值观念——信念具有更大的逻辑能量。这就决定了信念在价值系统中的核心地位。

（3）层次性。类群价值系统是一个网络状的系统。在横向联系上，有不同领域和不同方面的区别，它们处在同一平面上，逻辑关系是全异或交叉关系；在纵向联系上，它们有高低层次的差别，不处在同一平面上，逻辑关系是包含与从属关系。在价值系统中，每个价值都处在横向与纵向的交叉联系中，既有纵向联系，又有横向联系。这样，较高层次横向联系形成的价值系统与较低层次横向联系形成的价值系统就存在着层次差别。当然，价值系统的层次差别是相对的。一个价值系统（也包括单独的价值观念）相对于高一层次价值系统，它是低一层次价值系统，而相对于低一层次价值系统，它又是高一层次价值系统。总之，类群价值系统是具有明显层次性的网状结构。类群价值系统结构具有内在的稳定性。较高层次的价值系统对较低层次的价值系统具有指导和制约作用，而较低层次的价值系统对较高层次的价值系统也具有重要的基础作用。同一层次的价值系统之间具有相互交叉和相互制约的作用。

（4）转换性。所谓转换性指类群价值系统能够对外界输入的信息进行改造和加工，使之转化为既有类群价值系统能够接受与融合的信息，并被接受和融合。类群价值系统的转换性特征是依靠两个机制实现的：第一，开放机制。每种类群价值系统既是封闭的，能够自成独立系统，同时，又是开放的，能够不断接触和吸纳外界信息。开放机制是类群价值系统转换特征的前提，也是其丰富发展的动力源泉。第二，同化机制。类群价值系统内部核心价值观念与非核心价值观念之间，各种非核心价值观念之间相互作用能够产生一种同化外来信息的机制。例如，类群价值系统能够通过调整某些非核心价值观念或重新解释核心价值观念等方式，吸纳某种有用的外来信息，而使类群价值系统在整体结构上仍保持平衡、统一和对外界的适应。这是类群价值系统同化或消化外来信息的机制，也是其能动性的重要表现。开放机制与同化机制是对立统一的。这两种机制的既对立又统一构成了类群价值系统的转换特性，是类群价值系统能够引领与整合各种思潮的重要基础和前提。

（5）动态性。类群价值系统不是凝固不变的，而是发展变化的。它的静止是相对的，而发展变化是绝对的。这是因为：第一，类群价值系统是社会现实的一种反映，社会现实是发展变化的，它必然随着社会现实的发展变化而发展变化。第二，社会价值系统具有多向性。客观世界的存在和发展是多元多向的，人的价值系统必然也是多元多向的。这使得类群价值系统不能不处在矛盾冲突和动态的变化之中。恩格斯在分析历史发展的过程时指出，"历史是这样创造的：最终的结果总是从许多单个的意志的相互冲突中产生出来的，而其中每一个意志，又是由于许多特殊的生活条件，才成为它所成为的那样。这样就有无数互相交错的力量，有无数个力的平行四边形，而由此就产生出一个总的结果，即历史事变"①。类群价值系统既是社会存在的反映，又是多元多向的社会价值观念斗争和整合的结果，这使类群价值系统具有了发展变化的深刻的内在动力，具有动态性和变化性，而不会凝固不变。

（6）认同性。类群价值系统之所以能发挥吸引、凝聚、制约等巨大作用，是因为它必须被类群成员所认同。恩格斯说，"究竟什么是思维和意识，它们是从哪里来的，那末就会发现，它们都是人脑的产物"②。类群价值系统的产生、存在、发展和发挥作用，均依赖于人脑的功能。人脑具有强大的逻辑能量，它追求知识和观念的系统化。人脑激活并维持着类群价值系统。它能否发挥作用，能发挥多大作用，不只依赖它在价值之网中的地位，而且依赖它被人脑接受的程度。接受的程度越低，能量越小、越难发挥作用；接受的程度越高，能量越大，越能发挥作用。要使类群价值系统真正发挥作用，它就不仅要被人脑所接受，而且要成为"信念"。

---

① 恩格斯. 恩格斯致约·布洛赫（1890 年 9 月 21—22 日）//马克思，恩格斯. 马克思恩格斯选集：第 4 卷. 北京：人民出版社，1972：478.

② 恩格斯. 反杜林论//马克思，恩格斯. 马克思恩格斯选集：第 3 卷. 北京：人民出版社，1972：74.

3. 类群价值系统的功能

类群价值系统具有如下功能：

（1）引领功能。社会现象与自然现象的一个根本差别是：自然现象都是自发的，而社会现象都是人的意识和目的作用产生的结果。马克思指出，人"是有意识的存在物"，人之所以区别于动物，是因为"他的生命活动是有意识的"①。类群价值系统是类群主体自觉建构的，它的首要功能就是引领其他价值观念和行为，它能够对多元价值观念和人们的价值选择发挥导向和引领作用，引导类群成员建立对类群价值的信念，认同和维护现行类群规则、制度和秩序，自觉遵守现行行为规范；能够为变动中的类群提供理想的发展目标与发展规则，以便使类群和人格在快速的令人眼花缭乱的变动中朝着正确的方向前进；能够在全球化的环境中，为类群和人格提供理性的分析框架和分析工具，使其增强理性和科学性，避免盲目性。

（2）凝聚功能。类群价值系统具有强大的凝聚力。它总是通过系统性的论证，深刻地证明自身的科学性和有效性，凝聚各种价值观念体系，并进而证明类群规则、制度和秩序的合理性、合法性，使类群成员认同并建立信念，抵御和排斥对立的价值体系，从而凝聚和团结整个类群。类群价值系统的凝聚功能主要是通过类群成员的信念发挥作用的，被认同并已成为类群大多数成员信念的类群价值，具有强大的逻辑能量，能够吸引、凝聚、制约其他价值观念和价值观念系统，产生向着类群价值规定的趋向，并围绕类群价值运动。凝聚力是建设和维护秩序的关键，在类群变革和转型过程中尤其如此。被认同并已成为类群大多数成员信念的类群价值观念，能够通过凝聚价值观念系统，吸引和凝聚绝大多数成员，指导和制约他们的行为，维护类群秩序，并使类群在共同的理想目标和大体一致的价值方向中存在和发展。

（3）稳定功能。类群价值系统一旦形成，就具有很大的稳定性，不会

---

① 马克思. 1844年经济学哲学手稿//马克思，恩格斯. 马克思恩格斯全集：第42卷. 北京：人民出版社，1979：96.

轻易发生改变。这是由以下原因决定的：第一，在类群价值系统里，每一个价值观念都处在纵横联系的网点上，相互之间有着深刻的内在的逻辑联系，不会轻易发生位移或改变。第二，在类群价值系统里，各个价值观念之间互相联系和支撑，每个价值观念很难单独被否定或抛弃。第三，在类群价值系统里，对于产生"病变"的价值观念，类群价值系统有帮助它复苏并重新滋生的能力和功能。第四，在类群价值系统中，有核心价值观念，它是类群价值系统的中流砥柱，具有强大的系统稳定控制力（逻辑力）。即使在价值观念冲突碰撞激烈，甚至在某些价值观念与实践发生冲突，某些价值观念发生动摇或变更，类群核心价值观念也不得不相应地做出新解释时，整个类群价值系统也难以改变。只要类群核心价值观念的基本点保持着相对的稳定，整个类群价值系统的稳定就可维持，并可保持对其他价值观念的影响力。只有到类群核心价值观念被全部抛弃或基本抛弃时，整个类群价值系统才可能自然解体。类群价值观念有核心、有层次，不到其核心价值观念被彻底抛弃，整个类群价值系统不可能解体。

（4）维护功能。马克思说："当一种历史因素一旦被其他的、归根到底是经济的原因造成的时候，它也影响周围的环境，甚至能够对产生它的原因发生反作用。"[①] 类群价值系统是类群主体自觉建构的，目的在于维持现存类群秩序，维护它赖以产生的类群结构，具有明确的目的性和功能性。下面仅以类群中的权威性类群——国家为例，说明类群价值的维护功能。

国家核心价值系统与一定经济基础和政治上层建筑存在相互依存、相互支撑的辩证统一关系。国家核心价值系统是一定经济基础和政治上层建筑的反映，受经济基础和政治上层建筑的决定和制约，但是，国家核心价值系统并不是机械的、被动的，它具有相对独立性、能动性和反作用，能够维护它赖以产生的经济基础和政治上层建筑。这表现在：第一，国家核心价值系统具有相对独立性和能动性。它是经济基础和政治上层建筑的反映，但这种反映不是机械的，而是能动的、辩证的。国家核心价值系统一

---

① 恩格斯. 恩格斯致弗·梅林（1893 年 7 月 14 日）//马克思，恩格斯. 马克思恩格斯选集：第 4 卷. 北京：人民出版社，1972：502.

经创造出来，就形成相对独立的价值体系，依靠内在的逻辑能量吸纳或征服其他价值观念系统，影响人的思想和行为，干预社会生活，具有区别于经济基础和政治上层建筑的独特的生命力、功能和作用。第二，国家核心价值系统具有巨大反作用。国家核心价值系统来源于社会实践，是经济基础和政治上层建筑的反映，同时，也能反作用于社会实践，为经济基础和政治上层建筑的合理性、合法性做论证，为经济基础和政治上层建筑所需要的正常秩序提供理论和价值支撑。国家核心价值系统是经济基础和政治上层建筑合理性、合法性的价值基础，是国家获得认同、凝聚人心的深刻内在原因。这种反作用是巨大的，有时对历史和事件具有决定性的作用和影响。当然，国家核心价值系统对经济基础和政治上层建筑的反作用是相对的、有规律的，不是无限的，更不是任意的。

（5）动力功能。动力功能指类群价值系统能够转化为巨大的物质力量，推动类群发展。马克思说，"批判的武器当然不能代替武器的批判，物质力量只能用物质力量来摧毁；但是理论一经掌握群众，也会变成物质力量"[1]。类群价值系统转化为物质力量，首先表现为引导类群成员认同现行经济和政治制度的合理性、合法性，并推动经济和政治制度发展。同时，也表现为类群成员的创造性精神力量。类群价值系统不只包含人们的理性认知，而且包含人们的情感、意志、信念和行为，能够增强人们的信心，激发人们的积极性，有效地支撑类群理想目标的实现，成为类群生存和发展的强大精神动力。

（6）自建构功能。自建构功能是指类群价值系统在外界环境和各种价值观念的作用下，能够科学地吸收新因素，克服不合理因素，不断发展和超越自身的自我调节与完善的能力和作用。自建构功能表现为两个过程：第一，同化外来信息的过程。在社会实践的基础上，对外界输入信息进行改造和加工，使外界信息发生变化，转换为类群价值系统能够接受与融合的信息，并被类群价值系统所同化。第二，自我超越的过程。在社会实践和同化外来价值观念的过程中，通过反省自身，进一步完善和超越原有结

---

[1]　马克思.《黑格尔法哲学批判》导言//马克思，恩格斯. 马克思恩格斯选集：第1卷. 北京：人民出版社，1972：9.

构,使类群价值系统不断螺旋式上升,与时俱进,以保持自身的科学性和先进性。类群价值系统的自建构功能是上述两个过程的统一。在社会实践的基础上,类群价值系统依靠自建构功能从一种结构状态转变为另一种结构状态,实现自我更新、扬弃和超越。具有新结构状态的类群价值系统具有新的稳定性。但是,社会实践是发展的,在社会实践发展的推动下,类群价值系统又会发展变化,组建新的结构状态。这个过程正如马克思所说,是一个"自然历史过程"。自建构功能是类群价值系统发展变化的内在动力源泉,是类群价值系统能动性的重要表现,也是保持类群价值系统稳定性、超越性、科学性和先进性的重要机制。

(三)类群价值系统"高势位"建设概念与依据

1. 类群价值系统"高势位"建设概念

所谓"高势位"的类群价值系统,指与同时代其他类群价值系统相比,不仅知识的层次和范畴的位阶高,而且它自身所内蕴的主体生存适应性、知识性、价值性、规律性和表现美等品质的含量也高,从而具有更大的势能和位能,表现出更强的凝聚力、辐射力、渗透力、影响力和征服力的价值观念和行为规范系统。所谓"高势",主要指与其他类群价值系统相比,这种价值系统所内蕴的主体生存适应性、知识性、价值性、规律性和表现美等品质的含量高和水平高,从而具有更强大的理论势能。所谓"高位"主要指与其他价值系统相比,这种价值系统所涉及的知识层次(如世界观、人生观、价值观、政治观、法治观等理论知识层次)和所使用的范畴的位阶高(比如,它所使用的概念和范畴与其他价值观念体系所使用的概念和范畴相比,一般应是同位或上位概念和范畴),从而使它具有统摄其他价值观念系统所必需的逻辑位能。

五千年文明史告诉我们,一个类群,要想凝聚和主导内部各种价值观念,应对环境压力和挑战,掌握自己的命运,就必须进行价值系统的"高势位"建设。在人类历史上,几乎所有类群都进行了价值系统建设,然而，有的成功了，有的失败了。关键在于所建构的价值系统所内蕴的生存适应性、知识性、价值性、规律性和表现美等品质的含量和水平，在于它与同时代其他类群相比所建设的价值系统是否是"高势位"的。这无论对于哪一种类群——家庭、组织、国家和国际组织等，都是如此，特别是对于权威性类群——国家来说，更是如此。在历史上，有的国家虽然强大，称雄一时，然而，由于各种原因未能建立起"高势位"的类群价值系统，最终走向停滞、衰落，甚至灭亡。例如：曾经称雄欧亚大草原的匈奴，虽盛也亡；曾经占领欧亚绝大部分土地的蒙古帝国，分裂和失败以后，也长期处于退隐状态，看不出复出的希望。这些都是由于沙漠和草原生活环境过于严酷，没有精力建设"高势位"的国家核心价值系统。还有至今仍生活在悲惨状态中的某些原始部落，虽然造成这一结果的原因是综合的、各不相同的，但是有一个共同的原因——没有建立起"高势位"的类群价值系统，因此，他们要改变现存状态，获得发展，恐怕也要从这个方面做出成功的努力。

2. 类群价值系统"高势位"建设的依据

类群价值系统必须"高势位"建设主要是由以下原因决定的：

（1）文明特性。

一般而言，文明是以价值信仰系统为核心和纽带而建立的生存共同体。价值信仰系统是决定一种文明产生、存在、发展，以至起伏盛衰和存亡的关键因素和决定性因素。主要表现在：第一，价值信仰系统是文明发轫的前提条件。毫无疑问，文明发轫需要有一定的自然环境、科学技术、经济水平和控制力，但是最根本的并不是这些，而是要创建出比较完备的价值信仰系统，并为绝大多数成员所接受，否则，文明便不能发轫。世界上具备一定自然环境、科学技术、经济水平和控制力的生存共同体很多，但并未都发展成为文明，只有那些同时也创造出比较完备的价值信仰系统的共同体才升华为文明。按照这种理论，汤因比先生统计，在3000~6000年中，世界产生了21种文明，并未创造出更多的文明。他说，已知的原始社会的数量已经超过了650个，而我们具有文明发展过程的社会迄今为止才不过 21 个。[①] 因为文明的发轫还需要产生杰出人物，并创造出杰出的"元典"。第二，价值信仰系统是文明存在和发展的精神基础。价值信仰系统的实质是文明的"结群原则"。它是成员普遍认同和接受，从而维系和发展文明的最重要的精神基础，是文明的根本标识系统，也是文明凝聚力和向心力的来源。每一种文明都有独特的价值信仰系统，也都是在独特的价值信仰系统基础上建立和维系的。一种文明的价值信仰系统存在，这种文明就存在。当这种文明放弃了自己的价值信仰系统，接受其他文明的价值信仰系统，这种文明也随之解体、消失或转变为其他文明。例如，古埃及文明、古巴比伦文明和古印度文明，均随着原有价值信仰系统的最终放弃而消失，并转变为其他的文明。第三，价值信仰系统是决定民族性格和行为方式的最重要的精神力量。一般而言，自然环境、最初的生产方式、社会结构和历史沿革等都是民族性格和行为方式形成的条件，但是"价值信仰"系统的影响和作用尤为突出和持久。它一经形成便以巨大的理论解释力和信仰的力量塑造人们的性格和规约人们的行为。价值信仰系统不只包含某种宇宙观、人际关系原则、思维方式、情感表达和审美原则，而且直接规定人们的言谈举止、坐卧行走，是直接塑造民族性格和行为方式的精神力量。不同的文明，由于价值信仰系统不同其民族性格和行为方式也不一样。这在一定程度上又影响了文明的秩序、统一、发展和起伏盛衰。总之，文明是以价值信仰系统为核心和纽带而建立的生存共同体，要想使文明得到延续和发展，除了增加经济实力和军事实力之外，最好的办法是"高势位"建设自己的价值信仰系统。

(2) 时代特性。

当今时代，互联网的出现加速了全球化的进程，已经从根本上改变了传统的时空观。传统的时空观认为，时间与空间是具体的统一，不可分离，都不能独立存在。而现在时间已被"抽离"出来，脱离具体空间而独立存在，使具体空间与全球空间无缝衔接，使人能够实现全球性参与。英

---

① 汤因比. 历史研究. 上海：上海人民出版社，1964：58.

国社会学家吉登斯认为，在互联网时代，时间与空间已被重组，能够建构关于行动和经验的世界—历史框架①。也就是说，今天人们已有条件实现全球性和历史性的存在、参与和评价，成为"共时性的全球存在者"。每个社会成员都生活在"世界—历史"的新时空之内，都面临全球性和历史性的新视域，能够对本类群核心价值观与世界上所有类群核心价值观做全方位的认知、比对和评价，从而决定自己的态度。在这种情况下，类群核心价值观要想获得类群主体的普遍认同并走向世界，只有"高势位"建设。

（3）价值观本身特性。

第一，观念的结构性。观念系统或观念群是由多个单独观念相互联系、相互作用所构成的。类群价值系统具有核心性。不同层次、不同系统的核心价值观念之间存在着合规律、合逻辑的联结和吸引。核心价值观念具有强大的逻辑能量，能够吸引和凝聚其他价值观念，使其形成相互联系、相互影响的价值观念系统。类群核心价值观念担负着凝聚和引领全部类群价值观念的功能，只有"高势位"建设才能成为全部社会价值观的核心，真正发挥凝聚和引领功能。

第二，观念的流动性。观念文化具有流动性，季羡林先生在《东方文化集成》中说："文化一旦产生，立即向外扩散。"② 观念文化的流动是由观念文化的"势位差"引起的。《辞海》在解释"势"与"位"时指出：由于存在"势能差"，推动物体发生运动，缩小"势能差"，直至归零。这种差异推动观念文化由"高势位"向"低势位"流动，影响和改变"低势位"观念文化，这个趋势最终无法人为地阻挡。这个规律已为人类五千年文明史所证实。观念文化的流动性告诉我们：在经济全球化时代，类群价值观的相互碰撞和交融更加频繁，只有"高势位"建设，才能流向全国和全世界。

第三，价值观的内卷性。内卷性指一种价值文化因长期良好应对某种环境压力和挑战而使自身习惯化和凝固化，从而产生适应环境变化困难的

---

① 吉登斯. 现代性的后果. 南京：译林出版社，2011：15-18.
② 季羡林. 东方文化集成. 北京：经济日报出版社，1997：总序第5页.

倾向。任何价值文化都具有"二重性"：一重是价值文化成功地适应了环境压力和挑战，形成价值文化优势，适应环境良好；另一重是易于产生价值文化圆融化、习惯化、凝固化的倾向，这减弱了价值文化的创造力和向外学习的动力，使价值文化内卷，应对环境变化困难。这是价值文化发展的普遍性规律，要求类群核心价值观建设始终坚持"高势位"目标，保持文化自觉的状态和水平。

第四，价值观的合法性。所谓合法性指一种价值观被类群主体认为是应当的并被接受的程度。哈贝马斯说，合法性意味着某种政治秩序被认可的价值以及事实上的被承认。一般而言，主体对类群核心价值观的认同是一个复杂的主体反思性行为。类群成员对类群核心价值观的接受，不是"木桶装水"，不是"白纸绘画"，不是"认识论"所说的对客观事物的反映，也不是"反应论"所说的对外界刺激的反应，而是接受主体对接受客体的反思性咀嚼。一般要经过五种"反思性咀嚼"：其一，适应性反思，即对接受客体是否有利于接受主体适应接受情境的反思。其二，价值反思，即对接受客体价值的分析、评估和反思。其三，逻辑反思，即对接受客体的合规律性、合真理性的反思。其四，事实或知识反思，即对接受客体的真实性、事实性的反思。其五，超越性反思，即对接受客体的创新性、发展性和超越性的反思。因此，类群核心价值观要经得起类群主体的反思性咀嚼，就必须"高势位"建设。

（四）类群价值系统"高势位"建设的目标

类群价值系统"高势位"建设的目标体现在以下几个方面：

1. 具有生存性品格

任何类群价值系统都是类群主体为生存发展的目的而自觉建构的，是类群主体为应对环境压力，求生存和发展，寻求价值理性对策的产物，因而，生存性品格必然是"高势位"价值系统的第一位品格。生存性品格表现为，类群价值系统必须符合类群的生存实际，完满地回答和解决类群生存发展的基本实践问题，并且已被长期的生存发展实践所证明。类群价值系统是最重要的类群"软实力"，对类群的生存发展具有决定性作用。它的根本的和首要的任务就是面对生存环境的压力，回答和解决类群面临的全局性生存发展问题，为类群提供迎接挑战走向胜利的思想理论和对策。在类群生存的危急关头，类群价值系统能够正确地回答和解决它所面临的存亡基本实践问题，引导其转危为安；在类群的和平发展中，类群价值系统能够正确地回答和解决它所面临的发展难题，引导其持续高速发展，走向成功。类群价值系统解决类群生存发展基本实践问题的能力和水平是判断其是否"高势位"的首要标准和根本标准。经验说明，一种类群价值系统即使建构得再圆融和精致，有悠久的历史，但只要它不能回答和解决类群面临的基本生存实践问题，它也就不是"高势位"类群价值系统，只能使类群走向困顿和失败。下面仅以中国为例，说明"高势位"的类群价值系统必须首先具有生存性品格的深刻原因。

中国化马克思主义是当代中国的核心价值系统，它的第一位品格就是引导中华民族解决生存发展的重大问题，走向伟大复兴。中国化马克思主义是中国共产党几代中央领导集体在回应环境压力与挑战，完成二百年来中华民族复兴的两大历史任务——革命与现代化的历程中创造的，并在新中国成立后成为国家核心价值系统。中国化马克思主义决定了中华民族的历史命运。毛泽东曾预言，完成中华民族复兴的历史任务，需要分两步走，用两个一百年。第一个一百年，从鸦片战争到新中国成立，实现民族独立和解放，是搞革命，然后再用一百年搞建设，实现现代化。近二百年的历史证明，完成中华民族复兴的两大历史任务——革命与现代化，靠的是一脉相承的两次成功的类群价值系统建设，即中国化马克思主义——毛泽东思想和中国特色社会主义理论体系。中国革命和现代化进程遇到的每一个重大难题、挑战和风险，都是靠中国化马克思主义的创新化解的。甚至可以这样说，中华民族伟大复兴的历史进程是随着中国类群价值系统建设——中国化马克思主义的历史进程实现的，中国化马克思主义的历史进程决定了中华民族伟大复兴的历史进程。因此可以说，中国化马克思主义就是当今世界"高势位"的国家核心价值系统。

2. 具有真理性品格

真理性品格表现为，类群价值系统具有科学的世界观和方法论，能够正确反映客观事物及其发展变化的规律，具有鲜明的科学性、合理性和类群主体性，为类群主体提供认识世界和改造世界，进行正确选择的强大思想武器。类群价值系统的真理性品格具体表现为三种特性——科学性、合理性和人民性，是这三种特性的统一。第一，科学性。类群价值系统的世界观和方法论是科学的，能够深刻揭示客观事物的存在和发展规律，引导类群主体进行正确的选择。第二，合理性。类群价值系统自觉坚持合理性原则，处理各种类群事物时能够做到统筹兼顾，合情合理，实事求是，恰到好处，反对和避免简单化、片面性和走极端。对于类群管理而言，生存发展是第一位的，而合理性是必需的原则。一个类群无论面临多大的环境压力、多高的发展速度，都不能违背合理性，都要接受合理性评判，并最终回到合理性上来。类群价值系统的合理性主要表现在：方法的合理性——反对孤立、静止、片面的形而上学方法，坚持联系、发展和全面的辩证方法。如，从实际出发，求真务实，坚持合理的"度"，恰如其分地认识和处理一切事物。精神向度的合理性——追求价值理性与工具理性的统一、合目的性与合规律性的统一、人文精神与商品意识的统一、公平与效率的统一等。利益关系和人与自然关系的合理性——坚持各种类群主体利益的统一，眼前利益与长远利益相统一、局部利益与全局利益相统一、人与自然的和谐发展等。第三，人民性。类群价值系统立足于类群实践，应当代表绝大多数类群主体的根本利益，正确处理人格主体、类群主体和类主体的利益，把类的解放和人的全面发展作为最高价值追求。总之，类群价值系统应具有真理性品格，是科学性、合理性和人民性的统一。下面的案例充分说明了"高势位"类群价值系统具有真理性品格的必要性。

20 世纪，以"华盛顿共识"为代表的新自由主义思潮危害全世界，不仅曾使俄罗斯的经济陷入"休克"，使拉美诸国的经济由繁荣跌入低谷，也使美国发生严重的金融危机，并引发世界性的经济衰退和恐慌。新自由主义思潮也曾企图控制中国，其代表人物美国经济学家弗里德曼曾试图以新自由主义主张影响中国改革开放的总体战略。1988 年 9 月，弗里德曼曾致信中国领导人，明确地以"对中国经济改革的几点意见"为标题，建议中国政府全面放开对物价、工资和外汇的控制，代而由自由市场自发的供求关系来决定资源配置，以确保将商品供给最有效地使用它们的人，而留给政府宏观经济政策的唯一职能是控制货币数量增长。他建议中国政府将承包制转变为私有制，在中国实现彻底的私有化，进而以私有制为基础调动每一个人参与市场竞争的积极性。我国看清了新自由主义的实质和危害性，坚决拒绝了他的建议，从而维护了国家的经济安全和国家的整体安全[①]。这充分证明，我国国家核心价值系统——毛泽东思想和中国特色社会主义理论体系，具有真理性与合理性品格，充分把握了当今世界潮流和时代脉搏，为解决当代世界性发展难题提出了可供借鉴的理论和方法，是当今世界"高势位"的国家核心价值系统。

3. 具有时代性品格

时代性品格表现为，类群价值系统应当走在时代的前列，正确地把握和涵容先进的时代精神，提倡和普及先进的理想、价值、品德、思维方式和行为方式。类群价值系统有先进与落后的差别。人类历史以生产方式为基础，依次走过了原始采集时代、农耕游牧时代、工业时代，正在进入信息时代。类群价值系统必须与生产方式发展相适应，做到与时俱进。一般而言，走在时代前列，反映时代精神的类群价值系统是先进的，而落在时代后面，违背时代精神的类群价值系统则是落后的。类群价值系统先进还是落后，往往是类群先进与落后、强大与衰落的根本原因。先进的类群价值系统使类群朝气蓬勃，与时俱进，而落后的类群价值系统只能使类群死气沉沉，步履维艰。类群价值系统建设必须准确把握时代脉搏，体现时代精神，解决时代的课题，引领时代前行。特别是在当

---

① 刘少杰. 快速转型期的社会思潮与社会矛盾. (2007-07-06). http://www.sociologyol.org/yan jiu bankuai/xuejierenwu/liushaojie/2007-07-06/2752. html.

代，经济全球化浪潮席卷世界，任何一个类群都无法置身于时代潮流之外，类群价值系统建设尤其必须具有时代性和先进性品格。历史告诉我们：一种类群价值系统即使再圆融细致、历史悠久、根深蒂固，但如果它落后于时代，它也就只能使类群落伍。"高势位"的类群价值系统是在迎接时代挑战的实践中产生和建设的，充分反映和蕴含了先进的时代精神。五千年人类历史也充分说明类群价值系统必须具有时代性和先进性。

4. 具有包容性品格

包容性品格表现为，类群价值系统以人类文明的全部优秀成果为基础，海纳百川，尽可能吸纳和涵容人类文明的一切优秀成果，并在实践的基础上综合创新，使之融为一体，成为人类全部文明的延伸。包容性是检验类群价值系统水平高低的重要标志。五千年文明史告诉我们：凡是善于包容和整合自身与全人类文明优秀成果的类群价值系统，都是厚重、科学、先进的，能够引领类群克服困难，走向强大与繁荣；凡是封闭保守，拒斥人类文明优秀成果的类群价值系统，都是贫乏、愚昧、落后的，导致类群停滞和贫弱。在人类历史上，有的类群失败了还能胜利，衰弱了还能强大，具有超强的生命力，其重要原因之一就是它的类群价值系统具有包容性，善于整合与吸纳人类文明的一切优秀成果，类群的"软实力"强大。而有的类群长期落后，甚至灭亡，其原因是多方面的，但类群价值系统缺乏包容性，不善于或者根本没有吸纳与整合人类文明的优秀成果，是重要原因之一。包容性品格是"高势位"类群价值系统的一个基本标志，其主要表现是：第一，充分吸纳与包容类群内的优秀文化传统与精华，站在类群的全部优秀思想文化基础之上。第二，充分吸纳与包容世界其他类群的优秀文化传统与精华，站在人类全部优秀思想文化基础之上。第三，充分吸纳与包容世界人文社会科学的最新成果和科学技术的最新成果，站在全人类文明进步的最新基础之上。第四，充分吸纳与包容古今中外类群价值系统建设的优秀理论与经验，站在类群价值系统建设理论与经验的基础之上。要使类群价值系统具有包容性，就必须有包容的心态，尊重差异、包容多样，不断丰富和发展自己的类群价值系统。

5. 具有开放性品格

开放性品格表现为，类群价值系统必须保持开放性和高度的理论自觉，不断反省和超越，做到与时俱进，反对僵化和教条主义。这是由以下两点决定的：第一，类群价值系统具有滞后性。理论是灰色的，而实践之树常青。类群价值系统不可能每时每刻都随生活实践的变化而变化。只有坚持理论自觉和开放，才能不断反省和超越自身，跟上生活实践的发展。第二，类群价值系统具有圆融性。一般而言，类群价值系统的知识体系首尾相连、逻辑一贯，具有理论体系的圆融性和无矛盾性。这使类群价值系统接受和融合体系外知识时容易产生逻辑障碍，整合和吸纳一种体系外知识往往会引起激烈的矛盾、冲突和震动。类群价值系统只有自觉保持开放性和高度的理论自觉，才能主动反省自身，整合体系内外理论知识，实现不断发展和超越。历史证明，开放性和理论自觉是保持类群价值系统与时俱进和先进性的根本性条件，凡是善于开放和具有高度理论自觉的类群价值系统都能不断实现自我更新，跟上时代的发展，使类群发展生机勃勃；凡是不善于（甚至拒绝）开放和没有理论自觉的类群价值系统都必然陷于僵化和停滞，落后于时代，甚至使类群本身落伍。类群价值系统保持开放性和理论自觉的方式方法很多。例如，对话方式，即通过与其他类群价值系统进行交流和沟通的方式，实现反省和超越的"理论自觉"方式。系统化方式，即通过严密的系统的理论反省、梳理和建构，实现与生活实践、理论基础、学术前沿的同一性以及自身逻辑同一性的"理论自觉"方式。经验证明，开放和理论自觉的水平，往往标志着类群价值系统的成熟程度。

（五）类群价值系统"高势位"建设的
"马魂、中根、西鉴"方针

对今日中国而言，探索类群价值系统"高势位"建设，必须解决马克思主义价值观、我国传统核心价值观以及西方核心价值观的关系问题，树

立科学处理"马中西"关系的基本方针。只有基本方针正确，才能有效进行类群价值系统的"高势位"建设。

今天处理"马中西"关系的基本方针大致应定位为"马魂、中根、西鉴"。"马魂"指以马克思主义为灵魂和思想理论指导。"中根"指以中华优秀传统核心价值观为根基。"西鉴"指以西方文明（包括其他文明）核心价值观为借鉴资源。用一句话概括就是，以马克思主义为指导，以中华优秀传统价值观为根基，以西方价值观为借鉴资源，推动类群价值系统"高势位"建设。

"马魂、中根、西鉴"是马克思主义中国化理论的具体运用，是对近百年中国价值观演进成功经验的总结，也是中国特色社会主义实践的必然要求。具体而言就是：第一，马克思主义中国化理论的具体运用。恩格斯说："每一个时代的哲学作为分工的一个特定的领域，都具有由它的先驱传给它而它便由此出发的特定的思想材料作为前提。"① 中国优秀传统价值观就是"高势位"类群价值观"由此出发的……思想材料"和"前提"。类群价值观只有立足于中国优秀传统价值观所提供的"思想材料"和"前提"之上，才可能进行"高势位"建设。毛泽东曾提出过许多文化建设理论，特别是在民主革命时期曾提出著名的"古今中外法"理论。他说："所谓'古今'就是历史的发展，所谓'中外'就是中国和外国，就是己方和彼方。"② 徐特立曾非常通俗地解释过毛泽东的"古今中外法"。他说："毛泽东同志提出的古今中外法，就是说我们古代的也要，现在的也要，外国的也要，中国的也要。把古代的变为自己的，和现代的结合起来，把外国的变为自己的，和中国的结合起来，这样看问题才是马列主义的方法。""古今中外法，把古今结合，中外结合，变成我的。像吃牛肉也好，吃狗肉也好，吃下去了，把它变为我的肉，这就对了，绝不是说吃了狗肉我就变成了狗肉。"③ "马魂、中根、西鉴"与"古今中外法"理论有着内在的一致性。"古今中外法"理论是"马魂、中根、西鉴"的理论基础和

---

① 恩格斯. 恩格斯致康拉德·施米特（1890年10月27日）//马克思，恩格斯. 马克思恩格斯文集：第10卷. 北京：人民出版社，2009：599.
② 毛泽东. 毛泽东文集：第2卷. 北京：人民出版社，1993：400.
③ 张岱年，方克立. 中国文化概论. 北京：北京师范大学出版社，1994：474.

方法论前提，而"马魂、中根、西鉴"是"古今中外法"理论的具体运用，也是更为具体的可供操作的当代中国价值观变迁的方针。第二，近百年中国价值观演进成功经验的总结。1921年中国共产党成立以后，尽管当时社会上存在着古今中西价值观的"体用"之争，许多马克思主义者仍展开了"马中西"价值观关系的大讨论，"马魂、中根、西鉴"的现代中国价值观建构，持续了近百年，至今仍热度不减。这个大讨论，获得了具有历史意义的伟大成功。在理论上，形成了两个马克思主义中国化理论（毛泽东思想和中国特色社会主义理论体系）；在实践上，有力地支撑了中华民族的独立解放和伟大复兴。可以说，在近百年的革命、建设和改革过程中，无论是新民主主义革命、社会主义革命，还是社会主义建设，中国的核心价值观都是以"马魂、中根、西鉴"为指导方针而建立起来的，今天的社会主义核心价值观也是基于"马魂、中根、西鉴"而建构起来的。甚至可以这样说，中国共产党的核心价值观，从来没有离开过"马魂、中根、西鉴"的指导，是"马魂、中根、西鉴"的产物和结果。第三，中国特色社会主义实践的必然要求。马克思说，"不是人们的意识决定人们的存在，相反，是人们的社会存在决定人们的意识"[①]，社会实践是社会主义核心价值观建设方针的实践基础。中国特色社会主义实践既是马克思主义中国化理论指导下的实践，又是一种中国本土化的伟大实践，是中华文明实践历史的延续和超越，也是批判地借鉴西方（包括其他文明）的某些优秀价值观的一种社会实践。在这个实践基础上确立的类群价值观"高势位"建设方针，只能是"马魂、中根、西鉴"方针。总之，只有遵循"马魂、中根、西鉴"的基本方针，才能实现类群价值观的"高势位"建设。

（六）类群价值系统引领多元价值观的方式

类群价值系统是类群的精神之本。要充分发挥类群价值系统的功能，

---

① 马克思.《政治经济学批判》序言//马克思，恩格斯. 马克思恩格斯文集：第2卷. 北京：人民出版社，2009：591.

就必须深刻研究和揭示类群价值系统引领多元价值观念的机制和方式。回顾五千年文明史，类群价值系统引领多元价值观念大致有以下三种方式：

1. 共识引领

"共识"引领，就是类群价值系统以自身为基础，通过与类群内部多元价值观最大限度地建立价值共识的方式，引领多元价值观，维护类群秩序和推动类群发展。通过建立价值共识引领多元价值观是人类文明发展的规律。在人类历史上，几乎所有时代的类群都曾自觉或不自觉地为此做出努力。一个类群，以类群价值系统为基础，类群内部价值共识建设的广度（价值共识领域的广泛程度）和深度（价值共识的深刻程度）与类群秩序有直接关系。一般而言，价值共识建设的领域越广和程度越深，越有利于类群秩序的稳定发展；相反，价值共识建设的领域越窄和程度越浅，越不利于类群秩序的稳定发展。

一个类群，怎样使多元多样价值观念系统的存在不危及类群的统一、秩序和发展，是所有类群主体的难题。解决这个难题的最简洁合理而有效的方法就是以类群价值系统为基础，建立价值共识，引领类群内部多元价值观。这种引领方式的依据是价值观念的存在方式。类群价值系统是"高势位"的价值系统，具有更强的"势能"和"位能"，能够有效地吸引和凝聚类群内部的其他价值系统，通过建立广泛价值共识的方式，引领类群内部多元价值观念，以实现类群的秩序和发展。

2. 整合引领

价值整合指类群价值系统和多元多样价值观念均采取理性的态度，以开放的姿态经常地反省、调整和超越自己的理论自觉行为，是价值观念建构的普遍方式。它既包括类群价值系统与多元多样价值观念的理论自觉，也包括对错误和腐朽价值思潮的制度整合。价值整合不是一劳永逸的行为，而是类群自觉的动态建设过程。一个成熟的类群要保持健康发展，就必须以开放的姿态，经常地反省、调整和超越自己，不断进行价值整合。善于进行价值整合的类群，其价值理论是与实践一起发展的，有能力清除精神领域中消极腐朽的成分,其精神世界是先进的;相反,不善于进行价值整合的类群,其价值理论是停滞的,没有能力清除精神领域中消极腐朽的成分,其精神世界只能处于落后的,甚至是混乱的状态。

类群价值系统必须自觉进行价值整合,主要是由类群价值观的多元多样特性所决定的。在经济全球化条件下,价值观念和思潮极其多样,难以计数。这既是思想开放、思维活跃的表现,也是国际国内生活复杂化的反映。从类群价值观的整体看,这种价值观念的丰富性具有二重性:一重是具有积极的有价值的因素,另一重是具有不成熟、不确定的因素和消极的因素。如何评价、整合和引领多元价值观,关系着一个类群的秩序和安全。以中国为例,改革开放以来,先后出现于中国社会舞台的社会思潮不下几十种。其中,有的社会思潮具有启发性,而有的社会思潮则具有诱惑性和极大的危险性。我们通过积极有效的价值整合,保持了类群价值系统的和谐统一,从而维护了社会的稳定发展。

价值整合的方式很多,大体可概括为三种:第一种,理论自觉式价值整合。这指类群价值系统与多元价值观均对理论自觉有高度认同,能够自觉地以开放的姿态反省和超越自身。它表现为类群价值系统的自觉价值整合和多元价值观的自觉价值整合。第二种,理论对话式价值整合。这指类群价值系统与多元价值观之间,通过学术理论对话、讨论、交流、沟通、辩论和批评等达到正确的价值共识。第三种,制度规范式价值整合。这指对于违反法律的错误的、反动的和腐朽的价值观,依法进行教育引导、规劝警告,对于造成严重后果的违法行为依法处理。

3. 信念引领

所谓信念引领,指充分运用认同机制,引导类群成员认同类群价值系统,形成信念,并将其转化为自觉追求和行为实践。信念引领是一切类群的共同职责。任何类群要想建立秩序,获得稳定发展,首要的任务就是建立制度和秩序的合法性,引导全体成员接受和认同类群价值系统,并建立起信念。一个类群能否建立秩序,稳定发展,关键在于信念引领做得如何。纵观人类五千年文明史,制度和秩序的合法性建设是一个类群治乱盛衰的基础。几乎所有类群都重视信念引领的价值，关注类群价值系统认同机制建设。

信念引领是类群价值系统引领多元价值观的基础和关键环节。一方面，信念引领是类群价值系统引领多元价值观的基本途径和方法。类群价值系统并不能直接引领多元价值观，它对多元价值观的引领，只有通过对人的引领才能实现。它只有使类群成员接受和认同类群价值系统，才能实现对多元价值观的引领。人是类群的主体，没有实现对人的引领就不可能实现对多元价值观的引领。另一方面，信念引领是类群价值系统引领多元价值观的根本目的。类群价值系统引领多元价值观的根本的目的是引领人，即引领全体类群成员清除错误和腐朽价值观的影响，接受和认同类群价值系统，维护现实的制度和秩序，为类群生存和发展而奋斗。因此，信念引领是类群价值系统引领多元价值观的基础和关键，是类群价值系统引领多元价值观成败的决定性条件。

信念引领的机制和方法十分丰富。在经济全球化条件下，我们必须掌握价值接受的机制，满足类群成员接受心理的需要。一般而言，要使类群成员建立起对类群价值系统的信念，就必须经过五种"反思性咀嚼"。

十二、"完整人格"建构

揭示人的生命本体"结构与选择"的根本目的之一是服务于人本身——为人格的合理建构服务，并引导人格走向成功与幸福。笔者提出和实验"完整人格"教育理论和模式已有二十余年。"完整人格"教育理论认为，教育的本质和根本性职能是反省人的存在、开发人的潜能、建构完整的人格、建设完全的文明。在揭示中国人格理论与模式历史演变轨迹的基础上，有必要深入探讨当代中国"完整人格"建构的理论。

（一）先秦时期的人格多样化局面

春秋战国时期，产生了作为世界三大哲学传统之一的中国古代哲学。这一传统哲学思想体系包含了丰富的人格思想和理论，其影响至今仍然十分广泛。这说明中国古代先哲对人格理论和实践十分关注，并进行了卓有成效的探索。当时，具有代表性的人格理论和实践主要有四家，即以"圣人"或"贤人"为理想人格的儒家人格理论，以"真人"为理想人格的道家人格理论，以"强者"为理想人格的墨家人格理论和以"能法之士"为理想人格的法家人格理论。

1. 以"圣人"或"贤人"为理想人格的儒家人格理论

儒家的人格理论是以伦理道德和协调人际关系为中心的。其理想人格，是善于调整人际关系的"圣人"或"贤人"。儒家人格理论起源于孔子。孔子人格理论的核心是"仁"与"礼"的结合，即只有做到了"仁"与"礼"的统一，才能成为"圣人"或"贤人"。

首先，孔子认为，"圣人"或"贤人"必须是"仁者"。孔子对"仁"看得很高，认为非一般人所能达到。他十分赞赏弟子颜回，常说"贤哉！回也"，说他"一箪食，一瓢饮"与朋友共。但是，即使如此，孔子也只是认为"回也，其心三月不违仁"（《论语·雍也》）。所谓"仁"，就是指两个人或多个人，要互相尊重，做到"仁者爱人"。基本要求是，"己欲立而立人，己欲达而达人"（《论语·雍也》），"己所不欲，勿施于人"（《论语·卫灵公》）。孔子还认为，"仁"的基础是"孝悌"："有子曰：……君子务本，本立而道生。孝弟也者，其为仁之本与！"（《论语·学而》）孔子把孝和悌看作"仁"的根本，认为只有做到了"孝悌"，才能够做到"爱人"和"尽忠"。

其次，"仁"必须与"礼"结合，以"礼"为前提。"颜渊问仁。子曰：'克己复礼为仁。一日克己复礼，天下归仁焉。……'颜渊曰：'请问其目。'子曰：'非礼勿视，非礼勿听，非礼勿言，非礼勿动。'"（《论语·颜渊》）显然孔子的"仁"是以"礼"为前提的，只有按照"礼"的规则去爱人，才算做到了"仁"。"礼"的主要内容是典章制度和行为规范。这里，孔子的爱人多了一道限制，即必须按照礼去爱。这说明，孔子眼里的"圣人"或"贤人"，必须是一个依据典章制度和行为规范去爱人和调节人际关系的人。

最后，儒家理想人格的典型特征是协调性精神。儒家主张以最高的仁爱之心，依照"礼"去协调人际关系。儒家亚圣孟子继承了孔子的人格理论，使之更加系统和完备。他在孔子的"仁"和"礼"的基础上，提出了"仁义礼智，孝悌忠信"以及"礼义廉耻"等道德信条，进一步明确了"父子有亲，君臣有义，夫妇有别，长幼有序，朋友有信"的人际关系结构，进一步丰富和完善了孔子的人格理论。按照这种人格理论，人生的第一要义就是协调人际关系。每个人都是人际关系网上的一点，他的权利和义务都是早已规定好了的。按照这个人际关系网的要求去调节人际关系，就是有道德，能够成为"圣人"或"贤人"；违背了这个人际关系网的要求，就是无德，会犯上作乱，成为"小人"或"乱臣贼子"。

以孔孟为代表的儒家人格理论具有两重性：一方面，它强调"仁者爱人"，主张尊重人、关心人和爱护人，具有肯定人的价值、维护人的尊严的朴素人道主义倾向，强调自觉遵守"礼"（典章制度和行为规范），有利于人的共生共存和建立稳定的社会秩序。另一方面，它又比较忽视人的个性，一切都必须按宗法伦理的名分行事，对人格的独立性和创造性支持得不够。

2. 以"真人"为理想人格的道家人格理论

儒家人格理论的主导方面是积极的、入世的，而道家则不同，道家有遁世和虚无的倾向。道家的主要代表人物是老聃和庄周。

老聃和庄周的理想人格是超脱尘世的"真人"。庄周说："古之真人，不知说生，不知恶死。其出不䜣，其入不距；翛然而往，翛然而来而已矣。不忘其所始，不求其所终。受而喜之，忘而复之。是之谓不以心捐道，不以人助天，是之谓真人。"（《庄子·内篇·大宗师》）这种真人的实质是渴望摆脱人间烦扰，超脱尘世，心冷情绝。他还劝人达生知命，主张知其无可奈何而安之若命，德之至也；认为所谓人生不过是假借一定条件出现的暂时现象，并非真正的存在。甚至，庄子认为死是一种解脱。他在《至乐》篇中说："死，无君于上，无臣于下，亦无四时之事，从然以天地为春秋。虽南面王，乐不能过也。"庄子的悲观无为思想，抹去了生死的差别，也抹去了人的主动性、创造性和人生的价值。

老聃和庄周要人们修养到无智寡欲低能的婴儿状态。他们认为，这就是一种理想的人格境界，即所谓"常德不离，复归于婴儿"。他们要人们"无己、无待"，清心寡欲、与世无争。庄周还在《逍遥游》中论述了一番至人无己、神人无功、圣人无名的道理。至人，神人、圣人是庄周对理想人格的不同称谓。老聃说："为无为，事无事，味无味。大小多少。报怨以德。"（《老子·道德经·第六十三章》）他还劝人不要追求事业上的成功和进取，即使取得了一定的成功，也不要欣赏它，应该急流勇退，以保自身。他说："持而盈之，不如其已。揣而锐之，不可长保。金玉满堂，莫之能守。富贵而骄，自遗其咎。功成身退，天之道。"（《老子·道德经·第九章》）老庄在人格塑造上，主张忘记自己的存在（"坐忘"），在精神中去寻求自由。

老聃和庄周所创立的道家人格理论，虽然有丰富的辩证法思想和人生至理名言，但有消极、退缩、无为的倾向。道家人格理论在中国传统人格理论中虽然不占主导地位，但其影响巨大而长远。在人生道路上遇到挫折的人，往往向它寻求安慰。即便是那些身处顺境的成功之人，有时也以道家的急流勇退思想为自己准备退路。总之，道家人格理论在中国人的精神上已打上了深刻的烙印，产生了深远影响。

3. 以"强者"为理想人格的墨家人格理论

墨家是中国古代功利主义的开创者，其代表人物是墨翟。他主张人的本质是"赖其力者生"，并认为"赖其力者生，不赖其力者不生"（《墨子·非乐上》），因而他极力肯定"强""力""功"，反对命定论，而把强者作为自己的理想人格。他说："强必治，不强必乱；强必宁，不强必危"，"强必贵，不强必贱；强必荣，不强必辱"；"强必富，不强必贫；强必饱，不强必饥"；"强必暖，不强必寒"（《墨子·非命下》）。他尖锐地批判儒家的"寿夭贫富，安危治乱，固有天命，不可损益"（《墨子·非儒下》）的命定论观点。他指出决定人的富贵穷困的不是命，而是自己的努力，有命富而可贫，无命则贫而可富。这是对人的能动性、进取性和力量的肯定，在中国人格学说史上十分可贵。

墨翟以功利为衡量言行善恶的标准，主张"兴天下之利，除天下之害"。他说："仁之事者，必务求兴天下之利，除天下之害，将以为法乎天下。利人乎，即为；不利人乎，即止。且夫仁者之为天下度也，非为目之所美，耳之所乐，口之所甘，身体之所安。以此亏夺民衣食之财，仁者弗为也。"（《墨子·非乐上》）他所谓的"利"就是"国家之富，人民之众，刑政之治"（《墨子·尚贤上》），即国家富强，人民安居乐业，政治清明廉洁。做到这一点的就是善，相反就是恶。墨子还是个动机效果统一论者。他认为判断人格的好坏、行为的善恶，不仅要看效果，而且要看动机。《墨子·鲁问》中有一段生动的对白："鲁君谓子墨子曰：'我有二子，一人者好学，一人者好分人财，孰以为太子而可？'子墨子曰：'未可知也。或所为赏与为是也。钓者之恭，非为鱼赐也；饵鼠以虫，非爱之也。吾愿主君之合其志功而观焉'。"这里的"志"就是主观动机，这里的"功"就是效果。鲁君的一个儿子"好学"，一个儿子"好施财"，从效果看表现都很好。但是，还要从动机上做进一步分析，这两种行为可能都是为了得到奖赏或赞誉，因此，还不能对其做出判断。看人要把他的动机和效果结合起来看。墨子的功利主义还表现在他的"兼爱"上。他极力主张"兼爱"，说，"天下兼相爱则治，交相恶则乱"（《墨子·兼爱》）。墨家所主张的"兼爱"，不只是一种善良的愿望，也是一种利益上的互相帮助，是"交相利"，"兼相爱"是以"交相利"为基础，也是以"交相利"为主要内容的。所以，墨子的"兼爱"不只是精神的，也是物质的，是一种物质与精神相结合的功利主义的互动。

墨子是我国功利主义人格理论的开创者和主要代表。他的人格理论是中华民族人格思想史上的重要资源和难能可贵的精神财富。可惜的是，墨家的人格思想在历史上屡遭当权者的排斥，步履艰难。特别是汉代实行"罢黜百家，独尊儒术"以来，墨家的功利主义人格思想的发展空间被严重压缩了。

4. 以"智术能法之士"为理想人格的法家人格理论

法家是从儒家和道家分化出来的一个学派。韩非是法家的集大成者。他把"智术能法之士"，即善于以"法、术、势"治国者，看作理想人格。韩非本人就曾被看作难得的"智术能法之士"。他曾向韩国国君数次献富国强兵之策，但不见采纳，于是发愤著述。后来他的书被秦始皇见到，秦始皇十分欣赏，说，"嗟呼，寡人得见此人与之游，死不恨矣"。后竟用武

　　力围韩，索要韩非。韩非到秦国后，由于李斯和姚贾的嫉妒谮害，不但没有受到重用，反而被迫害致死。

　　韩非主张道德无用论，反对儒家的道德说教，但不否认道德规范的作用。他认为法制高于道德，治国安邦应该靠法制，而不靠道德说教。人人见小不见大，见近不见远，所以对他们应该"不养恩爱之心而增威严之势"（《韩非子·六反》）。所以，治理国家不能靠儒家的"君子"，而只能靠"智术能法之士"。他说："智术之士，必远见而明察，不明察，不能烛私；能法之士，必强毅而劲直，不劲直，不能矫奸。"（《韩非子·孤愤》）有人曾劝他，说只有遵守道德，修行退智，才能保全身躯，否则危及生命。他激愤地回答，为了保自身而不管"民萌"的利益是贪鄙的行为。他决心要为"民萌"的利益，实行"仁智之行"，不避祸患和死亡。韩非认为只有这样的能"远见而明察""强毅而劲直"的人格才是理想的人格。

　　韩非认为人性险恶，因此，需要"智术能法之士"。他认为人性自私，好利恶害，君臣、父子、夫妻关系均是互相敌对的利害关系，一般人与人的关系，更是如此，人不可信。他说，"人主之患在于信人。信人，则制于人。……医善吮人之伤，含人之血，非骨肉之亲也，利所加也。故与人成舆，则欲人之富贵；匠人成棺，则欲人之夭死也。非舆人仁而匠人贼也，人不贵，则舆不售；人不死，则棺不买。情非憎人也，利在人之死也，故后妃、夫人太子之党成而欲君之死也，君不死，则势不重。情非憎君也，利在君之死也。故人主不可不加心于利己死者"（《韩非子·备内》）。他依据人性险恶的看法，认为法制高于教化，主张用"智术能法之士"，靠严刑重罚治国。

　　"智术能法之士"，不靠道德，而靠"法、术、势"治国。所谓"法"，就是严刑峻法。他认为善不可靠，爱不可靠，道德不可靠，必须用法。"治民无常，唯法为治"（《韩非子·心度》），轻过也要用重刑，这样可以使"轻者不至，重者不来"。他为施行严刑峻法辩护，说严家无悍虏，而慈母有败子，吾以此知威势可以禁暴，而德厚之不足以止乱也。"母不能以爱存家，君安能以爱持国？"（《韩非子·八说》）所谓"术"，就是暗藏在心的权术，是驾驭臣民的手法。君主对谁也不该相信。人主应该"恃术而不恃信"（《韩非子·外储说左下》），就是要用谋略、谋术和手段来处理人与人之间的关系，治理国家。比如，他说对待大臣应该像对待驯鸟那样："夫驯鸟者断其下翎焉，断其下翎，则必恃人而食，焉得不驯乎？夫明主畜臣亦然，令臣不得不利君之禄，不得无服上之名。夫利君之禄，服上之名，焉得不服？"（《韩非子·外储说右上》）。也就是对大臣要有令他服从的手段。所谓"势"，是指君主由重权尊位而形成的威势，是一种控制局面的凭借力量。他认为推行"法""术"，都必须有"势"。他举例说，孔子是天下的圣人，海内皆称赞，追随者众人。而鲁哀公是一个低劣的君主，可是境内无人敢不服从。老百姓服从权势，所以，孔子为臣，鲁哀公为君。孔子不是服从鲁哀公的道义和品德，而是服从他的权势。鲁哀公由于具有权势，孔子这样的圣人也得做他的臣民，服从他的统治。现在有的人劝君主放弃威势，认为行仁义就可以称王，这其实是让君王去当孔子，必然会把一切都丢掉。

对韩非的人格理论应做全面分析。他所提倡的"智术能法之士"，坚决主张法治，具有"远见而明察""强毅而劲直"的品格，是难能可贵的，是中国古代法治传统的重要思想资源。春秋战国时代法家的法治思想和他们倡导建立的各种法律制度，对中国历史发展无疑做出了重大贡献。但是，他认为人性险恶，人与人之间的关系纯属利害关系，甚至是敌对关系。韩非的人格论贬低道德的作用，主张用"智术能法之士"治国，不仅要靠严刑重罚，而且要靠权势和权术，甚至靠阴谋，从这个角度讲，法家人格论是片面的、有副作用的。

（二）中国传统儒家理想人格模式

自汉代董仲舒提出"罢黜百家，独尊儒术"政策以后，以孔子为代表的儒家人格理论和实践有了正统地位，道、墨、法家人格理论和实践受到排斥和限制。汉以后，儒家的人格理论和实践更加系统化和完善化。唐以后，特别是宋明以后，儒家的人格理论和实践糅进了道家和佛教的某些人格思想，进而更加丰富和系统化了，成为中国传统人格理论和实践的主流和代表。

1. 中国传统儒家"理想人格模式"的特征

（1）"仁爱"。"仁爱"指发自内心的对同类的关爱。"仁"表示二人，是复数，说明人的存在一开始就不是孤立的单个人的存在，而是多数人的存在。那么，作为复数的人，怎样才能存在？儒家认为，最根本的是"爱人"。这就是"己欲立而立人，己欲达而达人""己所不欲，勿施于人"。"己欲立而立人，己欲达而达人"表达的是一种人道，"己所不欲，勿施于人"表达的是一种恕道。儒家认为，"仁者爱人"是做人的根本，是人类的基本生存原则和生存方式。孔子认为，"仁者爱人"是"作为人"的根本标志，是儒家理想人格的第一个特点。

（2）"守礼"。孔子认为，君子和贤人必须"守礼"。在春秋时代，"礼"就是"典章制度和行为规范"，含有法律、制度、道德规范及文明礼仪的多重意思。"礼"是中国最初被系统化阐述的"典章制度和行为规范"。"礼"产生于吃，最初是关于分配食物的规定，后来逐步完善为系统化的"典章制度和行为规范"。儒家十分看重礼，认为仅有发自内心的爱还不够，还必须对爱的对象有区分，用恰如其分地爱，也就是依礼去爱，按"典章制度和行为规范"去爱。孔子说"克己复礼为仁"，意思是，要克制自己，按照周礼去爱，才算得上仁。所以必须自觉地遵守礼，依礼去爱。儒家认为，只有自觉地遵守礼，才能成为君子和贤人。

（3）"中庸"。孔子认为，建构了以"仁"和"礼"为核心的理论就能够重建秩序。然而，他周游列国十余年，没人接受，回到曲阜，研究中华元典《周易》。他在《周易》中领悟到了十分深奥的哲学——中庸之道。孔子认为，各国诸侯之所以不接受以"仁"和"礼"为核心的理论，根本原因是世界观方法论有问题，没有掌握中庸之道。《周易》通篇贯穿了中庸哲学思想。"喜怒哀乐之未发，谓之中；发而皆中节，谓之和"（《礼记·中庸》），它强调的是心灵和行为的中和。一个人，无论居于什么地位，只有做到"和心中节"，才能做到不违仁，不违礼。中庸哲学的核心意思是，尊重合理性，追求合理性，在"度"之内做事，不走极端。看人做事必须坚持"中庸"，追求恰当、正好。中庸就是用中的方法，也就是用恰当正好的合理的方法对待人和事。中庸之道是相当高明的一种哲学，包含了丰富的辩证法思想，已深入中国人的内心。

（4）"刚健"。也就是"刚健有为，自强不息"。中国的先民赞美太阳，主张人应当像太阳那样，"刚健有为，自强不息"。孔子提倡，"贤人""君子"不仅要"仁者爱人"，自觉地遵守"礼"，奉行中庸之道，而且要做到"刚健有为，自强不息"。最典型的就是，他认为理想人格应当"智仁勇"兼备。子曰："君子道者三，我无能焉：仁者不忧，智者不惑，勇者不惧。"（《论语·宪问》）这一点，对中华民族形成"刚健有为，自强不息"的民族性格产生了重要影响。

总之，中国传统儒家理想人格具有四个基本特征：奉行"仁者爱人"的朴素人道主义、自觉地遵守"礼"、奉行"中庸之道"、具有"刚健有为，自强不息"的性格。

2. 近现代学者关于中国传统人格特征的论述

近现代学者对中国传统人格特征进行了深刻研究，取得丰硕成果，发表了大量真知灼见。有学者认为中国人受传统儒家人格思想影响根深蒂固，表现出突出的协调性精神，而进取性和创造性精神不足，这大体代表了几十年来学界的基本共识，有一定道理。他们认为，中国传统人格把协调人际关系看作人生的最高目标和原则，能够以高尚的仁爱之心和最大的克制力去适应和协调人与人之间的关系，并把协调人与人之间的关系看作衡量人格和行为的最高标准。善于协调人与人之间关系的，就是有道德，有人格；不善于协调人与人之间关系的，就是没有道德，没有人格。中国传统人格理论基本上把道德境界当作人格境界，用道德境界代替人格境界，往往忽略了人格的其他内涵，特别是将人的进取性和创造性素质能力排斥于人格的范畴之外。持这种观点的学者所举的典型例子就是儒家的道德楷模颜回，他们认为：孔子所赞不绝口的理想人格典型——颜回，正是一个标准的"谦谦君子"。据典籍记载，他的特征有四：第一，安贫乐道。

孔子赞美他："贤哉，回也！一箪食，一瓢饮，在陋巷。人不堪其忧，回不改其乐。"他能安贫乐道，不思改变。第二，谦虚谨慎。他能够不夸耀自己的功劳，不在别人身上出气，不重复同样的过失。第三，没有与老师不同的观点。他对孔子言听计从，毫不怀疑。连孔子都觉得有点过分，说颜回不是对我有所帮助的人。第四，勤奋好学。能够做到孔子提倡的发愤忘食，乐以忘忧，信而好古。从上述特征可以看出，颜回具有协调的美德，是一个内向、严谨、勤奋的人，但是，也是个中庸保守、谨小慎微、缺少独立思考和创造精神的人。

有些著名学者的调查也说明，中国传统人格理论的最大特点是重协调性精神，比较忽视进取性精神和创造性精神。这种人格理论对中国人的精神世界影响深远，不只决定了中国古代人格的特征，也影响和制约着中国近代和现代人格的发展，这里仅以下面的调查案例来说明。

李德伟教授在《首都师范大学学报》1986年第二期上发表了一篇调查报告——《中国大学生的性格特征研究》（该项调查进行的时间为1984年，调查对象为全国不同地区和不同学校的1 100名大学生）。该研究的主要结论如下：

> 我们知道中国大学生在因素一[①]方面。除了"好印象"之外，其余六个变量的比值均在50%以上，最高达71.3%（健康感）。这意味着中国大学生在谦让、克己、忍耐、谨慎、负责等性格特征方面较突出，说明他们的心理健康程度较高，与现实社会有良好的适应性。这种性格特征表现在处理人际关系时，首先考虑社会或他人，反对以自我为中心的行为。

> 在20世纪60年代中期，台湾大学心理系教授杨国枢先生对台湾大学生的人生观进行了大规模的调查研究。他的结论之一是："中国大学生最喜欢的生活方式具有以下特征：（1）接受社会的约束，保存人类已有的成就；（2）以克制和修养律己，以温情和善意待人；（3）

---

① 因素一包括"健康感""责任感""社会化""自制力""宽容性""好印象""遵从成就"七个变量。该因素是顺从、谦让、克己、忍耐、谨慎、内向、遵从规范等性格特征的指标，用来说明个人与社会适应的程度。

在中庸无偏及兼容并蓄的原则下，使行动、享受及冥思三者适度配合。中国大学生最不喜欢的生活方式有以下特点：不顾他人与社会，以自我为中心地、率性而放纵地享乐。"

此研究的结果与杨先生的结论虽不完全相同，但颇为接近，并且，也接近于辛锋同志关于大学生中内倾性格多于外倾性格的结论。这种一致性不是偶然的巧合。它们都反映出中华民族的传统特点，如谦让、谨慎、克制、忍耐等。这些性格上的传统特点有其悠久的历史。早在两千多年前，著名教育家孔子就竭力使他的弟子具有这样的特征。上千年来，儒家的思想一直被奉为正统观念，其对中华民族性格的影响作用极为巨大，绝不能忽视。

在因素二①方面，与因素一形成鲜明对比。中国大学生除了"社交性"与"社交风度"外，在"支配性""进取性""自承性"变量上的比值均低于50%。这表明中国大学生在支配与冲动特点方面表现不突出。据20世纪60年代的海外研究，台湾地区和香港学生也有类似表现。在因素三②的五个变量中，主要变量"独立成就"（47.6%）与"灵活性"（34.3%）的比值均较低，反映出中国大学生在思维与行动方面独立性不足。因素四③的两个变量（"同众性"与"社会性"）均有较高的比值。其中，"同众性"高达75.6%，这与因素一诸变量的较高比值是一致的，反映中国大学生具有稳健、从众的性格特点，具有良好的社会化程度。

根据上述考察结果与分析，我们可以得出如下结论：

其一，在谦让、克己、忍耐、谨慎、聪慧、敏锐、稳健等性格特征方面较突出。大学生继承了中华民族的优秀传统特点，表现为良好的人际关系适应与社会适应。

---

① 因素二包括"支配性""进取性""社交性""社交风度""自承性"五个变量。该因素是外向、支配、自信、冲动等性格特征的指标，用来说明个人的社交风度以及人际关系的适应程度。

② 因素三包括"独立成就""灵活性""宽容性""精干性""心理敏感性"五个变量。该因素是独立性等性格特征的指标，用来说明个人思维与行动上的独立程度。

③ 因素四包括"同众性""社会化"两个变量。该因素是中庸、稳健、从众等性格特征的指标，用来说明个人的社会化程度。

其二，大学生在支配、冲动等性格特征方面不突出，在独立性上尚显不足，但在社交上倾向于积极进取。

这份调查报告综合了 60 年代至 80 年代海内外中国大学生的性格特征。它说明大学生的协调性（顺从、谦让、克己、忍耐、谨慎、内向、遵从规范等）突出，而进取性（外向、支配、自信、冲动等）不足，仍然没有脱离中国传统人格模式的影响。

笔者认为，上述调查具有信度和效度。中国传统人格理论和模式，有优点也有缺欠，有利也有弊。它的优点是能提高人的自律性，促使人高尚、友爱、善良，使人与人之间关系融洽，有利于形成良好的道德风尚和社会秩序。这是应当肯定和发扬的，也是目前国内甚至人类最为匮乏、最应提倡的品格。但是，这种传统人格理论和模式也有明显的缺欠。它强调人格的一个方面——协调人际关系，而忽视人格的另一个方面——进取性精神和创造性品格。而这后一个方面正是现代理想人格所不可缺少的。今天的中国人，如果只知协调人际关系，而无勇往直前的进取性精神和朝气蓬勃的创造力，中国的伟大复兴就无希望。因此，应深入研究结构选择论，进一步反省和超越传统儒家人格理论和人格模式，提出新的人格理论和理想人格模式。

（三）新中国成立后中国人格模式的演变

新中国成立以来，中国大体经历了三个人格发展阶段。

1. "协调型"人格占主要倾向阶段（1949—1966 年）

自中华人民共和国成立至"文化大革命"前，社会结构需要调整，社会关系需要理顺，社会需要建立一种正常的统一的运行机制。这时党和政府大力提倡先人后己和大公无私的精神，培养人们忠诚老实、"严以律己，宽以待人"、委曲求全、忍辱负重等品格。这种文化精神哺育了"重协调、轻进取"的"协调型"人格。这种"协调型"人格，从积极方面讲，它强调用高尚的道德去协调人与人之间、个人与社会之间的关系，并把协调人与人之间、个人与社会之间的关系看作衡量人格和行为的最高标准和原则。因此，能提高人的自律性，促使人纯洁、友爱、善良，有利于形成良好的道德风尚。从消极方面讲，这种"协调型"人格仍是一种不够全面的人格。它的缺欠主要表现在强调人格的一个方面——协调性，忽视人格的另一个方面——进取性和创造性。实践也证明，"协调型"人格的进取性精神和创造力不足。

2. "权威型"人格占主要倾向阶段（1966—1978 年）

从"文化大革命"开始至党的十一届三中全会前，政治斗争和阶级斗争成为当时全国上下唯一的任务和衡量一切的唯一标准，全国形成了"打倒一切""全面内战"的局面。林彪、"四人帮"乘机开展"三忠于四无限"活动，使人们把社会权威当作社会化身和"神"来顶礼膜拜。在这种情况下，大批青年由"协调型"人格演变成"权威型"人格。所谓"权威型"人格就是崇拜权威、屈从权威，并且希望自己也成为权威，让他人屈从自己的人格类型。这种人格类型的典型特征是崇拜和屈从权威，蔑视个性；重视权威意志，轻视科学理性。当时，处于狂热状态下的青年放弃了个性的独立性和科学的理性，只知盲目地追随和屈从权威，表现出盲目、偏激和野蛮的"权威型"人格行为。同时，他们自己也在幻想着和尝试着成为权威。他们在政治斗争中也像其他"权威型"人格一样是刻板生硬和残忍好斗的。"文化大革命"为"权威型"人格的形成和发展提供了机会和条件。"权威型"人格是一种不健康人格，其严重危害性有二：第一，失去人的主体性。"权威型"人格的最大特征是对权威的盲目崇拜和屈从，丧失自我意志，没有独立人格。他们没有主体意识和独立性，对权威唯命是从。如果他们成为或大或小的权威，又会毫不留情地去泯灭他人的智慧和创造力。第二，失去理性。"权威型"人格的行为准则不是科学的理性，而是权威的意志，人的行为具有极大的盲从性和随意性，因而经常构成对社会发展的破坏和对他人的侵犯。在社会动荡的年代，"权威型"人格极易成为野心家、阴谋家的御用工具和牺牲品。丧失理性，就丧失了人之为人的一般本质，其行为必然脱离正常人的轨道。因此，"权威型"人格是一种不健康的人格。

3. "进取型"人格占主要倾向阶段（1978年至今）

党的十一届三中全会以后，彻底否定了"文化大革命"，清算了极左路线，实行改革开放，我国逐步确立了社会主义市场经济体制。在新的历史条件下，社会的人格类型呈多样化状态。从一般情况看，"协调型"人格大大减少，"权威型"人格已经罕见，"进取型"人格大量涌现。所谓"进取型"人格，就是勇于进取，敢于开拓，表现出明显的主体性和独立性的人格类型。改革开放、市场经济和竞争的压力，使人的主体意识和独立精神凸显，人们相信命运掌握在自己手里，只有依靠自己，努力拼搏，才能创造美好的前途和未来。他们乐观、坚定、积极，不怕困难和挫折，失败了再干，表现出顽强的意志和韧性。"进取型"人格是改革开放以来中国人格的主流和普遍发展趋势。

改革开放以来，在"进取型"人格成为我国人格发展主流的同时，也出现了为数不少的"实用型"人格。所谓"实用型"人格就是轻视真理和原则，把成功和效果看作一切，奉行"有用就是真理"信条的人格类型。其典型特征就是只讲有用，不讲原则；只看结果，不问手段。这种人格类型虽然不是我国人格发展的主流，但是影响广泛。"实用型"人格是一种片面的人格，其弊病和缺欠主要表现在：第一，产生非道德主义倾向。"实用型"人格重视效果和有用性，否定必要的原则、真理和道义；重视竞争，否定必要的协调；重视实现自我的价值，轻视实现他人的价值和社会的价值，因而，必然产生非道德主义倾向。改革开放以来，在人们道德水平整体提升的同时，也可以看到某些人道德的堕落。目前，社会上出现的拜金主义、享乐主义、损公肥私、行贿受贿、假冒伪劣、腐化堕落等丑恶现象，无不与非道德主义有关。第二，产生违背规律的短期行为。"实用型"人格目光短浅，急功近利，必然产生损害社会长远目标和根本利益的各类短期行为。现在，短期行为已带有社会普遍性，淡水资源危机、环境污染危机、人为灾害不断等都是这种行为带来的恶果。"实用型"人格所具有的非道德主义倾向严重阻碍了人的全面发展和完善，同时，它所产生的各种短期行为，会严重破坏社会发展的基础。我国必须培养新的适应中国特色社会主义现代化建设需要的，能够担当中华民族复兴重任的社会主义现代人格。

（四）当代中国理想人格模式与副现代人格

1. 当代理想人格模式

1996 年世界 21 世纪教育委员会曾在中国召开了一次"21 世纪人才素质理论研讨会"，来自世界各国的官员和理论工作者，在会议的成果文件中提出了 21 世纪人才素质的七条标准：积极进取开拓的精神；崇高的道德品质和对人类的责任感；在急剧变化的竞争中，有较强的适应能力和创造能力；有宽厚扎实的基础知识，有广泛联系实际解决实际问题的能力；有终身学习的本领，适应科学技术领域综合化的发展趋势；有丰富多彩的健康个性；具有和他人协调和进行国际交往的能力。

这七条面向 21 世纪的人才素质标准，对于研究当代中国理想人格模式具有重要的参考意义。

当代中国理想人格应当是在思想观念、道德品质、心理素质和行为方式上与中国特色社会主义相适应的。用简单的话来概括，就是集协调性、创造性、进取性和超越性于一身的中国特色代社会主义理想人格。中国特色社会主义理想人格是一种由协调性、创造性、进取性和超越性四个精神要素有机组合而成的，具有若干优良品格，全面发展的人格模式，也可以将其进一步抽象为：具有"善真勇美"的人格，一种精神世界全面发展的完整人格。

依据结构选择论，"完整人格"必须有四种充分均衡发展的人格力量，即思想道德力、智慧力、意志力和反省力。这四种人格力量恰好与四种社会主义现代人格素质相对应：思想道德力——协调性精神品质（包括正确的世界观、政治观、道德观、价值观，高度的责任感、仁爱精神、遵守规则的品质、公正、公平、正直、善良等）；智慧力——创造性精神品质

（包括创造性的心理、创造性的知识结构、创造性的思维方式、创造性的能力等）；意志力——进取性精神品质（包括勇敢、果断、独立性、坚持性、自制力、竞争性、冒险精神、挫折耐力等）；反省力——超越性精神品质（包括反思、慎独、知耻、改过、完善和超越等品质）。可以将上述四种人格力量和精神品质做进一步抽象：思想道德力——协调性精神品质，可以表述为"善"；智慧力——创造性精神品质，可以表述为"真"；意志力——进取性精神品质，可以表述为"勇"；反省力——超越性精神品质，可以表述为"美"。当代中国理想人格目标可以概括为，全面具有思想道德力、智慧力、意志力和反省力的人格；也可以概括为，全面具有协调性、创造性、进取性和超越性四种现代人格素质的人格；还可以简化为，全面具有"善真勇美"四种人格素质和力量的人格。为了便于与以往完善人格的习惯性写法和读法相衔接，可以将当代中国理想人格模式抽象为"善真勇美"或"智仁勇美"齐备的人格。

用通俗的语言来表述当代中国理想人格，就是：第一，具有协调性，即具有协调性精神品质。具有当代中国理想人格的人，拥护中国特色社会主义理论，奉行社会主义核心价值观，热爱社会进步和人类正义事业，严守法纪，讲究道德和文明，能够正确处理国家、集体和个人的关系，必要时能够为社会、集体和他人牺牲个人利益，是目光远大、奉公守法、道德高尚的人。第二，具有创造性，即具有创造性素质能力。无论是开发自然，还是发展社会，他们都不满足于已有的状态和结论，而总是以大胆创新的精神，提出新见解，打开新局面。他们具有强烈的创新意识和较强的创造能力，是思想开阔、创造力勃发的人。第三，具有进取性，即具有进取性精神品质。他们相信，唯有大胆进取才有未来，对于困难的第一个回答，就是迎接挑战。他们认为竞争是民族发展和个人发展的原始动力之一，因而，不怕挫折和失败，百折不挠，争取竞争的胜利。第四，具有超越性，即具有超越性精神品质。他们具有较强的自我反省能力，善于自律、反思、慎独、改过和超越，能够实现自我意识的分化（理想自我和现实自我）和同一，不断肯定成绩，找出问题，超越自身，超越外界，尝试再前进一步的可能。他们永远不肯将自己和事业停止在一个水平上。总之，协调性精神品质、进取性精神品质、创造性精神能力和超越性精神品质是当代中国理想人格的四个基本精神要素，它们的有机组合构成了中国特色社会主义理想人格的一般模式。

为了说明这一点，不妨引述一下著名心理学家荣格关于现代和现代人格的论述。他说，现代是代表着一个过渡的程序，就像今天处于昨天和明天之间，是过去和未来的桥梁一样。这句话的意思是说，"现代"的本质含义是发展，即从昨天向明天的发展，从前工业社会向工业社会的发展，从工业社会向信息社会的发展。那么，什么样的人是现代人呢？荣格进一步说，"现代人"是一位矗立在高岗上或站立在世界最边缘的人，他眼前是一片未来的深渊，头顶上是苍穹，脚底下是笼照着原始迷雾的人类。用荣格充满诗意的话说，就是唯有当他漫步到世界的边缘，他才是一位完完全全的现代人。就是说，现代人是一位站在世界边缘的人，他处在新时代与旧时代的尖锐矛盾冲突之中，面前是一片未知的深渊，险象环生又充满希望。他只有大胆开拓、勇敢进取，才能度过今天，到达光明美好的明天。上述见解，只是一种心理学和哲学视角的抽象描绘。在现实生活中，现代人面对的问题更为尖锐和复杂。在现代社会里，每个人都毫不例外地生活在矛盾、冲突、竞争、变动和危机之中，除了精神麻木者外，每个人都会有紧迫感和压抑感。在现代的背景下，无论是个人，还是民族，都唯有大胆开拓进取，才能拥有未来和希望。因此，如果说"发展"是"现代"的典型特征，那么，"进取"则是现代人的典型特征。他唯有"进取"才能适应"现代"的发展。他要获得"现代"的发展就唯有大胆地"进取"。只有面对现实，不畏艰险，大胆进取的人，才可以称得上是"现代人"。如果说，中国传统人格模式具有"协调型"人格特征，"文化大革命"中的人格模式具有"权威型"人格特征，改革开放以来的某些人格模式具有"实用型"人格特征，那么，真正适应21世纪中国和世界的理想人格模式就应当是，集协调性、创造性、进取性和超越性于一身的中国现代社会主义理想人格。

中国目前正处于人格模式的发展新时期，塑造由协调性、创造性、进取性和超越性组合而成的理想人格，是时代的需要，是中华民族伟大复兴的需要。中国人如果能沿着融合协调性、创造性、进取性和超越性于一身的道路发展，必将超越中国的传统人格，成为真正的"完整人格"。

2. 当代中国理想人格的特征

当代中国理想人格主要有以下十个特征：

（1）具有远大理想。拥护中国特色社会主义理论，立志为实现共同理想、振兴中华而奋斗。有雄心壮志，敢于在自己的岗位上，向世界的高峰挑战，决心走向世界，超越前人，将最新的建树呈现给人类。讲自立、讲开拓、讲创造、讲贡献，胸怀远大、脚踏实地、尊重规律、埋头苦干，能够将理想变为现实。

（2）具有高尚的品德。拥护和践行社会主义核心价值观，爱国、敬业、诚信、友善，关心集体、忠诚、积极、正直、关心同志、重视友谊、珍视爱情，具有强烈的义务感和道德心。能正确处理国家、集体和个人的关系，必要时能为社会和他人牺牲个人利益，行为高尚。

（3）关心社会生活。对社会生活表示关注，愿意同外界接触，对社会发展有较强的责任感。眼光不仅仅局限在与本人有直接关系的事物上，对广泛的公共事务都有兴趣，乐于参加社会公益活动，发表见解。不是孤立封闭，而是社会联系广泛、性格开朗，积极参与社会生活，见多识广，发挥所长，同时，也能够不断进行自我调整和完善。

（4）具有法纪观念。尊重法律，赞成法治，反对人治。主张在法律面前人人平等，有法是行为准绳的观念，能够自觉地学习和掌握法律知识，做到依法办事。以科学的眼光看待纪律，认为纪律是社会正常生活的需要，科技越发展，越应该有严格的纪律，法纪观念很强。

（5）具有科学观念。摆脱了传统人的愚昧心理，重视知识和信息，尊重人才。懂得科学知识在现代社会中的价值，明白科学技术最终决定生产效率和竞争力的道理，因而，对正规教育和各种技术训练有着浓厚的兴趣。肯在获得新技术和应用新技术上投资和花费精力。重视信息，具有获得信息和分析信息，进行科学决策的能力。

（6）具有自强意识。反对传统依赖心理，认为人应该相信自己的力量，而不应该相信所谓命运的安排。主张每个人应对自己的生活和行为负责，"自尊、自立、自律、自强"，靠自己的努力去战胜困难、创造未来，有独立性和自主性，有主见，崇尚理性，不人云亦云。对自己和社会生活持乐观态度，相信自己和人类的智慧与力量，因而在事业上更具有坚定性和无畏的气概。

（7）具有竞争意识。反对绝对平均主义，主张文明竞争。认为竞争是产生劳动积极性的一个重要来源，是国家发展和个人发展的动力之一。欢迎竞争，有较强的竞争意识，赞美竞争中的强者，敢冒风险，积极参加竞争，并努力争取竞争的胜利。主张在竞争中"以优取胜"，即以优秀的工作和优质高产取胜，反对竞争中的投机取巧、歪门邪道和违法乱纪。"以优取胜"的竞争方式使他们能够坚持正确的生产和经营原则，努力做到：社会第一、市场第一、创新第一、质量第一、服务第一、效率第一。这使他们的竞争利国利民，文明而有力量。

（8）具有民主意识。反对特权思想和特殊意识，主张人人平等。懂得人与人之间相互尊重的价值。在和下属打交道时，能够尊重他们的人格，并严格约束自己的言行。对于地位较低的人和弱者的尊严和权利，能够给予充分的尊重和保护；心胸豁达开朗，承认不同意见的存在是合情合理的，能容纳各种不同的意见，对于反对的意见也能予以理解和尊重，不怕推翻自己的意见；对上司的意见不盲从，能同上司交换不同的看法，对下属和普通人的意见能注意倾听和采纳。总之，尊重民主，善于以理智的态度，通过民主的程序做出各种决定和决策。

（9）具有创新意识。社会适应性强，有求新创新意识。欢迎新事物和新生活经验，有革新和改革现状的要求。不迷信于传统和权威，乐于创造，总试图突破已有的结论和模式去创造新的理论和工作方式。着眼于现在和未来，善于利用传统中的精华。乐于面对改变的现实，支持别人合理的改革。能够依据社会发展的需要和个人的才能，以新观念去选择职业，以科学的方式去生活和工作。

（10）具有创业的冲动。抛弃了"无为而治""不求有功，但求无过"等传统观念，具有强烈的创业冲动。不甘心于平庸和碌碌无为，有干一番事业的志向。乐观、自信、敢为，具有锐意进取、坚忍不拔、失败了再干的意志品质。不满足于一两次成功，不断调整目标，争取更大的胜利。不知疲倦地建功立业，即使在一个比较固定的岗位上，也不会消极被动地做上司分配的工作，而是潜心学习和钻研，表现出改变现状、力争上游的干劲。具有较强的个人效能感，对个人和人类的前途充满信心，注重计划、严格守时、讲究效率，反对办事拖沓和敷衍塞责，事业心强、忠于职守、尽职尽责。

3. 与副现代人格划清界限

在走向社会主义现代化过程中，也会出现这样一类人，他们没有走正常的人的现代化道路，而是误入歧途。他们是社会主义现代化的副产品或次品，一般称其为副现代人格。所谓副现代人格，就是在实现由传统人向现代人转变的过程中因误入歧途而产生的人格类型。副现代人格的本质特征是脱离现代社会的主流文化，部分接受或全部接受社会的反文化，因而脱离了人的现代化的光明大道。这是在实现人的现代化过程中产生的一种不良人格，在中国、外国都是存在的。要建构中国特色社会主义理想人格，就必须注意与他们划清界限。目前我国的副现代人格主要有以下几种类型：

（1）现代非道德派。具有这种副现代人格的人认为，在市场经济条件下，人与人之间的关系就是生存竞争、弱肉强食，不需要道德。他们把道德说成是对个性的束缚和社会发展的阻力，否定道德的价值。他们唯利是图，疯狂地追求名利，主张为达到目的可以不择手段。这样的人在人格上有明显的缺欠，只要有机会就捞一把，经常损害他人和社会利益。他们为了自己的私利，违背起码的道德原则，甚至违法乱纪。这种人往往不缺少胆量和勇气，也不缺少智慧和才华，但是，却缺乏道德，蔑视法律，对社会进步和他人利益构成了威胁。目前，许多人在经济领域、社会管理领域和其他领域走上犯罪道路，往往都是奉行非道德主义的结果。非道德主义是腐蚀剂，害人害己，会严重破坏社会主义现代化建设。有人说，道德在历史上从来没起过好作用；有人说，我现在主张"少想些为什么，多想些怎么办"。在许多人头脑里金钱的原则代替了道德的原则，物质利益压倒了一切。这种非道德主义的蔓延，只能培养利欲熏心、无所顾忌的人，形成只有欲望而无道德的畸形人格，会对中华民族伟大复兴造成威胁和破坏。道德作为一种协调和制衡社会利益的力量，是任何一个社会都不可缺少的。建设中国特色社会主义，道德是重要手段之一，失去道德的协调和制衡，必将导致混乱和失败。

（2）现代享乐派。这类人不理解人的现代化的本质是人的观念、素质和行为方式由适应前工业社会向适应工业社会和信息社会转变的过程，更不理解中国特色社会主义对人的现代化要求，而只注意到现代化其表，把人的现代化仅看作现代化的享乐。他们头脑中的现代化就是现代的豪宅大厦、服装打扮和饮宴欢乐，因而崇尚现代享乐主义。这种情况，在中国、外国都存在。美国在 20 世纪 60 年代出现了没有理想、不思进取、大搞性解放、醉生梦死的"垮掉的一代"，日本在 60—70 年代出现的不思工作、到处寻欢作乐、聚众殴斗闹事的"暴走族"。这些都是以现代享乐主义为特征的副现代人格类型。我国搞现代化的时间虽然很短，但现代享乐主义在部分人中却很流行。这说明，我国在走向现代化的过程中，确有现代享乐主义人格类型存在，他们是在现代化进程中误入歧途的人。

（3）现代蒙昧人。这是在现代化进程中产生的不开化的人。他们与现代化的历史进程背道而驰，社会越现代化，经济越繁荣，他们越不读书，其精神越贫困，人格越愚昧。他们厌倦学习，既没有进取精神和创造的能力，又不懂道德。他们缺乏适应社会生活的起码常识，不懂得人与人之间、个人与社会之间的一般道理，在知识能力和做人两方面均没有达到现代社会的要求。现在，有的人不仅文化知识贫乏，而且道德观念混乱。他们由于不懂得做人的一般道理，与社会生活格格不入，经常造成社会的麻烦和对他人的侵犯。近几年，"黑社会组织"现象、未成年人犯罪都很严重，令人忧虑。现代蒙昧人格是危害社会秩序的因素。在一个充斥蒙昧人格的国度里，是不能建成现代化社会的。因此，必须从加强教育入手，堵塞产生现代蒙昧人格的一切渠道，这是我国走向伟大复兴的一个十分迫切的任务。

上述三种副现代人格，虽然不是人格发展的主流，但是影响广泛。在塑造中国特色社会主义理想人格的同时，必须注意解决副现代人格问题。

（五）当代中国人格的四个层次及其规定性

1. 当代中国人格层次的总体描述

如果用"人格结构与选择"图型理论——"三级结构八种力量"（"善真勇美"）理论去分析国民人格，可以清晰地看到当代国民人格存在四个层次，这就是：杰出人格、完整人格、缺失人格和蒙昧人格。

应当指出的是，在上述四个人格层次中，杰出人格和完整人格都是当代国民的理想人格，其中杰出人格是当国民理想人格的最高层次，完整人格是当代国民理想人格的普遍层次，是每个健康人经过努力能够达到的层次。

总体上对国民人格的四个层次可做如下解释：

第一，杰出人格。这一层次的人格能够做到均衡发展，其中每种人格力量大致达到同时代的普遍发展水平，也就是基本达到完整人格水平。在这个基础上，这类人格又能有一种或多种人格力量明显突出，在同时代人中具有显著的比较优势，明显高于同时代人的普遍发展水平。

第二，完整人格。这一层次的人格能够做到基本均衡发展，其中每种人格力量大致能够达到同时代的普遍发展水平。

第三，缺失人格。这一层次的人格不能做到均衡发展，有的人格力量发展，有的人格力量不发展，有一种或多种人格力量存在明显缺欠，与同时代的普遍发展水平有较大差距。

第四，蒙昧人格。这一层次的人格多数不发展，有明显缺欠，人格整体上未达到同时代的普遍发展水平，蒙昧人格也是当代三种副现代人格中的一种。

总之，当代国民人格可分四个层次：杰出人格、完整人格、缺失人格和蒙昧人格。这四种人格共同构成了当代国民人格的整体。

2. 当代中国人格层次的具体描述

（1）杰出人格。

所谓杰出人格，是指整体人格力量（"三级结构八种力量"，也即"善真勇美"）及其各种人格力量能够均衡发展，达到同时代的普遍发展水平（达到完整人格水平）并且其中某一种或多种人格力量明显突出，与同时代人相比具有显著优势的人格。他们是时代的英雄和各个领域的杰出人物。应当毫不怀疑地承认，这种人格在中国或外国，在过去、现在或将来都是存在的，他们是民族、国家和人类的脊梁和骄傲。

对于杰出人格，从古至今有大量研究成果，其中也不乏有价值的探索。美国心理学家亚伯拉罕·马斯洛认为他们是"自我实现"的人，具有十四种优秀精神品质：第一，对现实的更有效的洞察力和更加适意的关系。第二，对自我、他人和自然的接受。第三，自发性、坦率、自然，以问题为中心。第四，超然独立的特性、离群独处的需要。第五，自主性，对于文化与环境的独立性，意志，积极的行动者。第六，欣赏的时时常新。第七，神秘体验，海洋感情。第八，社会感情。第九，人际关系，比其他成年人具有更深刻和深厚的人际关系。第十，民主的性格结构。第十一，区分手段与目的、善与恶，道德力量很强。第十二，富于哲理的，善意的幽默感。第十三，创造力。第十四，对文化的某种适应和抵抗[1]。英国社会学家贝弗里奇提出杰出人物的五大人格特征：第一，他们都有超人的求知欲和好奇心。第二，他们如醉似痴地热衷于自己的工作。第三，他们都有良好的独立思考习惯。第四，他们喜欢并有能力长时间艰苦工作，他们常常没有时间顾及家庭生活，也没有时间消遣娱乐。第五，他们有强烈的荣誉感，勇于为自己的成功去争取和得到荣誉[2]。我国学者赵中天在20世纪80年代查阅大量中外杰出人物传记发现他们除了具有卓越的聪慧以外，还具有六个人格特征：第一，勤奋好学，不知疲倦地工作。第二，为实现理想勇于克服困难。第三，虚心学习和实践。第四，坚信自己的事

---

① 马斯洛. 动机与人格. 北京：华夏出版社，1987：40—69，174—239.
② 贝弗里奇. 科学研究的艺术. 北京：科学出版社，1979.

业一定成功。第五，争强好胜，有进取心。第六，对工作有责任感①。我国学者郑剑虹采用内容分析法对 90 名中国现当代成功人物的传记资料进行研究，结果表明：意志品质是成功者共有人格特征。此外，不同行业领域的成功者存在特殊的人格特征要求。此外，古今中外还有海量关于杰出人格和杰出人物的传记、研究和评价，它们为阐释杰出人格的特点奠定了基础。

笔者在追踪和研究人的生命本体的三十余年中，分析了众多杰出人物及其成功与失败的经验，深信以下几点：

第一，杰出人格应该具备完整人格（或健全人格）的人格基础。他们的人格结构（"三级结构八种力量"）获得均衡发展，各种人格力量基本达到同时代的普遍水平，没有明显人格缺欠。经验告诉我们：一个有重要社会影响的人物即使某些人格力量明显突出，但如果他的某种人格力量有明显缺欠，得不到纠正，那么他也成不了杰出人物，还可能成为缺失人格，走向反面，甚至沦为社会负面人物，造成终生遗憾。

第二，杰出人格是个性化很强的人格。他们除了具备完整人格（或健全人格）的人格结构，使"三级结构八种力量"获得起码的均衡发展之外，独特性占据优势，千姿百态，与众不同。比如：有的人思想深刻，具有超越时空的穿透力；有的人品德高尚，足以流芳千古；有的人好奇心强，创造力勃发；有的人意志顽强，足以撼天动地；有的人善于反省，不断自我超越；有的人具有超人的天赋和能力，是天才的艺术家和运动员。有的人一种人格力量具有突出优势，有的人两种人格力量具有突出优势，而有的人多种人格力量具有突出优势。这足以使他们具有杰出人格的个性，在不同的领域独领风骚，建功立业，成为领袖、英雄甚至是照亮人类历史的巨人，彪炳千秋。但是，人无完人，即使是最高层次的杰出人格，至多也只能在某一个或多个人格力量上具有优势，而不能在全部人格力量上都具有优势。从古至今，尚未发现在所有人格力量上都具有优势的人格。一般而言，杰出人格都具有一种或多种优越而独特的人格特性，正是

---

① 赵中天. 人格因素与智力发展. 北京师范大学学报，1998（1）.

这种优越而独特的人格特性，成就了他们的杰出人格，创造了非凡的事业。

第三，杰出人格群体的人格特点。纵观古今杰出人物，可以概括出杰出人格群体的人格特点。在此有必要将杰出人格群体的人格特点概括出来，目的在于"仰望前人，激励后人，代代相越"。事实上，自古以来，人们所概括的杰出人格特点，多数是杰出人格群体的人格特点。由此看来，当代中国的杰出人格大致应具有以下十种人格特征：

第一，热爱祖国和人类。关注价值，有源自心灵深处的强烈使命感和责任感，似大海般的深沉感情。

第二，理想主义。胸怀大志，强烈的荣誉感，拒绝平庸，热衷于工作，为获得荣誉而奋斗不息。

第三，道德感强。坚持区分善与恶、手段与目的，面对压力也不肯违背原则。

第四，乐观积极。接受自我、他人和现实，自然、坦率、幽默，有现实洞察力，接受变化并保持良好的人际关系和社会适应性。

第五，原创能力。有不可遏制的好奇心（即使对司空见惯的事物也好奇）和求知欲、无边无际的想象力和创造性的思维方式。

第六，以问题为中心。坦率、简洁、自然，拒斥烦琐的形式和虚荣，不在问题以外浪费时间和精力。

第七，扎实的行动者。不空喊口号，发表宣言就竭尽一切努力去做，踏实行动，一丝不苟，说到做到。

第八，钢铁般的意志。自信心强，具有坚持性和自控性，勇往直前，不惧怕挫折和失败，习惯于长时间地艰苦工作，常常没时间顾及家庭，放弃娱乐和休息。

第九，习惯于反省和超越。认为创造再创造、超越再超越是生存的规律，主动寻找和解决缺欠和问题，永远不肯止步在一个水平上。

第十，独立、民主。既有超然独处和独立思考的习惯，又乐于参加讨论和辩论，认为这两者的恰当结合更有利于发现真理和超越自我。

杰出人格的存在是必然的，任何社会均无例外。但是，其数量的多少、类型的众寡、影响的大小，则由于历史条件的不同而相去甚远。今天，中华民族正走向伟大复兴，这是一个英雄辈出、群星灿烂的时代，是呼唤巨人和产生巨人的时代。在这个伟大时代，必将不断涌现出杰出人格。如不同领域的英雄和模范，杰出的政治家、军事家、企业家、科学家、理论家、文学家、艺术家等。这样的人虽然数量不多，但因其人格的杰出和贡献的巨大，成为激人向上的榜样而载入史册。其中有的人格，由于其卓越的人格力量和非凡的贡献，流芳千古，如毛泽东、邓小平。

（2）完整人格。

所谓完整人格，是指整体人格力量（"三级结构八种力量"，也即"善真勇美"）及其各种人格力量能够均衡发展，并且基本达到同时代的普遍发展水平的人格。他们是人格力量全面发展和均衡发展的人格，其人格力量无明显缺欠。完整人格既具有理想性，又具有现实性。所谓理想性，指完整人格是社会对每一名成员人格发展的方向性要求，是社会主义合格公民的人格标准，是学校人格培养的目标，因而也是一种比杰出人格低一个层次的理想人格。完整人格代表了中国特色社会主义人格培养的基本方向和基本目标，也是学校（大中小学）人格培养的基本方向和基本目标。所谓现实性，指完整人格也是中国特色社会主义公民的普遍人格和基本人格，是社会多数成员经过努力能够具备的人格。因而，在现实生活中，完整人格是检验国民人格建构水平和质量的标准——社会多数成员能否基本具备完整人格是国民人格培养成败的基本标志，学生能否具备完整人格是学校国民人格培养成败的基本标志。完整人格既是社会人格建构的理想目标，又是社会人格建构的普遍要求。具有完整人格的人，能够做到国家、集体和个人的统一，有利于社会和国家的稳定发展，也有利于个人获得事业成功和人生幸福。

改革开放以来，国民人格的总体水平有很大提升，与计划经济时代相比，国民人格的总体水平是进步了、前进了、向前走了，而不是倒退了，特别突出的表现是智慧力（创造性精神品质）有明显进步，意志力（进取性精神品质）有明显进步，但是思想道德力（协调性精神品质）则呈现复杂交错的状态，有的进步，有的徘徊，有的存在一定的滑坡现象。我国多数国民人格正在向完整人格层次努力攀升，相当一部分国民具备了完整人格的素质和水平，也有相当一部分国民尚不具备或不完全具备完整人格的素质和水平，今后人格建构的任务比较繁重。

当代中国完整人格大致有以下六个特征：

第一，思想观念和价值观念正确。具有正确的世界观、人生观、价值观、政治观，能够基本正确地、较全面地看待世界、国家、社会和个人的问题。

第二，具有合格的道德水平。有正确的道德观念，较好的道德情感、道德意志和道德行为水平。有强烈的爱国精神，有为人民服务、奉献社会和仁爱之心，有敬业精神和勤劳节俭的美德，有较高的社会责任感和家庭责任感，能够遵守社会行为规范（法律、制度、道德和礼仪），遵守社会诚信道德，做到公正和正义，有良好的人际关系和社会适应性。

第三，具有较好的智慧力量。具有好奇心、想象力和较强的求知欲，注重学习和正规教育，有比较合理的知识结构，具有改革创新精神和创新性思维方式，掌握比较科学的工作方法和创新方法。

第四，意志力强。具有进取精神、勇敢精神、竞争精神，有较强的挫折耐力，具有独立性、果断性、坚持性和自控性。

第五，有较好的反省和超越精神。自我意识能够较好地进行分化与同一（进行理想自我与现实自我的分化与同一），接受自我与现实，但不满足于现实，能够自觉地反省自我，实现自我和工作的发展、进步和超越。

第六，健康的体魄。表现在两个方面：其一，人格需要力——生存需要力（食欲、性欲、安全欲）、归属需要力（爱欲、类群欲、自尊欲）和发展需要力（求知欲、成就欲、完美欲）均衡发展，无缺欠，能较好适应社会生活。其二，身体健康。

（3）缺失人格。

所谓缺失人格，是指人格力量（"三级结构八种力量"，也即"善真勇美"）没有获得均衡发展，其中有的发展，有的不发展，并有一种或多种人格力量有明显缺欠的人格。这是一种发展不良的人格。缺失人格在古今社会中都存在，常常给社会、他人和自己造成莫大的损害，甚至是灾难。

缺失人格的存在是由环境、教育和个人等多方面的原因造成的。缺失人格不仅存在于无知识和文化的群体之中，也存在于有知识和文化的群体之中；不仅存在于失败者和失意者的群体之中，也存在于成功者和得意者的群体之中；不仅存在于无权者的群体之中，也存在于掌权者的群体之中。一个人，不论他的其他人格力量多么强大，只要有一种或多种人格力量存在明显缺欠，并且得不到纠正，就属于缺失人格。他们的强势人格力量足以让他们获得某种成功、地位和荣誉，而他们的严重的人格缺欠也足以让他们从成功之巅跌入低谷。他们严重的人格缺欠必定会在人生的某个时刻引发或大或小的错误，令他们终生追悔莫及。最大限度地减少缺失人格，是社会、教育、家庭和个人义不容辞的责任。

当代中国的缺失人格可能存在下述一种或多种明显的特征：

第一，价值观念有明显偏差，不能正确地看待世界、国家、社会和个人的问题，难以与社会和他人达成共识。

第二，不具备基本的道德素质，在基本道德观念、道德情感、道德意志和道德行为上有明显缺欠。其中：或者对社会和他人缺乏起码的爱和责任感；或者拒绝参加起码的劳动；或者不诚信，无可预期；或者丧失基本正义感；或者丧失起码的羞耻感；或者时常违背社会行为规范，缺乏社会适应性。

第三，不具备现代社会起码的生存知识和技能，在生病或者无法胜任强体力劳动的情况下，出现生存危机。

第四，意志力过于薄弱，难以完成一项普通的工作任务。或者优柔寡断，无法决定一项并不复杂的事情；或者缺乏自控能力，管不住自己，一错再错；或者性格过于脆弱，经不起人生的小小挫折。

第五，有一定的心理障碍或疾病。例如：不接受自我或现实；自我意识淡薄；生存需要力、归属需要力、发展需要力过强或过弱。

（4）蒙昧人格。

所谓蒙昧人格，是指人格力量（"三级结构八种力量"，也即"善真勇美"）未获得基本发展，整体人格力量明显低于同时代的起码发展水平，处于蒙昧状态的人格。蒙昧人格是整体人格不合格的人，他们既不会成功，也很难获得幸福，还可能成为社会的负面力量，必然给社会、家庭和个人造成或大或小的损害。

蒙昧人格在传统社会存在，在现代社会也存在。现代蒙昧人格的基本表现是，与现代化的历史进程背道而驰，社会越现代化，他们越不读书，其精神越贫困。他们已厌倦学习，既缺乏知识，又道德观念混乱，不认同社会生活的一般准则，在知识能力和做人两方面均没有达到现代社会的起码要求。他们与社会生活格格不入，经常造成社会的麻烦和对他人的侵犯。

蒙昧人格的出现是环境、教育和个人等多方面的因素造成的，是人格早期社会化失败的结果。蒙昧人格既可能产生于缺少知识和文化的家庭之中，也可能产生于有知识和文化的家庭之中；既可能产生于贫穷的家庭之中，也可能产生于富裕的家庭之中。一个孩子，如果早期教育严重匮乏或者失误，其整体人格力量（"三级结构八种力量"，也即"善真勇美"）则明显低于同时代的起码发展水平，并且就有可能发展为蒙昧人格。不过，在其成长过程中还有转变的机会。孩子进入青年初期，其理性的渴望上升，只要抓住这次机会，引导树立正确的认识，脱离不良群体，参加优良群体，给予其足够的爱心和耐心，那么，此前形成的不良习惯就都有可能得到纠正。

（六）对教育理念的反思与建构

教育是新世纪人格建构的主渠道，为塑造面向新世纪的理想人格（杰出人格、完整人格），有必要对教育现象做深刻的反思。依据"人格结构与选择"图型理论，人格结构基本由"三级结构八种力量"构成。这就是："三级结构"——人格需要力、人格判断力、人格行为选择。"八种力量"指在"三级结构"之中包含"八种人格力量"。其中，人格需要力包含三种人格力量——生存需要力、归属需要力、发展需要力。人格判断力包含四种人格力量——思想道德力、智慧力、意志力、反省力。人格行为选择包含一种人格力量——人格行为选择。所谓新世纪的完整人格就是人格结构充分均衡发展的人格，即"三级结构八种力量"充分均衡发展的人格。改革开放以来，我国的教育取得了重大成绩，同时，也存在诸多值得深思的问题。

1. 工具理性主义和"流水线作业"对教育的影响

回顾20世纪后半期的教育，国际教育界有一个大致的共识，即世界教育出现了两个普遍的倾向性问题，它们影响了世界教育的发展。这两个普遍的倾向性问题是：

第一，工具理性主义在不同程度上主导了教育理念，其重要表现是将学校简单地看作发展经济的工具，将学生当作"工具"来培养，而没有按照"完整人"的目标来培养，危害甚大。某些受工具理性主义影响严重的学校，甚至培养了精神世界不完整的人或精神残缺者。

第二，教育采取了现代工业的"流水线作业"生产方式，在不同程度上违背了培养人和教育人的规律。20世纪后半期，世界上高等教育加快了大众化的脚步，大学迅速扩招，相当多的大学变成了"加工"学生的"生产流水线"。在有些国家和地区，大学招生的规模已远远超出了允许的限度，教育质量大幅下滑，学校已顾不上学生精神世界的均衡和人格建构的完整。

德国巴伐利亚州前教育部长曾经总结过德国高等教育大众化的经验与教训，并在北京大学做了一场深刻的演讲。他说：二战以后，为了满足"在废墟上建设国家"的需要，德国高等教育大众化的路线是必然的选择，但是，时任政府对高等教育理念把握得不科学，摒弃了德国大学的优良传统，使大学几乎变成了"加工"学生的"生产流水线"，无法培养出大师级的人物。回顾历史，我们发现，德国曾经有着深厚的大学传统，近代以来曾培养出一大批影响国家，甚至影响人类命运的大师级的人物。如影响世界乐坛的作曲家巴赫，德国文学和世界文学的杰出代表大诗人歌德，伟大科学家爱因斯坦，哲学家马克思、恩格斯、黑格尔、康德、尼采，文学家席勒、海涅，音乐家贝多芬等，他们都对德国乃至世界历史产生了深远的影响，不仅是德国人的，也是全人类的骄傲。德国大学的传统是教授与学生密切接触与合作，共同探讨生活中和学术上的问题。在假日里，教授会带着他的学生们去旅游，师生席地而坐，谈古论今，从民族国家到人类，从历史到现在，从社会到人生，从深邃的哲学到文学艺术，在不知不觉中教授将他的世界观、人生理想、道德和生活的睿智传授给了他的学生们。然而，今天德国丢掉了自己的大学传统，用"流水线"去加工大学生，师生没有沟通和交流的愿望和机会，德国大学已经丧失了培养大师级人物的能力，这令人十分痛心。

德国巴伐利亚州前教育部长的反思具有典型意义，他解读了半个世纪以来世界教育的工具理性主义和高等教育"流水线作业"的深刻影响，为教育回顾过去和探索未来提供了前提性解析和批判。可以这样概括这种影响：20世纪后半期，工具理性主义和高等教育"流水线作业"使教育不同程度地脱离了教育的本质和根本职能——人格建构，是教育产生弊病的根本原因。

2. 教育的"不当省略"

20世纪后半期，世界性的教育工具理性主义和"流水线作业"对中国教育也产生了不良影响。主要表现为以下三个"不当省略"：

（1）省略了学生创造性智慧和能力的深度开发。培养学生的创造性智慧和能力，是学校教育的根本性任务之一。我们的教育普遍重视学生对于知识的学习、传递和掌握，而忽视学生创造性智慧和能力的深度开发和培养，有些学校甚至排斥学生创造性智慧和能力的开发和培养。

我们以中美基础教育为例，如果比较的是数理类课程，可以肯定中国的基础教育在难度上超过了美国，中国基础教育的进度快、难度高、知识点多，这一点，中国不仅比美国有优势，就是在世界上也占有优势。可是，如果从另一个视角看问题，对比学生的实际能力，特别是创造性智慧和能力，美国基础教育的优势则十分明显。我们有必要这样去思考问题：在同样的教学时间里，我国学校教的知识大大地高于、难于、多于美国，而要实现这一点，我们的教育就一定要比美国的教育省略某些东西，即他们教的某些东西，我们省略了，省略了什么？省略的就是学生创造性智慧和能力的深度开发和培养。我们的教育省略了培养学生创造性智慧、能力和获取实际知识的大量教学环节，省略这些教学环节，学生的创造性灵感得不到激发，创造性智慧和能力得不到培养和训练，其创造性潜能就无法开发出来。可以这样说，中国人不缺少创造性的潜能，但是缺少创造性潜能的开发，这一点教育难辞其咎。

对于精心培育学生的创造性智慧和能力问题，世界上某些著名大学的校长有精辟的见解。斯坦福大学校长卡斯帕尔认为，在课堂上最激动人心的时刻是有学生对他说："教授，你错了。""要让本科生、年轻的大学一年级学生经常地充满好奇，并有强烈的愿望对教师说：'你错了'。"哈佛大学校长陆登庭认为，从学生一入学，大学的主要努力方向就是使他们能够成为参与发现、解释和创造新知识或形成新思路的人。

教育担负着培养学生创造性智慧和能力的任务，在一定意义上，这是比传授知识更为重要的。这项任务是基础教育、高等教育，尤其是著名大学无论如何都不应省略的。

（2）省略了学生的人文历史知识积累和广泛兴趣爱好培养。大学讲授两种学问。一种是讲授使人成为人的学问，另一种是讲授使人成为某一类人的学问。两种学问都是重要的，但相比较而言，使人成为人的学问是更为重要的。使人成为人是使人成为某一类人的基础。假如一名学生不能成为合格的人，那么他怎么能成为合格的某一类人呢？然而，我们的大学普遍重视使人成为某一类人的学问，忽视使人成为人的学问。尽管近几年高等教育加强了人文素质教育，情况有所改善，但是，基本的教育倾向未变，这一点与某些世界著名大学相比存在差距。一般而言，国外大学讲授使人成为人的学问的渠道是通识课，而讲授使人成为某一类人的学问的渠道是专业课。某些世界著名大学（如美国的哈佛大学、斯坦福大学、麻省理工学院、芝加哥大学等，我国台湾师范大学、中正大学、东海大学等）开设的通识课基本放在一、二年级，专业课基本放在三、四年级。他们的通识课占大学总学时的一半左右[①]。而我国大部分大学的思想政治理论课

---

① 黄俊杰先生在《大学通识教育的理念与实践》一书附录（一）和附录（二）中，比较详细地介绍了包括上述学校在内的我国台湾、美国、日本和欧洲的许多名校开设通识课的理念，以及通识课的分类、课程目录及学时安排。

加上全部人文素质教育课的课时，仅占总学时的三分之一左右。尽管如此，我国有的大学还认为思想政治理论课和人文素质教育课占用学时过多，这是违背教育规律的。

（3）不同程度地省略了学生的道德情感和道德人格的培养。由于教育的不当省略，有些学生经过十几年教育，仍以自我为中心，缺乏对他人和社会的责任感，缺乏热爱劳动人民、热爱人类，特别是同情和帮助穷苦人的道德和良知。这样的人是不可能成为大师级人物的。著名科学家爱因斯坦曾尖锐地指出，"学校的目的始终应该是：青年人在离开学校时，是作为一个和谐的人，而不是作为一个专家"，仅仅"用专业知识育人是不够的。通过专业教育它可以成为一种有用的机器，但不能成为一个和谐发展的人，要使学生对价值有所理解并产生感情，才是最根本的。学生必须获得对美和道德上的明确的辨别力，否则，他同他的专业知识一起就更像一只受过很好训练的狗，而不像一个和谐发展的人"。假如我们学校培养出来的学生缺乏丰富的道德情感，缺乏对价值的明确辨别力和道德人格的追求，他们怎么可能成为 21 世纪的杰出人物呢？

3. 树立理想人格建构理念

看一个民族有无前途，短期看政治、经济与政策，长期看教育和文化。一个民族的教育是否先进，关系整个民族的精神面貌和国民人格，也关系着这个民族能否产生人文和科学技术领域内的杰出人物，能否创造出世界一流的人文和科技成果。在今日之中国，教育何为？提升民族精神，完善国民人格，塑造能够创造出世界一流人文和科技成果的杰出人才！为此，教育应树立以下理念：

（1）树立教育的本质理念。

20 世纪后半期，教育出现了世界性的教育理性的偏离——工具理性统治学校教育，即将学校简单地当作实现现代化的工具和手段，将学生当作发展经济的工具来培养，结果有的学校培养出了知识面狭窄、人文历史知识匮乏、价值无知、情感干瘪、心理不健全的"知识半人"、"空心人"和精神残疾者。其根本原因是对教育本质的认识有失误，这造成教育本质的失落和教育的异化，教育变成了"非教育"，学校变成了"非学校"。要理清教育的本质，就必须思考人类的生存哲学。依据生存哲学，人类要生存和发展就必须搞好三大生存实践，即生产实践、社会关系实践和人格塑造实践。人格塑造实践就是教育（大教育，包括学校教育在内的一切教育）。教育的本质是人格建构，即开发人的潜能、塑造完整的人格、建设完全的文明。将学校和学生当作发展社会某一项功能的工具，背离了教育的本质，只能培养出精神残缺的人。学校必须以塑造人格为己任，坚持塑造理想人格——杰出人格、完整人格。

（2）树立教育的根本职能理念。

教育的本质是人格建构，教育的根本职能必然是学生的理想人格——杰出人格、完整人格建构。依据马克思关于人格发展三个历史阶段的理论，今天我国处于由"依附人格"向"独立人格"和"自由人格"发展与转变的历史阶段，教育的科学对策应当是发展"独立人格"，超越"独立人格"，建构"完整人格"。所谓完整人格，就是以"四有"新人为标志，集多种人格力量和多种人格特征于一身的完整人格。所谓多种人格力量，就是具有思想道德力、智慧力、意志力和反省力；所谓多种人格特征，就是具有协调性、进取性、创造性和超越性精神品质。要通过持续的人格塑造和建构，使学生成为思想道德力、智慧力、意志力、反省力充分均衡发展的人格，实现学生的理想人格——杰出人格和完整人格建构。

（3）树立"理想人格建构"课程体系理念。

一般而言，学生的精神世界主要是由学校（小学、中学、大学）的课程体系决定的。课程体系是学生精神世界的主要源头活水，建构课程体系就是在为学生做"精神配餐"，而研究课程建构理论就是探索学生"精神配餐"的规律性。学校能否培养出理想人格——杰出人格和完整人格，关键看如何为学生的精神"配餐"。如果"精神配餐"是残缺的，学生的精神世界就不可能是完整的，而精神世界不完整的学生怎么可能成为杰出人才？又谈何成为震撼中国、影响人类的大师级人物？因此，教育改革首先应从改革中国学校的课程体系开始。一般而论，学校只有两类课程，即使人成为人的课程（通识课）与使人成为某一类人的课程（专业课）。基础教育（小学、中学）所开设的课程都属于前者——使人成为人的课程，大学则两类课程都开。大学生的价值理想、人文气质、历史认知、创造性智慧、意志品质和反省精神，主要是靠开设使人成为人的课程实现的，即开设通识课实现的；大学生的专业知识、专业理论和专业能力，主要是靠开设使人成为某一类人的课程，即开设专业课实现的。当前存在的问题是重视使人成为某一类人的课程，忽视使人成为人的课程，造成学生精神世界的残缺。这两类课程只有恰当配比、相互支撑、相互渗透、融为一体，才能以完整的大学课程体系构建大学生的完整的精神世界，培养大学生的理想人格。

（4）树立主体性教育教学方法理念。

"自由是参与的过程和结果"。学生只有以主体的资格自觉参与教育活动才能顺利接受价值、道德、情感、秩序和知识，走向人格的成熟和完善，本书主张"双主体"（或"多主体""交往主体"）的教育教学方法理念。"双主体"教育教学方法理念主张，教育过程是"双主体结构"的，教育者是主体，学生也是主体，通过教师与学生的"双主体"（或"多主体"）互动，实现教育目的。教育过程是人与人的"交往"过程，而"交往就是'人们对人们的加工'，提高他们的'本质力量'和'种属能力'，彼此作为活动主体而形成。"[1]"必须以教育对象为主体，否定教育对象的主体性违背德育的规律，必然无效。"[2] 教育过程是教育者主体与教育对象主体的互动过程，目的在于通过"双主体"互动达到价值共识、道德共勉、知识共进，实现教育目标。应深入进行主体性教育教学方法研究，以便形成新的、科学的教育教学方法系统。

（5）树立校长—教育家模式理念。

校长是办学的关键和灵魂。有人说，有什么样的校长，就会有什么样的学校，而有什么样的学校就会有什么样的国民，这关系到全民族的素质，关系到 21 世纪中华民族的前途和命运。阿什比勋爵曾说："大学兴旺与否取决于其内部由谁控制。"世界一流大学的闪光历程往往都是与同样闪光的大学校长的名字联系在一起的，他们作为大学的领导者和教育家，

---

① 袁贵仁. 马克思的人学思想. 北京：北京师范大学出版社，1996：114.
② 沈壮海. 论高校德育的人本追求. 思想理论教育导刊，2009（11）.

治校有方，能够将自己的先进教育思想转变为实践。那些坚持"大学理想"的校长的教育观对整个教育的发展乃至整个社会的发展都产生着至关重要的影响。由学校的本质（人格建构）决定，校长必须是卓越的教育家。他应当有教育家的理想、教育家的情怀、教育家的知识结构、教育家的思维方式、教育家的智慧和教育家的人格。具体而言，21 世纪的校长要担当起塑造理想人格——杰出人格、完整人格的重任，应当有以下 10 种"精神力量"：第一，正确的方向和清醒的办学理念；第二，宽容的民主作风；第三，深切的人文关怀；第四，公正的做人品格；第五，扎实的教育理论基础；第六，活跃的创新能力；第七，科学的决策能力；第八，有效的协调能力；第九，坚强的意志性格；第十，完善的人格魅力。

后　记

从 20 世纪 80 年代起，我开始关注、追踪和研究人的生命本体，至今已有 30 余年。最初的起因是追寻思想政治教育学和教育学的逻辑前提——"人是什么"。经历数年追寻之后，我发现这不仅是追寻思想政治教育学和教育学的逻辑前提，而且是追寻一切生活现象和人文社会科学的逻辑前提。从生存哲学的角度看，一切生活现象和人文社会科学理论莫不以"人是什么"为前提，特别是以人的生命本体知识为前提。人的一切行为的对错，以及人文社会科学理论的对错往往都可以追溯到人本身和对人性的假设。追踪和破译人的生命本体就是破译人的行为的奥秘和建立人文社会科学的理论前提。30 余年来，在马克思主义理论指导下，凡能找到的阐释人的生命本体的重要论著，不论古今和国别我一律与之对话，这使我逐渐有了自己的关于人的生命本体的核心概念——"结构与选择"以及相关的概念、范畴、命题和知识体系。我一直这样要求自己："结构与选择"理论不仅应当而且必须能够普遍地解释生活世界的现象和人的一切行为，不能有例外。严复曾说，一名之立，旬月踟蹰，废寝忘食，殚精竭虑，夙夜难安。我追踪人的生命本体论，可谓一名之立，十年三十年踟蹰，废寝忘食，殚精竭虑，夙夜难安！这使我更加深切地感到对学术研究应持的敬畏！

破译人的生命本体，笔者大致取得如下成果：填补两项"人的知识空缺"和完成六项"理论建构"。

1. 填补两项"人的知识空缺"

第一，填补具体的"完整人"知识空缺。至今为止，分学科研究人，只能照亮人的一个部分，而不能照亮具体的"完整人"。本书提出和建构了具有"三级结构八种力量"的"人格结构与选择"图型理论，填补了具体的"完整人"知识空缺。（见本书"五、人格结构"）

第二，填补普遍的"类群"知识空缺。至今为止，人类只有具体"类群"概念（如家庭、组织、国家及国际组织等），而无普遍"类群"概念。在"类群"概念系统中，只有"种概念""下位概念"（如家庭、组织、国家及国际组织等），而无"属概念""上位概念"。现有的相似概念（群体、集体、社群等）都无法作为家庭、组织、国家及国际组织等的"上位概念"。这是人类基本概念和知识的一个重要空缺，阻碍生存哲学整体知识链条的建立。本书提出和建构了具有"三级结构七种力量"的"类群结构与选择"图型理论，填补了普遍的"类群"知识空缺。（见本书"十、类群结构与选择"）

2. 完成六项"理论建构"

第一，人的生命本体——"结构与选择"理论建构。

第二，"人格结构与选择"图型理论建构。

第三，"类群结构与选择"图型理论建构。

第四，类群价值"高势位"建设理论建构。

第五，"完整人格"教育理论建构。特别是提出和阐述了当代国民理想人格模式——"仁智勇美"或"善真勇美"。

第六，提出和阐释了若干创新性概念和命题。如"朦胧破晓阶段""雏形初具阶段""系统完形阶段""有限人格""无限人格""人格统合模式""势能差性""势位差性""势位差统""四种类型行为""模糊回应""类群价值'高势位'""四级国民人格""马魂、中根、西鉴"方针等。

"结构选择论"既是人的生命本体论，又是人的生存论和认识人的方法论，初步实现了人的生命本体论、生存论与方法论的有机统一。人生活在结构之中，但与动物不同，能够进行主动的理性选择。结构决定选择，选择也决定结构，两者相互作用以至无穷。无论是个体生命，还是整个人类，都无例外。"结构选择论"体现了马克思主义的实践哲学和生存哲学转向，人的自觉的能动的实践本性充分体现在人的自觉的能动的丰富的无限的"结构与选择"之中。上述成果被学界评价为"试图重构人的生命本体论""提出人的生命本体论——'结构选择论'""为人文社会科学提供了前提性基础""为人们提供了一种新的人生哲学"等。

在撰写本书前，笔者曾出版相关专著《主体人类学原理：主体人类学概念提出及知识体系建构》《中国人格大趋势》《大学生人格学》《思想政治教育学原理》等十余部，发表相关论文《结构与选择机制下人的生命本体——马克思主义人学理论新探索》《论"人格结构与选择"图型理论及其知识体系》《"类群结构与选择"图型理论提出及知识体系建构》等几十篇，多次获奖。同时，以"人的生命本体论（结构与选择论）""人格结构与完整人格教育"等为专题，先后给本科生和研究生系统讲授20余轮，并以相关内容为题在清华大学、浙江大学、中山大学、东北师范大学、大连理工大学、西南大学等国内数十所大学做演讲。

此次应中国人民大学出版社邀请出版的《结构与选择——马克思主义人的生命本体论新探索》，是对上述论著和理论的创新、发展、整合和升华，包含了我对人的生命本体论——"结构与选择论"的主要研究成果。但是，由于时间过于紧迫，这部书并没有收录入我关于"结构选择论"的最新研究成果，进一步的阐述只能放在后续论著之中了。本书也是国家社会科学基金重大项目"我国传统价值观涵养社会主义核心价值观研究"的阶段性研究成果，项目批准号：15ZDAO37。

与此同时，也非常感谢中国人民大学出版社编辑认真、负责地编校，对本书进行细致的加工，使本书很快与各位读者见面。本书难免有不完善、不科学之处，望各位同人批评指正。

图书在版编目（CIP）数据

结构与选择：马克思主义人的生命本体论新探索/陈秉公著. —北京：中国人民大学出版社，2017.6
（高校马克思主义理论教学与研究文库）
ISBN 978-7-300-24440-2

Ⅰ.①结… Ⅱ.①陈… Ⅲ.①马克思主义-人学-理论研究 Ⅳ.①C912.1

中国版本图书馆 CIP 数据核字（2017）第 116055 号

国家出版基金项目
高校马克思主义理论教学与研究文库
结构与选择——马克思主义人的生命本体论新探索
陈秉公　著

出版发行	中国人民大学出版社				
社　　址	北京中关村大街 31 号		**邮政编码**	100080	
电　　话	010 - 62511242（总编室）		010 - 62511770（质管部）		
	010 - 82501766（邮购部）		010 - 62514148（门市部）		
	010 - 62515195（发行公司）		010 - 62515275（盗版举报）		
网　　址	http://www.crup.com.cn				
	http://www.ttrnet.com（人大教研网）				
经　　销	新华书店				
印　　刷	北京七色印务有限公司				
规　　格	165 mm×230 mm　16 开本		**版　　次**	2017 年 6 月第 1 版	
印　　张	26 插页 1		**印　　次**	2017 年 6 月第 1 次印刷	
字　　数	382 000		**定　　价**	98.00 元